선물 관계
인간의 혈액에서 사회정책까지

선물 관계
인간의 혈액에서 사회정책까지

지은이 / 리처드 M. 티트머스
엮은이 / 앤 오클리 · 존 애슈턴
옮긴이 / 김윤태 · 윤태호 · 정백근
펴낸이 / 강동권
펴낸곳 / (주)이학사

1판 1쇄 발행 / 2019년 9월 10일

등록 / 1996년 2월 2일 (신고번호 제1996 - 000015호)
주소 / 서울시 종로구 율곡로13가길 19-5(연건동 304) 우 03081
전화 / 02-720-4572 · 팩스 / 02-720-4573
홈페이지 / ehaksa.kr
이메일 / ehaksa1996@gmail.com
페이스북 / facebook.com/ehaksa · 트위터 / twitter.com/ehaksa
한국어판 ⓒ (주)이학사, 2019, Printed in Seoul, Korea.

ISBN 978-89-6147-345-3 93330

The Gift Relationship, by Richard M. Titmuss,
a revised edition edited by Ann Oakley and John Ashton
Copyright © 1970 by Richard M. Titmuss
All Rights reserved.

Korean translation edition © 2019 by Ehak Publishing Co., Ltd.
Published by arrangement with the author's heirs, London, UK
All rights reserved.

이 책의 한국어판 저작권은 저작권자인 저자와 독점 계약한 (주)이학사에 있습니다.
저작권법에 의해 한국 내에서 보호를 받는 저작물이므로 무단 전재와 무단 복제를 금합니다.

* 책값은 뒤표지에 표시되어 있습니다.

이 도서의 국립중앙도서관 출판예정도서목록(CIP)은 서지정보유통지원시스템 홈페이지(http://seoji.nl.go.kr)와 국가자료공동목록시스템(http://www.nl.go.kr/kolisnet)에서 이용하실 수 있습니다.(CIP제어번호: CIP2019032742)

인간의
혈액에서
사회정책까지

선물관계

리처드 M. 티트머스 지음
앤 오클리·존 애슈턴 엮음
김윤태·윤태호·정백근 옮김

이학사

일러두기

1. 이 책은 Richard M. Titmuss, *The Gift Relationship: From Human Blood To Social Policy*(The New Press,1997)를 우리말로 옮긴 것이다.
2. 인명이나 주요 용어는 처음 나올 때 한 번 원어를 병기했다.
3. 지은이의 각주는 숫자로, 옮긴이의 각주는 별표(*, **)로 표기했다.
4. 부호의 쓰임은 다음과 같다.
  『 』: 책, 신문, 저널 제목
  「 」: 논문, 보고서, 명부, 성서 제목
  ( ): 지은이의 부연 설명
  [ ]: 인용문(별도 인용문 및 " "로 된 구절) 및 원주에서 지은이의 부연 설명, 본문에서 옮긴이의 부연 설명
  [*]: 인용문 및 원주에서 옮긴이의 부연 설명

차례

제1부 선물 관계 재검토   7

1장 개정판 서문   9
2장 영국의 에이즈와 선물 관계   25
3장 새천년의 수혈 의학   66

제2부 선물 관계: 인간의 혈액에서 사회정책까지   85

4장 서론: 인간의 혈액과 사회정책   87
5장 수혈   93
6장 잉글랜드와 웨일스 및 미국에서의 혈액 수요   117
7장 잉글랜드와 웨일스 및 미국에서의 혈액 공급   131
8장 선물   174
9장 미국 헌혈자들의 특징   207
10장 잉글랜드와 웨일스 헌혈자들의 특징   252
11장 선물은 좋은 것인가?   281
12장 혈액과 시장 법칙   307
13장 구소련과 기타 국가들의 헌혈자들   330

14장 남아프리카공화국에서의 헌혈자의 동기에 대한 연구	353
15장 경제적 인간: 사회적 인간	363
16장 누가 나의 낯선 사람인가?	386
17장 헌혈할 권리	431

제3부 선물 관계: 새로운 시작   447

| 18장 어머니의 선물: 인간적인 친절의 우유 | 449 |
| 19장 후기 | 469 |

참고 문헌	479
옮긴이 해제: 티트머스의 『선물 관계』와 복지국가의 이론	487
옮긴이의 말	503
찾아보기	507

제1부　　선물 관계 재검토

1장
개정판 서문

앤 오클리[*]
존 애슈턴[**]

　리처드 티트머스Richard Titmuss의 『선물 관계The Gift Relationship』는 1970년에 처음 출간되었고, 미국판은 1971년에 출간되었다. 이 책은 표면상으로는 영국과 미국의 헌혈에 대한 비교 연구이지만, 그 이면에는 인간사에서 이타주의altruism가 차지하는 위치에 관한 보다 일반적인 논의가 있다. 이타주의의 도덕적 가치를 보건과 복지 체계 — 리처드 티트머스의 전문 분야 — 에 적용하면 어떨까라는 가정은 미국의 경우에 특유의 사유화된 자유 시장경제의 접근법 때문에 전혀 어울리지 않는다. 하지만 영국에서는 이 가치

---

[*] 앤 오클리Ann Oakley는 런던대학 교육학연구소의 사회학과 사회정책 교수이며 사회과학 연구 부서의 책임자이다. 수년 동안 보건, 젠더, 가족 분야를 연구했으며 관련 저서와 논문을 출간했다. 앤 오클리는 리처드 티트머스의 딸이자 유고의 관리자이다.

[**] 존 애슈턴John Ashton은 노스웨스트 잉글랜드 공공보건부의 지역 소장이며 리버풀대학의 공공 보건 정책과 전략 학부의 석좌교수이다. 공공 보건 문제, 특히 건강 도시, 낙태, 그리고 여러 가지 관련 문제에 관해 많은 글을 썼다.

가 이 책이 처음 출간된 후 여러 해 동안 복지 공급을 지배하게 되었다. 『선물 관계』의 논점은 이 책이 처음 등장했을 때보다 보건과 복지 서비스 분야에서 자유 시장이 강조되는 이 시대에 훨씬 더 적절하다. 더욱이 자발적 헌혈 옹호론은 인체면역결핍바이러스HIV/에이즈AIDS[후천성면역결핍증후군]가 등장하고 전염이 확산되면서 매우 강력해졌다. 실제로 일부 비판가들은 『선물 관계』의 논점에 좀 더 많은 관심을 기울였다면 수혈을 통한 혈우병 환자의 인체면역결핍바이러스/에이즈 전염이라는 비극을 피할 수 있었을 것이라고 주장하기도 했다.[1] 이 책의 개정판을 준비하면서 우리는 지금이 적기라고 생각했다. 혈액이라는 선물을 어떻게 주고받는지를 포함하는 우리의 가장 소중한 사회제도 일부에 국제적인 자유 시장의 철학이 어떻게 영향을 미쳐왔는지 지난 20년을 평가할 때가 되었기 때문이다.

이 개정판은 원본의 주요 텍스트는 그대로 다시 살렸다. 그러나 원본에 수록된 내용들 가운데 명백히 시의성을 잃은 것들, 즉 (원래 프로젝트에 도움을 준 이들에게 보내는 특별한 감사의 말을 담은) 머리말과 부록을 제외했다. 부록에는 수혈 서비스blood transfusion service에 관한 통계적이고 자세한 정보와 헌혈자 설문 조사에 관한 별도의 세부 사항 그리고 감사 인사가 수록되어 있었다. 한편 우리는 분명히 문제가 되는 표현, 즉 이 책의 집필 당시 지적 문화의 한계를 드러내는 티트머스의 언어 사용과 문체를 편집했다(소수민족과 "백인이 아닌" 사람들에 대한 "정치적으로 부적절한 용어"의 사용, 군주

---

[1] McLean, I., "Should blood be for sale?", *New Society*(6 June 1986).

의 대명사로서 "우리we[과거에는 국왕이 자신을 높이기 위해 스스로를 we라고 칭하였다]"의 전반적인 사용, 그리고 여성/여성들을 "아우르는" "남성/남성들"이라는 용어의 사용 등이 이에 해당한다). 물론 독자들은 원본 텍스트가 전前 인체면역결핍바이러스/에이즈 시대에, 즉 이러한 바이러스가 수혈의 주된 잠재 위협으로 대두하기 이전 시대에 쓰인 것이라는 점을 이해하고 읽어야 한다. 각주를 정리하는 과정에서 티트머스가 자료들을 인용한 방식에 일부 일관되지 않은 점이 있다는 사실이 드러났지만, 우리는 이를 바로잡으려고 하지 않았다. 우리는 약간의 기술적 자료를 추가했다. 편집에 임한 우리의 목표는 이러한 티트머스의 텍스트가 가진 본래의 힘과 논점들을 보존하여 독자들이 오늘날의 상황과 이 책의 관련성을 음미하며 읽을 수 있게 하는 것이었다.

또한 이 개정판에는 3개의 새로운 장이 추가되었다. 바네사 마틀루Vanessa Martlew는 우리를 오늘날 영국의 수혈 의학transfusion medicine과 국립수혈원National Blood Transfusion Service이 제기하는 도전적인 영역으로 이끈다. 그녀는 지난 25년 동안 이 분야에서 이루어진 주목할 만한 과학적 진보를 연대순으로 기술하고 있다. 기술적 관점에서 보면 헌혈과 수혈에 관한 모든 쟁점이 더 복잡해진 것은 분명하다. 버지니아 베리지Virginia Berridge는 혈액의 더 많은 공동 이용pooling과 새로운 각종 간염바이러스 및 인체면역결핍바이러스/에이즈를 포함한 일련의 새로운 감염원infectious agents의 등장이 어떻게 이타주의의 필요성에 대한 지속적인 강조로 이어지고 또 이타주의와 신뢰의 밀접한 결합에 대한 요구로 이어지게 되었는지 논의한다. "선물 관계"의 은유는 이제 수혈자에 대한 헌혈자의 행동과 정직함을 포함하는 방향으로 확대되고 있다. 마지막으로 수전 윌리엄스Susan Williams와 질리언 위버Gillian Weaver는 헌혈과, 티트머스가 아마도 크게 간과한 우리 몸의 다른 액체, 즉 모유 기증의 역사를 비교 서술한다.

헌혈과 1970년의 『선물 관계』

미국의 한 평론가는 다음과 같이 『선물 관계』에 관한 논의를 제기했다.

> 현대 정치경제의 교훈으로 혈액doolb[*혈액blood의 알파벳을 거꾸로 쓴 것]의 거래를 생각해보라. 니아트리브Niatrib[*영국Britain의 알파벳을 거꾸로 쓴 것] 땅에서 이 중요한 상품의 공급에는 어떠한 보수도 지급되지 않는다. 그리고 그 처리와 분배는 정부 관료가 관리하고 있다. 반대로 아키레마Acirema[*미국America의 알파벳을 거꾸로 쓴 것]에서는 거의 모든 혈액 공급의 경우에 건당 또는 다른 어떤 기준에 의거하여 개인별 인센티브가 주어진다. 그리고 처리와 분배에 관한 많은 일이 영리를 목적으로 수행된다. 명백히 아키레마의 혈액 공급이 질적으로 뛰어나고, 가격이 저렴하고, 수요에 더 정확하게 대응하고, 낭비를 훨씬 덜 초래할 것이다 — 맞는 말인가? 틀렸다.[2]

---

2   Claiborne, R., "Blood will tell", *Book World*(9 May 1971).

이 책의 핵심 주장 — 이타주의는 도덕적으로도 건전하고 경제적으로도 효율적이다 — 은 상당한 충격을 주었다. 영국에서 영국보건청National Health Service과 복지국가Welfare State가 아직 대처주의Thatcherism와 메이저주의Majorism의 영향을 받기 이전이지만, 보수적 사회정책에 따라 영국보건청은 이미 공공 지출 삭감의 최우선 대상으로 지목되었고, "고전적" 복지국가의 시대는 막을 내리기 시작하고 있었다.[3] 이 책이 출판된 1970년에 영국에서는 자발적 헌혈 시스템의 기초가 되는 원칙들이 광범위하게 수용되었다. 하지만 미국에서는 상황이 완전히 달랐다. 『선물 관계』는 많은 이들에게 명백히 비싸고 건강 증진에 실패한 것처럼 보이는 보건 의료 시스템에 맞서기 위한 이론과 실증적인 정보를 제공하였다. 이 책은 언론 매체들로부터 극찬을 받았다. 『뉴욕 타임스』는 이 책이 "탐사 취재 기자의 집요한 자료 수집력과 사회철학자의 인간적 통찰력"을 겸비했다고 평하며 이 책을 1971년 최고의 책 7권 중 하나로 꼽았다.[4]

대서양 양쪽에서 헌혈과 수혈 서비스가 중요했던 하나의 이유는 수혈 서비스의 수요를 증대시키는 첨단 의료 기술(예를 들어 개심술과 장기이식 등)의 대두였다. 더욱 많은 혈액이 요구되었지만 준비되어 있지 않았다. 양뿐만 아니라 질의 문제도 매우 중요했

---

[3] Webster, C., "Conservatives and consensus: the politics of the National Health Service, 1951-1964" and Lowe, R., "Lessons from the past: the rise and fall of the class welfare state in Britain, 1945-1976", both in Oakley and Williams(eds, 1994).

[4] "Seven books of special significance", *New York Times*(5 December 1971).

다.『선물 관계』는 혈액 가격이 영국보다 미국에서 5-15배 더 높고, 영국에서는 수집된 혈액의 2%가 폐기되는 데 비해 미국에서는 약 30%가 폐기되는 현실을 보여주었다. 아주 인상적인 것은 미국의 혈액이 영국의 혈액에 비해 수혈자를 간염 — 당시 수혈을 받은 사람들이 감수해야 했던 주요 위험 — 에 감염시킬 가능성이 약 4배 이상 높았다는 것이다.

닉슨 행정부는『선물 관계』를 매우 진지하게 다루었다. 당시 보건교육복지부 장관Secretary of State for Health, Education and Welfare이었던 엘리엇 리처드슨Elliott Richardson은 개혁의 필요성에 대해 개인적으로 티트머스에게서 자문을 구했다. 대책 위원회가 발족하여 티트머스의 진단이 사실인지 철저하게 확인하였고 이들은 곧 헌혈 시스템을 완전한 자발적 시스템으로 전환하기 위한 국가혈액정책National Blood Policy을 제안했다. 연방의약품부The Federal Drug Administration는 혈액은행blood banks의 잘못된 운영에 대한 엄격한 감시를 실행했고, 모든 혈액에 "보수를 받은 헌혈자paid donor" 또는 "자발적 헌혈자voluntary donor"라는 표를 붙이는 규정을 도입했다. 상업적 혈액 기업의 대표들이 회원인 미국혈액위원회American Blood Commission가 그러한 규제 도입을 감독하는 책임을 맡고 있었기 때문에 결과적으로 미국에서 혈액 정책의 변화로 인한 효과는 제한적이었다. 그러나 미국 "혈액 시장"에서 상업적 기업이 차지하는 점유율의 하락을 살펴보면 — 1970년대 초반 30%에서 1970년대 후반 5%로 떨어졌다 — 당시 미국 헌혈 시스템이 상당한 충격을 받았음을 알 수 있다.[5] 영국의 경우 대처가 국립수혈원에 손대려는 시도조차 하지 못한 사실을 두고 혹자는『선물 관계』

가 출간되었기 때문이라고 말하기도 하였다.

리처드 티트머스의 연구에서 『선물 관계』가 차지하는 위치

『선물 관계』는 리처드 티트머스의 마지막 저서이자 가장 영향력이 있는 저서이다. 티트머스는 비교적 이른 나이인 65세에 암으로 사망했는데 이 책은 그보다 3년 전에 출간되었다. 사망 당시 그는 런던정경대학의 사회행정학과 교수였다. 그는 영국 복지국가의 옹호자이자 분석가로 국제적 명성을 떨치고 있었다. 한편으로는 사회정책과 사회 행정을 과학적 학문 분야로 확립한 공로로, 한편으로는 복지 서비스 분야에서의 저술 활동과 제자들을 기른 공로로, 한편으로는 영국과 해외 정부를 돕는 자문 역할로 존경을 받았고, 이 모든 것이 그의 명성의 근거였다. 이러한 성취는 대체로 독학과 사회학적 탐구에 대한 열렬한 욕구의 결과였다. 티트머스는 농가에서 태어났고, 어떠한 공식 자격증도 없이 14세에 학교를 떠났으며 결코 대학에 가지 못했다. 그 대신 그는 인생이라는 대학을 믿었다. 정식 교육과 훈련을 받지 못했다는 점이 어쩌면 그의 작업에서 나타나는 수량화와, 보다 중요하게는 그것과 질적 성찰의 절충적 혼합의 중요한 지적 배경인지도 모른다. 그의 작업이 가진 이런 특징은 특히 『선물 관계』에서 두드러지게 나타난다.

이 책에서 그는 사회정책 분야에서 그의 연구를 총망라하는 통합적 이론의 개요를 서술한다. 이 책은 그의 도덕철학이 가장 명

5 "Blood stock", *New Society*(3 March 1977).

료하게 진술된 책이다. 즉 권력과 특권의 위계에 근거한 경쟁적이고 물질주의적이고 소유욕이 강한 사회는, 역설적이게도 스스로 위기에 빠지면서까지, 가장 근본적인 의미에서 복지를 위해 꼭 필요한 이타주의를 향해 생기를 불어넣고자 하는 사람들의 충동을 무시한다. 『선물 관계』는 티트머스가 영국의 사회과학에서 물려받아 자신의 것으로 만든, 정치적 계산의 공식과 윤리적 사회주의를 훌륭하게 결합한 사례이다.6

1960년대 내내 대처주의의 이념적 보고였던 경제문제연구소Institute of Economic Affairs는 시장에 기반을 둔 헌혈 시스템을 옹호하는 캠페인을 적극적으로 벌였다. 1966년에 티트머스는 페이비언협회Fabian Society에서 "선택과 복지국가"에 대해 강연했다. 이 강연에서 그는 "우리는 의료 돌봄medical care을 구매해야 하는가?"라는 문제를 다루었다. 그는 경제학자들이 의료 돌봄을 시장에서 사고팔 수 있는 대상으로 보는 잘못된 견해에 사로잡혔다고 보았으며, 그래서 사적 시장의 선택 모형이 효율성과 효능, 질, 안정성을 달성하는 데 실패한다는 것을 증명하는 사례연구로서 혈액의 조달과 처리, 매칭, 분배, 재정, 수혈에 관한 연구를 활용하였다.7 당시 경제문제연구소의 이사였던 아서 셀던Arthur Seldon은 이러한 관점을 "낭만적 목가a romanticized idyll"8라고 부르며 응수하였다. 하지만 티트머스는 집필에 7년이 걸린 『선물 관계』를 통해 미국과 영국의 헌혈과 수혈 서비스의 질적 차이가 이윤 동기의 타락 때문

6 Halsey(1996).
7 Titmuss(1967), p. 13.
8 McLean, I., "Should blood be for sale?", *New Society*(6 June 1986), p. 12.

이라는 자신의 논점을 유지하고 입증했다. 이 책의 제목은 1967년 『미국사회학저널』에 실린 배리 슈워츠의 「선물의 사회심리학」이라는 논문에서 영감을 받은 것으로 보인다.[9] 이 논문은 개인 정체성에 대한 관념을 형성하고 유지하는 데 있어서 베풂의 중요성을 고찰한 것이었다. 티트머스는 이 논문의 복사본에 "혈액 책 제목 ― 사회적 선물 관계"라고 적었다. 영국 출판인인 앨런 & 언윈 출판사의 찰스 퍼스Charles Furth와 주고받은 서신에서 모색되었지만 채택되지 않은 부제들로는 "사회적 도덕의 연구", "사회적 도덕과 경제 이론의 연구" 그리고 "인간 가치에 대한 질문"이 있었다.[10]

『선물 관계』는 행정적 측면에 초점을 맞추는 정책 분석의 전통적인 개념적 틀을 사회정책의 근원적인 목표가 무엇인지에 초점을 맞추는 틀로 바꾸었다. 헌혈은 ― 다른 많은 사회, 보건, 복지 서비스처럼 ― 사회 통합의 매개이자 공동체 이타주의의 본보기가 될 수 있다. 마르셀 모스Marcel Mauss와 레비스트로스Lévi-Strauss 그리고 다른 이들의 인류학적 성취를 묘사하면서 티트머스는 자발적 헌혈이 인간 사이에 존재하는 가장 순수한 형태의 베풂 관계를 나타낸다고 믿었다. 왜냐하면 사람들은 반드시 돌려받으리라는 기대 없이 베풀기 때문이다. 이러한 자발적 베풂을 신뢰하고 이에 기초한 체계는 이타주의를 효과적으로 제도화한다. 이 체계는 사람들이 서로를 돌보도록 장려하는 틀을 제공한다. 이러한 의미에

9 Schwartz, B., "The social psychology of the gift", *American Journal of Sociology* 73(1)(1967), pp. 1-11.
10 티트머스의 논문: idea file ("Economics, social policy, values and the gift relationship") and correspondence file, Allen and Unwin.

서 모든 보건과 복지 체계는 그 체계에 독특한 특징을 부여하는 일련의 (종종 숨겨진) 도덕적 가치에 근거를 두고 있다.

『선물 관계』에 대한 반응

『선물 관계』는 처음 출간되었을 때 찬사뿐만 아니라 비판도 받았다. 비판자들은 티트머스가 복잡한 산업사회에서의 권력의 속성에 대한 이해가 부족하고, 가치에 대한 합의를 과대평가하는 경향이 있으며, 보수를 받는 헌혈/자발적 헌혈을 상이한 체계의 효율성을 설명하는 핵심적 요소로 너무 거칠게 가정했고, 혈액은행에서 이루어지는 건전한 업무를 경시했다고 말했다. 경험적 증거를 보면 상업적 헌혈 시스템에서 자발적 헌혈 시스템으로의 전환이 반드시 공급의 문제를 말끔하게 해결한 것은 아니었다.[11] 또한 티트머스는 베풂을 사회적인 것뿐만 아니라 "자연적"인 것으로 이상화하는 경향 때문에 비판받았으며, 때때로 베풂을 어떻게든 근본적으로 고결한 것으로 묘사하려는 열망 때문에 다른 인류학자의 견해를 잘못 오해하기도 했다. 그럼에도 불구하고 한 저명한 인류학자는 많은 이의 이러한 결론들을 모아 다음과 같이 말했다. 비록 "티트머스의 인류학이 약간 불안하기는 하지만 … 그의 도덕적 주장은 반석 위에 세워져 있다."[12]

---

[11] Surgenor, D. M., and Cerveny, J. F. A., "A study of the conversion from paid to altruistic blood donors in New Mexico", *Transfusion*, 18(1978), pp. 54-68, 그리고 von Schubert, H., "Donated blood — gift or commodity?", *Social Science and Medicine* 39(2)(1994), pp. 201-206.

도덕적 가치는 알 수 없는 곳에서 도래하는 것이 아니라 사람들이 살아가는 사회적 맥락에서 형성되는 것이다. 이런 의미에서 『선물 관계』는 낙관적이기도 하고 비관적이기도 하다. 왜냐하면 베풂giving을 지지하는 인간의 능력은 "좋은" 사회'good' society를 전망하게 하지만 한편으로 이러한 능력에 관한 표현 자체는 한 사회의 특징에 영향을 받아 만들어진 것이기 때문이다. 한 사회정책 분석가는 대처주의의 정치에 비추어 이 책을 다시 읽으면서 이 책이 진정으로 인간 구원의 가능성에 관한 책 — 버니언Bunyan의 『천로역정Pilgrim's Progress』의 세속적인 판 — 이라는 결론을 내렸다. 바로 이러한 이유로 이 책은 더 학술적인 책들이 차츰 세상에서 잊힐 때에도 여전히 사람들 사이에서 읽힐 것 같다.[13]

이것은 사실인 것 같다. 이 책은 헌혈을 주제로 한 고전적 저작으로서, 그리고 자유주의적-사회주의자의 입장에서 복지 공급에 대해서 쓴 강력한 진술로서 자주 인용되고 있다. 이 책은 베풂과 소유라는 주제를,[14] 그리고 "이타적 관점"의 철학적이고 종교적인 기원을[15] 탐구하도록 다른 학자들을 자극했다. 그후에 일어난 일은 티트머스의 비교 연구와 주장들의 많은 부분을 뒷받침했다. 미국에서 높은 비율로 발견된 인체면역결핍바이러스/에이즈 혈액이 높은 수준의 상업적 헌혈과 관계가 있다는 것은 미국과 영국의 혈우병 환자의 감염률 비교를 통해 생생하게 입증되었다. 헌혈로 에

---

12 Leach, E., "The heart of the matter", *New Society* (21 January 1971).
13 Pinker, R., "Opportunities for altruism", *Community Care* (5 February 1987).
14 Hyde(1983).
15 Monroe(1996).

이즈에 걸릴 수도 있다는 헌혈자들 사이의 두려움은 신뢰의 필요
성을 분명히 보여준다. 미국 병원에서 심장병 환자들을 대상으로
실시된 한 통제된 실험 결과에 따르면 보수를 받은 헌혈자의 혈액
을 수혈받은 환자는 53%가 B형 간염에 감염되었으나 자발적 헌
혈자의 혈액을 수혈받은 이들은 아무도 감염되지 않았다.[16] 기꺼
이 베풀고자 하는 마음은 미국보다 영국에서 계속 더 높게 나타난
다. 장기 기증에 대한 태도 조사에서 영국인의 약 4분의 3은 사후
에 장기를 기증할 의사가 있다고 밝혔는데, 이는 절반 이하가 그
렇다고 답한 미국인을 상대로 한 조사 결과와 비교된다.[17] 최근 뉴
질랜드의 헌혈자에 관한 조사에서는 헌혈자 5명 가운데 2명이 만
약 혈액제제 판매로 이윤이 만들어진다면 더 이상 헌혈하지 않겠
다고 하였다.[18] 헌혈자들 사이에는 한 사람의 혈액을 기증하는 것
은 생명을 선물하는 것과 같다는 정서가 남아 있다.[19]

『선물 관계』가 처음 출간된 이후 많은 것이 변했다. 영국에서
1980년대 말부터 시작되어 그후 국제적으로 유행이 된 국영보건
서비스 개혁은 부분적으로는 건강 욕구와 그러한 욕구를 충족시
키기에는 명백히 한정된 자원 사이의 지속적인 긴장으로 인한 것
이었다. "동등한 욕구에 대한 동등한 처우와 무상 [*의료] 이용"이

---

[16] McLean, I., "Should blood be for sale?", *New Society*(6 June 1986).
[17] New, B., and Solomon, M., "Cadaveric organ donation: improving the supply of donors", background paper for a conference held at the Cavendish Conference Centre(22 March 1993), King's Fund Institute, London.
[18] Howden-Chapman, P., Carter, J., and Woods, N., "Blood money: blood donors' attitudes to changes in the New Zealand blood transfusion service", *British Medical Journal* 312(1996), pp. 1131–1132.
[19] "Death by a thousand cuts", *Independent* (January 11 1996, pp. 4–5).

라는 1948년부터 약속된 서비스의 제공에 있어서 주목할 만한 수준의 [의료] 공급이 국제 기준에 따른 보통 수준의 재원 안에서 가능한 것으로 입증되었다.[20] 부분적으로 이는 대중이 영국보건청의 이상에 대해 보낸 높은 수준의 지지 때문이었고 한편으로는 상당수 영국보건청 직원들이 자신들이 몸담은 기관의 서비스가 그들 각자에게 의미하는 바에 따라 기꺼이 상대적으로 낮은 임금을 받고 장시간 노동을 감내한 덕분이었다. 게다가 중앙 재정 지원 구조는 상업성에 기반한 보건 시스템에서 발견되는 것 같은 복잡한 비용 청구 시스템이 필요하지 않았고 그래서 행정 비용이 극히 적게 들었다(북아메리카에서는 30%까지 든 것에 비해 일반적으로 5% 미만이었다).[21]

개혁의 배경에 있던 또 다른 추진력은 아마도 당시에는 분명하게 감지되지 않았을 것이다. 바로 건강 욕구의 변화이다. 출산율이 급락하는 가운데 영아 사망률은 1948년 1,000명당 약 50명에서 1994년 1,000명당 약 7명으로 감소했다.[22] 죽음과 장애의 주요 요인이었던 전염병은 전염성이 없는 퇴행성 질병으로 바뀌었으며, 임상 업무는 간단한 수술을 포함하는 새로운 치료 가능성과 치료제도에 의해 크게 변화하고 있었다. 한정된 자원 내에서 어떻게 환자들에게 개별적으로 개입하고 첨단 기술과 고도로 숙련된 치

---

[20] Maxwell(1974).
[21] Health Policy Network, "In practice: the NHS market", National Health Service Consultants' Association(1996).
[22] "Changing health of Mersey, 1948-1994", Regional Director of Public Health, Mersey Regional Health Authority(1995).

료를 제공할 것인가 하는 비용-편익의 방정식을 고려하면서, 어떻게 늙어가는 사람들에게 그들의 집 가까이에서 실질적으로 높은 질의 의료 돌봄과 사회적 돌봄을 제공할 것인가가 점차 중요한 도전으로 이해되고 있었다. 기초 보건과 공동체 돌봄community care을 구축하고 전문 병원과 치료 센터를 합리화하여 서비스를 다시 만들어야 한다는 요구는 전문가들의 완고한 분파별 이해관계에 직면함으로써 그리고 보건 계획 입안자들이 급진적 구조조정의 필요성에 관한 국가적 여론 형성에 실패하고 대중을 설득하는 데 실패함으로써 실현되기 어려운 것으로 판명이 났다. 보건 개혁 패키지의 일부로 등장한 도구는 보건 서비스 구매(또는 수수료)의 분리, 일반의general practitioner 예산 편성을 통한 주치의family doctor의 권한 분산, 그리고 자동적으로 지역 병원에 재정 지원을 하는 대신에 후속 환자들에게 재정 지원을 하는 서비스 계약에 대한 준상업적 접근의 채택을 포함했다. 변화의 지렛대를 창출하고자 했던 이 모든 것은 일종의 회계적 사고방식을 만드는 결과를 가져오기도 했다.

비판자들은 우리가 이제 모든 것의 비용을 이해하기 시작했지만, 그에 반해 어떤 것의 가치를 놓칠 위험이 있다고 합당하게 주장할 수 있다. 보다 최근에 영국은 비교적 적은 비용을 절감하기 위해 헌혈의 "합리화"와 주문 처리 센터의 "합리화"를 포함한 새로운 경영 방식을 시행하였다. 하지만 이러한 변화가 서비스의 질을 향상시킬 것이라는 어떠한 증거도 없다. 또 지역 서비스에 대한 강한 공감과 충성심을 갖고 있어 합리화에 반대하는 상당수의 헌혈자가 소외되고 이로 인해 공급이 위태로워지지 않을 것이라는 어떠한 확신도 없다. 이러한 방법이 도입된 이후 만성적으로 불안정한 수준의 공급 이상의 문제가 발생하고 있다.[23] 혈액 처리 과정에서 상업적 관여의 증가, 상업적 윤리와 경영 방식의 채택 그리고 사람들이 미래에 개인적으로 이용하기 위해 그들 자신의 혈액을 저장의 형태로 사유화하는 것은, 일상생활의 다른 영역들(예를 들어 장애물이 쳐진 고급 사유지와 공공 영역의 일반적 사유화)에서 흔히 발견되는 시민사회로부터의 후퇴와 유사하다. 이와 마찬가지로 지역공동체의 유대가 약화되고 있는 영국에서의 수혈 "합리화"는 수혈 서비스가 가지는 특수한 성격과 공공 정신에서 차지하는 독특한 위치에 대한 통찰력의 심각한 결여를 드러내보일 뿐만 아니라, 사이먼 젠킨스Simon Jenkins가 유럽에서 가장 중앙집권화되고 가장 덜 민주적인 국가들 중의 하나가 되었다고 주장한 1990년대 영국에서 나타난 매우 다양한 측면의 "합리화"와 함께하는 것이기도 한다.[24]

이러한 가치의 변화와 실종의 시나리오를 목도하는 가운데에도 호혜와 사회적 연대에 기초한 서비스에 대한 이타적 베풂과 헌신의 원칙은 절대적으로 중요하다. 무엇보다도 바로 이러한 관점 — 1세기 이상 공공 제도가 매우 급진적으로 변화한 직후의 관점 — 에서 우리는 『선물 관계』의 논점을 다시 검토할 필요가 있는 것이다.

---

23   *London Evening Standard*(5 December 1996), p. 6.
24   Jenkins(1995).

감사의 글

우리는 『선물 관계』의 개정판 출간에 기여한 사람들에게 다음과 같이 감사를 표하고자 한다. 열의를 가지고 이 프로젝트를 지원해 준, 리처드 티트머스의 이름으로 런던정경대학에서 보건 정책 교수직을 맡고 있는 줄리언 르 그랜드Julian Le Grand, 기술 자료 갱신에 기여한 바네사 마틀루, 우리를 대표하여 연락을 맡아준 런던정경대학의 전 학술 출판 책임자 제인 암스Jane Arms, 원고 준비를 도와준 교육학연구소Institute of Education의 앤 오클리의 조교 샌드라 스톤Sandra Stone, 그리고 부지런하게 편집을 해준 매튜 휴Matthew Hough에게 감사를 표한다.

2장
영국의 에이즈와 선물 관계

버지니아 베리지*

인체면역결핍바이러스/에이즈가 전파될 때 혈액이 담당하는 중심 역할은 선물 관계의 새로운 면을 보여준다. 안전한 혈액 공급의 보장이란 측면에서 이타주의가 가지는 가치는 리처드 티트머스가 『선물 관계』를 처음으로 출간했을 당시에 비해 떨어졌고, 보다 복잡해졌다. 자발적 헌혈자 시스템에서 필수적인 도덕성에 대한 믿음은 헌혈자의 혈액 처리법의 기술적 발달과 갈등 관계에 있었다. 즉 상업적인 것은 나쁜 것, 자발적인 것은 좋은 것이라는 식의 단순한 이분법은 더 이상 설득력이 없어졌다. 그러나 혈액과 자발적 헌혈이 사회생활과 유대 관계에 관한 근원적인 의미를 갖는다는 티트머스의 주장은 에이즈 발견 이전 시대의 다양한 헌혈

* 버지니아 베리지Virginia Berridge는 런던보건대학원의 역사 전공 교수이다. 이 장은 베리지 교수의 최신 저서인 『영국에서의 에이즈: 1981-1984년 정책 수립AIDS in the UK: The Making of Policy 1981-1984』(옥스퍼드대학출판부, 1996)에서 인용하였으며, 옥스퍼드대학출판부의 허가를 받았다.

시스템의 효과를 이해하는 데 필요한 만큼이나 에이즈와 혈액의 관계를 분석하는 데 있어서도 반드시 필요한 도구임에 틀림없다.

혈액은 영국에서 에이즈가 일반 정책 문제로 규정되는 데 있어 매우 중요한 역할을 했다. 1983-1984년에 혈액은 여러 다른 경로를 통해 에이즈에 대한 대중의 인식을 지배하기 시작했다. 1983년에는 에이즈가 혈액 전파와 관련이 있을 수 있다는 인식과, 혈액 제제에 의존하는 혈우병 환자들에게 특히 위협이 된, 혈액 공급에 오염이 있을 수 있다는 두려움이 출현했다.[1] 오염에 대한 이러한 두려움과 에이즈에 걸릴 위험이 있는 사람들에 대한 정의의 확대는 바이러스의 발견과 혈액 내 바이러스 확인 검사법의 개발과 같은 과학의 발전과 그 궤를 같이했다. 과학적 논쟁의 근저에는 인류학자들이 부족 유대와 부족 의학의 강렬한 의식儀式과 관련하여 지적한 바 있는, 하나의 실체로서 혈액 자체가 지니는 거대한 상징주의가 있었다.[2] 과학적 확실성이라는 의식에 의해 가려졌지만 서구 사회에서도 동일한 상징주의가 있었다. 예를 들어 에이즈의 등장을 계기로 수혈의 의료적 이용이 국가들마다 차이가 있다는 점이 밝혀졌는데 이를 어떻게 설명할 수 있을까? 티트머스가 초판

---

[1] 비록 혈액 문제가 정책 인식 초기에는 곧 발생할 것처럼 보였음에도 불구하고 그것은 공개된 논평들에서는 놀라울 만큼 관심을 받지 못했다. 미국 상황에 관한 몇 가지 분석은 Sapolsky, H. M., "AIDS, blood banking and the bonds of community" in Graubard(ed., 1990), pp. 287-305; Sapolsky, H. M., and Boswell, S. L., "The history of transfusion AIDS: practice and policy alternatives", in Fee and Fox(eds, 1992), pp. 170-193; Murray, T. H., "The poisoned gift: AIDS and the blood", in Nelkin, Willis and Parris(eds, 1991), pp. 216-240을 보라.

[2] Turner(1967).

에 기술한 헌혈과 이타주의 간의 관계는 프랑스와 영국에서 수혈 서비스를 제공하는 데 있어 자발적 헌혈이 안전한 혈액 공급의 핵심이라는 강력한 믿음을 불러일으켰다. 동시에 이 두 나라에서 보수를 받은 헌혈은 곧 혈액 오염이 있을 수 있는 경로로 인식되었고, 혈액학자들은 수혈 시스템이 그 시스템을 만들어낸 사회의 도덕성을 나타내는 표지라고 주장하는 티트머스와 견해를 같이했다.

에이즈 문제는 전쟁과 전후 시기에 걸쳐 만들어진 복지 합의에 대한 "신우파New Right"의 초기 승리를 나타내는 사건은 아니었다. 그러나 혈액 공급에 관한 한, 에이즈는 이타적 헌혈의 힘에 대한 전후의 강력한 믿음을 약화시켰고, 보다 복잡한 상황이 존재한다는 사실을 분명히 보여주었다. 상업적인 것은 나쁜 것이고 자발적인 것은 좋은 것이라는 식의 단순한 이분법은 수혈원이 정책 방향을 결정하는 데 일조했지만, 실제로 기술 변화를 포함한 다른 요인들은 그런 상반 관계가 완벽하게 들어맞는 것은 아님을 여실히 보여주었다. 영국과 프랑스,3 그 외 유럽 지역에서 에이즈로 인해 주목받은 혈액 시스템의 놀라운 특징 가운데 하나는 바로 "자원자 이미지"로 대변되었던 시스템이 상업적 자원에 상당히 의존하게 되었다는 점이다. "전혈全血whole blood"*을 다루는 수혈 서비

---

3 프랑스 의학은 특히 수술 후 수혈의 효과를 강조한다. Moulin, A. -M., "The blood issue in France", paper given to the Second Conference of the AIDS History Group, "AIDS and the public debate", National Institutes of Health(Bethesda, October 1993). 독일 의사들 또한 유럽의 다른 어떤 곳에서 보다 훨씬 더 많은 혈액제제 사용을 권장하고 있다(*New Scientist*, 6 August 1994, reported in *AIDS Newsletter*, 9/10(1994), p. 691).

* 혈액의 어떠한 성분도 제거하지 않은 수혈용 혈액.

스의 헌혈은 전통 방식인 자원자에 기반한 반면, 혈액제제는 애초부터 주로 상업적이었고 거대한 혈액 국제무역의 일부분을 차지하고 있었다. 혈장血漿* 중개인들은 혈액을 다른 것들과 마찬가지로 상품으로서 운용했다. 뉴캐슬 혈우병 센터Newcastle Haemophilia Centre의 소장인 피터 존스Peter Jones 박사는 1985년 『영국의학저널British Medical Journal』에서 이러한 시스템 운용과 관련하여 주의를 환기했다. 존스의 견해는 혈장이 아프리카에서 생산되었고, 감염된 혈액이 그 경로를 통해서 수입되었을 수도 있다는 것이었다. 영국 보건부 수석 의료 담당관과 혈장 산업의 대표자들은 이와 같은 견해를 강력히 부인했다. 그러나 존스는 다국적기업과 아프리카의 레소토Lesotho에 있는 혈장분획plasmapheresis** 센터 그리고 멕시코에서 최소 두 회사에 의해 운영되고 있는 시설들 간의 장기 계약에 대한 관심을 이끌어낼 수 있었다.⁴ 혈액제제에 관한 한 자발적 행동voluntarism은 더 이상 골자가 아니었다.

여기에서 배경이 된 것은 혈액제제의 국제 거래가 발달했다는 것이었다. 다른 의미로 혈액은 전후 역사에 들어맞았다. 아래에서 논의될 엘스트리 혈액제제연구소the Blood Products Laboratory at Elstree의 자급자족과 재원 조달의 "전사前史"에는 매우 중요한 의

---

* 혈액에서 혈구를 제외한 액상 성분.
** 헌혈자의 빈혈을 막기 위해 혈액으로부터 혈장만을 끄집어내어 혈장 단백질을 분리, 정제하는 데 사용하는 방법.
4 Jones, P., "AIDS: the African connection", *British Medical Journal*, 290(1985), p. 932; Acheson, E. D., "AIDS: the African connection", *British Medical Journal*, 290(1985), p. 1145. 이 점에 대한 더 자세한 증거는 Jones, P., "Personal record: Peter Jones"에 있다. 존스 박사가 혈우병 보상 사례를 위한 증거를 수집하여 저자가 이용할 수 있게 해줬다.

미가 있다. 영국은 1970년대 내내 혈액제제의 자급자족에 실패했고 이 문제는 에이즈가 주목받은 1980년대에도 큰 쟁점이었다. 에이즈와 혈액은 이러한 쟁점들 때문만이 아니라 관련된 여러 이익집단 간의 갈등을 통해서도 대중적인 문제가 되었다. 노동조합은 자급자족과 안전 문제를 놓고 압력을 행사했다. 헌혈자 보호를 최우선으로 하는 수혈 서비스에 종사하는 의사들과, 혈우병 환자를 보호하고자 하는 혈우병 서비스에 종사하는 의사들 사이에 갈등이 있었다. 이 때문에 정책 선택은 상이하게 이루어졌다. 수혈 서비스를 놓고 상이한 접근법을 채택한 잉글랜드와 스코틀랜드 사이에도 갈등이 있었는데, 스코틀랜드에서는 잉글랜드식 지역화된 수혈 서비스의 만성적인 탈조직화가 감염 가능성을 가중시켰다고 주장했다. 동성애자들과 혈액 및 혈우병 분야 종사자들도 불편한 관계에 있었다. 특정 유형 시스템의 효율성에 관한 신념이 상대적인 위험을 평가하는 데 영향을 주었다. 상업적으로 제공된 [혈액]제제와 자발적으로 제공된 [혈액]제제 사이에, 위험한 치료와 전혀 치료를 하지 않았을 경우 생기는 위험 사이에 논쟁이 있었다. 모든 것은 국제적인 혈장 거래를 통해 강력하고도 잠재적으로 폭발적인 정책 문제, 즉 상당히 국제적 성격을 띤 문제를 제공했다. 혈액은 혈액 공급 조직을 통해 진정으로 국가의 문화를 보여주는 거울이었다. 그러나 정부와 기관이 에이즈와 이 바이러스의 위험에 대응하는 과정에서 보여준 서로 다른 방식은 상이한 정치 문화를 보여주는 것이기도 했다.

초기의 우려들

혈액 공급과 혈액제제의 오염 가능성에 관한 문제는 1983년 초기에 영국의 의학 전문 언론에서 처음으로 등장했다. 다수의 기사와 보도가 샌프란시스코에서, 베데스다Bethesda에 있는 국립보건원National Institutes of Health에서, 그리고 스페인에서 나왔는데 이들은 혈액이나 혈액제제를 통한 전염을 의심하게 만드는 일련의 사례에 걱정 어린 관심을 나타냈다.5 당시에 바이러스와 그 항원에 대한 검사는 모두 먼 미래의 일이었다. 그래서 아서 애먼Arthur J. Ammann은 샌프란시스코에서 에이즈에 감염된 한 영아에 관한 글을 쓰면서 "에이즈를 진단할 수 있는 방법이 없기 때문에 깊은 주의를 기울여 잠재적으로 에이즈를 전파할 우려가 있는 사람들에게서 얻은 혈액제제의 사용을 피해야 한다"고 조언했다. 그가 언급한 영아는 태어날 때 한 헌혈자로부터 수혈을 받았는데, 그 헌혈자는 나중에 에이즈에 걸렸고 얼마 후 사망하였다. 애먼이 지적하였듯이 우려되는 점은 이 헌혈자가 꽤 훗날까지도 아프지 않았다는 것이었다. 이는 곧 에이즈에 잠복 기간이 있거나 혹은 보균 상태가 있을 수 있다는 것을 의미했다. 영국에서의 의학적 견해는

---

5   예를 들어 *Lancet*(30 April 1983)에 실린 혈우병 문제와 관련된 몇몇 교신: Gordon, R. S., "Factor VIII products and disordered immune regulation", p. 956; Lissen, E., *et al*, "AIDS in haemophilia patients in Spain", p. 992; Kessler, C. M., *et al.*, "Abnormal T-lymphocyte subpopulations associated with transfusions of bloodderived products", p. 991; Ammann, A. J., *et al.*, "Acquired immune deficiency in an infant: possible transmission by means of blood products", pp. 956–958.

불분명했다. 4월 2일자 『랜싯Lancet』에 실린 무기명 사설(실제로는 피터 존스 박사가 작성했다)의 필자는 혈액제제와 에이즈를 야기하는 감염병원체 전파 사이에 연관성이 있다는 가정에 대해 미심쩍다는 견해를 피력했다.

> 현 단계에서 아직 설명되지 않은 증후군에 대해 비등하는 관심은 두 가지 측면에서 분명하게 구분해야 한다. 첫째, 비록 림프구 개체들의 변화에 대한 발견이 공통적으로 보고되었지만 그것들 사이에는 인과성이 없을 수도 있다. 둘째, 소수의 혈우병 환자에게서 발견된 질병이 반드시 빙산의 일각을 보여주는 것은 아니다. 물론 수많은 헌혈자로부터 얻은 혈장 수혈 요법의 부작용을 생각해볼 수 있다. 그러나 만약 에이즈에 대해 그렇게 쉽게 설명할 수 있다면, 1970년대 후반에 알려진 전염성 매개체와 장기간의 잠복기를 인정한다고 하더라도 에이즈는 다른 선진국에 있는 혈우병 환자보다 미국산 항혈우병제 농축액을 훨씬 더 많이 수혈받은 미국 또는 서독 환자에게 확실히 더 큰 영향을 미쳤을 것이다. 미국 의료인들이 주장한 그 연관성은 아직 증명되지 않았음을 알아야 한다. 주의 깊은 감시가 반드시 계속되어야 하지만, 그렇다고 해서 보고된 사례들이 치료 정책을 바꿀 만큼 강력한 주장이 되는 것은 아니다.[6]

---

[6] Jones, P., "Acquired immunodeficiency in haemophilia", *Lancet*(2 April 1983), p. 745.

다음 달 영국 언론의 1면에는 에이즈 관련 사안들이 봇물 터지듯 쏟아져 나왔다. 『메일 온 선데이Mail on Sunday』의 의학 전문 기자인 수전 더글러스Susan Douglas는 영국 병원이 "살인 혈액killer blood"을 사용했다는 독점 기사를 실었다. 그녀는 런던과 카디프에 있는 병원에서 혈우병 치료를 위해 통상적인 수혈을 받은 두 남성이 에이즈 의심 증상을 보이고 있다고 폭로했다. 이 기사는 상업적으로 제조되고 수입된 항혈우병제의 사용을 문제의 근원으로 보고 있었다. 언론 보도를 통해 에이즈 문제는 급작스럽게 정치적 관심사가 되었다. 크루Crewe와 낸트위치Nantwich 지역의 노동당 의원인 귀네스 던우디Gwyneth Dunwoody는 1983년 7월 하원에서 에이즈에 대한 첫 질의를 하였다. 그녀는 영국에서 이루어지는 혈액과 혈액제제의 자급자족에 관해, 그리고 에이즈로 인해 사망한 혈우병 환자들의 수에 관해 질의하였다.7 에이즈 초창기의 이러한 질의는 추후 의회가 에이즈에 대해 기울이는 관심의 경향을 규정했다. 1984-1985년의 의회 회기 동안 이루어진 에이즈에 관한 59개의 질의 중에서 절반이 혈액 공급에 관한 것이었다. 정당 조직들이 에이즈의 파문에 대해 처음으로 인식하게 된 계기는 동성애자 사회에서의 에이즈 확산보다는 혈액 공급 문제에 있었다. 초점은 두 가지였다. 즉 수혈 서비스를 에이즈의 영향으로부터 어떻게 지킬 수 있는가, 즉 잠재적으로 오염된 혈액으로부터 수혈 서비스를 보호하는 데 필요한 조치는 무엇인가, 그리고 혈액제제 산업과 혈우병 환자들을 잠재적으로 오염된 제조 물품으로부터 보

---

7   *Hansard*(11 July 1983), col. 275.

호하는 데 필요한 조치는 무엇인가 하는 것이었다.

혈우병을 치료하는 의사들은 『메일 온 선데이』의 폭로에 대해 일종의 분노를 표출했다. 『랜싯』의 사설에서 존스 박사가 명확히 한 것처럼 혈액제제와 혈액 공급이 [에이즈의] 원인인지조차 아직 아무도 확신할 수 없었다. 피터 존스는 『메일 온 선데이』의 기사를 신문평의회Press Council에 고발하며, 기사의 과장된 언사와 모든 사람이 위험에 노출되어 있다는 주장을 반박했다. 존스 박사의 주장과 여러 전문의의 반응은 혈우병 환자를 치료하기 위해 제조된 혈액제제가 환자의 건강에 엄청난 이득을 가져다준다는 맥락에서 이해되어야 한다. 영국에서 심각한 혈우병을 앓고 있는 환자들의 기대 수명 중앙값은 1962년에 37세에 불과했으나 1980년에는 거의 정상인과 동일한 것으로 추정되었다. 혈우병 환자 집단은 에이즈에 대한 동성애자의 반응으로 특징지어진 이 시기와 그 이전 시기에 대해 별 관심을 보이지 않았다. 그러나 도널드 베이트먼Donald Bateman의 공개된 증언은 항혈우병제가 나오기 이전의 날들을 생생하게 보여주고 있다.

> 내부 출혈이 발생하면 움직이지 않고 사지를 깁스로 감싸는 것 외에 별다른 조치가 없었다. 그러한 상황에서 고통은 형언할 수 없는 것이었고, 그것은 내가 소년기에 느낀 오롯한 절망감에 분명히 영향을 미쳤다. 깁스를 제거했을 때 근육은 심각하게 감소되어 있었고 동작을 회복하는 것도 위험하며 고통스러웠다. 항혈우병제가 나오기 전에 나는 이런 방식으로 왼쪽 허벅지를 세 번 치료하였다. 출혈이 근육에 미치면 조직

이 상처를 입었고, 이것은 곧 무기력증과 영구적인 고통을 유발했다.[8]

아주 짧은 기간 내에 수명과 삶의 질이 증가한 것은 거의 전적으로 혈우병 치료제인 항혈우병제 농축액의 광범위한 보급 덕분이었다. 언론이 유발한 공포에 빠져 생명을 구하는 제제와 그것을 이용한 치료를 거부하는 환자들을 보호하기 위해 전문의들이 우려를 표명한 것은 놀라운 일이 아니었다. 햄프셔Hamphshire 올턴Alton에 있는 트렐로어 혈우병 센터Treloar Haemophilia Centre의 소장 토니 아론스탐Tony Aronstam 박사는 "모든 보고서가 혈우병 환자들을 절규하게 만들고 있다"고 말했다.[9] 보건사회보장부와 정계도 공식 성명을 발표했는데 에이즈가 혈액제제를 통해 전파될 수도 있다는 점을 인정하기를 꺼렸다. 보건담당 장관Minister of State for Health*이었던 케네스 클라크Kenneth Clarke는 "에이즈가 혈액이나 혈액제제를 통해 전파되었을 것이라는 추정들이 있다. 하지만 이것이 사실이라는 결정적 증거는 아직 없다"고 말했다.[10]

---

8 Bateman, D., "The good bleed guide: a patient's story", *Social History of Medicine*, 7(1994), pp. 115-133.
9 Veitch, A., "Warning against AIDS 'panic'", *Guardian*(4 May 1983).
* 우리나라의 보건복지부장관에 해당하는 이 당시 영국의 보건사회보장부 장관의 명칭은 'Secretary of State for Health and Social Security'이다. 영국은 우리말로 장관으로 번역할 수 있는 여러 명의 Minister(Minister for Health, Minster for Care 등)를 두고 있는데, 이들은 장관과 구분하기 위하여 담당 장관으로 번역하였다.
10 "AIDS and blood donation", DHSS press release 83/166(1 September 1983).

혈액과 자급자족

지난 20년에 걸친 과학의 발전이 기로에 놓였다. 영국에서 혈액제제의 자급자족에 관한 논쟁은 재점화되었다. 1973년에 영국에서 혈우병 환자를 치료하기 위한 상업적인 항혈우병제가 처음으로 허가를 받았다. 하지만 엘스트리에 있는 혈액제제연구소에서 생산하는 것만으로는 영국보건청의 수요를 감당할 수 없었다. 4년 뒤 전국의 자발적 헌혈자에 의지하여 제제를 공급한다는 계획의 진행 속도가 느려졌다. 엘스트리 연구소는 필요한 수요의 약 20% 정도만 공급할 수 있었다. 1978년에 사용된 항혈우병제 농축액의 50%는 수입한 것이었고, 이런 상황은 항혈우병제 농축액의 사용 경향에 영향을 미쳤다. 영국에서 상업 제제의 가격이 비쌌다는 것은 혈우병 치료를 위한 항혈우병제의 사용 정도가 선진국들 중에서 영국이 가장 낮았음을 의미했다. 동성애자들의 반응과 같이 혈우병계의 반응도 기존의 의제들에 부합했다. 1970년대 이후로 항혈우병제와 기타 혈액제제들의 자급자족에 실패한 정부에 대한 비판이 있었다. 이와 관련하여 1981년에는 햄프셔의 특수학교에 재학 중인 아동들 사이에서 간염이 집단적으로 발생했다. 1970년대 데이비드 오언David Owen 이후로 여러 보건담당 장관들이 자급자족을 목표로 한다고 약속했지만, 단 한 번도 지켜지지 못했다. 한 가지 핵심 문제는 조직으로서 엘스트리 연구소의 미래에 관한 것이었다. 엘스트리 연구소를 별개의 보건 당국으로 운영하는 방안, 기존 보건 당국의 한 부분으로 운영하는 방안, 트러스트*로 운영하는 방안, 1979년 보수당 정부 이후에는 상업적인 기관으로 운영하는 방안이 나오는 등 매우 다양한 방안이 고려되었다.

이러한 불확실성에 더해 잉글랜드와 스코틀랜드의 수혈 서비스가 분열되는 사태까지 발생했다. 스코틀랜드의 수혈 서비스는 중앙 조직화되었고 1980년대 초에 자급자족을 이루어냈다. 뒤에서 다루겠지만 이것이 바로 스코틀랜드에서는 혈우병 환자들 사이에 인체면역결핍바이러스가 크게 확산되지 않은 주된 이유였다. 자급자족 문제를 둘러싼 협상에 밀접하게 관여하고 있던 "과학, 기술, 경영자 협회Association of Scientific, Technical and Managerial Staff(ASTMS, 이하 과기경협회)"의 한 임원에 따르면 두 서비스 수장 간의 충돌 또한 자급자족을 더욱 지연시켰다. 임원들은 "스코틀랜드는 자급자족에 성공했다. 만약 과기경협회 회원들이 하려던 대로 수혈 서비스를 2교대 시스템으로 변경했다면 잉글랜드도 자급자족할 만큼의 공급을 할 수 있었을 것이다. 그러나 [*두 수장의] 성격 차이로 인한 갈등 때문에 이루어질 수 없었다"고 말했다.[11] 하지만 심각한 구조적 원인도 있었다. 스코틀랜드 수혈 서비스의 책임자인 존 캐시John Cash는 지역적으로 조직되어 분열된 잉글랜드와 웨일스의 수혈 서비스를 혹평하는 매우 비판적인 사설을 1987년에 『영국의학저널』에 기고했다.

> 국립수혈원은 파편화되어 있고 엉망진창이다. 이 때문에 한 곳에서는 혈액이 심각하게 부족한 반면에 그곳에서 10마일도

---

*   영국에서 트러스트는 일반적으로 재정을 정부로부터 직접 지원받으며 자체 이사 및 운영위원회가 운영하는 공적 조직의 일종이다.
11   과기경협회 임원과의 인터뷰(1991년 3월).

채 떨어져 있지 않은 다른 지역의 보건 당국에서는 혈액 초과 상태가 계속되어 혈액 모집 프로그램 일부를 폐지하는 일이 여러 번 일어났다.[12]

잉글랜드 시스템의 근본적 결함은 중앙 집중적으로 연구와 제제를 관리하지 못했다는 점이다. 덧붙여 보건사회보장부가 혈액제제연구소에 "운영의 무게중심을 영국보건청의 필요에 맞춘 서비스의 제공에서 국제 혈장 제제 시장에서의 이윤 창출 쪽으로 옮기라"고 요구한 것에도 원인이 있었다.

혈액제제연구소에 대한 재정 지원은 1980년대 초에 영국 정부가 영국보건청의 민영화를 포기한 이후부터 점진적으로 이루어졌다. 보건 부문 장관인 제라드 본 경Sir Gerard Vaughan은 1981년 11월에 영국 정부가 혈액제제연구소에 백만 파운드 이상을 투자할 것이라고 발표했는데 이러한 투자의 배경에는 혈액제제연구소 건물이 양질의 혈액제제를 생산하는 데 적합하지 않다는 보건부 감시관의 판단이 있었다. 1982년에는 중앙혈액연구부Central Blood Laboratories Authority가 새롭게 공식 설립되었다. 이 기관의 목적은 1985년까지 영국에서 혈액제제의 자급자족을 이루어내는 것이었다. 과기경협회는 [이에 대해] 현실적으로 3,000만 파운드 이상이 필요하다고 주장했다. 과기경협회는 영국 정부가 혈우병 환자들을 간염과 기타 혈액 매개 바이러스의 위험에 노출시켰을 뿐만 아

---

12 Cash, J., "The Blood Transfusion Service and the National Health Service", *British Medical Journal*(12 September 1987), pp. 617-619.

니라 매년 최대 천만 파운드의 비용을 치르가며 상업적 혈액제제를 수입하고 있다고 말했다.[13] 중앙혈액연구부는 1987년이 되어서야 문을 열었고, 그때까지 엘스트리 연구소는 영국의 항혈우병제 총수요의 겨우 30%, 즉 1977년과 같은 비율(같은 양이 아니라)만을 충족하고 있었다.[14] 1989년까지는 완전한 자급자족이 이루어져야 했지만, 존 캐시가 1987년 사설에서 지적한 것처럼 이 목표는 한편으로 중앙 시설에 충분한 혈장을 제공할 수 있도록 조직된 수혈 서비스에 달려 있는 것이었다. 앞서 언급한 대로 이러한 논쟁은 국내 공급을 통해 만들어진 혈액제제가 반드시 더 안전하고 나은 것이라는 믿음에 기반하고 있었다. 영국보건청의 제제는 헌혈받은 혈액으로 만들어졌고 따라서 상대적으로 안전하다고 주장되었다. 또한 수입품에 대한 의존을 끝냄으로써 예산도 절감할 수 있었다. 세계보건기구World Health Organisation는 늦어도 1979년 이후부터는 모든 국가에 자급자족을 권고하였다. 그리고 이 점에 관해서는 어떤 핵심 이해 당사자들 사이에도 이견이 없어 보였다. 일반적으로 자급자족이 선호되는 목표였고 국내 공급은 정말로 더 깨끗했다. 하지만 자발적인 것은 좋은 것이고 상업적인 것은 나쁜 것이라는 이분법은 나중에 제시될 인체면역결핍바이러스의 열처리와 같은 기술적 문제에서 볼 수 있듯이 자동적으로 적용되지는 않았다.

---

13 Veitch, A., "Extra £30 million could have kept out AIDS", *Guardian*(3 May 1983).
14 이 절의 몇몇 자료는 보상 사례를 위해 준비된 출처를 알 수 없는 자료에 기초한 것이다.

헌혈 문제

수혈원이 당면한 다른 문제는 헌혈을 통한 혈액의 실제 공급을 안전하게 보호하는 것이었다. "헌혈자 유예donor deferral" 전략은 민감한 문제였다. 상당히 많은 헌혈자가 남성 동성애자들인 것으로 알려졌다. 이것이 에이즈에 대응하면서 공중 보건 당국이 맞닥뜨린 최초의 시험 무대였다. 수혈원은 강력한 배제 정책으로 반응했을까? 첫 언론 보도 직후 개최된 1983년 5월의 케임브리지 회의에서 지역 수혈기관장들은 남성 동성애자들에게 헌혈하지 말아달라고 요청할 것인지 여부를 놓고 분열하였다.[15] 결론적으로 그들은 헌혈자들에게 동성애자인지의 여부를 직접적으로 물어보지 않기로 했고 대신에 에이즈에 대한 책자를 만들기로 결정했다. 책자의 목표는 『펄스Pulse』지에 보도된 기사처럼 "헌혈자들이 스스로 헌혈 여부를 결정할 수 있도록 충분한 정보를 사려 깊게 제공하는 것"이었다. 스코틀랜드 수혈원은 보다 직접적인 태도를 취했다. 스코틀랜드 남동부 수혈원은 에이즈에 대한 책자를 동성애자 협회와 헌혈소를 통해 배포하기로 결정했다. 남동부 수혈원의 책임자인 브라이언 매클렐랜드Brian McClelland 박사는 이것이 자발적인 정책이며, 이 정책을 통해 특정 집단의 사람들이 에이즈와 에이즈의 전파 방식에 대해 더 많이 알게 될 때까지 헌혈을 자제하게 될 것이라고 말했다. 그는 에이즈에 대한 책자가 동성애자들로 하여금 성적 정체성을 공개적으로 밝히도록 요구하지 않으며 단순히

---

[15] "AIDS: Our first dilemma", *Capital Gay*(6 May 1983).

동성애자들의 헌혈과 관련하여 최근 밝혀진 위험성에 대해서만 강조하고 있다고 콕 집어 말하느라 애를 먹었다.[16] 그러나 동성애자 사회의 일부 구성원들에게는 이러한 접근조차 피해 의식과 동성애 혐오증을 환기하는 것이었다. 동성애자 평등 운동Campaign for Homosexual Equality은 에이즈 초기의 몇몇 사례가 실제로는 아프리카를 방문한 적이 있는 이성애자들 사이에서 발병한 것이었다고 주장했다. "보건사회보장부는 동성애자들만을 따로 지목함으로써 모든 동성애자가, 그리고 오로지 동성애자들만이 문란하고, 에이즈의 원인이 바로 그들의 문란함에 있다는 위험한 신화를 만들어내고 있었다."[17] 1983년 9월에 출판된 에이즈에 대한 책자는 일반적으로 말해 동성애자들을 상대로 커지고 있는 [부정적] 반응의 일부로 여겨졌다. 그렇다고 해서 모든 남성 동성애자가 이것을 피해자 만들기로 인식한 것은 아니었다. 이언 듀어Ian Dewar는 『캐피탈 게이Capital Gay』지에 기고한 글에서 다른 입장을 취했다.

에이즈가 남성 동성애자들에게 한 중요한 기여 중 하나는 우리의 불안감을 전면에 부상시켰다는 것이다. 단지 동성애자들의 헌혈을 금지한다는 말만으로도 소수의 동성애자는 이미 피해 의식에 사로잡혀 울부짖고 있다. 헌혈자센터Donor Centres에서 말하는 조치는 축구 팬들 사이에서 에이즈가 발병했을 때 채택할 조치와 아무런 차이가 없다. 아마도 축구 팬들은

---

16 "AIDS: We don't want homosexuals' blood", *Pulse*(28 May 1983).
17 Chorlton, P., "Advice on AIDS angers gay pressure group", *Guardian*(15 September 1983).

"왜 우리지?"라며 의아해할 것이다. 그러나 나는 축구 팬들이 과연 학대받고 있다고 느낄지는 의심스럽다. 그들은 의학계가 그 문제를 빨리 해결하기 위해 무엇을, 왜, 그리고 어떻게 해야 하는지 찾기를 기대할 것이며, 우리도 그렇게 해야 한다.[18]

에이즈와 헌혈 문제는 동성애자들에게 샌프란시스코에서의 대중목욕탕 출입 금지와 비슷한 쟁점을 불러일으켰다.[19] 감염의 정확한 전파 방식에 대해 전반적으로 확신할 수 없었던 시기에 이들이 보인 즉각적인 대응은 어렵게 얻은 것을 방어하고 동성애를 혐오하는 것처럼 보이는 보건적 조치들에 반대하는 것이었다.

수혈 서비스의 두 기관[수혈원과 보건사회보장부]의 입장에서 이 시기는 심각한 불확실성의 시대였다. 수많은 혈우병 환자를 치료한 한 전문의는 다음과 같이 상기했다.

> 우리가 가진 유일한 조사 도구는 T4*의 비를 측정하는 것뿐이었다. 이 방법을 모든 환자들에게 적용했는데 … A형 간염도 아니고 B형 간염도 아닌 한 남성 환자가 … 수개월 동안 계속 선열腺熱glandular fever**이 발생해 아팠다. 당시에는 몰랐는데 지금 알고 보니 그 환자는 인체면역결핍바이러스로 혈청

---

18 *Capital Gay*(20 May 1983).
19 이 쟁점에 대해 자세한 것은 Shilts(1988)와 Bayer(1989)를 보라.
* 티록신Thyroxine(줄여서 T4라고 한다)은 갑상선호르몬 중 하나로서 일반적으로 체내 물질대사를 조절하는 역할을 한다. 에이즈 감염자의 경우 혈청serum에서 정상인보다 티록신 수치가 더 높게 나온다.
** 림프선이 붓고 열이 나는 감염 질환의 일종.

전환을 하고 있던 것이었다. 우리가 지켜볼 때에는 반 이상의 혈청이 전환되어 있었다.[20]

헌혈자들은 혼란스러워했고 많은 이들이 단순히 혈액을 받는 것보다 주는 것을 통해 에이즈에 감염될 가능성이 있다고 믿었기 때문에 헌혈을 멀리했다.[21] 1985년 첫 3달 동안 5-6%의 헌혈이 감소했고, 정부는 더 많은 사람에게 헌혈을 요청하는 캠페인에 25만 파운드를 쓸 수밖에 없었다. 보건사회보장부 정무담당 장관Parliamentary Under-Secretary of State인 존 패튼John Patten은 이 사안에 관한 의회의 질문을 받고, 헌혈이 감소한 것이 에이즈에 대한 공포 때문인지 아니면 나쁜 날씨로 인해 헌혈을 하려던 사람들이 집에 머물렀기 때문인지 말하는 것은 불가능하다고 답했다.[22]

확실한 과학적 지식이 없던 1983-1984년에 특히 혈우병 전문의들은 치료를 계속하는 것을 우선 사항으로 여겼다. 이것은 혈우병 환자들을 위한 자발적인 전국 조직인 혈우병협회Haemophilia Society도 지지한 정책이었다. 혈우병협회는 테런스 히긴스 트러스트Terrence Higgins Trust*와는 매우 다른 형태의 조직이었다. 1950년에 설립된 혈우병협회는 역사가 긴 단체로 1970년대 이후에는 유급 직원을 고용했으며 의회와도 관계를 맺었다. 혈우병협회의 자

20 혈우병 전문의와의 인터뷰(1990년 1월).
21 템스강 북동부 수혈원North East Thames Blood Transfusion Service에 있는 의사와의 인터뷰(1989년 11월).
22 *Hansard*(16 April 1985), col. 121.
* 인체면역결핍바이러스 및 성 건강과 관련한 캠페인이나 서비스를 제공하는 영국의 자선단체이다(http://www.tht.org.uk).

발적 행동 정신은 신흥 동성애자 집단들과는 매우 달랐다. 일련의 사건을 겪으면서도 에이즈는 혈우병협회의 유일하고도 주된 목표가 결코 아니었다. 혈우병협회 소식지에서 에이즈 관련 사망 기사들은 이상하게도 자선 바자나 캐러밴 휴일caravan holiday*을 보도하는 기사 옆에 있어서 보통 잘 알려지지 않았다.[23] 회원들이 소식지에서 에이즈에 관한 소식을 찾아보기 어려워했기 때문에 혈우병협회는 『헤모팩츠Haemofacts』라는 에이즈에 관한 별도의 회보를 발간했다.[24] 혈우병협회는 협회 활동이 특히 훗날 보상 투쟁을 통해서 에이즈에 엄청난 영향을 받았음에도 불구하고 한 활동가가 말한 것처럼 주로 "에이즈 관련 단체가 아닌 혈우병 단체로 남아 있었다. 에이즈와 관련해서 혈우병협회의 우선순위는 분명 혈액제제 및 혈액 공급에 관한 부분이었다.[25] 주로 성적 감염과 관련된 동성애자 조직과 혈우병협회가 처음부터 연결되기는 쉽지 않았다. 혈우병협회의 한 활동가는 이것을 "상호 불신"의 "기괴하고 특별한 상황"이라고 했다(이러한 관계는 나중에 조정되었다).[26] 과기경협회에서는 혈우병협회와 산업과의 연계를 의심했다 ― "우리가 받은 대체적인 느낌은 혈우병협회가 제약회사들로부터 너무 많은 자금을 지원받았기 때문에 덜 비판적이었다는 것이다."[27]

* 영국에서 캐러밴은 침대와 취사도구가 장착된 일종의 이동식 주택을 말한다. 바퀴는 있지만 엔진은 없기 때문에 주로 휴가철에 자동차의 뒷부분에 캐러밴을 연결해 이동하면서 원하는 곳에서 숙식을 해결한다.

23 *The Bulletin*(혈우병협회의 소식지), 4(1989).
24 Foster(1990).
25 혈우병협회 직원과의 인터뷰(1989년 6월).
26 혈우병협회 직원과의 인터뷰(1989년).
27 과기경협회 임원과의 인터뷰(1991년 3월).

어떠한 경우에도 혈우병협회 회원들은, 대도시에 기반하고 있는 동성애자 조직에 속하며 좋은 교육을 받고 자신들의 생각을 세련되게 표현할 수 있는 전문가들에 필적할 만한 집단 정체성을 가지고 있지 않았다. 베이트먼의 기억이 분명히 보여준 것처럼 혈우병은 부분적으로는 고용 차별에 대한 두려움 때문에 많은 관심이 필요함에도 불구하고 그런 대우를 받지 못한 질병이었다. 혈우병 환자들은 몇몇 동성애자가 그랬던 것처럼 혈우병 환자라는 정체성을 인정하기보다는 거기에서 벗어나고 싶어 했다. 항혈우병제는 혈우병 환자들에게 그 길을 열어주는 듯 보였다. 따라서 1983년 혈우병협회의 초기 대응은 전문의들의 반응과 마찬가지로 혈우병 환자들에게 혈액제제를 계속해서 사용할 것을 강력하게 권하는 것이었다. 1984년에 출판된(1983년에 집필되었다) 『혈우병과 함께 살아가기Living with Haemophilia』의 2판에서 피터 존스는 다음과 같이 조언했다.

혈우병 환자들은 무엇을 해야 할까? 그 대답은 명확하다. 그들은 가능한 한 빠르고 효과적으로 출혈을 계속 치료해야 한다. 치료를 하지 않으면 혈우병 환자는 불구가 되고 죽게 될 것이다. 바라건대 에이즈에 대한 이러한 설명이 출판되어 나올 때쯤이면 우리는 그것으로 인해 환자들과 의사들이 마주했던 질문들에 대한 몇몇 대답을 알게 될 것이다. 그 대답들 중 하나는 만약 혈액에 감염원이 있더라도 그 발병률은 아주 낮을 것이고 단지 소수의 사람만이 그로 인해 고생을 할 거라는 것이다. 에이즈 이야기는 B형 간염 이야기와 많은 점에서 닮았으

며, 우리가 보았던 대로 B형 간염은 통제가 가능하다.[28]

혈액 검사

인체면역결핍바이러스의 발견과 이 바이러스를 확인할 수 있는 검사법의 개발은 이러한 접근법에 큰 영향을 미쳤다. 1983년과 1984년에 에이즈를 일으키는 것으로 추정되는 매개체가 프랑스와 미국에서 발견되었다. 프랑스에서 발견된 바이러스는 "림프샘 질환 관련 바이러스lymphadenopathy associated virus(LAV)", 미국에서 발견된 바이러스는 "인간 T세포 림프구성 바이러스human T-cell lymphotropic virus type III(HTLV III)"라고 명명되었다. 훗날 이 두 바이러스들은 사실상 동일한 것으로 밝혀졌고, 국제적 합의를 거쳐 에이즈를 발생시키는 병원체는 인체면역결핍바이러스human immunodeficiency virus(HIV)로 불리게 되었다. 그러나 이 바이러스를 확인하기 위한 검사법은 1984년이 되어서야 비로소 개발되었다. 인체면역결핍바이러스 항체 검사법이 널리 확산될 때까지는 LAV에 의한 전파와 혈액제제 사이의 연관성에 대한 의구심이 여전했다. 미들섹스Middlesex의 바이러스 학자인 리처드 테더Richard Tedder 박사는 영국식 검사법의 초기 버전을 1984년 가을에 개발했고, 여러 혈우병 센터가 검사를 위해 혈우병 환자들의 혈청을 보내왔다. 그러나 이 단계에서 환자들의 허락을 구하지는 않았다. 항혈우병제를 사용하는 혈우병 환자들의 3분의 1에게서 바이러스에 대한 항

---

[28] Jones(1984), p. 91.

체들이 발견되었다. 뉴캐슬 센터에서는 이 비율이 75%까지 올라갔다. 의료진들도 검사를 받았다. 전파 방식에 대한 확고한 과학적 지식이 없었던 때였고 모든 사람이 위험할 수 있다고 여겨졌다. 그러나 양성 반응을 보인 사람은 단 한 명도 없었다.[29]

이 단계에서 "양성 반응 검사"가 무엇을 의미하는지에 대한 인식은 유동적이었다. 혈청 반응 양성에서 에이즈로 진행하는 경우의 비율과 규모는 확실하지 않았다. 많은 사람이 양성 반응을 보인 사람들 중에서 겨우 약 10%만이 에이즈로 발전할 수 있다고 믿었다. 몇몇은 양성 반응을 긍정적인 징조라고 생각했다. 왕립무상병원Royal Free Hospital 혈우병 센터의 한 전문의는 다음과 같이 회상했다.

> 나는 처음부터 에이즈가 전염성이 있고 모든 사람이 에이즈에 걸릴 것이라고 믿었다. … 그러나 사람들은 바이러스 양성 반응을 좋은 것으로 여겼다. 양성 반응은 당신은 바이러스에 대한 면역이 있으므로 에이즈에 걸리지 않을 것이라는 의미로 이해되었다. 그들은 양성 반응이 농축액의 항원에 대한 항체의 증가 때문일 것이라고 느끼고 있었다.[30]

바이러스의 검사 가능성을 두고 많은 정책적 문제가 일어났다. 1984-1985년에 수혈 서비스에서 지극히 중요한 두 가지는 열처

---

29 혈우병 전문의와의 인터뷰(1993년 2월).
30 왕립무상병원의 혈우병 전문의와의 인터뷰(1990년 1월).

리와, 오늘날에야 가능하게 된 혈액 공급의 선별검사였다. 두 가지 모두 어려운 문제였으며, 가장 좋은 방법이 무엇인지에 대한 의견도 명확히 달랐다. 바이러스에 의한 오염을 비활성화하기 위한 혈액제제에 대한 열처리는 1970년대 말과 1980년대 초에 처음으로 시도되었다. 제조된 혈액제제가 널리 사용된 이후부터 혈우병 환자들에게 문제가 된 비非A형, 비非B형 간염바이러스(C형 바이러스)가 열처리에 의해 비활성화될 수 있다는 사실은 잘 알려져 있었다. 문제는 열처리에 따라 혈액 응고 인자가 급격하게 감소하는 것이었다. 혈액 응고 인자 생산의 손실은 곧 경제적 손실을 의미했다. 하원의 사회서비스위원회Social Services Committee에 제출된 증거자료에 따르면 엘스트리에서 항혈우병제 생산량이 1% 감소하는 것은 13만 5,000파운드어치의 제제를 손실하는 것과 같았다.[31] 초기 열처리 제제는 미국에서 상업적으로 제조되었다. 이 제제는 1984년 말부터 사용이 가능했다. 영국보건청에서는 열처리된 제제를 1985년 중반까지 이용할 수 없었다. 이런 상황은 상업적인 것과 자발적인 것이라는 이분법적 구분에 대한 믿음을 가지고 있는 혈액 담당 의사들을 딜레마에 빠뜨렸다.

1984년 말부터 1985년 10월까지는 끔찍한 기간이었다. 우리는 그 유행이 매우 사소하다고 알고 있었다. 우리에게는 교육 정책이 있었으며, 우리는 사람들을 돌려보냈다. … 저장된 혈액

---

[31] *Problems associated with AIDS, ii, Minutes of evidence*, pp. 279-283, 혈액제제연구소장인 레인R. S. Lane 박사가 영국 하원 사회서비스위원회에 제출한 견해서.

은 안전하다고 생각했다. … 우리의 문제는 … 헌혈자들의 상태가 좋지 않은 미국 제제를 제공했는가 아니면 안전한 헌혈자들로부터 공급된 열처리가 되지 않은 영국 제제를 제공했는가였다. 우리는 적어도 두 사람에게 열처리가 되지 않은 영국 제제를 제공했고 그들은 감염되었다. 우리는 안전하지 않은 혈액을 열처리를 통해 안전하게 할 수 있다는 것을 몰랐다.[32]

상반된 조언들이 의학 저널에 실렸다. 1984년 말에 『랜싯』에 실린 한 사설은 심각한 에이즈의 위협에 맞서 열처리된 제제를 조속히 사용할 것을 강력히 권고했다.[33] 하지만 『랜싯』의 다음 달 호에서는 뉴캐슬 공중보건연구소 Newcastle Public Health Laboratory와 지역수혈원 Regional Blood Transfusion Service 소속 간부 세 명이 안전을 이유로 열처리된 농축액 사용을 반대하는 글을 실었다. 그들은 영국에서 1982년과 1984년 사이에 간염을 줄일 수 있는 방법으로서 열처리가 된 항혈우병제를 사용한 임상 시험을 증거로 제시했다.[34] 또 다른 요인은 자원자로부터 제공받은 "안전한" 영국보건청의 농축액과 상업적으로 제공받은 농축액 사이의 이분법이 더 이상 명확하지 않다는 것이었다. 1983년 『영국의학저널』에 실린 항혈우병제의 치료 효과에 관한 한 보고서는 "영국보건청의 농축

---

[32] 왕립무상병원의 혈우병 전문의와의 인터뷰(1990년 1월).
[33] "Blood transfusion, haemophilia and AIDS", *Lancet*(29 December 1984), pp. 1433-1434.
[34] Bird, A. G., Codd, A. A., and Collins, A., "Haemophilia and AIDS", *Lancet*(19 January 1985), pp. 162-163.

액 저장 규모가 이제 자발적 헌혈자들로부터 받은 혈장을 이용함으로써 얻었던 혜택이 소멸되는 지점까지 증가했다"라고 결론 내렸다.[35] 그다음 6월에 웨일스 국립의과대학의 혈액학 교수인 블룸Bloom 교수는 혈우병 등록 센터 소장을 대신하여 영국의 항혈우병제 사용에 관한 충격적인 조사 결과를 발표하였다. 많은 혈우병 기관이 여전히 열처리가 되지 않은 제제를 사용하고 있었는데 블룸 교수는 이를 부당하다고 여겼다. 이 문제와 관련된 딜레마는 미국 아머 제약회사Armour Pharmaceuticals의 많은 열처리 제제를 시장에서 수거해야 했던 1986년에 매우 분명하게 나타났다. 그 제제는 열처리가 충분히 이루어지지 않았고 그 결과 영국의 혈우병 환자 두 명의 혈청이 변환되었던 것이다. 두 가지 선택지에 대한 논쟁은 별다른 진전이 없었고, 과학적 합의도 없었다. 열처리가 된 상업 제제가 열처리가 되지 않은 영국보건청의 제제보다 더 나은 선택인가? 각각의 제제에 열처리를 하는 것이 안전하고 효과적인 절차인가? 논쟁은 격렬했다.

다른 하나인 혈액 공급을 선별하는 문제도 서로 다른 이해관계 사이에서 심각한 의견 차이를 불러일으켰다. 1월에 수혈원은 개정된 권고 책자를 발행하였다. 기존의 책자는 "많은 파트너"를 가지고 있는 남성 동성애자들만이 특히 감염에 민감하다고 안내했는데 이 때문에 몇몇 헌혈자가 "고위험군"임에도 불구하고 꾸준하

[35]   Fletcher, M. L., *et al.*, "Non-A non-B hepatitis after transfusion of Factor VIII in infrequently treated patients", *British Medical Journal*, 287(1983), pp. 1754-1757; Jones, P., "Acquired immunodeficiency syndrome, hepatitis and haemophilia", *British Medical Journal*, 287(1983), pp. 1737-1738.

게 헌혈해온 것으로 드러난 것이다. 1985-1986년부터 권고 책자에는 점점 더 구체적인 문구가 사용되었다. 1985년 1월에도 여전히 "남성 동성애자들과 양성애자들"에 한해서만 헌혈을 하지 말아달라는 요구가 실렸다. 1985년 9월에 발행된 세 번째 책자에서는 헌혈자들의 혈액이 인체면역결핍바이러스 항체 검사를 받기 전에는 사용되지 않을 것이며 이에 대한 동의를 구할 것이라는 안내가 실렸다. 1986년 9월에 발행된 네 번째 책자에서는 고위험의 범주를 재정의했고 특히 "1978년 이후로 남성과 성관계를 가진 적 있는 남성들"의 헌혈을 만류하는 것이 목표였다.

검사를 유예한 경우를 제외하고, 1985년 중에 가능해진 선별검사 방법은 헌혈받은 혈액의 [인체면역결핍]바이러스 항체 유무를 검사하는 통상적인 검사였다. 애벗 진단의학회사Abbot Diagnostics가 미국에서 판매한 검사 장비는 1985년 3월에 미국의 의약품 규제 당국인 연방의약품청Federal Drug Agency(FDA)의 승인을 받았으며, 같은 달 미국에서는 헌혈받은 모든 혈액에 대한 통상적인 검사가 시작되었다. 애벗사는 자신들의 검사 방법이 영국에서도 승인받을 수 있도록 로비를 했으나 성공하지 못했다. 의료 홍보 회사는 정부로부터 이 사실을 압박해달라는 정식 의뢰를 받았고, 조사 과정에서 미군 당국이 영국의 혈액 공급을 안전하지 못하다고 간주하였으며 그에 따라 영국에 주둔 중인 미군들이 더 이상 영국 혈액을 제공받고 있지 않다는 사실을 밝혀냈다.[36] 그 대신 검사받

---

36 의료 행정가와의 개인 교신(1994년 6월). 이러한 발전과 애벗 검사가 변하지 않았다는 것에 대한 보건부 입장에 관해 확고한 증거를 얻기는 어려웠다.

은 혈액이 미국에서 비행기로 도착했다. 수혈원은 미국에서 혈액 검사가 시작된 지 6, 7개월이 지난 10월까지도 통상적인 혈액 검사를 도입하지 않았다. 이와 같은 지연을 어떻게 설명할 수 있을까? 잘 알려진 주요 설명은 영국 [혈액 서비스] 당국이 이용 가능한 검사 도구의 정확성에 대해 만족하지 않았다는 것이다. 애벗사의 검사 도구는 높은 "가양성false positive(즉 실제로는 양성이 아닌데도 혈액 검사에서 양성으로 나오는 것)" 수치를 보이는 것으로 나타났다. 따라서 보건사회보장부는 대체 가능한 검사 도구를 평가하도록 했다. 이 작업은 수혈원의 현장 시험으로 콜린데일Colindale에 있는 바이러스 표준 실험실Virus Reference Laboratory에서 이루어졌다. 훗날 영국에서 사용 허가를 받은 검사법들은 미국식이 아니었다. 하나는 웰컴Wellcome 제약회사가 암연구소Institute for Cancer Research에서 로빈 웨이스Robin Weiss의 분리법을 이용하여 개발한 것이었다(이 제제는 1987년에 기술 성과 부문 여왕상을 수상하였다). 다른 하나는 네덜란드 회사인 오르가논Organon이 개발한 것이었다.

일부 언론의 논평은 과학적 이득보다는 상업적 이득이 위험에 처해 있다고 보았다. 『파이낸셜 타임스The Financial Times』는 다음과 같이 논평했다.

> 웰컴 재단The Wellcome Foundation은 … 영국이 혈액 공급의 에이즈 선별검사 도입을 결정하는 데 상대적으로 오랜 시간이 걸린 데 따른 주요 수혜자가 될 것으로 보인다. 영국에서 선별검사 도입이 지연됨에 따라 웰컴 재단은 1980년대 후반까지 전 세계적으로 1-2억 파운드의 시장 가치가 있는 에이즈

진단 장비 생산 사업에 뛰어들 기회를 갖게 되었다. 이 시장은 현재 주로 애벗사를 중심으로 한 미국 회사들이 지배하고 있다.37

다른 보고서들은 미국 엘리자 검사US ELISA test*가 영국이 채택한 검사 도구보다 더 신뢰성이 있다고 지적했다. 어떠한 경우에도 완벽하게 신뢰할 수 있는 검사법은 존재하지 않았고, 몇 년이 지나면 민감도와 특이도가 더 높은 다양한 검사법을 이용할 수 있게 되었다. 이 분야 연구의 유동성은 케임브리지의 혈액학자인 에이브러햄 카르파스Abraham Karpas 박사의 연구를 둘러싼 논쟁으로 보다 두드러졌다. 카르파스 박사는 젊은 백혈병 환자로부터 채취한 T세포**들로부터 몇 년 전에 확립한 "세포주細胞株cell-line***를 이용하여 독자적인 에이즈 검사법을 1985년에 개발했다. 그의 검사법을 사용하면 한 시간 내에 결과를 얻을 수 있었으며, 복잡한 특수 단백질 검출 검사Western blot test****를 통한 확인을 거칠 필요가 없었다. 그러나 카르파스의 검사법이 1987년에 검사 도구들에

---

37   Connor and Kingman(1988), p. 84.
*   효소결합면역흡착제검정법enzyme-linked immunosorbent assay으로 항원이나 항체에 페르옥시데이스와 같은 산소를 결합시켜 산소 활성을 기준으로 항원 항체 반응의 정도를 검사한 후 항원이나 항체의 양을 구하는 방법.
**   인체의 면역 체계를 담당하는 세포들 중 하나로서 흉선胸腺Thymus에서 분화되므로 앞 글자를 따서 T세포라고 부른다. T세포는 골수에서 분화된 B세포에 정보를 제공함으로써 항체 생성을 돕는 기능도 한다.
*** 첫 배양에서 대를 이어 얻어진 세포.
**** 추출액에서 특정 단백질을 검출하는 방법으로 주로 혈액의 HIV 유무를 알아내기 위해 사용한다.

대한 심층 평가의 일환으로 공중보건연구소Public Health Laboratory Service로부터 평가를 받았을 때, 카르파스는 그가 알고 있던 중간 보고서의 데이터가 최종 보고서에서는 변경된 탓에 그의 검사법이 덜 우수한 것처럼 보였다고 주장했다.[38]

수혈원의 이해관계 또한 1985년에 문제가 다뤄지는 방식을 결정한 것으로 보였다. 1985년에 구성된 에이즈전문가자문단Expert Advisory Group on AIDS(EAGA)이 수행한 초창기 주된 역할 중 하나는 수혈 서비스의 선별검사 도입을 감독하고 평가하는 것이었다. 자문단의 구성원을 볼 때 이들에게는 상업적 관심사를 위한 지연도 없었고, 영국의 검사 도구를 장려하기 위한 "음모"도 없었다.[39] 말하자면 헌혈자의 이해관계와 수혈 서비스의 필요가 이 사안의 중심이었던 것으로 보인다. 런던 북부 수혈원의 존 바버라John Barbara와 퍼트리샤 휴잇Patricia Hewitt은 『뉴사이언티스트』에 기고한 글에서 영국의 미생물학자들이 어떻게 검사를 하는지 그리고 영국의 헌혈자들을 대상으로 어떻게 검사가 이루어지는지 평가할 필요가 있다고 강조했다.[40] 양성으로 잘못 판별된 헌혈자들이 받게 될 심리적 충격과 그러한 서비스가 유발할 관리상의 문제들 또한 핵심 쟁점이었다. 에이즈전문가자문단의 한 구성원의 제안으로 헌혈자를 위한 상담 제도가 도입되었다. 사람들이 자신들의 양

---

[38] Connor, S., "Health officers 'altered' data on AIDS test", *New Scientist*(14 July 1988)와 카르파스가 보낸 서신(1988년 8월 25일). 또한 *Lancet*(9 November 1985)에 실린 카르파스 검사법의 장점에 대한 기사를 보라.

[39] 에이즈 전문의와의 인터뷰(1993년 10월).

[40] Barbara, J., and Hewitt, P., "Delayed AIDS testing", *New Scientist*(29 August 1985).

성 여부를 알아내기 위한 "비밀스런" 방법으로 헌혈을 할 수도 있다는 우려 또한 있었기 때문에 여러 장소 — 예를 들면 비뇨기과 클리닉, 혈우병 센터, 수혈원 — 에서 검사를 시행하기로 결정하였다. 시스템을 완전히 구축하는 데에는 시간이 걸렸다. 그 대신에 후속 평가에 따르면 "피할 수 있는 지연"에 관한 문제가 이 기간에 거둔 빠른 성과 중 하나가 되었다. 1992년에 도널드 애치슨 경 Sir Donald Acheson은 1985년 10월 검사법의 도입을 초기 정책적 대응이 거둔 한 성과로 평가했다.

초기의 좌절감에도 불구하고 몇몇 성과가 있었다. 가장 중요한 성과는 모든 헌혈자와 영국보건청 전체에 효과적인 무료 인체면역결핍바이러스 항체 2단계 검사법을 동시에 도입한 것이었다. 그것은 계획된 날짜 — 1985년 10월 1일 — 에 완료가 되었고, 내가 기억하는 한 "정상적 불이행 normal slippage"* 과 같은 일이 발생하지 않은 유일한 경우였다.[41]

그러자 이번에는 이로 인해 수혈 서비스 측 사람들과 혈우병 서비스 측 사람들 사이에서 심각한 [견해] 차이가 대두되었다. 검사법 도입을 기다리는 의사들은 괴로웠다.

---

* 여기서 "정상적 불이행"이란 문맥상 검사법의 도입을 일부러 지연시키는 경우를 뜻한다.

41 Acheson, Sir D., "'Beyond a pale horse': a view of the HIV/AIDS pandemic from Whitehall", Fourth James Scott Lecture, University of Nottingham(20 February 1992).

수혈원은 1985년 10월까지 헌혈자 검사를 시작하지 않았다. 그리고 혈우병계界는 이를 맹비난했다. 수혈원은 가양성 판정이 나올지도 모르는 검사를 하길 원하지 않았다. 수혈원은 헌혈자들을 보호하는 데 관심이 있지 수혈을 받는 사람들에게는 관심이 없다 — 그리고 우리는 그 반대이다![42]

확실히 혈우병 전문가들 사이에서는 이와 같은 견해가 일반적이었으며, 에이즈전문가자문단은 검사법 도입이 지연되는 데 대해 우려를 표명했다. 존스 박사는 당시 TV에 출현하여 수혈원이 즉시 미국의 방식을 따랐어야 했고, 3월부터 10월까지 기다릴 것이 아니라 헌혈자 개개인에 대한 검사를 도입했어야 했다고 주장했다.[43] 프랑스에서도 파스퇴르 연구소The Pasteur Institute가 애벗사의 검사법 승인을 지연시키기 위해 로비를 함으로써 비슷하게 5개월 동안 검사법 도입이 지연되었다. 이로 인해 파스퇴르 검사법은 애벗사의 검사법보다 2주 먼저 허가를 받았다. 하지만 열처리의 실패와 더불어 이 문제로 프랑스 수혈원의 지도자들은 형사상 유죄판결을 받게 되었다. 비슷하게 검사법 도입이 지연된 영국에서는 어떤 충격이 있었는가? 이에 관해 혈우병 환자의 감염에 관한 한 영국인들은 1985년 이전에 이미 감염되었으며 검사법 도입의 지연이 더 많은 혈우병 환자의 감염을 의미하는 것은 아니라는 주장이 있다. 그러나 이는 면역 체계가 이미 손상을 입은 사람들

---

[42] 왕립무상병원의 혈우병 전문의와의 인터뷰(1990년 1월).
[43] 존스의 개인 기록. 또한 존스Jones(1985)를 보라.

이 혈액제제를 통해 반복적으로 재감염되는 경우를 간과한 주장이다.[44] 수혈에 의한 감염은 극히 적어 이 기간 동안 감염된 수를 판단하기는 어렵다.

지나고 나서 보면 무엇이 실행될 수 있었고 실행되었어야 하는지 알기 쉬워진다. 혈액 문제는 에이즈에 어떻게 대응할 것인가를 두고 벌어진 "지연" 논쟁의 한 실례이다. 한 조사원은 "1983년에 혈우병 환자들에게 가해진 확실한 잠재적 위험을 고려하면 당국의 대응은 여러 방향에서 잘못되고 부적절했다. 인명의 희생이 있을 것이라는 사실에는 의심의 여지가 없었다"라고 말했다.[45] 대응은 구조적이고 역사적인 요인들로부터 나타났다. 자원봉사자 시스템의 우월성은 도덕성을 경제와 결합시켰으며, 열처리된 상업 제제에 대한 반대를 편파적인 여론과 결합시켰다. 혈우병 전문의들은 (동성애자들과 성 혁명처럼) 이미 만들어낸 치료법의 진전이 희석되지 않기를 간절히 바랐다. 혈액을 다루는 서로 다른 전문적 이해관계 사이에 갈등이 있었다. 예를 들면 과학적 불확실성이 있었고, 상업적 이해관계도 있었으며, 문제에 대응하는 것을 어렵게 만든 영국식 서비스 조직의 구조적 결함이 있었다. 정책 수준에서 더욱 두드러진 관심 분야는 혈우병 환자 차원보다는 수혈 서비스였다는 점 또한 의심의 여지가 없다.

---

[44] 그 당시에 나타난 몇 가지 쟁점들은 McClelland, D. B. L., "Blood-donor screening for HIV infection: introduction in the United Kingdom and Europe and its impact on transfusion medicine" in Madhok, Forbes and Evatt(eds, 1987)에 논의되어 있다.

[45] 출처를 알 수 없는 정보

과학이 확고히 하다: 바이러스의 발견

혈액 문제는 그 문제 내부의 역동성 측면에서뿐만 아니라 에이즈가 잠재적으로 그리고 실제로 단지 "동성애자 페스트"에 그치지 않고 혈액과 성적 감염을 통해 동성애자들을 넘어 일반 대중에게도 퍼질 수 있다는 점을 처음으로 제시한 측면에서도 중요하다. 동성애자들이 주장한 이성애자들 사이에서의 확산은 정말 사실인 것으로 드러났다. 1983-1984년 바이러스의 발견과 혈액 문제에 영향을 미친 검사법의 발전 또한 에이즈를 둘러싼 공중 위기 사태에 놀라운 결과를 가져왔다.

바이러스의 발견에 관한 "과학적 사실들"은 다른 설명들을 통해 잘 알려져 있으므로 여기서는 이를 자세히 반복하지 않을 것이다.[46] 파리 파스퇴르 연구소의 뤼 몽타니에Luc Montagnier와 미국 베데스다에 위치한 국립보건원의 로버트 갤로Robert Gallo 사이에서 누가 먼저 바이러스를 발견하고 명명했는지 그리고 그 발생과 기원, 메커니즘을 증명했는지, 나아가 누가 이러한 발견의 공을 차지할 것인지를 두고 벌어진 대결은 두 나라 정상 간 정치적 합의로 이어졌다. 그 정치적 합의는 양측이 동의한 바이러스 발견의 공식 역사에 의해서 정당성을 인정받았다. 그런데 『시카고 트리뷴Chicago Tribune』의 기자인 존 크루드슨John Crewdson은 나중에 정보공개법Freedom of Information Act에 따라 갤로 연구소의 연구 노트들을 볼 수 있었다. 1989년에 논문으로 출판된 그의 연속 기사들은

---

46   Connor and Kingman(1988) 및 Grmek(1990)에서 설명하고 있다.

사실상 갤로의 명성을 약화시켰고, 발견의 우선권이 파스퇴르 연구소에 돌아가도록 기여하였다. 특히 갤로가 우선권을 주장한 근거였던 바이러스 샘플이 프랑스로부터 얻은 것임이 드러났다.⁴⁷

영국의 에이즈 연구에 대한 의학연구위원회Medical Research Council의 초기 견해는 프랑스와 미국 연구원들에게 연구를 맡겨두는 게 최선이라는 것이었다. 그럼에도 불구하고 영국은 초기 과학적 발견에서 분명히 일정 역할을 담당했다. 핵심 역할을 한 사람들은 케임브리지의 혈액학자인 에이브러햄 카르파스, 체스터 비티 연구소Chester Beatty Institute의 로빈 웨이스와 그곳에서 바이러스 연구원으로 있었던 라카니 체잉송포포프Rachanee Cheingsong-Popov였다. 카르파스는 1983년 12월에 에이즈에 감염된 남성 동성애자의 혈액에 있는 바이러스를 전자현미경으로 찍은 사진을 출판했다. 그의 발견은 사실 프랑스인의 발견보다 몇 달 늦은 것이었지만, 미국인들보다는 훨씬 앞선 것이었다. 그는 바이러스를 영구적인 세포주cell line로 배양하는 데 성공했고 이것을 확인하기 위한 혈청 검사 작업을 시작했다.⁴⁸ 웨이스 또한 같은 분야에서 연구를 시작했다. 그와 동료들은 후천성면역결핍증바이러스를 대량으로 배양하려고 했으나 실패한 프랑스인으로부터 이 바이러스의 초기 샘플을 받았다. 영국의 연구소는 이전에 프랑스인들이 단기간 동

---

47   Crewdson, J., "Science under the microscope", *Chicago Tribune*(19 November 1989), pp. 1-16.
48   Karpas, A., "Unusual virus produced by cultured cells from a patient with AIDS", *Molecular Biology and Medicine,* 1(1983), pp. 457-459, Grmek(1990), p. 68에서 인용.

안만 성장시킬 수 있었던 특정 항구적 림프구주에서 이 바이러스 종strain*의 자손들을 배양해냈다. 이것은 상업적 개발과 검사의 토대가 되었다. 1984년 7월쯤에는 체스터 비티 연구소도 미국의 갤로 연구 그룹으로부터 분리된 세포들을 받았고, 그것들이 같은 감염병의 종이라고 보고했다(프랑스와 미국의 연구 그룹들이 직접적으로 협력하지는 않았다). 훗날 웨이스는 테더와 함께 일하면서, 웰컴 재단이 상업적으로 개발했던 영국의 첫 항체 검사법을 개발하기 시작했다.[49]

아마도 체스터 비티 연구소의 가장 잘 알려진 기여는 인체면역결핍바이러스의 구조와 행동 메커니즘을 이해하는 데 있어서 세포 표면 수용체, 즉 CD4 분자**를 발견한 일일 것이다.[50] 두 독립적인 연구 그룹이 이것을 입증했다. 하나는 데이비드 클라츠만David Klatzmann과 파스퇴르 연구소의 과학자 그룹이었고, 다른 한 그룹은 런던에 있는 웨이스와 앵거스 달글레이시Angus Dalgleish였다. 이들은 인체면역결핍바이러스는 CD4 분자에 달라붙으려고 하고 그 결과 세포가 손상된다는 것을 입증했다. 런던 그룹은 또한 항체들을 중성화하기 위한 실험실 분석을 처음으로 고안한 사람들 중 하나였다.[51] 런던 그룹은 그룹이 결성된 1987년에 에이즈에 관

---

* '종'이란 같은 유전자를 가진 개체의 집단을 말한다.
49 Grmek(1990), pp. 73-74.
** T세포 등의 표면에 있는 항원으로 인체면역결핍바이러스 항원의 수용체로서 기능한다. 바이러스에 감염되면 우리 몸에 있는 면역세포인 CD4 양성 T세포가 파괴되므로 면역력이 떨어지고, 각종 감염성 질환 및 암 발생에 취약하게 된다.
50 Grmek(1990), pp. 77-78.
51 체스터 비티 실험실Chester Beatty Laboratory의 과학자와의 인터뷰(1989년 2월).

한 의학연구위원회 프로그램MRC Directed Programme on AIDS으로부터 연구에 대한 재정 지원을 받았다. 그러나 웨이스의 이전 연구와 에이즈로의 연구 관심 전환을 도운 것은 그의 백혈병 연구에 재정 지원을 해오고 있던 암 연구 캠페인Cancer Research Campaign이었다. 이러한 과학적 발전들은 프랑스 그룹과 미국 그룹 사이에서뿐만 아니라 영국의 서로 다른 연구소들 사이에서도 일부 영역들에서의 협력을 통해, 한편으로는 경쟁을 통해 두드러졌다. 특히 런던과 케임브리지는 경쟁이 심했고, 바이러스 물질의 교환과 연구 결과 출판에 문제가 있었다. 다른 과학 그룹들은 인체면역결핍바이러스와 에이즈 연구를 둘러싼 통합 과정에 있었고, 이는 B형 간염 연구의 초기 경우에 그랬듯이 기본적인 연구물을 교환하는 과정을 통해 정당화되었다.[52] "외부자"와 "내부자" 과학이 만들어졌는데 그 과정에서 늘 그렇듯이 과학자들은 서로를 폄훼하였고, 케임브리지와 런던 과학계 간에 갈등이 가중되었다. 의학연구위원회는 누가 연구비 집행위원 자리에 앉느냐에 따라 "런던 갱London gang"에 우호적인 것으로 비치기도 하고 케임브리지에 우호적인 것으로 비치기도 했다.[53]

이러한 "과학의 획기적 발전"은 엄청난 상징적 의미를 동반했다. 바이러스의 발견은 과학의 초점을 변화시켰다. 미국의 오펜하

---

[52] B형 간염과 관련된 이 부분의 논의는 Stanton, J., "Blood brotherhood: techniques, expertise and sharing in hepatitis B research in the 1970s", in Lawrence(ed., 1994)를 보라.

[53] 이 부분은 인터뷰에서 얻은 것인데 일부 내용의 강인함과 특정 정보 제공자들이 알려질 수 있는 점 때문에 더 이상 자세히 말할 수 없다.

이머 Oppenheimer는 바이러스의 발견이 에이즈에 대한 정책을 정의하는 힘으로서 "역학疫學의 종말"을 보여준다고 말했다.

"뒤에 있던" 과학자들 — 바이러스 학자, 면역학자, 암 연구자 — 이 점차적으로 인체면역결핍바이러스 감염의 정의를 결정해나갔다. 사실 그들은 에이즈를 약물이나 백신과 같은 화학적 해법을 적용할 수 있는 생물 의학적 문제로 재정의했다. … 인체면역결핍바이러스 감염을 연구하는 전문가들의 유형과 그들이 정의 내린 관찰과 분석 분야에서의 변화는 이 질환의 특징을 정리하는 데 있어 미묘한 전환을 가져왔다. 이 병은 점차적으로 감염원, 즉 바이러스로 개념화되었다. 공동 요인들 또는 다요인 모델에 대한 관심은 쇠퇴했다.[54]

그는 역학의 가치가 미묘하게 떨어졌으며 동시에 "위험 요인들"에 기반한 주장은 그것이 인종차별적이고 동성애를 혐오하는 것이라는 비난으로 인해 약화되었다고 말한다. 과학의 진보는 에이즈에 대한 새로운 "사회적" 개념을 정당화하였다. 영국의 장기적 상황은 역학에 더 유리했으며, 역학은 정책 수준에서 여전히 강력한 힘을 행사하고 있었다. 그러나 바이러스의 발견이 과학의 역할을 재확인하는 계기가 되었다는 점에는 의심의 여지가 없었다. 과학은 에이즈의 원인을 밝혀주었고 가능한 치료법 혹은 백신에 대

---

[54] Oppenheimer, G., "In the eye of the storm", in Fee and Fox(eds, 1988), pp. 267-300.

한 희망을 북돋았다. 로젠버그는 미국인들이 에이즈에 대한 도덕적 견해를 표현했을 수도 있지만, 그들이 치유를 위해 찾은 곳은 성경보다는 국립보건원이었다고 말했다.[55] 대중의 수준에서는 새로운 감염병의 도래로 인해 심각하게 흔들렸던 과학에 대한 신념이 어느 정도 재정립되었다. 또한 바이러스의 발견은 초기 "에이즈 정책 집단"에도 의미 있는 영향을 미쳤다. 확실한 지식이 없을 때에는 보통 사람들의 인식과 과학적 인식 사이에 타당성 면에서 차이가 없었다. 하지만 에이즈를 둘러싼 의미 있는 "과학"의 틀을 정립하고 생의학을 보전함으로써 "내부자"와 "외부자"의 간격은 멀어지게 되었다. 일반 사람들과 과학 전문가들은 더 이상 동일한 수준의 지식을 가질 수 없게 되었다. 동성애자들의 반응은 두 가지였다. 몇몇 동성애자는 생의학의 힘에 대한 자기의식적 반대급부로 "대체 의학적" 접근을 선택했다. 다른 동성애자들은 전문가 뺨치는 "비전문적 전문가"가 되어 최신 발견과 치료 가능성의 자세한 내용에 몰두했다. 그리고 이렇게 함으로써 그들은 의학적 전제들에 도전하기보다는 그것들을 수용했다. 의료 전문가들과 동성애자 집단들 간의 연계는 여전히 긴밀했다. 사실 이 집단들에 의료 전문가들이 지속적으로 긴밀하게 관여했다는 사실은 그들이 의학과 보건에 관한 분석을 사회적이고 정치적인 문제로 발전시키지 않았다는 의미이기도 했다. 1970년대에 "의료적 모델"을 신랄하게 비난했던 남성 동성애자들은 1980년대에는 그 모델을 열렬

---

55   Rosenberg, C., "Disease and social order", in Rosenberg(ed., 1992), p. 275.

히 수용했다.[56] 실제로 생의학은 가능한 에이즈 치료법 및 백신을 제공할 뿐 아니라, 에이즈의 원인에 관한 한 당신이 누구인가보다는 무엇을 했는가가 중요하다는 동성애자들의 주장에 과학적 정당성을 제공해주었다. 생의학은 이성애자들 간의 확산 이론을 지지했고 이런 내용은 "위험 집단"에 초점을 둔 초기 역학에서는 없던 것이었다.

동성애자들이 생의학적 발견들과 그 패러다임의 우위를 수용한 데에는 개인적 이유들뿐 아니라 강력한 정치적 이유도 있었다.[57] 영국의 대중매체 또한 "과학의 역할"을 수용했고 치료와 "극복 방법"에 대한 이야기들에 초점을 맞추었다. 그러나 바이러스의 발견에 관한 이야기는 폴라 트라이슐러Paula Treichler가 과학적 사실의 "문화적 구성"이라고 불렀던 것의 한 사례이기도 했다. 얼마 후 에이즈와 인체면역결핍바이러스는 안정적이고 관찰이 가능한 개체인 것이 당연시되었고, 이는 과학 저널들, 연구비 집행 유형, 임상 체제, 보건 정책, 보건 교육, 개인의 증언 그리고 기업의 투자를 통해 완전히 제도화되었다.[58] 이 과정은 과학적 전략들에 의해서 당연한 사실로 정당화되었다. 즉 "소수의 과학자 집단은 재빠르게 긴밀한 인용 네트워크를 만들어 명명법, 출판, 학술회의 초청 및 역사에 대한 통제권을 단지 부분적일지라도 조기에 얻었던 것

---

[56] Altman(1986), p. 94.
[57] Berridge, V., "AIDS, the media and health policy", *Health Education Journal*, 50(1991), pp. 179-185.
[58] Treichler, P., "AIDS, HIV and the cultural construction of reality" in Herdt and Lindenbaum(eds, 1992), pp. 65-98.

이다." 그러나 인체면역결핍바이러스에 대한 의문들 — 그것이 어떻게 작용하고, 어떻게 해를 끼치며, 어떻게 에이즈의 단일 원인이 될 수 있는지 — 은 해결되지 못한 채로 남아 있었고, 이것은 "실제에 대한 의학적 서사"를 방해하고 있었다. 점점 시간이 지날수록 이 의문들은 논쟁거리가 되었다. 물론 이것은 정통 과학의 가치에 도전하거나 단기간 동안 만들어진 엄청난 기술적 진보를 의심하는 것은 아니었다. 그러나 에이즈, 특히 과학적 수준에서의 인체면역결핍바이러스에 대한 이야기를 통해 과학계의 사회학자들은 오랫동안 관심을 가져온 정당화의 과학적 과정들에 주목하게 되었다.[59] 그것은 과학적 설명이 단순히 명백한 발견들이라기보다는 현실의 재구성임을 강조했다.

이것은 모든 관련자가 어느 정도는 원했던 불확실성에서 확실성으로 이동하는 과정이었다. 그러나 일련의 검사법 개발 또한 중요한 정책적 문제를 불러일으켰다. 이 본질적으로 기술적인 문제는 극적이고 상충적인 정책 효과를 촉발시켰다. 1984년 가을쯤에 『랜싯』에는 인체면역결핍바이러스(당시에는 HTLV III로 불렸다)가 지속적인 전신 림프샘 장애persistent generalised lymphadenopathy(PGL)를 앓는 모든 동성애자에게서 발견된다는 예비 검사 결과가 실렸다. [에이즈] 증상 없는 동성애자들의 17%와 혈우병 환자의 34%에서도 검사 결과 혈청 반응이 양성으로 나왔

---

[59] 예를 들어 1979년에 처음 출간된 "고전적인" Latour and Woolgar(1987). 또한 Studer and Chubin(1980)을 보라. 이러한 발전들에 대한 좋은 검토가 Nicholson, M., "Heterogeneity, emergence and resistance: recent work in the sociology of laboratory science" in Lawrence(ed., 1994), pp. 111-119에 있다.

다.⁶⁰ 확실한 증상 없이 감염되는 상당수의 사람이 잠재적으로 있을 수 있다는 "임상적 빙산"이라는 생각이 떠오르기 시작했다. 에이즈 보균 상태가 있을 수 있다는 다른 연구가 그와 같은 생각을 뒷받침했다. 세인트 스티븐St. Stephen's의 브라이언 가자드Brian Gazzard와 그의 동료들은 "에이즈 희생자"와 성관계를 맺은 적이 있는 남성들을 추적 조사했다. 그 결과 19명 중에서 16명은 혈청 반응이 양성으로 나왔다. 동시에 더 많은 것을 알 수 있었고 그중에는 사람들을 공황에 빠뜨릴 더 큰 원인도 있었다. 역학과 함께 바이러스학의 새로운 지식은 무엇이 전파 방식이고 무엇이 아닌지를 규명했다. 그러나 어떠한 치료 전망도 보이지 않았고, 검사 결과는 사람들이 겉으로 드러나는 증상 없이도 위험하게 감염될 수도 있음을 보여주었다. 더군다나 검사 방법이 있다는 것만으로도 격리를 위해, 이민을 위해, 보험을 위해, 고용을 위해, 보건 서비스 차원에서 등등 모든 사람을 검사해야 한다는 수요가 만들어졌다. 기술의 발전은 중요한 정책 문제를 제기했다. 과학은 에이즈에 대한 정책의 통제와 정의에 대한 갈등, 즉 다음 2년 동안 정부 대책을 지배했던 자유주의와 징벌주의 사이의, 개인에 기반한 대응과 집단적 대응 사이의 갈등을 만들어냈다.

---

60 Cheingsong-Popov, R., Weiss, R. A., Dalgleish, A., *et al.*, "Prevalance of antibody to human T-lymphotropic virus Type III in AIDS and AIDS-risk patients in Britain", *Lancet*, 2(1984), pp. 477-480. Gazzard, B. G., *et al.*, "Clinical findings and serological evidence of HTLV-III infection in homosexual contacts of patients with AIDS and persistent generalised lymphadenopathy in London", *Lancet*, 2(1984), pp. 480-483.

3장
새천년의 수혈 의학

바네사 마틀루*

건강한 자원봉사자[헌혈자]의 이타성은 영국 국립혈액원의 근간으로 남아 있지만, 『선물 관계』의 초판이 출간된 이후로 상당한 사회적, 과학적, 기술적 변화가 있었다. 이 장에서는 영국에서의 중요한 발전들을 간략하게 다룰 것이며, 이중 많은 부분은 미국에도 동일하게 해당된다.

수혈 의학의 확장

잉글랜드와 웨일스에 국립수혈원이 창설된 이후 50년 동안 이 조직의 활동은 거의 10배나 증가하였다. 수집 혈액량은 1946년

---

* 바네사 마틀루Vanessa Martlew는 왕립리버풀대학병원과 국립혈액원에서 혈액학 전문의로 근무하였고, 수혈로 인해 전파되는 감염병과 혈액 응고 이상 그리고 헌혈자 케어 분야의 전문가이다. 그녀는 1998년에서 1995년까지 머지 및 북부 웨일스 지역 수혈원장, 1984년부터 1988년까지 북서부 지역 수혈원의 혈액학 전문의로 재직하였다.

25만 단위units에서 현재는 225만 단위에 달하며, 전량을 보수를 받지 않는 자발적 헌혈자로부터 제공받고 있다. 이러한 혈액과 혈액 구성물의 공급 증가로 인해 20세기의 마지막 25년 동안 환자 진료에는 상당한 개선이 있었다. 지난 30년 동안 악성질환의 적극적 치료로 많은 환자가 치유될 수 있었다. 서로 다른 약제로 구성되는 복합 화학요법은 장기적으로 매우 효과적임이 입증되었다. 하지만 이 약제들은 단기적으로는 투약을 받는 환자들의 골수 활동을 억제함으로써 농축 혈소판과 적혈구를 주기적으로 처방해야 하는 출혈과 빈혈의 위험을 낳았다.

혈우병 및 특정 결핍성 환자들은 기저 질환으로 인한 합병증을 예방하기 위하여 헌혈자의 혈장 추출물을 이용한 보충적 치료를 정기적으로 받고 있다. 1969년 이후로 신생아의 RhD 용혈성 질환의 발생과 사망은 극적으로 감소하였다.[1] RhD 양성 태아를 출산한 모든 RhD 음성 여성은 항D 면역글로불린 투여를 권고받는데, 이는 적절한 헌혈자에게서 직접 채혈된 혈장으로 만들어진다.

수혈자가 수혈받은 혈액의 양은 그 사람의 [신체] 치수를 포함한 다양한 요인과 관련된다. 헌혈자 노출을 줄이기 위하여 아주 작은 환자(예컨대 미숙아)들을 위한 단일 헌혈액은 여러 개의 작은 용기에 나누어 보관하고 이후 여러 상황에서 신생아에게 수혈될 수 있도록 한다. 반면 많은 양의 혈장이 단기간에 필요한 경우를 대비해서는 사용하기 쉽도록 대용량으로 채혈할 수 있다.

1 Clarke, C. A., and Hussey, R. M., "Decline in deaths from rhesus haemolytic disease of the newborn", *Journal of the Royal College of Physicians of London*, 28(1994), pp. 310–311.

수술 대기 명단을 줄이기 위한 목표의 도입을 포함해 병원 서비스의 효율성을 증가시키기 위한 노력들이 취해졌고, 수술 행위의 면밀한 분석에 따라 혈액제제는 수혈이 필요한 시술을 위해서만 정기적으로 비축되었다.[2][3] 개심술과 고관절 및 슬관절 치환술 등의 정형외과적 수술이 흔한 예이다. 한편으로는 미국의 경우처럼 수술을 받는 동안 또는 수술 후에 자신의 혈액을 재투여하는 환자의 수가 증가하고 있다(자가 수혈). 자가 예치 헌혈은 특히 비응급 수술elective surgery을 받는 환자들 사이에서 보편화되어 있으며, 비록 이에 관해 다른 사람에게 혈액을 제공하는 부담을 나누어 지고자 하는 개인의 관용이란 측면에서 논쟁이 있을 수 있으나, 기본적으로 자가 헌혈에 동참하는 대부분의 환자는 "자신이 만든home-made" 제제를 수혈받는 것이 자신에게 가장 이익이라고 여길 것이다. 영국에서 자가 헌혈은 최근 10년 동안 소비자에 의해 주도되기보다는 임상적으로 정착되었다. 적혈구 수혈의 명백한 이득에도 불구하고 국제적으로 전문가들은 그 처방의 임상적 적응증에 대해 동의하지 않고 있다. 비슷하게 자가 수혈의 역할에 대해서도 논쟁이 활발하게 이루어지고 있다. 1994년[4]과 1995년[5] 컨퍼런스에서 만들어진 합의문에서는 적혈구 수혈과 자가 수혈 행위의 적응증 근거를 만들기 위한 연구가 절실히 필요함을 강조하였다.

2   *Handbook of Transfusion Medicine*(1996).
3   Contreras(ed., 1992).
4   *Proceedings of Consensus Conference on Red Cell Transfusion*(May 1994), Royal College of Physicians of Edinburgh.
5   *Proceedings of Consensus Conference on Autologous Transfusion*(October 1995), Royal College of Physicians of Edinburgh.

기술적 변화

1970년에 혈액은 일반적으로 환경친화적이고 세척과 살균을 통해 재활용이 가능한 유리로 채혈되었지만, 이 용기에는 중대한 단점이 있었다. 1975년경에는 완전히 살균 밀폐된 장비로 제공되며 바늘과 파일럿 관pilot tube이 내장되어 있는 플라스틱 팩으로 채혈을 하게 되었다. 혈액 보관 용기 제조 물질의 이러한 단순한 변화만으로도 한 사람의 헌혈을 통해 만들 수 있는 혈액제제의 종류가 급속히 확장되었다. 부속물satellites로 알려진 추가적인 팩들이 이제 채혈 세트에 포함될 수 있으며, 이는 감염 위험을 감소시키고 있다. 또 플라스틱의 속성 덕분에 여러 혈액 구성물을 적정 보관 상태에서 다양하게 보관할 수 있다. 적혈구 농축액은 4도 이상에서 보관하는 경우에는 헌혈 후 35일까지 수혈에 쓸 수 있다. 혈소판 농축액은 가스 교환이 되는 팩에 보관하면 유통기한을 5일까지 연장할 수 있다. 소아과에서 이용하도록 지정된 헌혈에는 여러 개의 작은 팩이 할당된다. 알부민액, 혈액응고인자 농축액, 면역글로불린을 대규모로 분리하기 위해 혈장을 영하 40도 아래에서 급랭하는 데에는 보다 딱딱한 플라스틱을 사용한다.

1975년 영국에서 헌혈의 90%는 전혈 형태로 수혈되었다. 그리고 20년이 지나 채혈된 혈액의 95% 이상은 한 가지 이상의 부수적 제제를 만들도록 처리되고 있다. 이 말은 대부분의 헌혈자가 헌혈을 할 때마다 한 명 이상의 환자 진료에 기여하고 있다는 의미이다. 다용도 플라스틱 용기라는 기술 혁신에 힘입어 그들의 선물이 확장되고 있는 것이다.

다른 중대한 기술적 변화로는 성분 채집apheresis이라고 하는, 한 번에 자동으로 헌혈자에게서 특정 혈액 구성물만을 채혈하고 다른 구성물은 되돌려주는 채혈 장비의 개발이 있다. 헌혈자의 혈액은 밀폐 및 살균 상태에서 혈액 구성물을 가속시켜서 분리하는 원심분리기에 투입되어 필요한 제제는 채혈 백에 담기고, 나머지는 헌혈자에게 되돌아간다. 모든 주요 혈액 구성물 — 혈장, 혈소판, 백혈구, 적혈구 — 을 이러한 방법으로 채혈할 수 있다. 이러한 방법으로 가장 흔히 채혈되는 것은 혈소판 농축액과 특정 혈장들이며, 이는 플라스틱 산업의 혁신이 수혈 의학의 임상적 진전에 기여한 또 다른 영역이다.

이러한 기술 개발은 혈우병 치료에 중요한 영향을 끼쳤다. 혈액응고인자 농축액(예를 들어 혈우병 환자들을 위한 항혈우병제 농축액)과 인체 알부민액은 5,000명에서 2만 명의 헌혈자에게서 얻은 대규모 풀large pools의 혈장으로부터 분리되고 있다. 해외에서는 민간 회사가 이러한 일을 하고 있다. 잉글랜드와 웨일스에서는 영국 보건청 내 국립혈액원의 한 조직인 엘스트리 바이오제제연구소Bio Products Laboratory at Elstree에서 분리가 이루어지고 있다. 이 신설 기관은 1986년에 설립되었으며, 국가적으로 혈장 제제를 자급자족할 수 있는 능력을 갖추고 있다. 이 연구소의 설립 계획이 마련된 1980년에는 인체면역결핍바이러스의 존재는커녕 아직 에이즈가 알려지지 않은 시기였지만 연구소는 "비非A형, 비非B형 간염" 원인을 비활성화하기 위해 혈액응고인자 농축액을 섭씨 80도에서 72시간 동안 열처리하는 시설을 보유하기로 되어 있었다. 액체 형태의 알부민 제제는 감염의 확산을 방지하기 위하여 항상 60도에서 10시간 동안 파스퇴르식으로 저온살균을 하였지만, 열처리법이 도입되기 전까지는 항혈우병제 농축액을 처음 투여받아 무증상 간염이 발생한 혈우병 환자의 대다수는 대규모 헌혈자 풀 때문에 생겨났다. 비A형, 비B형 간염에 대처하기 위해 고안된 열처리 방법이 인체면역결핍바이러스를 비활성화시키는 데 효과적임이 증명된 것은 행운이었다. 왜냐하면 두 바이러스가 모두, 지금도 유효한데, 열처리에 민감하다는 것이 밝혀진 것은 나중의 일이기 때문이다.

1985년 1월부터 영국의 모든 혈우병 환자는 바이러스의 활성이 억제된 항혈우병제만 제공받도록 권고를 받았다. 이 권고를 충족하기 위하여 "8Y"로 알려진 열처리 제제가 1984년에 바이오제제연구소에서 출시되었다. 몇 년 후 더 정제된 제제에 대한 임상적 수요로 인해 "리플레네이트Replenate"가 출시되었다. 유사한 제제들이 제9인자 결핍증("크리스마스 질병")* 환자에게도 사용 가능해졌으며, 여러 다른 혈액응고인자 농축액 또한 개발되었다. 글로불린 분리 역시 잘 활용되었다. 근육 내 주사에 대한 수요가 점차 증가했으며, 더 최근에는 정맥 내 면역글로불린이 임상적 용도로 허가를 받았다.

헌혈자 선택

영국에서 1946년에 창설된 국립수혈원은 상병傷病으로 인해 수

---

* 혈우병의 한 종류로 스티븐 크리스마스라는 아이에게서 처음으로 발견되었다. 혈우병B로도 불린다.

혈이 필요한 이들을 위해 자신의 혈액을 헌혈하는 건강한 헌혈자의 의지에 의존하고 있다. 전체적 체계의 성공이 헌혈자의 의학적 적합성에 달린 것이다. 여러 해 동안 의학적 선택과 헌혈자 케어에 대한 표준 지침이 국가적으로 합의되었고, 정기적으로 보완되었다. 1970년에 헌혈에 대한 유일한 의무 검사는 매독에 대한 혈청학적 선별검사였다. 동종 혈청 황달이 일찍이 수혈의 부작용으로 인지되었다. 1971년 7월, B형 간염에 대한 통상적 선별검사가 도입되었지만, B형 간염에 대해 선별검사를 받고 음성으로 판정받은 혈액을 수혈한 후에도 간염은 계속 발생하였다. 간염을 야기하는 유기체가 한 개 이상 존재하는 것이 분명했다.

1970년대와 1980년대 동안 B형 간염 선별검사 기술의 민감도와 특이도*가 개선되었으며, 수혈 후 간염의 원인 모를 사례들에 대해 미상의 바이러스를 확인하기 위한 노력들이 이루어졌다. 1989년에 이 바이러스를 확인하기 위한 항체가 개발되었고, 곧이어 이 바이러스는 C형 간염으로 불리게 되었는데 이것이 수혈 후 원인을 알 수 없는 간염 감염 사례의 85%를 차지한다는 것이 밝혀졌다. 새로운 실험실 검사법이 개발되었고, 1991년 9월부터 헌혈받은 혈액에서 C형 간염바이러스를 확인하기 위한 통상적 선별검사가 취해졌다.

1980년대 이후로 특정 생활양식과 활동이 간염과 인체면역결핍바이러스 등의 수혈 매개 감염병과 관련되어 있음이 알려졌다. 1982년 미국의 혈우병 환자에게서 발생한 첫 세 건의 에이즈 사

---

* 정확도를 나타내는 지표로 질병이 있는 환자가 검사 결과에서 양성으로 나타날 확률.

례가 보고되었다. 1983년에는 헌혈 후 에이즈 임상 증상이 나타난 헌혈자 중 한 명의 혈액과 혈액제제를 수혈받은 영아에게서 에이즈가 발생했다는 보고가 있었다. 그 당시에는 그러한 상태에 대한 감염 속성이 밝혀지지 않았고 어떠한 원인체도 확인되지 않았지만, 여러 사례를 모아본 결과 이것은 감염에 의한 것으로 추정되었다. 원인 병원체는 분명히 혈액과 혈장 제제를 통해 전파되었으며, 미국에서의 역학적 증거를 통해 특정 고위험 활동들이 확인되었다. 1982년 9월부터 영국에서는 헌혈자 스스로 생활양식이 위험하다고 확인된다면 헌혈을 삼가해달라고 요청하는 내용을 담은 일련의 책자가 정보 제공을 목적으로 헌혈자들에게 배포되었다(2장을 보라). 이 책자는 애초부터 디자인과 기술적 내용 모두에 신중을 기한 것이었다. 수년 동안 책자의 정보들은 수정되고 보완되었으며, 쉽게 읽힐 수 있도록 보다 직접적인 양식으로 표현되었다. 하지만 여러 연구에서 건강 설문지로는 고위험 헌혈자를 항상 골라내지 못한다는 사실이 드러났고 1995년 4월부터 신규 헌혈자는 국가적으로 합의된 지침에 따라 보건 전문가의 면접을 받았다. 정기적 헌혈자는 헌혈을 할 때마다 짧은 서식을 기입하였다. 국가적으로 이 방법을 도입함으로써 그들 자신의 웰빙well-being을 위해서든 질병 전파의 위험 때문이든 헌혈을 하기에 적합하지 않은 많은 정기적 헌혈자를 확인하게 되었다. 헌혈자들에 대한 꼼꼼한 의학적 선별검사는 안전한 혈액 공급의 핵심이다.[6]

    1984년에 인체면역결핍바이러스가 에이즈의 원인일 가능성이

---

6   *Guidelines for the Blood Transfusion Service*(1993).

있는 것으로 확인되었다. 에이즈 사례들이 처음으로 기술되고 대중적 관심사가 표출된 미국에서는 검사법이 활용 가능해지자마자 모든 헌혈받은 혈액에 대한 통상적 선별검사가 도입되었다. 하지만 불행하게도 최초의 검사법은 수용하기 어려울 정도로 높은 수준의 가양성과 가음성 false negative[실제로는 질병이 있는데도 검사에서 질병이 없다고 나오는 경우]을 기록했다. 초기에는 미국에서 몇몇 헌혈자가 단 한 번의 가양성의 결과에 근거하여 인체면역결핍바이러스 양성이라는 잘못된 조언을 받았다. 이는 불필요하고 심각한 심리적 혼란을 야기하였다. 미국의 동료 학자들은 영국의 국립수혈원에 정확하고 효율적인 검사가 이용 가능해질 때까지 선별검사를 연기해야 한다고 강력히 권고하였다. 영국에서 인체면역결핍바이러스 항체에 대한 헌혈자의 통상적 선별검사는 1985년 10월 14일에 도입되었다. 모든 수혈 센터가 같은 날 공통의 절차를 시작하였다. 정보 책자는 상세한 검사 내용이 포함되고 필요한 경우 보건 의료 전문가가 추가적인 조언을 해주는 비공식적 사전 상담이 제공되는 내용으로 수정되었다. 대안적 검사 시설을 비뇨기과 클리닉에 구비하였다. 모든 헌혈자를 대상으로 인체면역결핍바이러스 선별검사에 대한 동의서 작성이 요구되었다. 에이즈 상담 훈련을 받은 경험 많은 의료인들이 인체면역결핍바이러스 항체 검사 결과 양성인 헌혈자를 상담하도록 하였다. 헌혈자들에 대한 초기 선별검사를 한 첫해 이후로 매년 양성으로 보고된 헌혈자의 수는 거의 변함이 없었고, 대다수는 여전히 검사에 처음 참여한 이들이었다.

모니터링과 질 보장

수년 동안 병원의 의료진들은 지역 혈액 센터에 수혈의 부작용을 보고해달라는 요청을 받았다. 장기적 합병증에 수혈 전파 감염병들이 포함되어 있지만 이중 상당수가 보고되지 않고 있다는 의심이 오래전부터 있었다. 증상이 없는 보균자를 찾아내려면 각 사례에 연관된 헌혈자들을 추적해야 했고 이를 위해 온갖 노력이 행해졌다. 이 추적 시스템은 혈액의 안전성을 위협하는 새로운 위험(예컨대 비A형, 비B형 간염)을 인지하기 위해 이후 수년간 추진되었으며 이를 통해 그 원인을 규명하고 효과적인 예방적 선별검사를 가려내기 위한 연구를 활성화할 수 있었다.7 영국 전체를 대상으로 조율된 정책을 구현하기 위하여 보건부는 잉글랜드 외 지역[웨일스, 스코틀랜드, 북아일랜드]의 다른 보건부처와 함께 협력하여 의무 검사를 직접 시행하였다. 대중의 불안은 수혈 전파 감염병의 위험에 집중되는 경향이 있었지만, 혈액연구회Sanguis Study Group8가 수행한 유럽 쪽 연구에 따르면 더 큰 위해는 사무와 관련된 것으로, ABO 부적합 혈액 수혈을 야기하는 매칭의 오류에 기인한 것이었다. 1996년에 데이터 수집을 지원하는 중앙 등록을 담당하는 수혈의 심각한 위해Serious Hazards of Transfusion(SHOT)가 출범하면서 보고 체계가 공식화되었다.9

---

7   Mollison, Engelfriet and Contreras(1993).
8   "Use of blood products for elective surgery in 43 European hospitals", The Sanguis Study Group, *Transfusion Medicine*, Vol 4(1994), pp. 251-268.
9   Cohen, H., "Serious hazards of transfusion", *British Medical Journal*, 313(1996),

1980년대 동안 영국의 의료관리청 Medicines Control Agency은 혈액제제들에 대해 의료법에 따라 허가를 취득할 것을 요구하였다. 이는 혈액 센터의 점검 강화로 이어졌고 질적 표준을 달성하기 위해 더 많은 시간과 노력이 교육과 훈련에 투입되었다. 내적, 외적 질 보장을 위해 표준 수술 절차, 공식적 훈련 기록, 감사와 문서 관리 등을 포함하는 몇 가지 활동이 추가되었다. 자동화 도입은 모든 혈액은행 활동을 보조하기 위한 정보 기술을 지원하면서 제제의 안전성을 획기적으로 개선시켰다.

국영보건서비스의 변화

『선물 관계』가 처음 출간된 이후로 국영보건서비스의 행정에는 세 가지 주요 변화가 있었다. 첫 번째는 1974년의 일로, 이 경우는 국립수혈원에 미미한 영향만 끼쳤다.

두 번째 주요 변화는 병원에 일반 경영 개념을 도입한 「그리피스 보고서」의 발간 이후에 나타났는데 이는 1983년에 좀 더 큰 변화로 이어져서 국영보건서비스가 행정상 보다 큰 관리 책임을 요구받게 되었다.[10] 1984년 4월 1일부터는 국영보건서비스 체계 외부에서 환자에게 혈액이 공급될 경우에 운영비를 본인이 부담하게 되었다. 그리고 이날 이후로는 헌혈자로부터 수혈자까지 혈액의 전 과정을 분명하게 파악할 수 있는 기록물들이 필요하게 되었다.

pp. 1221-1222.
10 *The Griffiths Report*(ISBN 011 3211 309).

1980년대 말에는 영국 보건 의료 제도에서 시장경제가 점차 확립되어갔고, 이는 국립혈액원에까지 영향을 미쳤다. 수혈 센터는 역사적으로 지역 서비스였는데, 1987년에 보건부는 잉글랜드와 웨일스의 지역수혈센터를 평가하여 국가적 조정 수준을 권고하였다.[11] 1988년에는 국립혈액원장을 선임하여 혈액과 혈장의 공급에 대한 비용 효과적 전략을 실행하고, 바이오제제연구소와 지역수혈센터의 활동을 조율하며, 혈액 서비스 부문의 전반적인 효율성 증진을 모색하였다.

세 번째 중대한 행정적 변화는 「환자들을 위해 일하기」라는 백서의 발간 이후 그후속 조치에 해당하는 1991년의 국영보건서비스법에 따른 것으로 이는 잉글랜드와 웨일스에서 보건 의료 제공에 근본적 변화를 가져왔다.[12] 환자에 대한 임상 서비스의 "공급자"인 병원과 "구매자"인 일반의 또는 계약권을 가진 보건 당국에 의해 이루어지는 내부 시장이 확립되었다. 상당한 재정적 자율성을 갖춘 영국보건청 트러스트가 확립되었고, 1996년 4월에는 지역보건부Regional Health Authorities가 해체되어 영국보건청의 지방 사무소로 대체되었다. 국립수혈센터장National Directorate for Blood Transfusion Centres이 시범 기간을 5년으로 하여 선임되었다. 5년이 끝나갈 무렵에는 국가적 조율의 장점이 분명해졌고, 행정적 목적으로 새로운 특수보건부Special Health Authority를 만들기로 결정되었다. 1993년 4월 1일에는 국립혈액청National Blood Authority이 출

---

11 Kelly and Saunders(1987)를 보라.
12 *Working for Patients*(1989), Government White Paper(ISBN 010 105 5528).

범하여 처음에는 바이오 제제와 국제혈액형기준실험소를 관리하였고 1년 후에는 지역수혈센터를 관리하게 되었다. 국립혈액청은 이전의 국가 혈액 책임자에게는 없던 재정 책임의 권한을 갖게 되었다(1994년까지 지역수혈센터는 지역보건부로부터 재정 지원을 받았다). 비축, 혈장 자급자족, 질의 균형에 있어서 국립혈액청장이 이룬 성취(걸프 전쟁에 참전한 군대를 위한 공급 조율은 말할 것도 없다)는 예산이 관리되지 않은 상태에서 이룬 것이기에 더욱 괄목할 만하다.

이러한 발전들은 영국에서 수혈 조직의 효과적 국유화로 이어졌다. 정확하게 국립혈액원을 만들어야 한다는 견해는 1970년 지역수혈센터의 책임자들에 의해 맨 처음 제기되었으며, 성사되기까지는 거의 25년이 걸렸다. 임상적 배분과 함께 일반 경영이 의료 감독을 대체하였다.

헌혈의 영향

국립혈액원 내 내부 시장 적용에 관해서는 원료 — 혈액이라는 헌혈자의 선물 — 가 계속하여 무상으로 기증되기 때문에 세심한 설명이 필요하다. 1991년부터 채혈, 처리, 검사, 이송 비용은 병원 이용자들에게 전가되었으며, [혈액 서비스] 조직은 영국보건청의 일부분으로서 비영리성의 원칙 아래 운영되어야 한다는 것이 더 분명해졌다. 일반적으로 헌혈자들은 처리 비용의 도입을 잘 수용했다. 일부 개인들이 민간 병원에 혈액을 공급하기를 거부하였는데, 이들은 민영 보건 의료 체계에 가입된 헌혈자들의 국영보건서비스에 대한 기여 정도가 대단하지 않다고 생각했다. 대규모의 해

외 환자 수술을 위한 민간 병원이 개원했을 때 헌혈자들은 상당히 격렬하게 불만을 표출했다.

혈액 시장

영국은 이제 혈액과 혈장 제제를 자급자족할 수 있으며, 채혈은 적혈구의 수요에 따라 영향을 받는다. 가끔 적혈구의 필요량이 성분 분리에 필요한 혈장의 양을 초과할 때 부산물로서 혈장의 잉여가 생길 수 있다. 결국 이는 혈장 제제의 과잉을 불러일으킨다. 영국 내의 모든 수요가 충족된다면 이러한 잉여 혈장 제제는 필요를 충족할 수 없는 외국에 제공될 수 있다. 이러한 상황에서 발생하는 수익은 이론적으로는 미래의 제제와 치료제 연구 지원을 위해 국립혈액원으로 들어오게 된다. 영국의 헌혈자 대다수는 혈액이 어떤 국가에 제공되든지 간에 자신들의 혈액이 아픈 환자를 위해 사용되는 것에 행복해하지만 한편으로는 이러한 경우에 반드시 재정 협정이 있어야 한다고 보는 다른 의견도 있다. 많은 이가 일단 영국 내 필요가 충족된 다음에는 처리 비용을 양도하는 것이 전적으로 적절하며 국영보건서비스에 이득이 된다고 믿지만 한편으로 다른 이들은 저개발 국가의 환자들에게는 그러한 혈액제제들을 무상으로 선물하는 것이 더 좋다고 생각한다. 소수의 사람은 수출을 전적으로 반대한다. 헌혈한 모든 혈액이 영국에 남아 있거나 국영보건서비스 내에서 수혈이 이루어질 것이라고 확신할 수 없다면 그들은 헌혈자로 나서지 않을 것이다.

인체 조직의 처리에 대한 법적, 윤리적 측면은 1995년에 발간된 생명윤리에 관한 너필드위원회 Nuffield Council on Bioethics의 보고서에서 상세히 논의되었다.[13] 이 보고서에 따르면 혈액과 혈장은 보수를 받지 않은 자발적 기증자로부터 얻은 인체 조직으로 간주할 수 있다. 그러한 조직은 과도하게 수집될 때에는 잉여로 보는 것이 적절하며, 기증자의 이익을 대표하는 독립적으로 구성된 윤리위원회의 승인을 받기 위해 자격 있는 의학 중재인을 통해 기증자 동의서를 받아야 한다.

국립혈액원이 그 활동을 조직 은행으로 확장함에 따라 혈액과 혈액 구성물은 인체 조직에 포함되었다. 다년간 고형의 기관 이식(예컨대 신장, 간, 심장, 각막 이식)이 잘 확립되었고, 최근 10년 동안에는 정형외과 및 턱-얼굴 시술을 포함한 재건 수술을 보조하기 위해 골격 조직에 대한 수요가 급격히 증가하고 있다. 또한 신속한 화상 치료 시에 일시적인 덮개 역할을 하는 피부에 대한 필요도 있다. 전신마취 상태에서 골수 채취를 하는 기증자 또는 환자를 위해 말초 혈액 줄기세포의 채취를 촉진하는 기술이 개발되어 왔다. 대안적 줄기세포원은 제대혈에서 찾을 수 있으며, 영국의 어떤 지역에서는 미래에 그러한 이식을 지원할 조직 은행에 탯줄을 기증하도록 산모들에게 권장한다. 후자의 행위와 관련된 윤리적 딜레마는 상당하다 ― 기증자가 엄마로서 조직 은행에 기증하는 데 동의하더라도 탯줄은 태아의 것으로 간주될 수 있기 때문이다.

분만실로부터 한 걸음 떨어져서 보면, 태아 의학의 완전히 새로운 규율이 산과 안에서 발전해왔다. 영국에서 태아 수혈을 할 때

---

[13] Nuffield Council on Bioethics(1995).

적혈구와 혈소판 농축액은 이제 모두 숙련된 전문가 팀에 의해 자궁 내 아기에게로 전해진다. 최선의 결과를 얻기 위해 태아용 제제에는 즉각적인 수혈을 위한 처리가 요구되며, 이 기법은 만약 이 기법이 존재하지 않았더라면 사산되었을 아기들을 살려낸다.

다양한 혈액세포의 형성과 분화를 촉진하는 일련의 호르몬에 대한 최근의 발견은 혈액학에서 엄청난 잠재력을 갖고 있다. 채취용 줄기세포의 생산은 이미 이러한 방법으로 정기적으로 향상되었다. 에리트로포이에틴erythropoietin은 몇 년 동안 신부전에 의한 빈혈 환자들의 적혈구 생산을 위해 사용되었다. 1990년대 중반에 확인된 트롬보포이에틴thrombopoietin은 혈소판 생산을 촉진하는 역할을 하며 수혈 수요를 줄일 수 있다.

이런 식으로 제제의 범위가 확장되어감에 따라 국립혈액원은 거의 "예비품spare parts" 저장 시설이 되어가고 있다. 국립혈액원이 50년 전에 사실상 전혈 저장소였던 것에 비하면 이는 극적인 변화이다. 새로운 발전은 더 많은 치료의 가능성을 제공해주고 있으나, 혈액 기부라는 행위의 본질이 무엇이든지 간에 자발적 헌혈자의 선물을 다루는 데에는 분명 주의가 필요하다.

문제와 기회

이러한 임상적, 기술적 발전에 대한 언론의 관심은 상당했다. 지난 25년 동안 수혈 전파 감염병에 대한 대중의 인식은 수혈 행위에 대한 관심을 완전히 바꾸어놓았다. 상대적으로 후미진 지역 활동에 불과했던 수혈 서비스는 전 세계에 걸쳐 각광을 받게 되었다.

1980년대 중반에 수혈 전파 감염병의 사례들은 많은 이목을 끌었고, 관련된 환자들은 모욕을 받았으며 상당한 곤경에 빠졌다. 특히 혈우병 환자들은 공포와 무지로 인해 몇몇 지역사회에서 외면받았고 이 때문에 어려움을 겪었다. 교육, 스포츠, 주거, 생명보험 보장을 포함한 모든 종류의 활동이 축소되었다. 몇몇 경우에 헌혈자들은 헌혈을 하러 와서도 인체면역결핍바이러스에 걸릴지도 모른다는 두려움 때문에 채혈 장소에서 멀리 떨어져 있었다. 감염의 확산을 예방하기 위해 고안된 대중 교육 프로그램이 보건부에서 급하게 시행되었다.

수혈 전파 질환에 걸릴 잠재적 위험에 대한 경각심이 증가하면서 보수를 받은 헌혈자로부터 채혈한 혈액이 위험하다는 것도 분명해졌다. 영국 혈우병 환자의 인체면역결핍바이러스 발생 정도는 영국보건청에서 생산한 보상을 받지 않은 자발적 헌혈자로부터 추출한 항혈우병제를 사용한 경우에는 훨씬 적었으며, 심지어 열처리가 없었던 1985년 이전에도 그러하였다. 따라서 영국은 보수를 받지 않은 헌혈자들로부터만 채혈을 하였으며, 현재 이 방법은 세계보건기구에서도 권고하고 있다.[14][15] 미국의 여러 지역에서도 보수를 받지 않는 헌혈자 패널을 만들려고 시도하였지만, 1980년대에 인체면역결핍바이러스와 관련된 상병과 사망은 잠재적 수혈

---

14 *Core Resolutions and Guidelines on Voluntary Non-Remunerated Blood Donation*, International Federation of Red Cross and Red Crescent Societies(WHO/LBS/93.2, Geneva, 1992).

15 Leaflet of Red Cross and Red Crescent Societies, Eighth Session of General Assembly, Decision 34(WHO/GPA/INF/931, Budapest, 1991).

자들에게 계속해서 불안감을 불러일으켰다.

모든 잠재적인 수혈 합병증을 고려하여 인공 대체물을 개발하려는 시도가 여러 해 동안 있어왔지만, 빠른 시일 내에 가시적인 성과를 볼 가능성은 아직 없다.

20세기 말에 영국에서 헌혈은 일부에게는 다소 구시대적 이미지로 비쳤을지도 모른다. 국가 수혈 서비스는 원래 제2차 세계대전 중에 확립된 응급 의료 서비스의 일환으로 시작되었으며, 여러 방면에서 "전쟁 노력war effort"*의 기풍 위에 세워졌다. 최근 젊은 자원자들의 흥미를 끌기 위한 조치들이 취해졌으며, 1996년에는 영국 중등학교의 핵심 교과과정으로 교육 프로그램이 제공되었다. 하지만 설립이나 전통에 대한 현재의 관점과 무관하게 잉글랜드와 웨일스의 헌혈자들은 환자들의 필요에 지속적으로 응답해왔으며, 지난 50년 동안 헌혈자들의 기여도는 10배 증가하였다. 1970년대와 1980년대의 경제 침체로 인해 영국의 산업 기반과 주요 채혈 장소 모두에 변화가 있었다. 이전에는 헌혈자의 상당수가 직장에서 헌혈을 위해 시간을 냈으나, 지금은 집 근처 공공 헌혈소에서 헌혈을 한다. 작은 마을에 거주하는 사람들의 편의를 위해 그리고 최근에 형성된 소규모 업무에 발맞추기 위해 이동형 채혈 버스를 운영하고 있다. 여러 면에서 한 가지 분명한 것은, 사반세기보다 더 전에 리처드 티트머스가 묘사한 헌혈 시스템에는 "선물"이라는 그 핵심적 원리는 지켜가면서 새로운 사회적, 과학적, 기술적 환경에 대응하고 변화할 능력이 있다는 것이다.

---

*   전쟁에서 승리하기 위해 사회적 자원을 조정하여 동원하는 것.

제2부 선물 관계: 인간의 혈액에서 사회정책까지

리처드 M. 티트머스가 펴낸 초판(1970)

4장
서론: 인간의 혈액과 사회정책

  이 책의 출발점은 인간의 혈액이다. 즉 영국과 미국, 구소련, 남아프리카공화국 등 여러 국가에서 일어나는 혈액의 조달, 가공, 유통, 사용 및 혜택과 관련된 과학적, 사회적, 경제적, 윤리적 문제를 다룬다. 그러므로 이 연구는 과거와 현재의 다양한 사회에서 존재하는 혈액과 혈액의 소유, 상속, 사용, 손실에 관한 믿음, 태도, 가치를 조사하고, 역사적, 종교적, 사회학적 자료에 의존하여 논지를 전개할 것이다. 또한 이 책은 혈액을 베푸는 사람들과 공급 또는 판매하는 사람들의 특성을 다양한 연구 방법으로 조사하고, 특히 미국과 영국의 수혈 및 헌혈자 체계 그리고 공급, 수요, 분배에 대한 국가 통계를 서로 비교하고 분석한다. 또한 이 책은 사회적 가치와 비용 효율, 생물학적 효능, 안정성, 순도에 관한 기준을, 세계적으로 급증하는 의학계의 수요에 발맞추고 있는 공적, 사적 혈액 시장과 자발적, 상업적 헌혈 시스템에 적용한다.

  이 연구는 "복지"라는 목표를 공표한 공공 정책과 공공 제도, 서비스에서 "경제적"인 것과 "사회적"인 것을 구별하기 위해 시도하던 중 정식화된 일련의 가치 있는 질문들로부터 시작되었고 다년간의 내적 성찰을 통해 발전하였다. (사회 서비스의 역할과 기능을 포함하여 사회정책의 영역을 정의하려는 이전의 시도로는 티트머스의 『복지의 의무Commitment to Welfare』가 있다 — 특히 1장을 보라.) 하지만 사회의 도덕성에 대한 문제 제기 없이, 그리고 다른 사람의 욕구를 존중하기도 하고 무시하기도 하는 인간의 도덕성에 대한 문제 제기 없이 앞서 말한 구별이 가능할 것이며, 사회정책의 영역을 최소한 대강이나마 정의할 수 있을까? 왜 사람들은 "사회적"인 것에서 벗어나 계약을 맺으면 안 되고 개인의 직접적인 이익을 위해 행동해서는 안 되는가? 왜 낯선 사람strangers에게 증여하는가? — 더욱 근본적인 도덕의 문제를 건드리는 질문은 다음과 같다. 상대적으로 이 풍요롭고 물욕이 넘치며 분열적인 20세기 사회에서 나에게 낯선 사람은 누구인가? 만약에 의무가 확대된다면, 서로 주고받는 상호부조와 현대 복지 체계 사이를 이어주는 것은 무엇인가?

이런 식으로 개인적 관점에서 선물 관계에 대해 고찰해나감에 따라 우리는 필연적으로 경제 이론의 영역에 이르렀다. 특히 우리는 재분배를 수행하는 (또는 수행하는 것 같은) 이런저런 형태의 기관들 그리고 금세기 동안 "사회 서비스" 또는 "사회 복지"를 담당한다고 알려진 기관들에 대한 질문을 "경제적 인간"에게 할 수밖에 없었다. 사례연구로서 이에 관한 사회정책들 가운데 하나를 조사하면서 우리는 다음과 같은 질문에 도달했다. 수많은 구성 요소 — 예를 들어 수혈 서비스 — 로 분석된 의료 돌봄medical care은 민간 경제 시장의 다른 재화 및 서비스와 구분되지 않는 소비재인가? 인간의 혈액을 상품으로 취급하면 국내적, 국제적으로 어떤 결과가 초래되는가? 만약에 혈액이 사고팔아도 좋은 어떤 것이라는 재가가 도덕적 차원에서 주어진다면, 의료 돌봄을 구성하는 다른 영역들에서, 그리고 교육, 사회보장, 복지 서비스, 아동의 사회적 보호, 사회사업social work 기술, 전문적 훈련을 위한 환자와 고객의 사용, 그 외 "사회 서비스"를 위한 기관과 행정 등에 있어서 개인주의적 사적 시장을 촉진하지 않는 것을 궁극적으로 무엇으로 정당화할 수 있겠는가?

만약에 인간의 혈액이 소비재로서 정당화된다면 그 경계선은 어디인가? ― 실제적이고 정말 확실한 어떤 경계선을 정할 수 있는가? 사회정책의 정체성과 영역을 모색한다는 것은 어쩌면 존재하지 않는 것을 찾는 일일지도 모른다. 그렇다면 종국에 모든 정책은 경제정책이 될 것이며, 중요하게 간주되는 유일한 가치는 돈의 관점에서만 측정되고 쾌락주의의 변증법을 통해서만 추구될 것이다. 각 개인은 시장에서 대가를 지불하는 혈액을 판매하기 위해 이기적으로 행동할 것이다. 낯선 사람에게 증여한다는 도덕적 선택의 제거는 모든 이데올로기를 종식시키는 이데올로기가 될 수 있다.

질문들이 잇따를 것이고 그에 따라 이 책의 분량도 늘어날 것이다. 특정하고 미세한 문제 ― 인간의 혈액 ― 에서부터 시작하여 몇 세기 동안 철학자들이 제기한 일반적이고 근본적인 문제로 이동할 것이다. 그리고 본질적으로 이 책은 현대사회에서 이타주의의 역할을 다룰 것이다 ― 따라서 이것이 이 책의 제목이 되었다.

이 책은 복지의 정치학과 개인들이 가진 도덕적 의지의 결합을 시도한다.

사람들은 베풀기 위해 태어나지는 않는다. 사회의 새로운 성원으로서 사람들은 이타주의와 자기애self-love의 딜레마 가운데 어느 것과도 직면하지 않는다. 그렇다면 사람들은 어떻게 베푸는 법을 배우는 것일까? 또는 어떻게 배울 수 있는 것일까? 사람들은 어떻게 서로 비참함을 공유하지 못하는 사회에서, 즉 재산, 지위, 권력과 관련하여 새로운 욕망과 생디칼리슴적이고 사적인 욕구가 날로 증가하는 사회에서 인종과 종교, 피부색을 초월하여 이름 모를 낯선 이들에게 베풀고 또 베푸는 법을 배우는 것일까?

우리는 이 거대한 질문에 대답하지 못한다. 그러나 사람들이 이타주의와 타인의 욕구에 대한 배려의 마음을 표현하는 데 있어서 특정한 공공 정책의 수단들이 이를 얼마나 격려하고 좌절시키고 또 발전시키고 파괴하는지 발견하였고 우리는 점차 이러한 질문을 제기하지 않을 수 없음을 깨달았다. 달리 말해 우리는 어떻게 하면 이러한 수단과 제도가 시장의 소유욕 강한 이기주의가 아니라 그 반대편에 있는 이타주의를 위한 기회를 제공, 확대하며 이로써 사회를 위한 도덕적 갈등의 영역을 긍정적으로 창조할 수 있는지 알고 싶었다. 만약 이타적으로 행동할 수 있는 기회 — 금전과 무관한 방식으로 낯선 사람에게 증여하는 도덕적 선택을 실행하는 것 — 가 인간이 가진 필수적 권리라면, 이 책은 또한 자유의 정의定義에 관한 책이기도 하다. 사람들은 자유롭게 혈액을 사고 팔 수 있어야 하는가? 아니면 이러한 자유는 사람들이 혈액을 증여하거나 증여하지 않는 선택의 문제로 제한되어야 하는가? 그리고 이러한 자유가 가장 중요하다면, 그러면 우리는 사회정책의 제도들을 단순히 복지의 공리주의적 도구로 간주하는 것이 아니라 이타적인 기회의 대리인agents으로, 그리하여 도덕적 갈등을 만드는 존재generator로 간주할 필요는 없는가?

비전문적인 경로를 통해 정치철학자, 경제학자, 의료 분야 과학자의 영역을 조사하고 무단 침입하면서 우리는 의료 돌봄 체계의 구성 요소에 관한 다소 형이상학적 질문을 다루기 위해 연구를 시작했다. 분명한 이유로 우리는 이러한 모든 분야를 부문별로 국가별 비교의 차원에서 깊이 검토할 수는 없다. 그러므로 우리는 헌혈자와 수혈 서비스를 조사하기로 결정했다. 우리는 이 분야가 어느 정도의 한도 내에서는 측정이 가능하고, 사회 구성원들의 관계와 널리 공유된 인간의 가치의 질적 상황에 관해 말해주는 가장 민감한 보편적 사회 지표social indicators 가운데 하나라고 생각한다. 이는 또한 중요한 의료적 자원의 요소이기도 하다. 외과 치료와 다양한 형태의 치료 의학과 예방의학은 오염되지 않은 인간 혈액과 혈액제제의 공급에 의존하고 있다. 그러나 오늘날 세계 각지에 걸쳐서 수혈을 위한 혈액은 많은 다른 의료 시설보다 아주 부족하다.

이 책에서 우리는 비록 의료 돌봄의 분야들 가운데 이 특정 분야를 간단하게 요약하지만, 집중 연구를 위해서는 전체를 이해하지 않고서는 부분을 이해할 수 없다는 사실을 기억할 필요가 있다. "사회는 개인 안에서 연구되어야 하며, 개인은 사회 안에서 연구되어야만 한다. 정치와 도덕을 분리하려는 사람들은 결코 이해할 수 없을 것이다." 루소Rousseau의 생각은 잠재적 헌혈자로서의 개인들에게 적용될 것이며, 의료 "사회"에도 적용될 것이다. 우리는 또한 영국보건청을 이해하지 않고서는 영국 국립수혈원의 기원과 발전, 가치를 이해할 수 없다. 이와 유사하게 우리는 미국의 국가 의료 시스템을 이해하지 않고서는 미국의 헌혈자 또는 혈액 판매자를 이해할 수 없다.

일각에는 정치적, 경제적 수렴 이론을 주장하며 오늘날 우리가 이데올로기의 종말에 다가가고 있다고 주장하는 사람들이 있다. 이것은 영국과 다른 서구 사회 내부에서, 또한 비교 국가적 관점에서 고려되고 있다. 우리는 이러한 명제가 맑스Marx가 자본주의 시장에 대한 대안으로서 조야한 공리주의를 제시했던 것처럼 경제적, 물질적 가치의 극대화에 의해 지배받은 것이라고 생각한다. 이 책은 인간사의 한 작은 분야에 대한 연구를 통해 이데올로기의 죽음과, 사회정책에서 나타난 경제적 인간의 속물적 부활에 대해 이의를 제기한다. 그러므로 이 책은 사람들이 낯선 사람에게 베푸는 행위에 우리가 부여하는 가치와 관련된 것이지, 사람들이 사회로부터 무언가를 받아내는 행위에 부여하는 가치와 관련된 것은 아니다.

5장
수혈

 피부색, 종교적 신념, 문화적 유산의 차이를 대수롭지 않게 만드는, 전 세계 모든 남성과 여성을 긴밀하고도 직접적으로 연결하는 하나의 유대가 있다. 5-6도 범위에서 온도가 유지되며 55%가 물로 이루어진 피는 생명의 물줄기로서 모든 인류의 혈관을 타고 흐르며 인간 가족이 실재한다는 것을 증명해주고 있다.
 수천 년 전 인류는 이 피라는 액체가 생명의 원천이며 값을 매길 수 없는 고귀한 것임을 발견하였다. 모든 인류의 역사에서 피는 특별히 중요한 것으로 여겨졌다. 민속학과 종교, 인류사에는 영원한 젊음을 꿈꾼 ― "새로운 피"를 통한 회춘의 꿈 ― 예들이 가득하다.
 『구약성서』「신명기」(12장 23절)는 "피는 생명이다"라고 말한다. "이것은 너희들을 위하여 뿌리는 나의 새로운 언약의 피일지니." (「마태복음」26장 28절) 고대 이집트인들은 권력을 되찾기 위하여 피로 목욕을 했고, 머리카락이 새하얗게 세는 것을 막고 대머리를 치료하기 위해 머리에 기름과 피를 발랐다고 전해진다. 로마의 시인인 오비디우스Ovid는 아이손Aeson이 어떻게 그의 아들인 이아손Jason의 피를 들이킨 후에 그 젊음을 회복하였는지 묘사하였다. 로마인들은 죽어가는 검투사의 피를 마시면 용기를 고취할 수 있다고 믿었다. 더 최근으로 오면, 호주 중앙에 사는 어떤 종족은 병든 노인에게 젊은 남자의 피를 마시게 한다고 알려져 있다. 쿠빌라이 칸은 핏속에 영혼이 있다고 믿었으며 왕족이 피를 흘리는 것을 허용하지 않았다. 남아메리카 전역에 걸쳐 악령을 쫓아내는 가장 널리 알려진 방법은 몸에서 피를 흘리게 하는 사혈이었으며 그들은 이렇게 함으로써 악마가 피와 함께 빠져나간다고 믿었다. 전 세계 여러 국가에서는 아직도 화해와 다른 사회적 목적을 위하여 혈맹 의식이 치러지고 있다. 중세 유럽에서는 ― 피는 피로써 되갚는 ― 피의 복수가 대대적으로 행해졌고 오늘날 몇몇 사회에서는 전통의 한 부분으로 남아 있다.

수세기 동안 모든 문화권과 사회에서 피는 생명의 원천이자 종종 생명을 유지시키는 마법의 액체로서 결혼과 출생, 시작과 죽음 같은 인생의 모든 중요한 사건과 함께하는 표식이었다. 피를 잃는 것은 불명예, 혐오감, 노쇠, 질병, 비극과 관련된 것으로 여겨졌다. 상징적으로 그리고 기능적으로 피는 종교적 교리에, 인간관계의 심리학에, 인종과 친족, 조상 숭배, 가족의 이론과 개념에 깊이 내재되어 있다. 태곳적부터 피는 불굴의 용기와 활력, 고귀함, 순수함, 생식력과 같은 특성을 상징하는 것이기도 했다. 남성들은 피를 보면 위협을 느꼈다. 피를 위해 서로를 죽였다. 피가 기적을 만든다고 믿었다. 그리고 다른 인종 집단의 구성원으로부터 수혈을 받기보다는 차라리 죽음을 택하였다.

피에 대한 바로 이러한 생각은 생명과 죽음에 대한 인간의 가장 깊은 감정을 자극하였다. 피에 대한 태도와 피의 소유, 상속, 이용, 상실에 관한 남성과 여성의 상이한 가치관은 인류학자들에게 서로 다른 문화권을 구분 짓게 하는 특징 중의 하나였다. 심지어 현대에도 — "아리안"의 피와 "유대인"의 피라는 신화에 사로잡혔던 히틀러 치하의 독일처럼 — 피에 대한 미신적이고 비합리적인 집단 태도들이 특정 서구 사회에서 첨예하게 드러났다. 오늘날 전 세계에서 찾아볼 수 있는 인종적 편견이 불순한 피, "좋은" 피와 "나쁜" 피, 불가촉의 천함과 오염이라는 개념과 연관되어 있다는 생각을 떠올리지 않을 수 없다.

피와 관련된 믿음과 태도는 전 세계적으로 헌혈을 호소하고 헌혈자를 모집하는 데 다양한 정도로 영향을 미치고 있다. 뿌리 깊게 박혀 있고 널리 퍼져 있는 미신은 체내의 피는 불가침의 자산이며 이것을 빼앗는 것은 신성모독이라는 것이다. 예컨대 아프리카의 일부 지역, 특히 남아프리카공화국의 반투족Bantu은 한 번 빼앗긴 피는 되돌릴 수 없으며, 피를 빼앗긴 사람은 평생 허약해져 불구가 되거나 장님이 된다고 믿는다. 따라서 백인이 피를 가져가는 것은 흑인에 대한 지배를 확실하게 하기 위한 것이며, 살갗을 바늘로 찌르는 것은 질병과 고통을 전파하기 위한 공격 행동이라고 믿는다. 헌혈자의 동기와 모집에 대한 몇 가지 문제를 논의할 이후의 장들에서 이러한 믿음에 대해 더 다룰 것이다.[1]

1 혈액에 대한 태도와 관련한 역사적 문헌에 대한 더 자세한 내용은 다음의

혈액 순환, 혈액의 구성과 보존, 전 인류의 혈액형 유전자의 분포에 대한 과학적 지식이 많아짐으로써 우리는 보다 합리적인 틀을 갖추게 되었다. 하지만 과학적 진보에 힘입어 수혈 서비스가 현대 의학에서 없어서는 안 될 필수적 부분이 된 것은 겨우 최근의 일이다.

피는 가장 초기의 약전藥典에 어떤 형태로든지 나타난다. 피는 수세기 전만 해도 정신병과 중풍의 인기 있는 치료제였으며 노인들의 회춘을 위해 처방되기도 하였다. 하지만 순환기계에 피를 직접 수혈하는 것은 순환기계가 처음으로 발견된 1616년 이후부터의 일이었다. [순환기계를 발견한] 하비Harvey의 업적이 유럽에 널리 퍼지자 수많은 수혈 실험이 뒤따랐다. 한 인간의 몸에서 다른 몸으로 수혈을 시도한 첫 기록은 1665년 "가장 바쁜 사나이" 크리스토퍼 렌 경Sir Christopher Wren의 제안에 따른 것이었다.[2] 영국의 해부학자인 리처드 로워Richard Lower 박사는 개와 개 사이의 수혈을 성공적으로 마쳤다. 피는 한 인간이 가진 비밀스런 고유의 속성을 운반한다는 것이 그 시대의 일반적인 생각이었으므로 여러 추측

참고 자료들에 있다. Wolstenholme and O'Connor(1966); *World Health*, World Health Organisation(Geneva, June 1968); *Third Red Cross International Seminar on Blood Transfusion*, League of Red Cross Societies, Medico-Social Documentation No. 27(Geneva, 1966); 그리고 Wood, C. S., "A short history of blood transfusion", *Transfusion* No. 4, Vol. 7 July-August 1967), p. 299.

2   몇몇 역사가는 최초의 수혈은 1490년 로마에서 노환으로 사망한 교황 이노센트 8세Innocent VIII 에게 행해진 것이라고 기술하고 있다. 그는 세 명의 건강한 소년에게서 혈액을 투여받음으로써 회춘하려 하였다. 혈액을 정맥 내 주사로 투여하였는지 아니면 음용하였는지는 불분명하지만 그 결과는 확실한데, 그 세 명의 소년과 교황은 사망하였고 해당 의사는 도망갔다(Clendening and Logan(1933)).

이 자연스럽게 뒤따랐다. 보일Boyle은 로위에게 쓴 글에서 "마스티프[*털이 짧고 덩치가 큰 개로 건물 경비견으로 쓰임]의 피를 블러드하운드나 스패니얼에게 자주 수혈하면 후각이 손상되지 않을지" 궁금해하였다.³ 새뮤얼 피프스Samuel Pepys는 훨씬 더 풍부한 상상의 나래를 펼쳤는데 "수혈은 퀘이커 교도의 피를 대주교에게 주입하면 어떨까와 같은 꽤 근사한 희망들을 불러일으켰다."⁴

로위의 실험이 있은 지 2년 후에 프랑스의 의사이자 철학자이며 해부학자인 장 밥티스트 드니Jean Baptiste Denis는 사람을 대상으로 처음 수혈을 수행하였는데, 15세 소년인 환자에게 양에게서 뽑은 피를 수혈하였다. 이 실험은 비극으로 끝났고 의사에게는 사형이 선고되었다. 동물의 피를 사람에게 수혈하는 시술은 여러 나라에서 행해졌고 많은 사망자가 속출하였다. 이에 프랑스, 영국, 이탈리아는 이를 불법화했고, 1678년에는 교황도 이를 금지하였다.⁵

마르쿠스 아우렐리우스Marcus Aurelius의 의사였던 갈렌Galen은 공기가 아닌 동맥에 피가 있음을 최초로 증명했다. 하지만 그는 피가 심장에서 "발한發汗"을 통해 한 부위에서 다른 부위로 이동한다는 잘못된 생각을 전파하기도 하였다. 이러한 잘못된 생각은 방혈blood-letting에 대한 그의 열정 어린 신념과 함께 수세기 동안 지속되었다. 고대 로마에서 행해진 사혈 요법이 18세기에 이르러 유

3   Mollison(1956), p. xxiii에서 인용.
4   Palmer, W. L., "Serum hepatitis consequent to transfusion of blood", *Journal of the American Medical Association*, Vol. 180, No. 13(1962), p. 1123에서 인용.
5   프랑스와 영국 남부에서의 드니의 활동은 같은 시기에 일어났고, 다음의 문헌에 자세히 기술되어 있다. Keynes, G., "Tercentenary of blood transfusion", *British Medical Journal*, 410(18 November 1967).

행하게 되었다. 많은 외과 의사가, 심지어 정신과 의사도 "피를 배출시켜서 흐르게 하라"라는 격언에 따라 치료하였다. 이러한 시술은 20세기가 되어서야 폐지되었다.

과학적 발견이 이루어질 때 종종 그러하듯이 수혈의 응용 분야는 오랫동안 거의 진전을 보지 못했다. 로워의 실험 후 150년이 지난 다음, 런던의 세인트토머스 병원과 가이즈 병원에서 몸담은 제임스 블런델James Blundell 박사는 수혈을 할 수 있는 장비를 직접 고안하였고 오직 인간의 피만이 인간을 위해 사용될 수 있다고 주장하였다. 그는 1818년에 최초로 인간 대 인간으로 수혈을 진행하였다. 하지만 수혈 장비의 보편적 사용은 빈의 젊은 과학자인 카를 란트슈타이너Karl Landsteiner의 탁월한 업적이 나오고 나서부터 비로소 가능해졌다. 그는 1901년에 인간의 혈액에는 여러 종류가 있으며, 잘못된 혈액형이 섞이게 되면 적혈구가 서로 엉키고(응집) 그 결과로 파괴된다는 것을 발견하였다. A, B, AB, O라고 불리는 주요 인체 혈액형은 "A"와 "B"라고 알려진 두 개의 화학 성분을 가진 적혈구가 있느냐 없느냐에 따라 최종 결정된다. 결론적으로 같은 혈액형을 가진 헌혈자의 피를 수혈받으면 응고 작용 없이 두 사람의 혈액이 섞여 안전한 수혈이 가능하다는 것을 알게 되었다.

더 최근으로 돌아오면, Rh 혈액형계는 1930년대에야 처음 언급되었는데 이는 곧 수혈의 중요한 요인이자 임신 시에 부적합성을 일으키는 요인으로 인식되었다. 1941년에는 "항Rh"(실험실에서 사용된 원숭이 종[레서스Rhesus] 이름에서 따왔다)라고 명명된 항체가 사람들 간에 다르게 분포한다는 사실을 알게 되었다. 백인 인구의 약 82-83%가 Rh(+)이며 나머지가 Rh(-)이다.

실제로 Rh 혈액형 그룹에서 가장 큰 문제를 야기하는 것은 "RhD"이다. RhD(-)인 사람이 RhD(+)인 사람으로부터 수혈을 받게 되면 수혈받은 피를 공격하여 파괴하는 항체가 만들어질 수 있다. 비슷한 상황이 임신 중에 발생할 수 있는데, 일부 적혈구가 태반을 통과하는 자궁 내에서 RhD(+)인 태아의 혈액이 산모에게 민감 반응을 일으킬 수 있다. 신생아의 RhD 용혈성 질환은 산모에게서 항체를 발현하게 하고, 이 항체들은 태반을 통과하여 태아의 적혈구를 파괴함으로써 빈혈과 황달을 일으킨다. 이 반응은 대개 한 명 이상의 건강한 아기를 출산한 후에 발생한다. 아기를 보호하기 위해서는 산모에게서 발생하는 항체를 초기에 발견하는 것이 중요하다. 지금은 RhD 항원에 이미 민감화되어 있는 헌혈자로부터 추출한 항D 면역글로불린을 투여함으로써 산모의 순환기계에서 아기의 세포를 제거하는 것이 가능해졌다.

혈액형과 Rh형의 주요 문제가 명확해지고 적절한 방법들이 개발되면서 수혈은 흔한 시술이 되었다. 이는 혈액이 인체에서 분리된 혈액의 응고 예방, 극저온의 특수한 조건에서의 혈액 저장, 혈액을 분류하고 검사하며 교차 시험하는 기술, 수혈 치료의 방법과 기술, 특정한 혈액 추출 제제와 부산물의 개발, 혈장의 몇몇 속성을 지니고 혈액의 손실을 보충하기 위하여 일시적으로 혈액량 확장제로 사용될 수 있는 혈장 대체제의 생산, 혈액형 유전자와 혈액 질환의 전 세계적 분포에 관한 지식의 광범위한 확장, 그리고 문헌에서 상세하게 열거할 수 없을 정도로 너무도 복합적인 다른 많은 분야의 과학적 연구와 관련되어 이루어진 결과이며, 이러한 지식과 관행의 대단한 진전은 여러 국가(특히 영국)의 과학자들의

노력 덕분이었다.6

하지만 이러한 지식의 대단한 진전에도 불구하고 여전히 배워야 할 것은 많다. 이는 심장이식에 관한 과학적, 기술적, 윤리적 논의에서도 강조되었다. 해머스미스 왕립대학원병원의 세 저자는 다음과 같이 적었다. "란트슈타이너가 ABO 항원을 발견한 지 50년이 흘렀음에도 불구하고 적혈구의 항원 구성에 대한 분석은 아직 완전하지 않다."7

수혈 분야에서 이루어진 모든 과학적, 기술적 발전은 언제나 ― 여전히 풀리지 않는 문제를 포함하여 ― 새로운 생물학적, 의학적 문제를 낳았고 그뿐 아니라 현대사회의 심오하고 중요한 쟁점이 될 새로운 사회적, 경제적, 윤리적 결과들을 초래하였다. 이러한 결과들을 탐색하는 것이 이 책의 목적 중 하나이다.

11장에서는 수혈의 주요 위해들 중 하나인 감염성 간염(황달)의 문제를 보다 상세히 다룰 것이다. 또한 수혈 기술의 발전과, 특히 혈장분획에 대하여 여러 장에서 설명할 것이다.

하지만 이 장은 다음 몇몇 장의 배경이 되므로 혈액과 혈액제제의 수요와 공급 문제를 이해하는 데 있어 새겨두어야 할 몇 가지 기본적인 고려 사항을 가능한 한 간략히 다루고 넘어가고자 한다.

---

[6] 1901년 란트슈타이너의 발견으로부터 1960년대까지의 수혈 치료에서의 과학적 발전은 Hurn(1968)에 기술되어 있다.

[7] Dempster, W. J., Melrose, D. G., and Bentall, H. H., *British Medical Journal*, 177(20 January 1968).

혈액의 구성 성분

혈액은 혈장(그중에서도 면역글로불린을 함유한 것)으로 알려진 옅은 황색의 액체에 부유하는 굉장히 많은 미세한 세포(이것이 혈액이 색깔을 띠게 한다)로 이루어져 있다. 혈장은 영양분이나 노폐물 외에도 이러한 세포들을 우리 몸 곳곳에 운반한다. 적혈구는 폐에서 우리 몸의 모든 곳으로 산소를 보내며 이로 인해 각 조직들은 숨을 쉴 수 있다. 인체에서 적혈구의 생애는 약 4개월 정도이다. 이중에서 매일 1%에 약간 못 미치는 적혈구가 죽고 분해되며, 그에 상응하는 수의 적혈구가 생성된다. 이러한 적혈구의 노화와 죽음은 혈액이 최적의 조건으로 저장되어 있을 때 그리고 타인에게 수혈된 상태에서도 거의 같은 비율로 계속된다. 1개월 동안 저장된 혈액보다는 갓 추출한 혈액에 젊고 활력 있는 적혈구가 더 많지만, 1개월이 지나더라도 적혈구의 4분의 3은 살아 있고 활동력이 있다. 실제로 저장 혈액은 헌혈자로부터 제공받은 지 3주 이내에는 정상적으로 사용된다.

3주 이내에 사용하지 못한 혈액의 경우에는 혈장을 분리하여(잉글랜드에서는 이 과정이 영국보건청 혈액센터에서 이루어진다) 변질 없이 몇 년 동안 저장할 수 있는 건조 분말 형태로 가공하기 위해 혈장 건조 실험실로 보내진다. 이 분말은 필요할 때 증류수와 섞어서 — 과다 출혈 환자의 생명을 구하는 데 혈액을 사용하는 것과 마찬가지로 — 광범위한 화상과 데인 상처를 입은 환자들의 생명을 구하는 데 사용한다.[8]

혈액의 고유성

혈장 대체제과 기타 제제의 개발, 장기간 저장이 가능한 혈액의 응결과 보존 기술의 진전, 특정 혈액 구성물의 이용 등 여러 기술적 발전에도 불구하고 대다수의 환자에게 신선한 인체 전혈을 직접 수혈하는 것의 대안은 없다. 전혈과 그 주요 구성 요소들에 대한 대안은 아직 연구 실험실에서도 개발되지 못하고 있다. 인체가 유일한 공급원이다. 따라서 여기에서는 주로 전혈의 수집, 분배 그리고 수혈을 다룬다.

인간의 혈액은 곧 소멸된다

혈액은 냉장 상태에서 보관된 지 21일 후에는 적혈구가 많이 변형되고 화학적 변화가 발생하기 때문에 그 유용성의 일부를 상실하여 수혈에 부적합하고 유해한 상태가 된다. 21일의 유통기한이 가까워진 혈액을 대량으로 투입하게 되면 칼륨 독성이 야기된다. 이는 심장마비를 불러일으키며, 신장 질환처럼 칼륨 배출 기능이 손상된 환자들에게서 더 흔하게 발생한다.[9]

전혈 비축에 어려움을 겪는 몇몇 국가에서는 "유통기한"(보통 이렇게 불린다)을 28일까지 연장하기도 한다. 하지만 대부분의 국가

---

8   Jackson, D. MacG., *Blood Plasma and Burns Treatment*, pamphlet for blood donors, National Blood Transfusion Service(1965).

9   Mathieson, D. R., "Blood transfusion: services and complications", *The Medical Clinics of North America*, Vol. 46, No. 4(1962), p. 927.

에서는 21일의 기간을 초과한 경우에는 수혈을 할 때 위험이 증가하는 것으로 받아들이고 있다.

이러한 "21일 손상 용이성21-day perishability"의 특성은 수혈 서비스의 운영에서 서로 다른 혈액형에 대한 전국 각지 병원의 수요를 예측하고 추정하는 데 있어서, 헌혈 프로그램을 조직화하고 향후 기획을 짜고 실행하는 데 있어서, 수혈 적합성 검사와 교차시험을 기술적으로 조직화하는 데 있어서, 적절한 날짜나 심지어 적절한 시간에 적절한 병원과 수술실, 병동 그리고 환자에게 적절한 양과 유형의 전혈을 공급, 배분하는 데 있어서 매우 중대한 행정적, 기술적 문제를 불러일으킨다.

낮이건 밤이건 어떤 시간대에도 평범한 또는 희귀한 유형의 혈액을 1단위에서 40단위까지 환자의 필요에 맞춰 지연 없이 공급하려면 높은 수준의 통계적 전망이나 행정적 효율이 요구될 것이다. ("유통기한이 지난") 혈액 폐기물을 최소한으로 유지하려면 이러한 역량에 대한 수요가 훨씬 많아질 것이다.

따라서 모든 수혈 시스템이 검증을 거쳐야 하는 결정적인 두 가지 기준은, 일정 기간 동안 혈액 공급의 지연과 부족은 어느 정도인가 그리고 혈액의 폐기는 어느 정도인가이다. 우리는 이후 장들에서 영국과 미국의 시스템을 이러한 기준에 따라 조사해볼 것이다.

하지만 "21일 손상 용이성"을 다루는 데 있어서 시스템의 효율성 또는 효과성은 궁극적으로 공급자 즉 헌혈자에게 달려 있다. 환자의 필요를 적절히 충족하고 혈액 폐기를 피하기 위해 요구되는 헌혈자의 속성은 일관성, 규칙성, 책임성, 진정성이다. 그들에게서 극적이고 감성적이고 일시적인 반응을 이끌어내 헌혈을 받는다고 한들 이는 제대로 된 해결책이 아니다. "정상적" 필요, "비정상적" 또는 응급한 (예컨대 다발성 교통사고, 항공기 재난 또는 갑작스러운 유산 등으로 인한) 필요를 모두 다루는 병원 및 응급실 서비스는 수요와 반응의 위기 상황에서 혈액에 요구되는 조건을 유지할 수 없다. 반복하건대 이러한 헌혈자 "효율성"의 범주는 이후의 장에서 검토할 것이다.

손상 용이성의 특성과 연결되어 있는 이러한 모든 인적, 기술적, 행정적 문제로 인해 — 특히 미국에서 — 대안 물질과 대체 물질에 대한 연구 그리고 급속 냉동 과정이나 여타의 기술로 혈액의 수명을 연장하기 위한 연구가 필요하게 되었다. 이 연구들 중 상당수는 한 작가가 묘사한 것 같은 "미국에서 나오는 유통기한이 지난 엄청난 양의 폐기물"[10]과 날로 심각해지는 혈액 부족, 1968년 초 베트남전쟁의 수요 그리고 다수의 헌혈자로부터 추출한 혈장제제의 사용에 대한 국립과학위원회National Research Council의 경고들로 인해 — 역시 미국에서 — 더욱 활발해졌다. 11장에서 설명하겠지만 헌혈자의 규모가 더 커질수록 간염에 감염될 위험이 더 증가하며, 특히 보수를 받은 헌혈자에게서 추출한 혈액을 사용할 경우 감염의 가능성이 더욱 높다.

1950년대 이후로 영국에서는 국립수혈원을 통해 "소규모 풀small pool" 혈장만이 공급되었다(11장을 보라). 하지만 미국에서는 대규

---

10 Huggins, C. E., "Frozen blood: theory and practice", *Proceedings of the American Medical Association Conference on Blood and Blood Banking*(1964).

모 풀(대개 100명 이상의 헌혈자로부터 채혈된 혈액으로 만들어진다)이 일반적이었으며, 이를 통해 연간 30만 단위 이상이 주로 상업적으로 얻어졌다고 추정된다. 대규모 풀에서 얻어진 혈장은 전혈에 비해 상업적으로 더 저렴하고, 수송하기 쉬우며, 무기한으로 저장될 수 있다. 간염의 심각한 위험성에 대해 국립과학위원회가 제기한 경고들과 전반적인 혈액 부족과 폐기 문제로 인한 공급의 상당한 감소는 대안 물질과 대체 물질에 대한 연구들을 촉발시켰다. 미국 의료계는 "교착상태에 직면"하게 되었다.[11]

미국에서는 이러한 문제에 대한 답을 찾기 위해 엄청난 연구비, 실험실 장비, 연구 인력이 동원되는 대대적인 연구 프로그램이 수행되었다. 이러한 프로그램의 일부는 (컴퓨터와 자동화된 재고 관리 시스템 형태의) 기술이 [유통기한] 만료로 인한 혈액 손실, "대량의 폐기물과 비용"을 감소시킬 것이라는 희망 아래 수행되었고(7장을 보라), 일부는 보수를 받은 헌혈자의 혈액 공급을 증가시키기 위해 제약 산업에서 사용하는 혈장분획 기술을 개발하기 위한 것이었으며(7장과 11장을 보라), 일부는 사체(또는 시신)의 혈액 사용을 연구하기 위한 것이었다.[12] (아데닌과 같은) 특정 물질을 첨가함으로써 혈액의 생명을 1-2주 더 연장할 수 있을지 타진하는 연구도 있

---

11 국립과학위원회 의학분과Division of Medical Sciences의 혈장과 혈장 대체제 위원회Committee on Plasma and Plasma Substitutes에서 발표한 성명, *Transfusion*, Vol. 8, No. 2(March-April 1968). 더 자세한 논의는 11장을 보라.
12 1970년까지 알려진 바에 따르면 사체의 혈액 사용 개발은 미국과 소련에서만 있었다. Kevorkian, J., and Marra, J. J., "Transfusion of human corpse blood without additives", *Transfusion*, Vol. 4(1964), p. 112; Wood, C. S., "A short history of blood transfusion", *Transfusion* No. 4, Vol. 7(July-August 1967), p. 302; Yudin, S. S., Soviet Medicine, 14(1938), p. 14를 보라.

었으며, 한편으로는 극저온에서 혈액을 동결하고 저장하는 기술을 개선하기 위한 연구도 있었다.

자발적 헌혈자가 부족하지 않고 혈액 폐기물의 문제가 중요하지 않은 수혈 시스템은 이러한 연구 및 개발의 대부분과 대개 무관하다. 심지어 연구 및 개발이 수혈 시스템과 관련되어 있을지라도 (그리고 지금보다 과학적 논란이 있을 여지가 훨씬 적다고 하더라도) 그것이 현재의 헌혈자 필요를 상당한 정도로 감소시킬 것으로 ― 심지어 안정화할 것으로도 ― 보이지는 않는다. 더군다나 저온 동결과 저장을 통해 혈액의 유통기한을 연장하는 방법은 아주 비싸서 혈액 단위당 비용을 급격하게 증가시킬 것이며 적혈구의 약 20%는 이 과정을 통해 손실될 것이다.[13]

따라서 최근의 모든 과학적 진보와 기술적 성취 그리고 더 나은 진보를 통해 미래에 얻을 수 있는 이득에도 불구하고 전 세계를 통틀어 헌혈자를 대체할 수 있는 것은 없다는 것 그리고 환자의 대다수에게 신선한 인체 전혈을 사용하는 것보다 나은 대안은 없다는 것, 이 두 가지는 변하지 않는 진리이다. 혈액의 "생물학적 영원함"에 대한 가망은 심지어 영하 196도에서도 존재하지 않는다.

미국적십자사의 의료 국장인 그린월트T. J. Greenwalt 박사는 1969년 5월에 "모든 연구와 공식적 예방책, 새로운 시설들 모두가 헌혈자 없이는 소용이 없다"고 말했다.[14] 그의 관점에서 헌혈자는 전체 미국의 상황의 핵심이다. 다른 국가들에서처럼 미국에서

---

13 혈액의 저장에 관계된 문제들에 대한 포괄적 검토와 과학적 문헌에 대한 지침은 Hurn(1968)을 보라.
14 *Medical World News*, Vol. 10, No. 21(23 May 1969), p. 33.

도 개개인의 헌혈자는 과거에 그랬던 것처럼 유례없이 중요하고, 심지어 혈액에 대한 수요가 증가하고 있기 때문에 과거보다 더 중요하다. "실제로 채혈은, 아니 더 정확하게 말하면 헌혈자 그 자신은 전 세계적으로 수혈의 근원적 질문이자 핵심적 문제로 남아 있다."[15]

헌혈자의 선택

의학적 이유로 그리고 헌혈자와 수혈자 모두의 이익을 위해서 혈액은 헌혈자로부터 너무 자주 채혈되어서는 안 된다. 헌혈자의 피를 너무 자주 뽑으면 적혈구 내 철의 손실로 인해 철결핍성 빈혈이 발생하게 된다.[16] 영국에서는 1년에 5-6개월을 주기로 2회(또는 단위)의 헌혈을 표준으로 삼고 권고하고 있다. 미국에서는 표준 권고와 실제 행위가 둘 다 상당히 다양한 듯하다.[17] 엄격한 표준을 갖춘 것으로 인식되고 있는 몇몇 지역사회 혈액은행(뉴욕 혈액은행과 시애틀의 킹 카운티 중앙혈액은행 등)은 적절한 헌혈 주기로 1년에 5회의 헌혈을 행하고 있다.

대부분의 국가에서는 18세에서 65세 사이의 남성과 여성을 헌

---

15 Hantchef, Z. S., "The gift of blood and some international aspects of blood transfusion", *International Review of the Red Cross*(Geneva, October 1961), p. 3.
16 Kliman, A., and Lesses, M. F., "Plasmapheresis as a form of blood donation", *Transfusion*, Vol. 4(1964), p. 469.
17 헌혈자의 의학적 선택, 선별검사, 돌봄에 대한 기준은 국립보건원과 미국혈액은행협회 American Association of Blood Banks에서 정하고 있다. 또한 "General principles of blood transfusion", *Transfusion*, Vol. 59(July-August 1963)을 보라.

혈자로 간주하고 있다. 이 연령 제한은 1970년에 영국에서 확립되었다.[18] 건강한 헌혈자는 손실되어도 기껏해야 일시적 어지럼증 외에는 부작용을 일으키지 않는 여분의 400-500ml의 혈액을 가지고 있으며, 이 손실량은 6주 이내에 보충된다.

하지만 모든 헌혈자는 헌혈을 할 때마다 세심한 검진을 받아야 한다. 수혈은 매우 위험한 행위이다. 적합성과 교차시험의 문제, 장비 준비, 그리고 채혈, 보관, 기록, 표식, 이송, 수혈에서 최고 수준의 기준이 필요하다는 것을 차지하고서라도 심각한 질병 전파의 위험과 기타 위해가 있다.

세심한 의학적 검사와 감독의 중요성에 더하여 현재의 건강과 과거의 병력에 대한 질문에 헌혈자가 진실하게 답을 하는 것이 매우 중요하다. 이는 특히 영국과 미국에서 환자에게 질병을 감염시킨 가장 심각한 위험들인 혈청간염, 말라리아, 매독의 경우에 그러하다. 헌혈자의 진실성 문제, 그리고 이를 장려하거나 좌절시키는 상황들에 대해선 이후의 장들과 특히 11장에서 다룰 것이다. 그렇지만 여기서 옥스퍼드 지역수혈센터장인 그랜트J. Grant 박사가 영국의 관점에서 문제를 조사하여 발표한 『더 프랙티셔너』의 논문을 인용하여 이 질병들에 대한 몇 가지 사항을 덧붙이고자 한다.[19]

---

18 신판의 편집자 주(마틀루와의 개인 교신). 현재는 65세까지 정기적 헌혈을 해 왔고, 자신의 주치의가 지속적 헌혈을 하는 것이 가능하다고 승인하면 65세에서 70세의 연령층에서 헌혈을 하는 것이 가능해졌다.

19 *The Practitioner*, Vol. 195, No. 1166(August 1965), pp. 184-185.

동종 혈청간염

동종 혈청간염의 발생은 전혈 또는 소규모 풀 혈장을 투여받은 사람들 중에서 1%도 채 되지 않는 사람들을 괴롭히는 위해 요인이다. 이는 바이러스 보균자인 헌혈자로부터 민감성 있는 환자에게 전파됨으로써 발생한다. 헌혈자는 아마도 자신이 보균자라는 사실을 몰랐을 것이고, 과거에 감염성 간염을 앓았다는 병력도 알리지 못했을 것이다(만약 알렸더라면 헌혈자 패널에서 배제되었을 것이다). 아직까지는 정상인과 바이러스 보균자를 구분하는 믿을 만한 단일 검사나 간 기능 검사법은 고안되지 않았다.

수혈자들의 민감성은 다양하다. 바이러스가 들어 있는 소량의 혈액 1ml만으로도 간염이 일어나는 것이 확인되기도 하였다. 이러한 이유로 300명 이상의 헌혈자로부터 얻어지는 대규모 풀 혈장을 생산하는 것은 폐지되었고, 10명 미만의 헌혈자로부터 추출한 한정 풀 방식을 선호하게 되었다.

환자들의 증상은 다양한데, 전파된 바이러스에 의한 문제가 전혀 없는 환자도 있고, 황달이 동반되거나 동반되지 않는 일시적 간 기능 이상을 보이는 환자, 급속하게 치명적인 간 괴사로까지 이어지는 환자도 있다. 감염성 간염의 잠복기는 약 20일에서 40일인 반면, 혈청간염의 잠복기는 40일에서 160일이다. 혈장 단백질을 손상시키지 않고 혈액 내 바이러스를 죽이는 방법을 알아내려는 시도들 — 예컨대 자외선에 노출시키거나, 화학물을 첨가하거나, 사용하기 전 6개월 동안 실온에서 액체 상태로 혈장을 저장하는 등 — 이 있었으나 어떤 방법도 완전히 만족스러운 것은 없었다.

말라리아

말라리아 기생충 P. falciparum에 의한 악성 삼일열인 말라리아를 앓았던 사람들 또는 말라리아가 풍토병인 국가에서 살았던 사람들의 혈액은 수년 동안 기생충의 은신처였을지도 모른다. 말라리아 기생충은 적혈구로 운반되며 혈액은행의 저장 온도에서 최소한 2주 동안 생존할 수 있다. 그런 사람들이 말라리아가 풍토병이 아닌 국가에서 헌혈을 하게 될 경우 헌혈자의 적혈구는 폐기하고 혈장만 사용한다. 이러한 주의에도 불구하고 말라리아는 수혈을 통해 우연하게 전파되고 심지어 기생충의 수가 얼마 되지 않아 오랫동안 헌혈자의 혈액 도말 표본을 탐색한 후에야 발견되기도 한다. 만약 임상의가 수혈 후에 갑자기 치솟는 발열 양상을 확인했다면 말라리아일 가능성을 염두에 두어야 하고, 항말라리아 약제를 신속하게 투여함으로써 감염의 진행을 줄일 수 있다.

매독

수혈에 의한 매독의 확산을 예방하기 위해서는 칸Kahn, 바서만Wassermann 또는 메이니케Meinicke 검사와 같은 일반적으로 신뢰할 만한 혈청학적 기술로 모든 헌혈자로부터 채혈한 혈액을 검사하는 것이 정석이다. 혈청학적 검사로 설령 2만 명의 헌혈자에게서 하나의 진양성true positive을 검출하더라도 이것이 감염으로부터 완전히 안전하다는 의미는 아니다. 감염이 되더라도 일차 매독의 초기 단계에서는 혈청학적 반응이 양성으로 나타나지 않기 때문이다. 하지만 매독균Sirochaetes은 혈액은행의 2-6도 온도에서 3-4일 이상 생존할 수 없으나, 병원에서 사용하는 대부분의 혈액은 이보다 더 오랫동안 저장되기 때문에 그 위험은 무시할 만하다. 이 지점에서 수혈을 위한 신선한 혈액을 주문할 때 임상의는 감염 전파를 차단하는 방패 중 하나가 없다는 점을 염두에 두어야 한다. 드문 경우에는 수혈한 혈액에 매독균이 있더라도 수혈 후 약 10주가 지나서야 수혈자에게서 첫 증상으로 전형적인 2단계 발진이 발현될 수도 있다.

헌혈자에게서 환자에게로 질병이 전파되는 것만 고려하면, 이것들이 1970년 현재 잘 알려진 주요 위해이다. 질병의 발병률과 심각성의 측면에서 전 세계 대부분의 국가에서 혈액과 다양한 혈액제제를 수혈받는 사람들의 건강과 생명에 가장 압도적으로 심각한 위협이 된 것은 간염이었다.[20] 11장에서 이에 관한 보다 광범위한 사회적, 윤리적 맥락을 다룰 것이며 미국과 일본, 영국, 그 외 국가들에서 수혈 서비스로 인해 야기된 문제들을 조사할 것이다.

엄격한 헌혈자 선택 기준을 강조할 때 그 목적은 정상적이고 건강한 사람이 헌혈자가 되게 하는 데 있다. 헌혈자의 혈액을 몸에 받아들이는 환자는 이러한 기준이 적용되었다고 기대할 권리가 있다. 혈액제제나 전혈이 그 자체로 간염을 일으킬 위험이 전무하다고 기대할 수 있는 경우는 거의 없다. 말하자면 수혈 이후 수혈

---

[20] 질병 전파의 문제들에 대한 자세한 읽을거리로는 Professor Mollison's standard work(1967); Dr J. R. Paul(1966), Chapter XXII "Infectious and serum hepatitis"; 그리고 *The Practitioner*(August 1965)의 기사들을 보라. 미국 독자들은 또한 (미국) 공중보건부Public Health Service 규제를 언급해주길 원할지도 모르겠다. Public Health Service, *Biological Products: Regulations*, Title 42, Part 73, US Department of Health, Education and Welfare(1965-1968).

자들이 보이는 상태가 그 혈액의 바이러스 유무를 확인하는 궁극적인 지표가 된다. 사실상 환자는 "선물"의 질을 검정하는 실험실인 것이다.

혈액과 혈액 부산물의 사용

혈액과 혈액 부산물을 한 사람에게서 다른 사람에게 옮겨 투여하는 것은 현대 의학이 가진 가장 위대한 치료 방법 중의 하나이다. 이로 인해 수십 년 전에는 꿈도 꾸지 못한 엄청난 규모로 많은 생명을 구할 수 있게 되었으며 희망이 없다고 여겼을 상황을 구제할 수 있게 되었다. 오늘날 볼 수 있듯이 혈액에 대한 수요는 새로운 용도가 생겨남에 따라 모든 서방 국가에서 매년 증가하고 있다. 예를 들어 대량의 혈액 손실을 야기하는 더 적극적인 수술 기법이 채택되고 있고, 개심술에서 인공심폐기(1950년에 잉글랜드에서 처음으로 개발되었다)가 점점 더 광범위하게 사용되고 있다. 또한 질병이나 장애를 예방하고 생명을 구하기 위한 다른 수많은 이유로 혈액 수요가 증가하고 있다.

수혈이 필수 불가결한 상황은 많다. 그중 오늘날 흔히 사용되는 몇 가지 상황을 보도록 하자.

수혈로 생명을 구하는 세 가지 주요 방식이 있다.[21]

---

[21] *Blood Transfusion and the National Blood Transfusion Service*(1968), pp. 10-11; 또한 *Notes on Transfusion*(1963)과 이 장에서 인용한 교과서들에 대한 참고 자료를 보라.

- 전혈을 공급함으로써. 상처 또는 출산 시 출혈로 인한 혈액 손실은 혈장과 적혈구 모두의 결핍을 일으킨다. 이 경우에 전혈을 수혈하여 보충할 수 있다.
- 적혈구를 공급함으로써. 빈혈은 적혈구의 부족으로 인해 나타나는데, 예컨대 인체가 적혈구를 불충분하게 생산하거나 적혈구가 빠르게 파괴될 때 발생한다. 혈액을 저장하게 되면 적혈구는 저장 용기의 아래로 가라앉으며, 위쪽 층은 혈장이 차지한다. 그러면 혈장을 덜어내고 농축 적혈구를 수혈할 수 있다. 이 방법으로 불필요한 혈장의 투여 없이 빈혈 환자의 적혈구 결핍을 치료할 수 있다.
- 혈장을 공급함으로써. 압착 손상, 화상 또는 특정한 장관 질환에 의해 작은 혈관이나 모세혈관이 훼손될 경우 혈장은 단독으로 손실될 수 있다. 혈장이 손실되면 혈액의 점성도가 높아지고 순환이 느려지게 되는데 이는 인체 조직이 적혈구로부터 산소를 제대로 공급받지 못해 굶주리게 됨을 의미한다. 이 경우에 혈장을 수혈하면 혈액의 점성도를 낮추고 혈액의 액체 부피를 회복시킴으로써 다시 정상적인 속도로 혈액이 순환하도록 할 수 있다.

또한 혈장은 출혈이 일어날 경우 적절한 혈액형의 혈액을 구하기 전까지 응급 수혈액으로서 중요한 가치를 갖는다. 주요 혈액형을 결정하는 요인들은 적혈구에 국한된 것들로 혈장을 준비할 때에는 제거되어 있다. 따라서 혈장은 적절히 준비된다면 어떤 혈액형의 환자에게도 수혈할 수 있다. 하지만 혈장에는 혈액세포가 없기 때문에, 혈장 수혈이 그 자체로 빈혈을 유발하는 것은 아니지만 빈혈을 예방하기 위해 심각한 출혈이 있는 환자의 경우 투여되는 혈장 1파인트*마다 최소한 전혈 1파인트를 같이 투여해야 한다. 물론 사람의 몸에는 평균적으로 약 12-13파인트의 혈액이 있다는 것을 유념해야 한다.

수혈은 다음과 같은 주요 유형의 사례에도 필요하다.

- 사고, 상해, 상처 쇼크, 화상, 데인 상처(몇몇 심각한 사고는 20파인트 이상의 혈액을 필요로 할 수 있다).
- 산부인과 사례(예컨대 출산 후의 혈액 손실 — 일부 산모는 20파인트 이상의 혈액을 필요로 한다).
- 외과 수술 — 특히 암, 복부외과, 심장혈관외과, 흉부외과, 신경외과, 정형외과, 성형외과 등. 수술하는 동안 이루어지는 수혈의 목적은 손실된 혈액을 보충하는 것이므로 이상적 수혈은 전혈 수혈이다. 개심술을 할 때에는 약 12-15파인트의 신선 혈액이 필요하다. 환자가 필요로 하는 혈액을 포함하여 한 번의 개심술을 할 때마다 60명분의 헌혈이 필요하다.[22] 미국 최초의 성인 심장이식 환자는 288단위의 혈액을 필요로 하였다.[23]
- 급성 또는 만성 빈혈, 페니실린 및 기타 약물[24]에 의한 적혈구 손상의 교정, 혈우병과 같은 혈액 응고 이상, 궤양 및 위장관 질

---

*   1파인트는 영국에서는 0.568리터, 미국에서는 0.473리터이다.
22   Wolstenholme and O'Connor(1966), p. 34.
23   Shively, J. A., *Medical World News*, Vol. 10, No. 21(23 May 1969).
24   *British Medical Journal*, 658(1966).

환과 기타 많은 의학적 상황에서의 출혈, 산모와 태아 간 혈액 부적합성이 있을 때 태아의 생명을 구하기 위한 교환 수혈 등. (미국에서는 약 15번의 결혼 중 한 번 꼴로 Rh 인자로 인한 합병증이 있다고 추정하고 있다.)[25]

• 혈액제제의 준비. 혼주 혈장pooled plasma(질병 전파의 위험을 최소화하기 위해 소수의 헌혈자의 혈액으로 만든다)과 피브리노겐, 알부민, 피브린 폼, 트롬빈과 면역글로불린을 포함하는 혈장 분리 제제. 혈장으로부터 추출되는 면역글로불린은 홍역의 예방과 병세 약화, 풍진 예방, 특정 상황에서 소아마비의 예방, 감염성 간염의 예방에 효과가 있음이 입증되었다.[26] 항D 면역글로불린은 소규모 풀의 혈장으로부터 만들어지는데 Rh 용혈성 질환을 예방하는 데 효과적이다(6장을 보라).

이상의 간단한 개요는 그야말로 "생명의 영약"인 혈액을 소개하고 수혈이 가진 생명을 구하는 여러 속성을 보여주기 위한 것이었다. 물질로서 혈액은 매우 복잡한 액체이다. 다양한 용도로 쓰

---

25 American Association of Blood Banks, *Facts about Blood Banking*(Chicago, 1964), p. 7.
26 *Annual Report of the Ministry of Health for 1957*, Part II, HMSO(1958), p. 99; "Supply of human immunoglobulin in England and Wales for the prophylaxis of certain infectious diseases", *Monthly Bulletin of the Ministry of Health and the Public Health Laboratory Service*, Vol. 26(September 1967); "Report of the Public Health Laboratory Service Working Party on Rubella", *British Medical Journal*, 203(1968); *WHO Expert Committee on Hepatitis*, Second Report, *WHO Technical Report Series*, No. 285(1964) and "Immune serum globulin for prevention of viral hepatitis", Communicable Diseases Center, *Surveillance Report*, No. 29, Public Health Service, Washington(September 1968).

이고 극적일 정도의 효과를 내며, 특히 어린아이와 사고나 상해로 갑작스럽게 쓰러진 이들에게 그러하다. 혈액은 영국에서는 아직까지 어느 정도는 가격을 매길 수 없을 만큼 소중한 상품이다. 그리고 만약 부주의하게 또는 잘못 사용될 경우에는 어떤 약물보다 더 치명적이다. 혈액은 여전히 잘못 사용되거나, 폐기되거나, 위약pla-cebo으로 처방될 수 있다. 다음 질문과 함께 이러한 문제들에 대해서도 살펴보기로 하자. 어떤 조직화된 의료 시스템하에서 인간의 혈액이 덜 폐기되고 질병 전파를 통한 수혈자의 위험이 경감될 수 있는가?

6장
잉글랜드와 웨일스 및 미국에서의 혈액 수요

　혈액과 혈액 부산물의 수요는 전 세계적으로 증가하고 있다. 특히 고소득 국가들에서 수요가 가파르게 상승하면서 많은 국가에서는 부족 현상이 나타나기 시작했다. 모든 서방 국가에서 수요는 헌혈 대상인 19-65세 인구 집단의 증가율보다 더 가파르게 늘어나고 있다. 그리고 대체품을 개발하기 위한 미국에서의 광범위한 연구 노력에도 불구하고 아직 "의학에서 인간의 혈액을 대체할 만한 것은 없다."[1]

　이후의 장들에서 우리는 미국과 일본, 그 외 국가들이 공급 부족과 수요 증가 문제를 해소하고 혈액을 수입하기 위해 취하고 있는 상업적 노력에 대한 몇몇 증거와 설명을 제시할 것이다. 하지만 혈액과 혈액 부산물 수요의 국가적 추세를 정확하게 예측하는 것은 불가능하다. 내과적, 외과적 치료를 받는 인구 집단에서의 미충족

---

[1]　*World Health*, World Health Organisation(Geneva, June 1968), p. 16.

필요를 거의 고려하지 않기 때문에 [혈액] 통계 지표는 거의 없고 일반적으로 활용하기에 부적절하다(부분적으로는 국가적 의료 서비스가 없기 때문이기도 하다). 이와 마찬가지로 공급이 충분하다고 할 때 비로소 확인이 될 예방적, 치료적 목적으로 사용되는 혈액과 혈액 부산물의 잠재적 수요에 관하여 많은 국가에서 아는 게 거의 없다. 국가 전체 인구 가운데 특정 집단이 겪는 혈액과 혈액 부산물의 부족 그리고 미충족 필요에 대한 몇몇 예는 나중에 다룰 것이다.

수요를 예측할 수 없으므로 혈액의 수집과 사용에 대한 통계의 추세를 살펴보는 쪽으로 조사를 해야 한다. 이에 대한 증거들로는 병원의 물량 부족, 외과적 수술의 지연 및 기타 지표들을 이용할 수 있다. 이러한 증거의 상당수는 7장에서 다뤄진다. 한편으로는 일반적인 수요의 증가 양상을 보여주기 위하여 잉글랜드와 웨일스, 미국, 스웨덴의 전반적 상황을 보여주는 특정 수치들을 제시하고자 한다. 이 수치들은 7장의 여러 자료에서 인용한 것이다.

1948년(영국에서 국영보건서비스가 확립된 때)과 1967년 사이에 잉글랜드와 웨일스에서 연간 헌혈자 수는 1,000명당 9명에서 1,000명당 29명으로 269%나 증가하였다. 같은 기간 동안 잉글랜드와 웨일스의 전체 인구는 12% 증가하는 데 그쳤다. 1956년(미국에서 국가 공급 수준을 조사하기 위한 첫 시도가 이루어진 때)과 1967년 사이에 잉글랜드와 웨일스에서는 헌혈자 수와 인구가 각각 77%와 8% 증가하였다. 1948년에서 1956년 사이에 수요의 실질적 증가가 어떠했든지 간에, 이러한 수치들은 잉글랜드와 웨일스에서 공급이 매년 약 6-7% 증가하였으며 18-65세의 헌혈 대상 인구 또는 병원을 이용하는 인구의 증가율보다 훨씬 가파르게 증가하였음을 보여준다. 이러한 공급의 증가는 병원에서 치료받는 환자 100명당 실제로 요구되는 혈액 사용량 증가분을 일부 충족시켰다. 즉 환자 100명당 혈액 사용량은 1958년에는 19.4파인트, 1967년에는 24.4파인트였다 — 8년간 26% 증가한 것이다.[2]

미국에서는 1956년에 약 510만 파인트의 혈액을, 1966-1967년에 약 600만 파인트의 혈액을 모았다. 7장과 9장에서 다루겠지만, 이는 매우 대략적으로 추산한 것이다. 여기에는 베트남이나 그 외 지역에서 미군이 자체적으로 필요해서 모은 혈액과 혈장분획 프로그램을 통해 제약 산업에서 모은 혈액은 제외되어 있다. 이러한 전체 채혈량 추정치가 얼마나 진실에 가까운지는 모르겠으나, 11년 동안(1956년에서 1967년까지) 17%의 채혈량 증가가 있었던 것으로 추정된다. 같은 기간 동안 미국의 총인구수는 거의 동일하게 (16%) 증가하였다. 하지만 이러한 채혈량 추정치는, 나중에 이유를 설명하겠지만, 잉글랜드와 웨일스의 헌혈 통계가 보여주는 것에 비해 수요 지표로서 타당성이 훨씬 떨어진다.

스웨덴도 동일한 기간에 대한 데이터를 갖고 있는데 마찬가지로 큰 수요 증가를 보였다. 1949년에서 1968년 사이 스웨덴의 연간 혈액 소비는 438% 증가한 반면, 총인구는 13% 증가하는 데 그쳤다.[3] 1949년 당시 스웨덴의 수혈 서비스는 잉글랜드와 웨일스의 수준에 못 미쳤기 때문에 이 438%라는 수치는 아마도 과장되었을

---

[2] *Hospital and Specialist Services*, NHS Note No. 13, Department of Health and Social Security(December 1968).

[3] Gullbring, B., "Motiv för Blodgivining", *Läkartidningen*, Vol. 66, No. 4(1969), pp. 359-363.

것이다. 그럼에도 불구하고 채혈과 사용에 관한 스웨덴의 통계는 최근 혈액과 혈액 부산물에 대한 수요가 국가적 차원에서 매우 크게 증가했음을 보여준다.

이러한 세계적 추세가 형성된 데는 몇 가지 요인이 있다. 이러한 요인들 중 몇몇은 혈액의 주요 역할인 생명 구조와 관련이 있다. 다른 요인들은 인간 혈액이 갖게 된 상대적으로 새로운 역할인 필수적인 예방 및 치료 약제로서의 기능과 관련이 있다. 이 모든 요인이 고소득 국가들의 미래 혈액 필요량을 예측하기 어렵게 만들고 있다. 가난한 국가들에서도 혈액의 잠재적 수요는 점점 더 커지고 있다 ― 가난한 국가들의 현재 수요는 치료와 예방 모든 면에서 광범위하게 결핍된 의료 서비스로 인해 억제되어 있다.

예컨대 많은 진료과목 중에서 외과는 이용 가능한 혈액량이 증가하고 효과적인 수혈 서비스가 이루어지는 데 힘입어 사람들에게 더 오래 살 수 있는 기회 ― 그리고 끝을 예측할 수 없는 삶 ― 를 제공하고 있다. 오늘날에는 지식과 의학 기술의 발전으로 인하여 다량의 수혈을 필요로 하는 특정 수술의 수가 급속하게 늘어나고 있다.

개심술은 외과적 시술의 발전을 보여주는 한 가지 실례이다. 개심술을 할 때 인공심폐 장치를 통해 혈액이 임시로 심장을 우회하도록 하는데, 이는 헌혈받은 혈액을 이용할 수 있을 때에만 가능하며, 한 번의 개심술을 위해서는 대략 60명분의 헌혈이 필요하다.[4] 1962-1963년 동안 미국의 국립심장연구원 National Heart Institute이 개심술을 받은 환자 200명을 대상으로 수행한 연구에 따르

---

[4] Wolstenholme and O'Connor(1966), p. 34.

면 총 4,093파인트의 혈액이 필요했던 것으로 나타났다.[5]

이러한 수술의 수는 급속하게 증가하고 있다. 캘리포니아주의 한 보고서는 개심술을 위한 특정 채혈을 기록하여 수요의 증가에 대한 지표를 제공하는데, 이에 따르면 개심술에 필요한 혈액 총량은 1957년 48파인트에서 1961년 1만 3,016파인트로 급증하였다.[6] 매사추세츠의 병원들을 대상으로 한 이후의 연구(1963-1964년)는 개심술에 사용된 혈액이 12.5% 증가하였음을 보여준다.[7] 또 다른 미국의 보고서는 "개심술에 많은 혈액이 요구되어 가장 규모가 큰 혈액은행조차 혈액 조달 설비에 부담을 느낄 정도이다"라고 경고하기도 하였다.[8]

영국 국영보건서비스 체계 아래에서 개심술 시술은 급격히 증가해왔다. 1965년에는 런던의 한 병원에서만 100건이 넘는 개심술이 시행되었는데, 10년 전만 해도 이 병원은 단 한 건의 개심술도 한 적이 없었다. 수술로 치유가 가능한 심장 결손과 심장 질환 환자들이 점점 더 증가함에 따라 혈액 수요는 지속적으로 가파르게 증가할 것이다.[9]

---

5 Rubinson, R. M., *et al.*, *Journal of Thoracic and Cardiovascular Surgery*, Vol. 50, No. 4(October 1965), p. 575.
6 Adashek, E. P. and W. H., *Archives of Surgery*, Vol. 87, No. 5(November 1963), p. 793.
7 Lund, C. C., "Medical sponsorship and supervision: The Massachusetts Regional Blood Program of the American Red Cross", *Proceedings of the Conference on Blood and Blood Banking*, American Medical Association(1966).
8 Perkins, H. A., *et al.*, "Low molecular weight dextran in open-heart surgery", *Transfusion*, Vol. 4, No. 1(January-February 1964), p. 10.
9 *Blood Donors and Open-Heart Surgery*, Ministry of Health(1966).

심장혈관외과만이 이처럼 대량의 신선 혈액을 요구하는 유일한 외과 영역은 결코 아니다. "인공신장"은 상당히 많은 혈액을 필요로 한다. 1967년의 한 보고서에 따르면 만약 필요한 자원이 있을 시 간헐적 투석 치료를 받아야 하는 잠재적 수요층이 약 2만 3,000명이라고 한다.**10** 같은 해에 미국에서는 신장이식을 받아야 하는 잠재적 수요층이 연간 1만 명 정도로 추정되었다.**11** 장기이식의 발전은 대량의 혈액 수요를 추가로 만들어낸다. 이미 ― 심장과 폐, 신장, 각막 외에도 ― 추가되거나 교환될 수 있는 30개의 "예비 장기spare parts"들이 있다. 미국의 한 심장 이식 사례에서는 300파인트 이상의 혈액이 필요하였다. "인공 심장 실행 가능성 연구"에 대한 1966년 미국 국립심장병원의 한 보고는 "만약 인공 심장을 치료에 이용할 수 있게 되면" 추가적으로 60만 파인트의 혈액이 필요할 것이라고 결론지었다**12** ― 이는 현재의 헌혈 프로그램 상태로는 절대 충족할 수 없는 수요이다.

이미 몇몇 국가에서는 이식수술 때문에 덜 극적이지만 더 "일상적인" 외과 시술이 필요한 환자들에게 심각한 영향을 끼치는 결정적인 혈액 부족 현상이 일어나고 있다. 따라서 이식수술은 한 병원의 활동에 지장을 주는 것과는 별도로 "외과적 자원 할당surgical rationing"을 수반하게 된다.

10 Kerr, D. N. S., "Regular haemodialysis", *The Cost of Life*, Symposium No. 9, *Proceedings of the Royal Society of Medicine*, Vol. 60, No. 11, Part 2(November 1967), p. 1199.

11 Murray, J. E., "Organ transplantation: the practical possibilities" in Wolstenholme and O'Connor(1966), p. 61.

12 *Washington Report on the Medical Sciences*, No. 986(23 May 1966).

수혈에 대한 의존도가 높은 주요 암 수술 또한 중요성이 굉장히 증가하고 있는 또 다른 수요의 범주이다. 외과적 기법의 발달과, 영국과 미국의 급성기 병원 진료에서 폐암 및 다른 악성질환의 증가세, 55세 이상의 인구 비율 증가가 함께 작용하여 혈액과 혈액제제 수요를 상승시키고 있다. 미국에서는 1966-1967년에 채혈된 모든 혈액의 약 17-20%가 전체 인구 중 10% 미만의 사람들 — 65세 이상의 메디케어Medicare 입원 환자들 — 에게 사용되었다.[13] 급성기 병원에서 퇴원한 이러한 모든 환자 세 명 중 한 명에게는 외과적 시술이 필요하였다.[14]

이러한 외과적 시술과 기술의 발전은 — 비용과 자원, 의학적 우선순위 및 기타 측면에서의 함의와는 별개로 — 헌혈 프로그램에 만만치 않은 도전을 불러온다. 하지만 이것들은 수요 증가를 야기하는 여러 요인 가운데 다만 좀 더 극적인 요인들일 뿐이다. 또 다른 그리고 수치상 더 중요한 범주는 현대 의학의 모든 영역에서 외과에 의존하는 비중이 증가하고 있고 더 많은 인구 집단이 외과에 의존하고 있다는 것이다. 상당한 양의 혈액을 사용하는 더 일반적인 외과 시술이 증가하고 있는데 위절제술, 유방절제술, 자궁절제술, 제왕절개술 및 기타 산부인과 시술이 그것이다. 더군다나 이처럼 더 흔하고 일상적인 많은 수술에서 노인과 아동 그리

---

[13] *Health Insurance Statistics*, HI-2(30 November 1967)와 볼티모어에 있는 사회보장실Social Security Administration 건강보험국Bureau of Health Insurance 정책표준과Division of Policy and Standards에서 제공한 자료(1968년 10월).

[14] Hellman, I. L., "Medicare Discharged Patients, July-December 1966", *Social Security Bulletin*, US Department of Health, Education and Welfare, Vol. 32, No. 5(May 1969), p. 16.

고 모든 연령대의 "고위험군" 환자가 외과적 치료를 받으며 다양한 상황이 연출된다. 더 많이 알려지고 극적인 수술보다 일반외과 및 산부인과 환자들이 양적으로는 훨씬 더 많은 혈액을 사용하고 있다.

1966년에 미국 공중보건부는 전체 연간 수술 횟수가 1964년 6월 말까지 6년 만에 약 350만 건에서 1,360만 건으로 증가하여 매년 6%가 증가하였다고 보고하였다.[15] 이러한 증가율은 아마 미국의 전반적인 의료 상담 증가율과 모든 급성기 병원 입원 증가율을 앞지르는 결과일 것이다. 한편 잉글랜드와 웨일스에서 모든 병원의 입원 환자들에게 실시한 외과적 수술의 수는 1966년 181만 7,365건으로 이는 1961년에 비해 26% 증가한 수치였다. 연평균 5% 조금 넘게 증가한 것이다. 같은 기간 동안 총인구는 4% 증가하였다. (더 정확히 말해 이 통계는 외과적 수술을 받고 퇴원하거나 사망한 입원 환자를 대상으로 한 수치이며 산부인과에서 시행한 수술은 제외되어 있다.[16] 또한 상당한 양의 수술이 외래환자에게 행해진다는 사실도 고려해야 할 것이다. 1961년과 1966년 사이에 모든 외과, 외상·응급과를 찾은 환자 수는 2,725만 8,000명에서 2,910만 2,000명으로 7% 증가하였다.)[17]

외과적 시술과 수혈 서비스의 사용을 증가시키는 중요한 요인들 가운데 몇몇은 사회적이고 경제적인 것이다. 인구구조의 변화,

---

[15] Public Health Service, National Center for Health Statistics, Series 10, No. 31(September 1966) and Series B-7(December 1958); 또한 Metropolitan Life Assurance Co., *Statistical Bulletin*, Vol. 47(July 1966)도 보라.
[16] *Report on Hospital In-Patient Enquiry 1961*(1963) and *1966*(1968), Part 1, Tables, Ministry of Health and General Register Office.
[17] *Annual Report of the Ministry of Health 1961*(1962) and *1966*(1967).

특히 1960년대와 1970년대 인구의 생존율 증가가 하나의 중요한 요인이다. 미국과 영국에서 외과적 수술률은 65세 이상의 인구에게서 상당히 더 높다. 수술 성공률이 평균보다 유의미하게 더 높은 또 다른 인구 집단은 남자 아동과 15-64세 여성이다. (과거 및 현재의) 높은 출생률과 (특히 영국에서는 1968년 이후로) 낙태 수요의 증가도 기여 요인이다.

이러한 요인들과 함께 — 특히 영국에서는 — 더 취약한 인구 집단이 외과를 더 많이 이용하고 있으며 이에 비례하여 도로 사고, 산업재해, (가정과 사업장에서) 데인 상처, 그리고 인종 폭동에서부터 스키나 다른 스포츠 활동에 이르기까지 여러 이유로 "사고"들의 발생이 전반적으로 점점 더 증가하고 있다. 하지만 폭력적이라고 느껴질 정도로 두드러지는 통계상의 변화는 도로 사고의 엄청난 증가이다. 1965년 영국에서는 도로 사고로 인해 거의 40만 명의 사상자가 발생했으며 이중 4분의 1이 "심각하고" 장기적인 병원 치료를 필요로 한 것으로 분류되었다.[18] 잉글랜드와 웨일스에서는 매년 10만 명 이상의 환자가 머리에 손상을 입고 병원에 입원하였는데 그 대부분은 교통사고로 인한 것이었다.[19] 이는 1955년의 수치에 비해 50% 이상 증가한 것이었다.[20] 1968년에는 베트남전쟁으로 인해 미국과 다른 국가들로부터 30만 단위 이상의 혈액(미국 전체 혈액 사용량의 6%)이 수송되었다.[21] 간단히 말

---

[18] Dawson, R. F. F., *Cost of Road Accidents in Great Britain*, Road Research Laboratory, Ministry of Transport(1967).

[19] Lewin, W., "Severe head injuries", *The Cost of Life,* Symposium No. 9, *Proceedings of the Royal Society of Medicine*, Vol. 60, No. 11, Part 2(November 1967), p. 1208.

[20] *British Medical Journal*, 637(15 June 1968).

해 세계가 폭력과 사고에 친화적일수록 이에 비례하여 인간 혈액에 대한 수요가 더욱 증가한다.

상당히 다른 범주로는 개발도상국들의 부유한 인구층이 시술을 받기 위해 영국을 찾으면서 발생하는 외과 수요 증가가 있다. 런던의 병원(그리고 민간 의료 기관)들에 입원하는 외국인 환자의 수는 증가 일로에 있으며, 이들 중 상당수는 영국인들에 비해 B형 혈액형 비율이 훨씬 높은 중동 국가 출신이다. 이러한 수요를 충족하려면, 특히 이와 관련된 수술은 대개 대용량의 혈액을 필요로 하므로 "헌혈 센터의 일상적인 채혈에 불균형이 야기되며" 헌혈자를 "선택적으로 모집해야 할지도 모른다".[22] 외국에서 온 여성의 낙태로 인한 수요 증가는 또 다른 요인이다.

생명을 구하는 수술만이 헌혈자에 대한 수요가 증가하고 있는 유일한 의학 분야는 아니다. 1964년에 혈액 이용에 대한 보건부의 광범위한 분석은 5,000명이 헌혈한 혈액이 어떻게 이용되었는지 보여준다.[23]

사고를 당한 사람	522
산부인과를 이용한 사람	984
내과 환자	1,611
외과 환자	1,883
총계	5,000

---

[21] Shively, J. A., *Medical World News*, Vol. 10. No. 21(23 May 1969), p. 28.
[22] James, J. D., "Donors and the collection of blood", *The Practitioner*, Vol. 195, No. 1166(August 1965), p. 153.
[23] *Blood Transfusion and the National Blood Transfusion Service*(1968), p. 9.

수술, 사고, 출산 외에도 전혈과 혈액 분리 및 제제를 필요로 하는 의학적 영역이 급격하게 확대되고 있다. 5장에서 지적한 바와 같이 새로운 혈액 분리 방법들로 인해 최근에는 다양한 수혈용 혈액제제가 등장하고 있다.²⁴ 이들 중 몇몇은 ─ 수혈을 위한 전혈의 엄청난 수요에 비해서는 ─ 제한적으로 이용되고 있으나, 환자들에게 적절하게 이용하면 생명을 구할 수 있을 것이다. 개별 사례들에서 헌혈에 대한 수요는 매우 클 수 있다. "나의 혈우병 환자들 중 한 명은 출혈이 발생했을 때 헌혈자 750명의 혈액으로 생산한 혈액제제와 동물들로부터 만들어진 상업적 목적의 1,500파운드 상당의 항혈우병제를 투여받았다. 환자는 죽지 않았고, 매우 활동적으로 일하며 대부분의 일상생활을 즐기고 있다."²⁵ 미국에서는 모든 혈우병 환자의 필요를 전부 충족하려면 전체 채혈량의 6분의 1 또는 약 100만 파인트의 혈액이 필요할 것으로 추산하고 있다.²⁶

그 외 상황들에서도 혈액제제가 갖는 예방적 수단으로서의 중요성은 점점 커지고 있다. 그리고 이는 전 세계적으로 헌혈자 공

---

24 또한 Salsbury, A. J., "Transfusion of blood products", *The Practitioner*, Vol. 195, No. 1166(August 1965), p. 193도 보라.
25 Girdwood, R. H., *Medical World*, Vol. 105, No. 11(November 1967), p. 23.
26 신판의 편집자 주(마틀루와의 개인 교신): 이 문장의 대부분은 감염성 질환(예를 들어 홍역, 풍진, 소아마비, 파상풍, 천연두 등)에 대한 급성 면역과 관계되어 있으며, 항D 면역글로불린도 언급되었다. 현재는 A형 간염에 대한 백신이 있으며, 여행자들과 직업적 위험이 있는 사람들은 능동 면역 주사를 맞도록 권고하고 있다. 실제 접종이 시작된 지는 5년밖에 되지 않았다. 티트머스가 언급한 수혈을 받는 사람에게 면역글로불린을 일상적으로 투여하려는 계획은 전혀 순조롭지 않았다. 사실 혈우병 환자들과 같은 복합적 수혈자들은 A형 간염과 B형 간염에 대한 백신 접종을 권고받았다. 하지만 초판 출간 이후 정맥 면역글로불린은 선천성 저감마글로불린 혈증과 3장에서 언급된 특정 후천적 상태와 같은 면역결핍의 치료에만 적용되고 있다.

급에 엄청난 문제를 야기하고 있다. 특히 혈장에서 추출되며 수혈이 아닌 근육주사로 투여되는 면역글로불린이 그러하다. 이 제제는 아동의 홍역, 풍진, 특정 상황에서의 소아마비, 파상풍, 천연두 및 기타 질환을 예방하고 약화시키기 위하여 영국과 다른 국가들에서 광범위하게 사용되고 있다(5장을 보라).

1966-1967년에 리버풀과 볼티모어에서 실시한 임상 시험에 따르면 Rh 인자에 대한 항원을 함유하고 있는 특정 면역글로불린은 Rh(-)인 어머니가 Rh(+)인 태아를 상대로 일으키는 면역반응을 성공적으로 예방하였다.[27] 또 영국에서 면역글로불린은 학교나 다른 기관에서, 그리고 저소득 국가에서 여행하거나 근무하는 사람들에게서 감염성 간염을 예방하는 데 효과적임이 증명되었다.[28] 다른 많은 영역에서와 마찬가지로 이러한 예방의학의 발전은 더 많은 혈액이 필요하다는 것을 의미하며 이를 위해선 특별하게 선택된 헌혈자들이 더 많이 확보되어야 한다는 것을 의미한다.

더구나 미국에서는 면역글로불린을 수혈로 인한 혈청간염을 예방하거나 개선하는 데 써도 좋다는 주장이 나왔는데 이것은 특히 간염으로 발전하는 사람들 중에서 사망률이 23%에 달하는 40세 이상의 환자들에게 효과적이었다.[29] (혈청간염에 대한 문제는 11장에

[27] Woodrow, J. C., and Donohoe, W. T. A., "Rh-immunization by pregnancy", *British Medical Journal*, 139(19 October 1968) and Masouredis, S. P., "Report on the clinical use of human anti-D IgG in the prevention of haemolytic disease of the newborn", *World Health Organisation*(IMM/Inf/RH/66, 2(1967)).

[28] Report to the Director of the Public Health Laboratory Service, "Assessment of British gamma-globulin in preventing infectious hepatitis", *British Medical Journal*, 451(24 August 1968) and Pollock, T. M., and Reid, D., *Lancet*, 281(8 February 1969).

[29] Allen, J. G., and Sayman, W. A., *Journal of the American Medical Association*,

서 더 자세하게 논의할 것이다.) 1962년 『미국의사협회지』의 편집자는 "수혈 후 감마글로불린gamma-globulin의 일상적 투여를 심각하게 고려해야 한다"고 결론 내렸다.³⁰

만약 미국 — 심각한 혈청간염 문제에 직면해 있다 — 에서 40세 이상의 모든 수혈자에게 이 권고를 적용한다면 한 병의 혈액을 투입할 때마다 이 한 병의 혈액으로 인한 [간염] 위험을 막기 위해 추가적으로 1.5병의 혈액을 더 채혈해야 한다.³¹ 그리고 만약 이러한 예방적 프로그램이 현실에 적용된다면 (a) 미국의 채혈량은 기존의 약 600만 파인트에서 1,200만 파인트로 최소 두 배가 더 늘어야 하고, (b) 면역글로불린은 매우 고가의 제제이므로 의료비가 급증하게 될 것이다(1963년에서 1965년까지 미국의 면역글로불린 생산 증가율은 10% 미만이었다).³²

하지만 수혈자에게 일상적인 투여가 필요한지에 대한 근거는 아직 확실하지 않다.³³ 그럼에도 불구하고 다양한 예방적 목적의 면역글로불린 및 기타 제제(예컨대 알부민)의 이용이 확대됨에 따

    180(1962), p. 1079 and Mirick, G. S., *et al.*, *New England Journal of Medicine*, Vol. 273, No. 2(8 July 1965).

30 *Journal of the American Medical Association*, 185(1963), p. 1037. 감마글로불린은 이제 "면역글로불린"으로 알려져 있다.

31 Gibson, S. T., American National Red Cross, *Journal of the American Medical Association*, 186(1963), p. 272.

32 미국 애틀랜타Atlanta에 있는 공중보건부 국립감염병센터National Communicable Disease Center의 브루스 덜H. Bruce Dull 박사와의 개인 교신(1967년 1월 16일).

33 미국 공중보건부 예방접종 자문위원회Advisory Committee on Immunization Practices의 권고(*Morbidity and Mortality Weekly Reports*, Vol. 17, No. 31(3 August 1968), Washington, USA).

라 세계적 물량 부족이 발생하였고, 이로 인해 일부 국가들은 사용량을 대폭 축소해야 했다.

미국에서의 물량 부족은 혈장분획 프로그램의 상업적 개발과, 제약 산업에 의한 혈장 제제의 국가적이고 국제적인 시장 형성으로 이어졌다(7장과 11장에 나오는 참고 문헌을 보라). 헌혈자로부터 한 주에 여러 파인트의 혈액을 추출하는 새로운 방법인 혈장분획에 대해서는 7장에서 기술할 것이며, 우리는 혈액과 혈액제제의 수출입에 관한 문제들과 관련하여 몇 가지 자료를 제시할 것이다.

혈액과 혈액제제들에 대한 과학적, 기술적, 사회적 그리고 경제적인 많은 수요 요인을 간략하게 조사하면서 깨닫게 되는 한 가지 확실한 사실은 헌혈의 필요성이 지속적이고도 빠르게 증가할 것이라는 점이다. 가까운 미래에 미국과 영국 같은 나라들에서는 수요의 한계를 예측할 수 없게 될 것이며, 이는 특히 외과적, 내과적 치료에 대한 미충족 필요들과 예방적 의료의 여러 영역에서의 많은 잠재적 수요를 고려한다면 더욱 그러하다.

첫째, 혈액의 21일 손상 용이성과 둘째, 헌혈자는 연간 2-5회 이상 헌혈을 할 수 없다는 제한을 상기하며 우리는 최소한 다음과 같은 두 가지 결론을 내릴 수 있다. 하나는 가장 효과적이고 효율적으로 현재 공급량을 사용해야 한다는 것이다. 다른 하나는 더 많은 헌혈자가 필요하다는 것이다. 즉 우리에게는 헌혈을 하는 성인 인구의 비율을 늘릴 수 있는 헌혈 프로그램이 필요하다.

이제 공급에 관한 몇 가지 사실을 고려해보기로 하자.

7장
잉글랜드와 웨일스 및 미국에서의 혈액 공급

　전체적인 수요와 공급을 국제적 수준에서 볼 수 있는 자료는 거의 없다. 한 예로 국제적십자사연맹에서 실시한 국제 설문 조사 결과가 보여주었듯이 각국의 데이터는 부적절한 경우가 많고 비교가 어렵다.[1] 심지어 소득이 높은 국가에서도 수혈 통계는 거의 모든 측면에서 결함이 있다. 잉글랜드와 웨일스에서도 제한적인 일련의 전국 통계만이 공개되어 있다. 미국의 경우 개별 혈액은행 프로그램의 문서가 방대하기는 하지만 헌혈과 수혈, 혈액 이용 실태에 관한 전국적 통계를 — 맞추기는커녕 — 구축하기도 어려운 상황이다.

　따라서 잉글랜드와 웨일스, 미국의 특정 자료만을 비교하는 대략적 시도만 할 수 있다. (스코틀랜드의 데이터도 이와 비슷하다. 그 데

1　*Enquiry and Questionnaire on Blood Transfusion*(Geneva, 1961) *and International Seminar on Blood Transfusion*, Medico-Social Documentation No. 27(Geneva, 1966).

이터를 여기에 합치면 이 연구에 들어가는 노력이 너무 많아지므로 잉글랜드와 웨일스의 데이터만을 사용하기로 결정하였다.) 미국에서는 조직화의 문제점들이 공급에 대한 통계를 구축하는 어려움과 불가분의 관계에 있으므로 이에 대해서는 이 장에서 고려하기로 한다. 채혈과 분배 기관이 서로 다르기 때문에 생기는 비용과 폐기 혈액에 관한 질문들은 다음 장에서 다룰 것이다. 또한 각각의 장을 헌혈자의 특성을 분석하는 데 할애하고자 한다. 이 책에서 우리는 혼동을 피하기 위해 — 보수를 받고 혈액을 공급하는 경우에는 부적절함이 있지만 — 헌혈자라는 용어를 사용할 것이다.

잉글랜드와 웨일스

〈표 7.1〉에서 1946-1968년의 주요 국가적 통계를 제시하였다. 국영보건서비스가 도입된 1948년 이래 1968년까지 다음과 같은 증가가 나타났다.

	증가율(%)
실질적인 헌혈자의 수	243
헌혈 횟수	277
공급된 혈액 병의 수	216

이러한 규모의 증가는 인구 변화, 병상 공급의 증가, 국영보건서비스를 통해 치료받은 환자 수 때문도 아니며 기준 연도의 선택 때문도 아니다. 1940년대 말 수혈 서비스가 발전 초기 단계에 있던 몇몇 국가와 비교하면 잉글랜드와 웨일스에서는 수혈 서비스

가 더 일찍 확대되었다. 제2차 세계대전은, 특히 공습으로 인한 민간인의 예상되는 부상과 실제 부상에 대비하여 많은 양의 혈액을 준비해야 했기 때문에 국가적 규모의 수혈 서비스가 크게 성장하는 중요한 계기가 되었다.[2]

인구 변화와 관련하여 한 가지 단순 사실을 확인하자면 당국은 대략 인구의 50%가 의학적으로 헌혈에 적합하다고 추정한다. 제외되는 집단은 어린이와 노인, 출산을 앞두거나 수유 중인 여성, 환자, 그 외 의학적으로 부적격한 집단들이다. 이에 근거하여 잠재적 헌혈자 100명당 헌혈 횟수는 1948년 1.8회에서 1968년 6.0회로 꾸준하게 증가했다. 전체 인구에서 어린이와 노인을 합한 비율이 기간의 시작[1948년]보다는 기간의 끝[1968년]에 더 높았기 때문에 이러한 증가는 실제보다 과소평가되었을 것이다.

---

[2] Chapter 11, "The civilian blood transfusion service", in Dunn(1952), p. 334.

〈표 7.1〉 잉글랜드와 웨일스의 국가 수혈 서비스: 헌혈자 수, 헌혈량 및 공급 (1946-1968년)

1	2	3	4	5	6	7
연도	실제 민간인 헌혈자 수 (12월 31일 기준)	헌혈 횟수	공급된 혈액 병의 수[1]	병상당 공급된 혈액 병[2]	퇴원 또는 사망 환자 100명당 공급된 혈액 병과 건조된 혈장	인구의 50%에서 100명당 헌혈 횟수[3]
1946	267,057[4]	*	237,903	*	*	–
1947	353,670	294,556	299,699	*	*	1.4
1948	373,778	384,010	371,259	*	*	1.8
1949	369,167	456,973	416,181	2.08	14.14	2.1
1950	428,394	523,387	486,323	2.40	16.08	2.4
1951	465,137	593,818	535,939	2.68	16.65	2.7
1952	487,660	647,009	587,603	2.93	17.17	2.9
1953	515,632	659,674	610,528	3.32	17.21	3.0
1954	540,389	700,202	645,251	3.39	17.70	3.2
1955	591,204	759,571	697,352	3.36	19.18	3.4
1956	639,319	803,522	739,911	3.56	19.80	3.6
1957	674,117	846,202	780,152	3.77	20.58	3.8
1958	715,911	895,575	828,507	3.98	21.25	4.0
1959	784,311	957,780	888,156	4.28	22.19	4.2
1960	853,763	1,024,141	964,246	4.67	22.29	4.5
1961	927,362	1,077,659	1,019,206	4.91	23.87	4.7
1962	975,175	1,119,353	1,057,914	5.11	24.08	4.8
1963	1,027,737	1,165,530	1,097,534	5.34	23.93	5.0
1964	1,059,059	1,240,602	1,163,801	5.67	24.63	5.2
1965	1,090,809	1,299,541	1,209,890	5.92	25.11	5.4
1966	1,178,111	1,374,884	1,187,789	6.15	25.75	5.7
1967	1,243,957	1,418,549	1,224,791	6.67	25.95	5.9
1968	1,280,901	1,446,551	1,273,829	6.58	26.25	6.0

*: 데이터가 없음.
출처: 보건부, 「연보Annual Reports」
1. Rh(-) 혈액, 농축 혈소판, 건조혈장 포함. 각각의 병은 한 명의 헌혈자로부터 얻은 것이며 용량은 0.75파인트.
2. 조사에서 누락된 병상: 1950-1953년 만성질환, 폐결핵, 열병, 정신 질환, 지적장애. 1954년 장기 입원 환자, 만성질환, 요양, 재활, 감염 질환, 정신 질환, 지적장애, 폐결핵, 안질환 및 기타. 1955년 감염 질환, 만성질환, 정신 질환, 지적장애, 요양. 1959-1962년 감염 질환, 노인 질환, 만성질환, 정신박약, 정신 질환, 지적장애, 요양. 1963-1968년 감염 질환, 만성질환, 노인 질환, 정신 질환, 요양.
3. 잠재적 헌혈자로 분류되는 인구의 비율(나이, 혈액형, 의학적 및 사회적 요인 고려): 29-50%. 추산된 국가 인구(매년 6월 30일 기준) 출처는 「연간 통계 개요Annual Abstract of Statistics」.
4. 군대 포함(다른 연도에서는 모두 제외).

    수요 측면에서 1949년과 1968년 사이에 병상당 혈액 병의 수가 216% 증가했음을 알 수 있는데, 이것은 수술 및 치료 목적의 전혈 이용 증가가 반영된 것이다. 병상 대신에 병원 치료를 받은 환자들과 혈액 이용을 관련지을 경우 1949년과 1968년 사이에 퇴원하거나 사망한 환자 100명당 공급된 혈액 병 및 건조혈장 수는 86% 증가했다(〈표 7.1〉). 통계 자료를 구할 수 없기 때문에 수술 및 치료를 위해 실제로 혈액을 필요로 했던 환자들과 혈액 이용을 관련짓기는 어렵다. 만약 이것이 가능했다면 6장에서 제시한 이유들에 따라 증가율은 더욱 높게 나타났을 것이다.

    특히 눈에 띄는 것은 헌혈자 수, 헌혈 및 병원 공급량이 일관되게 점진적이고 지속적으로 증가한다는 것이다. 이것은 전반적으로 국립수혈원이 의학과 수술 분야의 변화와 발전에 반응했다는 것을 나타낸다. 새로운 지식의 적용은 언제나 새로운 기술과 시술의 발전으로 이어지는데, 의학 분야에서 새로운 지식이 상대적으로 짧은 기간에 완전한 효과를 나타내는 경우는 드물다. 실제로 이러한 효과는 ― 측정할 수만 있다면 ― 혁신과 응용 발전의 중심에서부터 시작해 오랜 시간에 걸쳐 퍼져 나오는 연속적인 파동의 형태를 띨 것이다. 좌우간 이것이 제2차 세계대전 말 이후로 수술 및 치료 목적의 인간 혈액 이용에서 일어난 놀라운 진전을 배경에 두고 통계를 고려했을 때 얻을 수 있는 한 가지 해석이다.

1948년 이후로 공급에 심각한 부족이 있었음을 나타내는 증거가 있다면 이 해석은 수정되거나 심지어 폐기되어야 한다. 그러나 6장에서 다룬 면역글로불린의 특수한 사례가 아니라면 (심지어 여기에는 잉글랜드와 웨일스에서의 이용에 영향을 주는 주요 제약 요인인 비감염 혈액 공급은 포함되지 않았다) 수혈 목적의 전혈 공급은 중대하거나 지속적인 부족 현상을 겪은 적이 없었다.

특정 병원(그리고 소규모의 요양원)과 특정 지역에서 단기간씩 지역적인 부족 현상이 때때로 나타났는데, 이는 일반적으로 갑작스러운 응급 상황, 지역적 재난(예를 들면 농촌 지역에서의 비행기나 기차 충돌, 홍수, 오래 지속된 눈보라 등)으로 인한 것이었다. 휴가철에 (평소보다 적은 수의 등록된 헌혈자들이 집에 있을 때) 외딴 곳에서 일어나는 다중 추돌 사고와 그 외 예측 불가능한 상황들도 일시적인 지역적 부족을 초래할 수 있다. 1967년 두 명의 경제학자가 우편을 통해 실시한 "공급에 대한 전문가 의견 조사"에서 몇몇 주장이 보고되었다. 이 보고서의 저자들이 스스로 이 조사를 "주관적이고 인상주의적"이라고 평가했고, 적합, 연기, 지연을 정의하려는 시도가 없었기 때문에 설문지에 대한 표본추출 오차를 측정하는 것은 불가능하다. 외과 및 내과 전문의를 표본추출하고 그들을 정의하는 것에 대한 문제는 논의되지 않았다. 640명의 "표본" 중에서 응답률은 겨우 25%였다(158명의 외과 의사가 응답했고, 내과 의사의 경우에는 백분율이 제시되어 있긴 하지만 표본 집단 640명 중에서 내과 의사가 몇 명이었는지 또 설문지가 발송된 319명 중에 몇 명의 내과 의사가 있었는지 그리고 그중 몇 명이 실제로 응답했는지 알 수 없다). 왜 319개의 설문지만 발송되었고 어떻게 이들이 선택되었는지에 대한 설명도 없었다. 또한 종합병원, 수련병원, 민간 병원의 의사들을 분류하는 방법이나 숫자에 관한 어떠한 정보도 주어지지 않았다.[3]

이러한 결함이 있지만 한 가지 얻을 수 있는 분명한 답은 헌혈자들이 연간 2회보다는 더 자주 헌혈을 하였을 것이라는 점이다. 그러나 국립수혈원은 연 2회의 기준을 상향하기보다는 헌혈자의 규모를 늘리는 것을 선호했다. 이것은 아마도 헌혈자와 수혈자 안전의 관점에서 볼 때 세계에서 가장 낮으면서도 가장 엄격한 기준일 것이다. 미국에서 이 기준은 일반적으로 연간 5회이다. 하지만 이 최소한의 기준마저 때때로 보수를 받은 헌혈자와 일부 상업적인 혈액은행 기관으로 인해 초과되기도 하였다.

공급의 적절성과 의학적 수요에 대한 국립수혈원의 대응에 관한 의문점들을 면밀히 살펴보기 위해 각 지역수혈센터에서 국립수혈원 본부로 보고되는 지역 월간 보고를 특별히 분석하였다. 선택한 연도는 1951, 1956, 1961, 1965년이다.

주요 결론은 대략 다음과 같이 요약할 수 있다.

실질적인 민간인 헌혈자 패널의 크기(1951-1965년)

14개 지역 모두 헌혈자 패널의 수가 증가하였다. 대부분의 지역

[3] Cooper and Culyer(1968).

에서 2배 이상 또는 2배 가까이 규모가 커졌다. 전반적 추세는 매우 일관적이었으며 모든 지역이 수요의 증가를 충족시키는 데 기여한 것으로 나타났다.

신규 등록 헌혈자 수와 비율 및 신규 헌혈자의 첫 헌혈(1951-1965년)

전국적으로 인구 1,000명당 신규 등록 헌혈자 수와 처음 헌혈을 하는 헌혈자 비율은 14년 동안 거의 2배로 늘어났다. 마찬가지로 모든 지역이 기여하였으며 두 항목에 있어서 지역 간 격차는 1951년보다 1965년에 다소 줄었다. 즉 전국 모든 지역에서 1951년보다 1965년에 국립수혈원에 기여한 헌혈 적합 인구 집단의 비율이 상당히 더 높았다는 것이다.

보고된 일반 대중 헌혈자의 비율(1951-1965년)

두 지역(맨체스터, 리버풀)을 제외하고 1951년의 기록이 있는 모든 지역에서 14년 동안 증가를 보였다. 대체로 이러한 통계에서 받는 인상은 조사 대상 기간 동안 보고율이 매우 일정하다는 것이다. 전국적으로 보고율은 약간의 변동이 있긴 하지만 1948년 45%에서 1968년 52%로 증가했다.

이러한 결과는 부유한 국가일수록 사람들이 모르는 사람들을 위해 자발적으로 헌혈하고자 하는 경향이 낮다는, 미국에서 널리 받아들여진 믿음에 반하는 것이다. 그와 반대로 생활수준이 높은 사회인 잉글랜드와 웨일스의 사례는 지리적 이동성이 좋을수록, 지역적 결합이 약할수록, 기혼 여성의 취업률이 높을수록 지역사회에서 헌혈을 하는 경향이 좀 더 높음을 보여준다.

일반 대중 헌혈자와 기관 헌혈자의 기여(1951-1965년)

헌혈을 할 수 있는 기관(공장, 회사 등) 헌혈자의 상당한 지역 간 격차에도 불구하고 14년간 국가적으로는 기관 헌혈자의 비례적 기여에 거의 변화가 없었다(대략 일반 대중의 3분의 2였다).

국가적으로나 지역적으로나 이러한 통계는 헌혈자 수와 헌혈자 반응에 대한 것으로는 흥미롭지만 헌혈자의 성, 연령, 결혼 여부, 소득수준 등과 같은 특성에 대해서는 아무것도 말해주지 않는다. 따라서 우리는 3,800명의 헌혈자를 표본추출하여 조사하기로 결정하였다. 확보한 자료의 가치를 생각해서, 그 결과는 별도의 장에서 분석하고 논의하고자 한다. 이제 미국에서 나타난 혈액 공급의 몇 가지 문제점을 살펴보자.

미국

불행히도 잉글랜드와 웨일스의 것과 유사한 어떤 일련의 통계를 제시하는 것은 불가능하다. 나중에 분명한 이유를 밝히겠지만, 미국의 경우 연간 채혈과 수혈, 폐기의 총량을 어느 정도 정확하게 추정하는 것조차 불가능하다(유통기한이 지나 폐기되는 혈액 문제에 대해서는 나중에 다룰 것이다).

따라서 (a) 최근 국가 단위에서 시도한 불완전한 몇 가지 조사, (b) 특정 지역과 도시들, 특히 뉴욕과 그 외 도시들에 대한 일부 통계, (c) 의료 전문가들과 혈액은행 분야에 종사하는 관리자들의 진술, (d) 혈액은행과 제약회사, 기타 조직들과의 교신을 통해 얻은 자료에 의존해야 한다.

미국의 수혈 기관 및 수혈 서비스의 다양한 측면에 관한 더 많은 정보는 이후 장들에서 다룰 것이다.[4] 하지만 먼저 앞으로 마주하게 될 통계의 부적합성, 용어와 정의, 추정에 있어서의 혼동, 그리고 공급과 수요, 사용에 관한 신뢰할 만한 정보의 부족을 설명하는 데 도움이 될 몇 가지 기술적 자료를 검토하는 것으로 이 글을 시작하는 게 좋을 것 같다.

크기와 물리적 자원의 측면에서 미국은 아주 다양한 사회제도와 관행, 관습을 가진 광활한 국가이다. 우리는 미국을 일반화하거나 또는 잉글랜드나 웨일스 정도의 크기와 동질성을 가진 나라들과 비교할 때 이 나라가 근본적으로 큰 나라이며 다원성을 띤다는 사실을 항상 염두에 두어야 한다.

두 번째 중요한 사실은 잉글랜드와 웨일스, 기타 국가들과 달리 미국에는 1970년 현재 어떠한 국가적 차원, 심지어는 주 정부 차원의 혈액 프로그램도 없고, 연방 정부나 주 정부 차원의 단일 책임 기관이 없다는 것이다. "국가적 응급 상황"이 닥칠 경우 모든 민간 혈액은행 시설이 국방동원본부Office of Defense Mobilization의 지휘 아래 국방부, 연방국토방위부Federal Civil Defense Administration 등과 협력을 하는 방식의 정책 형성을 위한 법적 준비가 되어 있

---

[4] 1955년도까지의 미국 혈액은행 시스템에 대한 역사적 설명은 브라운Brown D. E.의 보고서 부록 *Hearing before the Subcommittee on Antiturst and Monopoly of the Committee on the Judiciary*, United State Senate, 90th Congress, S. 1945[이후로는 "*Hearing on S. 1945*(1967)"로 표기], US Government Printing Office, Washington(1 August 1967), pp. 106-113을 보라.

긴 하지만 이는 정상 시기에는 작동하지 않는다.⁵ 1967년에 공중보건부는 산하 국립심장연구원에 국가 혈액자원계획National Blood Resource Program을 설립하였다. 하지만 이 정부 기관은 혈액은행 개념과는 거리가 있다. 이 기관은 채혈, 가공, 분배에 대해 책임을 지지 않으며 "경제에 영향을 끼치고 국가 혈액 자원의 생산성 향상을 목표로 하는 연구 및 개발 계획"을 담당한다.⁶

이 계획이 만들어진 주요 이유는 다음과 같다.

- 지역 혈액은행에 있는 혈액과 혈액제제에 대한 정확한 최신 정보가 부족하고 지역 차원의 혈액 공급에 관한 어떠한 자료도 존재하지 않기 때문이다. 이러한 상황(미국 전역의 상황이다)과, 병원과 혈액을 공급하는 혈액은행 간의 총체적 협력 실패로 인해 어떤 혈액은행과 지역에서는 잉여가 발생하는 반면 다른 지역에서는 부족이 발생하고, 어떤 병원에서는 수술이 연기되는 반면 다른 병원에서는 혈액이 남아돌아 기한을 넘기는 현상이 나타난다.

- 유통기한의 경과, 소모적인 교차시험, 의사들의 과잉 주문으로 인한 미사용 혈액의 발생, 흔한 혈액과 특수한 혈액의 잘못된

---

5   *National Blood Program: Statement of Basic Principles*, United States Executive Office of the President, Office of Defence Mobilization(*Bulletin of the American Association of Blood Banks*, 10(ii)(November, 1957), p. 427을 보라).
6   국가 혈액자원계획의 의장 스텡글J. M. Stengle 박사와의 개인 교신(1967년 3월 28일).

분배, 그 외 여러 요인으로 인해 국가 전체적으로 혈액이 손실되고 있다. 1968년 국가 혈액자원계획이 추정한 바에 따르면 미국에서는 연간 100만 단위의 혈액이 유통기한 초과로 폐기된다. 이러한 손실은 전체 채혈된 혈액의 17-20%에 달하며 이와 관련하여 "연간 수백만 달러의 손실"이 있는 것으로 보고되고 있다.[7]

- 혈액 공급에 관한 믿을 만한 포괄적 자료가 없고, 헌혈자 패널 또는 등록 체계가 실질적으로 없기 때문에(따라서 헌혈자와 헌혈자의 특성에 관해 체계적으로 수집된 자료가 없다) 지역적, 국가적 차원에서 단기적으로나 장기적으로 혈액의 수요와 공급을 추정할 수 없었다.

- 특히 주말과 여름 연휴, 크리스마스 연휴 기간에 혈액이 심각하게 부족하다는 믿음이 늘어나고 있는데, 이는 부분적으로는 앞서 말한 요인들 때문이며, 또한 수요를 충족시킬 만큼 충분한 헌혈자를 확보하기 위한 모집 및 대체 캠페인의 실패 때문이다.

- 베트남에서의 혈액과 혈액제제에 대한 수요가 급증하고 있다. 1968년에 전쟁 수요는 연간 30만 단위를 넘겼다. 1966년 8월 이전에는 혈액을 일본, 필리핀, 그 외 다른 나라들의 헌혈 센터를

---

[7] 여기에서의 인용문과 대부분의 정보는 "Studies relating to the feasibility of development and utilisation of an automated donor blood inventory and donor-recipient information system, RFP. NHI-68-15, National Blood Resource Program(8 March 1968)에서 나온 것이다.

통해 얻었다.[8]

국가 혈액자원계획은 이런 이유로 설립되었고 다음과 같은 연구 및 개발을 목표로 한다. (a) "폐기물과 유통기한 만료에 따른 혈액 손실로 인해 발생하는 비용을 낮추거나 제거함으로써 이용의 효율성을 향상시킨다. (b) 혈액과 혈액제제의 부족으로 인한 난관을 줄이거나 극복한다. (c) 미국에서 혈액과 혈액제제의 채혈, 가공, 분배에 관한 적절한 자료를 모은다. (d) 혈액을 다루는 기관들을 조율하고 협력을 증진한다."[9]

이러한 장기적 목표를 염두에 두면서 이 계획이 주로 관심을 기울이는 일은 전혈과 혈액제제 관리를 위한 물품 및 정보 자동화 시스템의 장점과 단점, 일반적 적용 가능성을 탐구하는 연구에 재정을 지원하는 것이다.

1966-1968년 사이에 9,000개가량의 미국의 중앙 및 지역 혈액은행이 헌혈자의 채혈에 관여하였다.[10] 일부(예를 들면 병원의 혈액은행)는 또한 혈액의 가공, 교차시험, 수혈 등에도 관여하고 있을 것

[8] *Wall Street Journal*(8 August 1967) 및 워싱턴Washington에 있는 제약협회 Pharmaceutical Manufacturers Association 회장 스테틀러 C. J. Stetler와의 개인 교신 (1966년 10월 6일). 또한 Shively, J. A., *Medical World News*, Vol. 10. No. 21(23 May 1969)을 보라. 군대에서 사용하는 대부분의 혈액은 군대 내의 기관들과 외국의 헌혈소에서 조달된다는 것이 1968년에 보고되었다.

[9] *National Blood Program: Statement of Basic Principles*, United States Executive Office of the President, Office of Defence Mobilisation(*Bulletin of the American Association of Blood Banks*, 10(ii)(November, 1957), p. 1을 보라).

[10] Jennings(1966) and American Medical Association, *Directory of Blood Banking and Transfusion Facilities and Services*(1969).

이다. 일부는 혈액 구성물을 생산하고 준비하는 기능을 하며, 일부는 단독으로 전혈의 수집처, 분배처, 공급처로만 운영되고, 일부는 포괄적인 지역사회 서비스를 제공한다.

이처럼 다양한 형태로 존재하는 단일 목적 또는 다목적 기관은 보다 분명한 다섯 가지 유형의 혈액은행으로 분류될 수 있다.

- 미국적십자사의 55개 지역혈액센터는 각기 독립적으로 운영되지만 상호 협력한다. 이들은 1,700개가량의 지역 헌혈소를 기반으로 하고 있으며, 1967년의 경우 대강의 추정치에 근거한 것이지만 미국 전체 혈액 공급의 40%를 담당하였다.

- 개별 병원들의 혈액은행은 기능 면에서 매우 다양한 편차를 보이며 6,000개가량이 존재한다. 이들은 미국 전체 혈액 공급의 20-30%를 담당한다.

- "지역사회 혈액은행"으로 알려진 100개가량의 독립적, 비영리적 기관은 주로 입지 지역에 적절한 혈액 공급을 보장할 목적으로 설립되었다. 이 기관들은 아주 다양한 기능을 갖는다. 일부는 단지 병원의 채혈자 및 분배자 역할을 수행하며, 일부는 광범위한 서비스 기능을 수행한다. 이러한 지역사회 혈액은행은 1966년 기준으로 전체 혈액 공급의 15-20%를 담당한 것으로 여겨진다.

- 보수를 받은 헌혈자에게서 혈액을 사서 가공하고 일정한 이윤을 남기며 병원에 판매하는 개별 영리형 상업 혈액은행이 있다.

이들의 정확한 규모는 알 수 없다. 이러한 혈액은행들은 1960년대 초반에 전체 혈액 공급의 10-15%를 차지한 것으로 여겨지며 최근에는 수치가 상당히 더 높아졌을 것으로 추정된다. 이러한 상업적 기관에 의한 혈액 공급 비율은 부분적으로는 자발적 헌혈이 감소한 결과로 증가하고 있는 것으로 보인다.[11] 그러나 상업적 혈액은행이 관여한 공급과 사용에 관한 정확한 통계를 얻기란 쉽지 않다. 이들은 "유통기한이 지난 혈액의 회수를 거부하며 이 때문에 혈액 낭비를 증가시킨다는 비난을 받기도 한다."[12] 상업적 혈액은행의 1967년까지의 성장 추정치는 이 장의 후반부와 9장에서 다룰 것이다.

- 그 수가 얼마나 되는지는 모르지만, 제약회사들이 운영하는 상업적 혈액은행이 있다. 이 혈액은행들에서는 대부분 혈장분획이라는 최근에 개발된 방법으로 채혈을 한다. 쉽게 설명하면, 헌혈자에게서 1파인트의 혈액을 뽑은 다음, 혈장(고형 성분과 구분되는 혈액의 액체 부분)과 적혈구를 분리한 후 혈장만 취하고 적혈구는

---

[11] 1964년에 "상업주의가 성장하고 있으며", "보수를 받은 헌혈자들의 이용과 상업적 혈액은행이 증가하고 있는 것"으로 보고되었다(*Hearings before the Subcommittee on Antitrust and Monopoly of the Committee on the Judiciary*, United States Senate, 88th Congress, S. 2560[이후로는 "*Hearings on S. 2560*(1964)"로 표기], US Government Printing Office, Washington(1964), pp. 7, 17, 33, 42 and 161). 1967년까지 20% 이상의 추가적 증가가 있었다고 보고되었다(*Hearings on S. 1945*(1967), pp. 10, 79 and 84). 또한 상업주의의 증가와 "자발적 프로그램에 따른 혈액 조달의 꾸준한 감소"에 대해서는 미국의사협회 American Medical Association의 회장 라우스 M. O. Rouse의 진술을 보라(*Transfusion*, March-April 1968, pp. 104-108).

[12] *Hearings on S. 1945*(1967), p. 21.

다시 헌혈자에게 돌려주는 것이다. (혈소판분획의 경우에는 헌혈자에게서 한 번의 채혈로 2파인트의 혈액을 뽑으며, 모든 과정은 1시간 정도가 걸린다. 첫 1파인트의 혈액을 뽑은 다음, 헌혈자는 고속 원심분리기가 전혈에서 혈장과 혈소판을 분리하는 동안 "헌혈자 의자"에 앉아서 기다린다. 이것이 끝나면 적혈구와 백혈구, 일부 혈장은 헌혈자의 정맥으로 되돌아간다. 그리고 다시 1파인트를 뽑고 똑같은 과정을 거친다.) 헌혈자에게 이 과정은 1시간도 채 걸리지 않는다. 일부 혈액 당국은 헌혈자가 가장 엄격한 의학적 기준을 준수하며 아주 건강하고 영양가 있는 고단백식을 먹는다면 1주일에 여러 번의 헌혈이 가능하다고 주장한다. 하지만 다른 혈액 당국은 혈장분획이 장기적으로 후유증을 일으키지 않는다고 단정하기에는 시기상조라고 주장한다. 이 문제는 이어서 9장에서 다루도록 하자.

이 혈액은행들이 사용하는 혈장분획은 혈장과 혈장 단백질 성분, 혈소판을 얻기 위한 것이다. 미국의 혈액은행들은 최근 몇 년간 이 분야에서 크게 성장했다(주로 다양한 생명 구조 및 예방적 목적의 혈액제제에 대한 수요가 급증했기 때문이다). 1968년의 다양한 추정에 의하면 제약회사들은 "두 번 피를 뽑는" 과정으로 대략 200만 단위를 채혈했으며 연간 100-150만 회의 헌혈에 대해 비용을 지불하였다. 현재 수많은 회사가 자체로 혈장분획 센터를 운영하고 있다. 그렇지 않은 다른 회사는 "독립적인 혈액 계약자"로부터 공급을 받는다. 일부 정기적 헌혈자는 "반_半급여semi-salaried"를 받는데, 이들은 특정한 헌혈 횟수에 따라 매달 150-200달러의 돈을 받는다. 이들 중 일부는 장기 복역수이다. 특정 혈장분획 센터에서 지급되는 이러한 높은 "수수료"는 헌혈자들이 그것에 "유인"될까 봐 걱정하는 비영리 지역사회 혈액은행들에게는 논쟁적 문제이다. 이러한 논쟁의 결과는 이후의 장에서 다룰 것이다.[13]

이처럼 다양한 형태의 혈액은행에서 채취한 혈액량을 더해 전국적 추정치를 내는데, 이때 보통 상업적 혈장분획 센터의 수치는 제외된다. 그 이유는 그 운영 규모에 대한 타당한 자료가 없기 때문이다. 혈장분획 센터의 공급을 제외하면, 1960년대 초반에는 전국적으로 연간 500-600만 단위가 채혈된 것으로 추정된다. 보수를 받는 헌혈자들이 기여한 비율은 17-20% 또는 그 이상으로 다양하게 추정되고 있다. 하지만 미국에서 "헌혈자"의 정의는 상당히 다양한데, 이 문제는 나중에 분석하기로 한다.

미국의 국가적 지위를 평가하는 것은 매우 어려운데, 이는 병원과 교차시험 및 가공, 연구를 담당하는 연구소, 혈액 구성 성분을 제조하고 판매하는 제약회사, 그 외 헌혈자를 모집하는 다양한 기관들뿐만 아니라, 5가지 주요 혈액은행 시스템의 조직 구조, 역할 및 기능이 도시마다, 주마다, 지역사회마다 매우 다르기 때문이다.

---

[13] 이 절에서 혈장분획에 관한 근거는 다음에 기초를 두고 있다. Kliman, A., and Lesses, M. F., "Plasmapheresis as a form of blood donation", *Transfusion*, Vol. 4(1964), p. 469; Jones, A. L., "Continuous-flow blood cell separation", *Transfusion*(May-June 1968), p. 94; Lawson, N. S., *et al.*, "Therapeutic plasmapheresis", *Transfusion*(May-June 1968), p. 174; Tullis, J. L., *et al.*, "Platelet-pheresis", *Transfusion*(May-June 1968), p. 154; *Wall Street Journal*(1 March 1967); *St Petersburg Times*, Miami, showing appeal for donors to earn up to $200 a month(23 February 1967). 미국적십자사의 그린월트 박사(1968년 10월 16일) 및 국가 혈액자원 계획의 스텡글 박사와의 개인 교신(1968년 10월 16일). 또한 9장의 혈장분획 프로그램에 대한 자세한 참고 자료들을 보라.

이 문제는 첫째, 주와 지역사회 사이에서 수혈과 가공, "신용 상환", 혈액제제 제조 등의 목적으로 배송되는 혈액 공급품의 상당한 물량 때문에(냉장 용기 형태로 택시, 밴, 트럭, 버스, 비행기 등을 통해 배송된다), 둘째, 군에서 운영하는 별도의 대규모 프로그램의 존재 때문에,[14] 셋째, 푸에르토리코와 쿠바, 그 외 다른 나라[15]에 잘못 표기되거나 유통기한이 지난 혈액을 판매한다든지 그게 아니더라도 일반적으로 혈액과 혈액제제의 수출입에 대한 자료를 결여하는 등 혈액은행들이 저지르는 혈액 표기 오류와 기타 실수들[16] 그리고 그로 인한 공식적인 폐업 때문에 더 혼란스러워진다.

주 및 국가 수준의 혈액 프로그램이 없는 상황에서 몇몇 조직은 관련 기관의 활동과 서비스에 협력하고, 정보를 공유하고, 혈액의 교환 및 대여를 활성화하고, 개인과 가족의 "혈액 대체권"의 지리적 양도성을 개선하고, 희귀 혈액형의 헌혈자 등록을 조직하고, 혈액은행 기준 코드를 개발하고, 그리고 혈액은행 통계를 수집하기 위해 노력해왔다. 이러한 영역들의 일부에서 국가 혈액자원계획이 수행하는 역할은 이미 기술한 바 있다. 다른 활동적인 기관으로는 공중보건부, 미국적십자사, 뉴욕 혈액센터New York Blood Center, 미국혈액은행협회(1967년 기준으로 1,148개의 혈액은행이 등록되어 있고 전국에서 이루어지는 수혈의 절반 이상을 담당한다. 국가 혈액정보교환 프로그램National Clearing-House Program과 혈액은행 간 거래를 맡고 있다),

---

[14] 예를 들어 Kiel, F., "Develoment of a blood program in Vietnam", *Military Medicine*, Vol. 131, No. 12(December 1966)를 보라.
[15] 예를 들어 *Hearings on S. 2560*(1964), p. 158 과 Sugreu(1968) p. 10을 보라.
[16] 예를 들어 *Hearings on S. 1945*(1967), p. 89를 보라.

미국의사협회의 혈액위원회Committee on Blood, 그리고 수많은 주 및 지역의 의사 협회와 혈액은행 협회가 있다.

수혈 서비스 분야에 이렇게 다양하고 많은, 개별적이고 때로 경쟁적인 기관들이 있기에 국가 통계를 집계하는 데 어려움이 있지만, 반면 이익이 걸려 있기 때문에 그에 따라 덜 다원주의적이고 보다 중앙화된 조직 체계가 이끌어내는 것보다 더 많은 혈액 공급을 이루어내기도 한다. 하지만 일부 논자들은 이 상황을 일종의 분열과 혼란이라고 표현한다. 1967년에 상원 의원 에드워드 롱Edward V. Long(혈액 공급에 대한 독점금지법에 따라 설립된 반독과점소위원회Subcommittee on Antitrust and Monopoly의 위원장)은 국가 혈액은행 시스템이 "완전히 대혼란 상태"라고 말했다.[17] 우리는 이후의 장에서 이러한 문제들을 다시 다룰 것이다. 대신 이 장에서는 혈액 공급과 수혈에 대한 국가 통계를 수집하기 위해 이루어진 여러 시도와 그 결과를 검토할 것이다.

국가적 수준에서 해당 현장을 조사하려는 첫 번째 시도는 1956-1957년 합동혈액위원회Joint Blood Council(지금은 존재하지 않는다)에 의해 이루어졌다. 이 위원회는 1960년에 첫 보고서를 내놓았다.[18] 다양한 방면의 정보가 수집되었고 그 결과 채혈한 모든 혈액의 약

---

[17] *Hearings on S. 1945*(1967), 의장실 보도자료(1967년 8월 1일). "타 혈액은행으로부터 혈액과 혈장을 얻기 위한 비영리 혈액은행과 병원 및 의사들의 거부권은 거래를 규제하는 행동 및 다른 목적을 위한 것으로 간주해서는 안 된다는 독점금지법 수정을 목적으로 한" S. 1945와 S. 2560이 입법화되었다. 이 소위원회는 미상원 법사위원회에서 구성하였다.

[18] *The Nation's Blood Transfusion Facilities and Services*, Joint Blood Council(Washington, 1960).

80%와 수혈한 모든 혈액의 약 60%를 포괄하는 것으로 추정되었다. 무응답non-response, 설문상의 공백, 응답 불일치 등을 고려하면 1956년에는 510만 단위가 넘는 혈액이 채혈되었고 450만 단위가 넘는 혈액이 수혈되었다고 추정하였다.[19] 인구의 50%를 기준으로 계산하였을 때 이는 인구 100명당 6.0단위의 채혈률에 해당한다.

합동혈액위원회는 두 번째 보고서를 발간한 다음[20] 1962년에 해체되었고, 미국의사협회가「혈액은행과 수혈시설 및 서비스 명부」의 발행 책임을 이어받았다. 첫 번째 명부는 1964년의 기관과 시설에 대한 전국 실태 조사에 근거하여 1965년에 출간되었다. 8,789개의 시설에 설문지를 발송하였고, 완전히 응답한 설문지 63%를 회수하였다. 이에 따르면 기관들(병원 및 모든 종류의 혈액은행)은 632만 4,590단위를 채혈하고 426만 2,333단위를 수혈한 것으로 추산되었다. (혈액제제와 유통기한이 지나 폐기된 혈액에 대한 자료 분석은 하지 않았다.)

1956년의 데이터와 비교하면(추정치와 무응답의 일시적 차이들은 무시한다) 채혈량은 122만 5,000단위 즉 24% 증가했다(1956-1964년

---

[19] 혈액 "단위"의 정의는 매우 다양하다는 점을 유의하라. 합동혈액위원회와 미국혈액은행협회는 항응고인자나 기타 방부제가 120ml를 초과하지 않는 혈액 450ml를 기본단위로 권고하였다. 미국적십자사의 기본단위는 440ml이고, 다른 혈액은행 기관들은 450ml를 초과하는 단위들을 채택했다. 미국의사협회의「혈액은행과 수혈시설 및 서비스 명부Directory of Blood Banking and Transfusion Facilities and Services」(1965)에서는 보고를 할 때 430ml 이상을 1단위로 하는 전혈 단위를 사용하였다. 미국에서 1파인트는 500cc이며, 영국에서는 568.26cc이다.

[20] 이 보고서에서는 1961년에는 623만 1,602단위를 채혈하였고, 421만 6,861단위를 수혈하였다는 데이터를 제시하고 있다(Joint Blood Council, 1962).

간 매년 평균 3%씩 증가). 반면 수혈량은 23만 8,000단위로 5% 감소했다. 따라서 채혈된 혈액과 수혈된 혈액의 차이는 60만 단위에서 200만 단위 이상으로 벌어졌다. 혈액제제 생산을 위한 (신선 혈액이든 유통기한이 지난 혈액이든) 혈액 이용의 증가로 이를 설명할 수는 없다. 왜냐하면 어느 시기에나 혈액제제는 혈액 공급에서 아주 적은 비중만 차지해왔기 때문이다. 일례로「1956년 합동혈액위원회 보고서Joint Blood Council 1956 Report」는 신선 혈액이 혈장으로 전환된 것은 1% 미만이라고 결론 내렸다.

두 시기[1956년과 1965년] 사이에 이러한 격차가 생긴 이유와 그 배경에 대해서는 다음과 같이 설명할 수 있다.

- 두 시기에 나타난 무응답 가운데 상당수는 소규모 병원과 그에 준하는 기관들, 자선 장기 요양 병원과 정신병원들 때문으로 보인다(「1956년 합동혈액위원회 보고서」에는 이에 대한 몇 가지 증거가 있다).

- 이러한 무응답 경향은 다수의 보고되지 않은 수혈을 설명할 수 있다. 특히「1956년 합동혈액위원회 보고서」는 소규모 병원들(100개 미만의 병상 및 100-299개의 병상)이 큰 병원들보다 병상당 혈액을 더 많이 소비했다는 사실을 보여주었다.

- 이러한 병원들과 소규모 지역사회 시설들의 과소 신고는 (a) 수혈된 혈액 단위를 실제보다 적게, (b) 채혈된 혈액 단위를 실제보다 다소 더 적게, (c) 보수를 받은 헌혈자에게서 채혈된 혈액

단위를 실제보다 적게 진술하도록 하는 결과를 낳았다. (1956년에 모든 지역사회 혈액은행은 전체 혈액의 49%를 보수를 받은 헌혈자에게서 얻었다. 신고한 모든 병원의 경우에는 그 비율이 20%였다. 자선병원들은 정부 운영 병원에 비해 보수를 받은 헌혈자의 혈액에 더 의존하였고, 무응답 비율이 훨씬 더 높았다.)

- 수혈받은 환자들의 수와 범주에 대한 데이터가 부족하다. 1965년 미국의사협회의 명부에서는 채혈과 수혈의 차이를 이렇게 고찰하고 있다. "분명 수혈받은 환자들의 수와 범주에 관한 데이터가 부족할 때가 종종 있다."(p. ix) 헌혈자 기록도 역시 부족하다(1956년 보고서에서는 "헌혈자 기록 중에 심지어 이름도 없는 경우가 자주 있다"(p. 37)는 사실을 강조하였다). 믿기 어렵겠지만 응답한 병원들과 혈액은행 시설들의 기록 보관은 실제로 1956년과 1965년 사이에 더 악화되었다.

- 채혈에 대한 일부 상당한 과장은 이중 계산과 중복 신고로 설명될 수 있다. 이러한 과장 신고는 1956년과 1964년 사이에 증가했는데, 이것은 부분적으로는 미국의 혈액은행 서비스 조직이 점점 복잡해지고 그 결과 모든 수준에서 점점 더 많은 책임 부서가 생겼기 때문이다.

- 1956년의 보고서에서는 251만 7,000건의 수혈에 관한 상세한 정보를 수집했는데, 무응답 기관의 수혈 건수를 과도하게 예측하여 전국의 전체 수혈 건수를 450만 건으로 늘려 잡았을 수 있다.

- 이러한 추정치를 비교함에 있어서 단연코 가장 중요한 요인은 "폐기된" 혈액이다. 폐기된 혈액은 세 가지 유형으로 나눌 수 있다. (a) 내과와 외과 의사들의 의학적으로 정당하지 않은 혈액 사용(이후의 장들에서 다른 각도로 다룰 것이다), (b) 기술적 폐기, 즉 오염되었거나 용혈이 되었거나 사용하다가 만 혈액 병 short bottles, (c) 혈장 및 다른 혈액제제를 만들기 위해 비축한 것들 가운데 사용되지 않고 유통기한을 넘긴(기간이 만료된) 혈액.

분명 의학적으로 정당하지 않은 혈액 사용은 전국적으로 예측된 적도 없고, 예측할 수도 없다. "기술적 폐기"와 관련해서는 이것이 전체 채혈량 중 차지하는 비율이 상대적으로 무시할 만하다는 것을 모든 증거를 통해 확인할 수 있다. 미국에서 1956년과 1964년 사이에 기술적 폐기가 증가했을 수도 있다. 1963년에 발간된 미국 의사협회의 보고서에 따르면 "수혈과 관련된 소송 건수가 기하급수적으로 증가했다."[21] 그렇다 하더라도 기술적 폐기에 해당하는 혈액은 1964년에 "유실된" 200만 단위의 혈액 가운데 아주 낮은 비율만을 차지한다.

그렇다면 상당량의 혈액 유실에 대한 설명은 "행정적 폐기"라고 불러야 할 세 번째 유형의 폐기에서 찾아야 할 것이다. 행정적 폐기는 기획, 행정, 조직의 결함과 부적절함으로 인해 초래되는 결과이다. 이는 수요와 공급을 제대로 예측하지 못해서, 혈액을 과도하

---

[21] Randall, C. H., "Medicolegal problems in blood transfusion", Committee on Blood, American Medical Association(1963), p. 1. 또한 12장도 보라.

게 주문해서, "병원들과 혈액은행들의 비축과 그로 인한 혈액 폐기가 있어서", 혈액형별 수요를 잘못 예측해서, 수송 지연이 생겨서, 그리고 혈액의 질이나 이것을 실제로 이용하는 의사들과 연계가 되지 않는 시스템 자체의 내적인 여러 다른 요인으로 인해서 나타난다. 이러한 혈액 폐기의 원인들이 앞에서 서술한 1967년에 국가혈액자원계획을 설립한 주요 논거가 되었다. 그리고 1964년의 전국 설문 조사에 대한 연구에 일정 부분 기초하여 매년 수집된 신선혈액의 15-30% 정도가 유통기한 초과로 행정적으로 폐기되고 있다고 추정한 것이 바로 이 기관이었다.[22] 하버드 의과대학과 매사추세츠 종합병원 혈액은행의 허긴스C. E. Huggins 박사도 1969년의 보고에서 상당히 유사한 예측을 하였다. "다음 주에 심각한 혈액 부족이 생기더라도 혈액은 버려질 것이다."[23] 1964년에 채혈된 혈액이 총 600만 단위라면(이중 계산과 중복 신고를 어느 정도 허용해서), 이중 폐기된 혈액은 90만-180만 단위 사이일 것이다.

1956년 「합동혈액위원회 조사Joint Blood Council Survey」에 보고된 다음의 비율을 미국의 데이터에 그대로 적용해보았다. 채혈된 전혈의 9-11%가 혈장과 다른 혈액제제로 전환되었고, 약 2%는 연구에 사용되었다고 가정하였다. 1956년의 전체 폐기 혈액에 대해서는 1% 비율을 적용하였다. 그 결과 총 132만 7,000단위의 혈액

---

[22] *Studies relating to the feasibility of development and utilization of an automated donor blood inventory and donor-recipient information system*, RFP. NHI-68-15, National Blood Resource Program(8 March 1968), p. 3. 또한 *New York Times*(7 August 1967)의 보도 내용도 보라.

[23] 저온수술학회Society of Cryosurgery 연설(*Mecical News, Journal of the American Medical Association*, 207: 5(3 February 1969), p. 847에 보도됨).

또는 합동혈액위원회 조사에서 보고된 모든 채혈의 30% 정도는 설명이 되지 않았다.

그렇다면 이 30%라는 수치는 행정적 폐기를 나타내는 것인가? 합동혈액위원회 조사에서 보고되지 않은 수혈과 기타 불일치로 인한 것의 비율은 어느 정도가 될까?

보고서 자체는 기한이 지났거나 폐기된 혈액이 "약 10%이거나 그 이상일 것이다"(p. 34)라고만 명시했고 더 이상의 결론은 내리지 않았다. 그리고 이것은 1956년[같은 해] 잉글랜드와 웨일스 수치의 10배가 넘는 것이다.

미국의사협회의 1964년 조사는 채혈과 수혈 건수 간의 격차가 200만 단위를 넘는다고 보고하였지만, 혈액 이용을 분석하거나 혈액 폐기를 예측하려는 시도는 하지 않았다.

매사추세츠 공과대학의 제닝스J. B. Jennings는 1966년 미국 혈액은행의 상태에 관한 보고서에서 1956년과 1964년의 이 모든 양상이 혼란스럽다고 밝혔다.**24** 그는 1964년에 630만 단위가 채혈되었고, 430만 단위가 수혈에 사용되었다고 언급하면서 "33%에 달하는 전국적 폐기는 납득할 수 없을 만큼 높은 수치처럼 보인다"(p. 59)고 말했다.

제닝스는 이를 뒷받침할 증거를 보여주지는 못했지만, 1964년의 수혈이 70만 단위에서 120만 단위 정도 덜 보고되었을 것으로 예측했다. 이는 1956년의 조사에서 총 200만 단위의 수혈이 덜 보고된 것으로 예측했던 것을 연상시킨다.

24 Jennings(1966).

우리가 내릴 수 있는 유일한 결론은, 만약 10% 또는 그 이상의 혈액이 행정적으로 폐기되었다는 1956년 보고서의 예측이 거의 틀림없다면, 국가 혈액자원계획의 예측이 어느 정도 사실이라는 전제하에 그러한[혈액의 행정적인] 폐기는 1964년에 50-300% 증가해야 한다는 것이다. 비록 1956년 조사자들이 국가적인 폐기율에 대해 낙관적 입장에 서서 오류를 범했다고 할지라도 1956년과 1964년 사이에는 상당한 증가가 발생한 것으로 보인다. 1956년과 1964년 두 시기의 폐기 추정치가 이처럼 차이 나는 것은 유통기한이 지나서 혈장으로 전환된 혈액 단위의 총량 변화로 설명할 수는 없다. 1956년 혈장으로 전환된 것으로 추정되는 양은 26만 4,000단위에 불과하다. 1968년 국립과학위원회(혈장과 혈장 대체제 위원회)는 대략 30만 단위가 미국에서 쓰였다고 추정했다.[25]

제닝스는 이후 그의 연구에서 "유통기한이 지난 혈액이 주 전체에 걸쳐 평균적으로 약 16%"(p. 68)라고 언급했다. 캘리포니아[26]와 미시간[27]이 이러한 평균 수치에 해당하는 곳으로 보고되었다. 그는 또한 1964년 매사추세츠주의 유통기한 만료 혈액에 대한 재정적 연구를 시작했다. 모든 유통기한 만료 혈액 중 31-57% 정도가 활용되지 않거나 폐기된 것으로 파악되었다. 제닝스는 매사추세츠주의 혈액은행들이 1964년에 유통기한이 지난 혈액 때문에 적어

---

25   *Transfusion*(March-April 1968).
26   Singman, D., *et al.*, *Journal of American Medical Association*, 194(b); 583: 113(8 November 1965).
27   Anderson, H. D., *Proceedings of the Ninth Congress of the International Society of Blood Transfusion, Mexico, 1962*(1964), p. 669.

도 30만 달러, 어쩌면 최대 100만 달러까지도 낭비했다고 결론 내렸다(p. 72). 1964년 매사추세츠주의 채혈량(20만 2,000단위)은 미국 전체 채혈량의 약 3% 정도였다. 만약 다른 곳에서의 혈액 폐기도 같은 규모라면, 이러한 폐기 요소 하나만으로도 미국 전체가 감당해야 하는 재정 비용은 연간 1,000만 달러에서 3,300만 달러에 이르렀을 것이다.[28]

제닝스와 그의 제자들이 혈액 공급 문제에 대한 보고서를 완성한 후 미국의사협회는 1969년 중반에 1967년도의 정보를 아우르는 다른 혈액은행 명부를 발간했다.[29] 혈액은행이거나 수혈 업무를 할 것으로 생각되는 1만 443개의 시설에 설문지가 발송되었다. 이중 1,435개의 시설에서는 그러한 일을 하지 않는다고 보고했고, 나머지 시설들의 응답률은 62%로 1964년보다 약간 낮았다.

응답률을 최대한 높이기 위해 설문 문항의 수와 설문 내용의 범위를 훨씬 줄였다. 또한 명부의 통계는 주로 채혈과 수혈에 국한하였다. 1964년의 보고서처럼 혈액 폐기를 추정하거나 분석하려는 어떠한 시도도 없었다. 서문에서는 단지 "'수혈된 혈액 단위'와 '헌혈자들로부터 채혈된 혈액 단위' 간의 차이를 결론짓는 것은 오류일 수 있다"라고 주의를 주었을 뿐이다. 전국적으로 1967년에 채혈된 전혈은 661만 166단위이고, 434만 8,003단위의 혈액이 수혈되

---

[28] 나중의 연구에서 제닝스는 다음과 같이 언급했다. "특정 환자에게 요구되어 교차시험을 해서 제공되는 전체 혈액의 약 50%는 결국 그 환자에게 필요하지 않게 되며 양도가 불가능한 재고로 남겨지게 된다."(Jennings(1967) and *Transfusion*, Vol 8, No. 6(November-December 1968), p.335)

[29] *Directory of Blood Banking and Transfusion Facilities and Services*, American Medical Association, Committee on Blood(Chicago, 1969).

었다. 1964년과 비교했을 때 채혈량은 28만 6,000단위 늘었고, 수혈량은 8만 6,000단위 늘었다. 따라서 채혈량과 수혈량의 격차는 226만 2,000단위(전체 채혈량의 거의 3분의 1)로 늘어났다. 수혈 단위 수는 1964년보다 약간 높긴 했으나 1956년에 추정된 국가 총량보다는 더 적었다.

저자는 1961년, 1964년 그리고 1967년의 채혈량을 연구하며 서로 다른 혈액은행 시스템에 의한 공급 추세를 분석하였다. 자료는 (a) 1967년에 전혈 전체 채혈량을 1만 단위 이상으로 신고한 모든 미국적십자사 센터, (b) 1964년 보수를 받은 헌혈자가 50% 이상인 곳 중에서 1967년에 유사한 전체 채혈량을 신고한 모든 비영리 지역사회 혈액은행과 병원 혈액은행(1967년의 조사에는 보수에 대한 설문 문항이 포함되지 않았다), (c) 1967년에 유사한 전체 채혈량을 신고한 모든 상업적 혈액은행(1961년과 1964년에 이와 같이 분류되었다), 이렇게 세 개의 보고서로부터 추출했다.

따라서 분석은 세 범주로 나누어 비교적 규모가 큰 미국의 혈액은행들에 국한하여 이루어졌다(〈표 7.2〉를 보라).

〈표 7.2〉 미국 일부 혈액은행에서의 전혈 단위 채혈량 추이(1961-1967년)

	1964-1967년의 채혈량 증가율	1961-1967년의 채혈량 증가율	1964년 대비 1967년의 채혈 단위 증가량
미국적십자사	9	18	247,911
지역사회 및 병원 혈액은행	28	45	88,240
상업적 혈액은행	119	242	365,300
기타 혈액은행	-8	-21	-415,875

위의 표를 통해 할 수 있는 하나의 합리적 유추는 규모가 큰 혈액은행, 그중에서도 특히 상업적 혈액은행 및 헌혈자에게 보수를 지급하는 혈액은행들이 채혈량 증가를 주도하고 있다는 것이다. 따라서 채혈된 혈액 단위 총량의 측면에서 볼 때 1964년과 1961년 보다는 1967년에 채혈량을 과소 신고하는 행위가 덜했다는 것을 알 수 있다. 이 표에서 더 언급할 내용이 있는데 이는 미국 헌혈자들의 특성을 논의할 9장에서 다룰 것이다.

그러나 과소 신고가 감소했을지라도 (1964년보다 1967년의 응답률이 아주 미미하게 낮을 뿐이라는 것을 상기할 때) 1969년까지의 전국적 추세를 평가하는 문제는 상업적 혈액은행과 제약회사 소유의 혈액은행 그리고 기타 시설들에서 수행하는 혈장분획 프로그램의 눈에 띄는 급성장 때문에 훨씬 더 복잡했다.

이미 1968년까지 제약회사와 다른 상업적 기관들이 매년 100만 건에서 150만 건의 헌혈을 획득했다고 추정한 문헌이 있었다. 각각의 혈장분획은 "두 개의 혈액 백two bag"으로 약 700-800ml의 혈액을 양산해내며, 이를 총량으로 환산하면 그 규모는 약 200만 단위의 혈장에 상당한다. 따라서 이는 다음과 같은 핵심 질문을 낳는다. 이 200만 단위 중에서 1967년에 신고된 661만 166단위의 채혈량에 포함된 것은 실제로 어느 정도일까?

혈액에 대한 지불, 혈액은행의 종류, 유통기한이 지난 혈액과 기타 문제들에 대한 설문 문항이 제외된 1967년의 설문지에는 새로운 문항 하나가 포함되어 있었다. "귀하의 시설은 혈장분획 프로그램에 참가하십니까?" 하지만 이에 대한 응답은 분석되지 않았고 심지어 보고서에 추가되지도 않았다. 다만 별도로 저자가 계산한 바에 따르면 460개의 시설에서 "예"라고 응답하였다. 그러나 각 경우에 혈장분획 프로그램을 통해서 얻은 혈액 단위의 비율이 얼마나 되는지 추측할 수 있는 자료는 없었다.

제약회사의 경우 몇몇 회사는 설문지에 응답했지만, 대부분은 응답하지 않았다. 어떤 곳은 자체적으로 프로그램을 운영하고 헌혈자들을 모아서 보수를 지급했지만, 많은 곳에서는 "중개인middle-men"(상업적 혈액은행 및 기타 시설)으로부터 혈액을 구매했다. 혈장분획 프로그램에 대한 데이터를 얻기 위해서 저자는 미국의 모든 제약회사와, 미국 공중보건부로부터 판매와 교역을 위한 혈액제제 제조를 공식적으로 인정받은 다른 나라들(특히 일본)의 모든 제약회사에 설문지가 담긴 편지를 보냈다.[30]

결과는 실망스러웠는데, 상당수가 응답을 하지 않았다. 일부는 응답하였으나 정보를 제공하길 거부했다. 나머지는 1967년 미국의 사협회의 조사에서는 드러나지 않거나 1967년의 보고서와는 다른 통계를 보내왔다. 하지만 일부 제약회사들은 혈장분획 프로그램의 국가적인 추세를 판단하는 데 도움이 되는 소중한 추정치를 제공했다. 이 정보를 바탕으로 1968년의 혈장분획 단위가 200만 단위라는 국가적인 추정치가 도출되었다(이에 대한 자세한 내용은 9장을 보라).

그러나 이러한 도움에도 불구하고 이 200만 단위 중에서 얼마나 많은 양이 전국 헌혈 총량인 661만 166단위 안에 포함되어 있는지

---

[30] 회사들의 목록은 *Biological Products*, Division of Biologics Standards, National Institutes of Health, Public Health Service Publication No. 50, US Department of Health, Education and Welfare(1 January 1968)에 실려 있다.

판단하기란 여전히 불가능하다. 하지만 만일 절반만이라도 포함되어 있다고 (가정을) 한다면, 이는 1967년에 561만 166단위가 수혈을 목적으로 채혈되었음을 의미할 것이다 — 이 총량은 1964년과 1961년의 수치보다는 상당히 낮으며, 1956년의 수치보다는 겨우 약간 높다. "소실된" 또는 "폐기된" 혈액은 따라서 약 125만 단위로 감소할 것이다.

국가적 통계 수치는 너무 혼란스럽고 불만족스러워서 이를 통해서는 바로 결론을 얻을 수 없다. 하지만 채혈된 전혈 총량은 절대적으로 또는 인구 증가를 고려할 때 수치상 하락했다, 또는 "소실된" 혈액이나 "유통기한이 지난" 혈액의 총량이 절대적으로든 상대적으로든 증가했다, 이 둘 중 하나가 결론일 것임은 알 수 있다. 모든 사실이 알려진다면, 아마 진짜 답은 위의 두 예단의 요소를 모두 포함하고 있을 것이다 — 즉 채혈량은 다소 감소하고 "소실"되거나 "유통기한이 지난" 혈액 단위는 약간 증가한 것이 진짜 답일 것이다. 연간 비교를 더 어렵게 만드는 과소 보고와 과대 보고, 중복, 이중 계산과 관련된 다른 가능한 요인들은 앞서 언급했다.

이러한 국가적인 혈액 공급 통계의 불만족스러운 양상에 대한 마지막 언급으로 9장에 열거된 12개 도시의 데이터 및 보수가 지급된 헌혈이 차지하는 비율을 추정하기 위한 데이터를 제시한다 (〈표 7.3〉을 보라).

〈표 7.3〉 미국 일부 지역에서의 전혈 채혈량 추이(1961-1967년)[1]

	1961		1964		1967	
	(a)	(b)	(a)	(b)	(a)	(b)
보스턴	182,922	21	174,848	16	198,606	18
시카고	154,433	29	181,630	37	170,406	33
댈러스	35,977	6	48,250	6	49,015	8
덴버	44,328	8	44,290	7	48,917	5
디트로이트	167,784	20	154,099	20	163,105	20
저지시티	6,200	2	19,589	5	40	1
캔자스시티	40	1	1,166	1	Nil	Nil[2]
로스앤젤레스	230,549	15	221,045	15	263,531	14
멤피스	66,804	8	61,715	8	82,962	9
뉴욕	358,762	62	232,201	62	261,012	46
필라델피아	206,116	35	195,565	33	188,515	39
피츠버그	60,320	13	55,911	13	51,577	8
총계	1,514,235	220	1,390,309	223	1,477,686	201

(a) 헌혈자로부터 얻은 전혈의 단위 수. (b) 보고한 시설의 수.
1. 1961년, 1964년, 1967년의 조사 보고서에서 추출함.
2. (1968년 1월 1일에 허가받은) 한 상업 혈액은행에서 1967년에 3만 1,736단위를 채혈하였다고 보고하였음.

대도시들을 대상으로 한 이 세 보고서의 연구는 1961년보다 1967년에 무응답률이 훨씬 높다는 사실을 시사하지는 않는다. 설문지는 훨씬 짧고 간단했다. 게다가 혈액은행들은 더 커지고 시설들은 숫자가 더 줄어드는 일반적인 — 특히 대도시들에서의 — 추세를 고려할 때, 헌혈자로부터 뽑은 전혈 단위의 총량 측정이라는 측면에서 1967년의 응답률이 더 높았을 것이다. 이 12개 도시를 놓고 어떤 추세를 설명한다는 것은 사실상 불가능하다. 그중 일부 도시(시카고와 디트로이트, 캔자스시티, 로스앤젤레스, 멤피스, 뉴욕)에서는 영리 목적으로 운영되거나 헌혈자에게 상당한 보수를 지급하는 혈액은행들에 의한 보고가 눈에 띄게 증가하였다(1961년과 1964년에 이와 같이 분류되었다). 다른 유형의 혈액은행은 눈에 띄게 감소하였다. 하지만 1967년의 데이터에는 혈장분획 프로그램을 통해 채혈된 수만 단위의 혈액이 포함되어 있음에도 불구하고 전체적으로는 헌혈자로부터 뽑은 혈액 단위가 증가했다는 어떠한 증거도 없다.

우리는 특정 도시와 지역에 대한 다른 다양한 조사를 언급하면서 미국의 혈액 공급에 대한 연구의 검토를 마무리 지으려 한다. 특히 최근 미국 내 비슷한 크기의 다른 어떤 도시나 지역보다 아마 혈액 공급 문제가 큰 관심사였을 뉴욕에서의 상황을 살펴보기로 하자.

뉴욕 의학회 New York Academy of Medicine는 1956년 최초로 포괄적인 조사에 착수했다.[31] 이 조사에서 57개 채혈 기관이 34만 8,571단위를 채혈하였고 그중 맨해튼 지역의 채혈량이 71%인 것으로 밝혀졌다 — 이러한 사실은 헌혈자의 특성에 관한 질문과 연관되어 있다. 도시 전체적으로, 보수를 받은 헌혈자들이 42%를 차지하였다 — 이 비율은 계속 증가하여 1966년에는 55%에 이르렀다. 이러한 헌혈자의 특성에 대한 질문들은 9장에서 다뤄진다.

뉴욕에서는 채혈에 더하여 수천 단위의 신선 혈액이 남부와 중서부 주들에서 운송되어왔다.[32] 1956년에 수혈된 혈액은 총 25만

[31] *Human blood in New York City: a study of its procurement, distribution and utilization*, Committee on Public Health, New York Academy of Medicine(New York, 1958).
[32] 이는 1963년의 상황이기도 하였다(*Hearings on S. 2560*(1964), pp. 160-161).

단위로 추정된다. 또한 8개의 혈액 배급 조직은 자체 생산이나 구매를 통해 2만 3,708단위의 혈액제제를 확보하고 배분하였다. 하지만 "완전한 기록물을 보관하는 조직이 거의 없기" 때문에 이 정보는 극히 일부분에 지나지 않는다.

만약 총 34만 8,571단위의 채혈량, 혈액 부산물의 사용 경향, 1956년의 잉글랜드의 연구(13%)에 근거한다면 5만 4,000단위의 폐기 잔여량이 남는다(15%). 1961년, 1964년, 1967년의 채혈 통계 ― 부적절하고 불만족스럽긴 하지만 ― (〈표 7.3〉을 보라)가 그 감소율이 계속 하락하고 있음을 시사하는 반면, 1956년 이래로 폐기 혈액의 추정치는 없다. 1967년에 보고된 채혈량은 1961년보다 거의 10만 단위나 적어서 겨우 26만 1,012단위에 불과하였다. 다른 한편 뉴욕 혈액센터가 발표한 수혈 추정량은 1956년 25만 단위에서 1965년 33만 단위로 증가하였다.[33] 따라서 채혈량에 대한 과소 신고가 상당히 증가했거나 아니면 뉴욕시가 미국 내 다른 주에서 수입한 혈액에 더 크게 의존하고 있었다는 결론을 내릴 수밖에 없다.

물론 폐기되는 혈액량이 1956년부터 계속 감소해왔다는 것도 있을 수 있는 일이다. 그러나 1966년 뉴욕 혈액센터의 한 보고서는 이렇게 기술하고 있다. "혈액 부족으로 수술이 연기되는 것이

---

[33] The New York Blood Center, *Report*(1966). 이 센터는 1953년에 설립되었고, 뉴욕시 혈액위원회Community Blood Council of Greater New York에 의해 운영되었다. 뉴욕시 혈액위원회는 시의 의학계, 병원계, 지역 보건계가 1959년에 만든 비영리 조직으로, 시 지역 혈액 서비스 협력, 확대, 개선을 목적으로 하며 수혈로 인해 발생하는 문제들을 연구한다. 이 센터는 희귀 헌혈자 등록을 개발했으며, 새로운 자발적 헌혈자 프로그램을 조직하고 대규모 연구를 수행하고 있다.

뉴욕시에서는 일상다반사임에도 불구하고 중앙 행정기관이나 전체 재고 목록이 없어서 엄청난 양의 혈액이 폐기되고 있다. 병원들이 혈액 대여가 영구히 사라질 것이라는 이유로 자체 혈액 공급량을 비축해두는 경향이 점점 더 생겨났다. 그러나 이 비축된 혈액은 종종 폐기 혈액이 된다. 폐기되는 혈액량에 대한 이용 가능한 기록은 없지만, 전문가들은 연간 1만 단위에서 3만 단위까지 다양하게 추정하고 있다."**34** 이 보고서는 "뉴욕시에서 가장 규모가 크고 가장 좋은 세 개의 병원"에서 환자 병력을 인용하여 약 800만 명의 시민이 사는 "뉴욕시에 빈혈증이 만연해 있으며" "상황이 만성적이고 거의 무정부 상태로 악화되고 있다"고 묘사하였다.**35**

뉴욕 혈액센터 프로그램의 발전에도 불구하고 1967-1968년까지 전반적 상황은 거의 개선되지 않았다. 여전히 급성의 그리고 만성적인 혈액 부족 현상이 있었으며, 특히 크리스마스와 1월, 8월, 9월에는 공급 문제가 더욱 심각해졌다. 비응급 수술은 여전히 미뤄졌고, "몇몇 주요 병원에서의 개심술 시술 횟수와 일정도 이용 가능한 혈액량에 상당 부분 좌우되었다".**36** 1968년 상반기에 센터의 자발적 헌혈은 전년도에 비해 10% 하락한 수치를 기록했다. 이유는 알려지지 않았으나 이러한 하락은 큰 관심을 야기했다. 인종적

34 The New York Blood Center, *Report*(1966), p. 9.
35 이러한 서술은 혈액 공급과 분배에 대한 뉴욕시의 체계를 탐사한 *New York Times*(editorial, 3 April 1962, the *Times Megazine*, 29 March 1964)의 1962년, 1964년, 1965년 보도에서 부분적으로 전재하였다. 또한 하워드 루스크Howard A. Rusk 박사의 기고문을 보라(1965년 2월 28일).
36 뉴욕 혈액센터의 의료국장, 켈너A. Kellner 박사와의 개인 교신(1968년 3월 6일).

불안이 자발적 참여의 감소를 낳은 한 원인일 것이다. 특히 젊은 이들 사이에서는 베트남전쟁 또한 심리적으로 영향을 미쳤을 것이다. 1968년 말에는 "혈액은행의 재고가 턱없이 부족해서 뉴욕시의 많은 병원이 비응급 외과 수술을 대폭 줄였다"라는 보도가 나오기도 하였다.[37]

비록 뉴욕시에 국한된 것은 결코 아니지만, 뉴욕시가 맞이한 상대적으로 새로운 또 하나의 상황으로 "혈액 공급 시장"에 국제적 제약회사들이 대거 진출한 사실을 꼽을 수 있는데, 이들은 자체적으로 상업적 혈액은행을 운영하며 헌혈자들에게 보수를 지급하는 방식으로 뉴욕시의 — 제한된 수[38]의 — 헌혈자를 유도하였다(혹은 꾀어내었다).[39] 이러한 혈액은행들과 "독립적인 상업 계약자"에 해당하는 다른 몇몇 혈액은행은 1969년에 이르면 더 광범위한 혈장분획 프로그램을 개발하였다. 이로 인해 전반적으로 혈액 가격이 상승하였다. 공급자들은 더 많은 돈을 요구하였다 — 특히 뉴욕시에서 만성적으로 부족한 Rh(-) 혈액에 대해서는 더욱 그러하였다.[40] 하지만 뉴욕시에서 보수가 지급된 헌혈의 비율이 지속적으로 증가했다는 사실과 별개로, 이러한 상업적 프로그램들이 자발적 헌혈에 얼마나 영향을 끼쳤는지에 대해서는 이용 가능한 통계 정보가 거의 없다.

수요와 공급에 대한 이전의 논의에서 강조한 바와 같이, 뉴욕시

---

37 *New York Times*(12 December 1968).
38 *Hearings on S. 1945*(1967), p. 91.
39 *Hearings on S. 1945*(1967), pp. 114-115.
40 The New York Blood Center, *News Release*(24 March 1966).

의 사례를 통해 파악된 사실을 일반화하여 적용할 수 있다고 추측해서는 안 된다. 도시마다 주마다 상황에 상당한 차이가 있다. 이러한 차이들 중 일부는 9장에서 더 상세히 설명할 것이다. 더군다나 200만 단위의 혈액을 포함하는 혈장분획 프로그램의 대다수는 뉴욕시가 아닌 다른 지역에서도 공급자들을 끌어모은 것이다.

하지만 뉴욕시와는 대조적이게도, 리처드 차이콥스키Richard Czajkowski 박사(1968년에 퇴임했다)의 지도 아래 미국에서 가장 조직화되고 효과적인 혈액은행과 혈액 교차시험 기관을 갖고 있는 곳 중의 하나인 시애틀은 연간 3만 5,000단위를 채혈하였고 최근에는 유통기한을 넘긴 혈액이 2%도 되지 않는다고 보고하였다.[41] 그 외에 낮은 혈액 폐기율을 신고한 효과적인 비영리 지역사회 혈액은행 사례로는 뉴욕 혈액센터와 밀워키 혈액센터Milwaukee Blood Center가 있었다.

그러나 이들은 미국에서 예외적인 기관들이다. 1970년에 대도시들 가운데 신선 혈액의 만성적 부족을 겪지 않은 곳은 시애틀과 같은 소수 지역뿐이다. 일반적으로 미국 전역에는 이용 가능한 혈액 공급을 초과하는 실제적, 잠재적 수요가 있다는 광범위한 보고가 많은 지역으로부터 그리고 수많은 전문가에게서 나오고 있다.

이 모든 통계 자료의 부족에도 불구하고 미시적 방식으로 분석했을 때, 1961년과 1964년, 1967년의 조사 보고서는 지역과 도시, 주, 혈액은행을 불문하고 상황이 전반적으로 악화되고 있음을 보여준다. 인구구조와 연관지어볼 때 미국 일부 지역에서 보이는 채

---

[41] Jennings(1966), p. 130.

혈률의 실질적 감소 그리고 인구 증가 — 특히 노인 인구의 증가 — 에 상응하지 않는, 보수를 받지 않는 [자발적] 헌혈자로부터의 채혈률 감소, 그리고 이에 반하는 상업적 혈액은행과 제약 산업이 미국 여러 지역에서 이루어낸 채혈의 놀라울 만큼의 증가가 그것이다(1961년에서 1967년 사이에 이러한 상업적 기관들이 가장 높은 전혈 채혈량 증가를 이끌어낸 곳들은 앨라배마, 캘리포니아, 시카고, 클리블랜드, 인디애나폴리스, 캔자스시티, 로스앤젤레스, 멤피스, 마이애미, 뉴저지, 뉴올리언스, 뉴욕주, 필라델피아, 세인트루이스 그리고 테네시였다).

그러나 특히 폐기된 혈액과 혈장의 문제를 고려했을 때, 이러한 증가가 1961년부터 혈액은행 시스템의 다른 부문들 사이에 보이는 상대적으로 낮은 증가율을 보상했을 것 같지는 않다(예컨대 〈표 7.2〉와 〈표 7.3〉을 보라).

끝으로 첫째, 수요와 공급, 폐기에 대해 연구해오고 있는 여러 권위 있는 기관의 몇 가지 지적 사항을 언급하고, 둘째, 혈액과 혈액제제의 수출입과 관련하여 국제적 문제가 대두하고 있다는 사실을 지적하는 것으로 이 장을 매듭짓고자 한다.

제닝스가 1966년 조사에서 지적한 대로 "혈액의 부족으로 수술을 연기하거나 취소하는 일이 드물지 않다"는 것을 "많은 이가 알고 있다".[42] 또한 그는 "많은 병원이 만성적 혈액 부족 현상을 겪고 있다"고 하였다.[43] 펜실베이니아대학 페퍼임상의학연구소Pepper Laboratory of Clinical Medicine at the University of Pennsylvania의 책임

---

42 Jennings(1966), p. 60.
43 Jennings(1966), p. 15(매사추세츠 적십자사 혈액센터Massachusetts Red Cross Blood Center 의료국장(1965-1966), 클리먼A. Klimann 박사와의 대화에서 인용).

자인 노리스R. F. Norris 박사는 1964년 미국의사협회의 혈액과 혈액은행에 관한 컨퍼런스Conference on Blood and Blood Banking에서 발표한 논문에서 다음과 같이 말했다. "최근에 다량의 수혈을 요구하는 이른바 '개심술' 및 그러한 규모의 다른 수술로 인해 대규모 혈액센터에서 (보수를 받는) 전문 헌혈자들에 대한 필요가 실제적으로 늘고 있다. 그러한 수술에는 헌혈자로부터 갓 뽑은 혈액을 써야 한다는 사실이 이러한 필요를 더욱 간절하게 만든다."**44** 보스턴대학 의료원Boston University Medical Center의 멀루션I. Malootian 박사는 보수를 받는 헌혈자의 비율이 증가하는 것과 관련하여 자발적 헌혈자들의 역할에 대해 논의하면서 "혈액학적, 면역학적 연구가 불과 5년 전에는 우리 혈액은행에서 꿈꾸지도 못했던 기술의 발전과 실천을 이끌었지만, 혈액과 혈액제제의 적용 범위가 점점 더 넓어짐에도 불구하고 우리는 혈액 조달을 필요로 하는 환자들이 이런 진보에 접근할 수 있도록 하는 데 필수적인 한 영역에서는 점점 뒤처지고 있다"라고 말했다.**45**

캔자스시티 연구병원 및 의료원Research Hospital and Medical Center의 휠러C. B. Wheeler 박사는 1964년 미국의사협회의 컨퍼런스에서 "수혈 사례에서 의료 과실의 급격한 증가"를 논의하면서 "미국의 특정 지역들에서 혈액 공급 문제가 극심하다"고 강조하였다.**46**

---

44 Norries, R. F., "Hospital programs", *Proceedings of the American Medical Association Conference on Blood and Blood Banking*(1964).

45 Malootian, I., "A plan to attract voluntary blood donors", *Proceedings of the Tenth Congress of the International Society of Blood Transfusion, Stockholm, 1964*(1966), p. 1002.

46 Wheeler, C. B., "State laws and regulations", *Proceedings of the American Medical*

1966년 10월 로스앤젤레스에서 열린 미국혈액은행협회 회의에서는 수요와 공급에 관한 많은 우려가 나왔다. 한 논문은 혈액 이용이 연간 12%씩 증가하고 있다고 추정했다(정확한 수치는 제공되지 않았다). 다른 이들은 흔히 몇 달간 연기되는 수술에 대해, 병원이 환자에게 수혈에 대한 비용을 현금보다는 혈액으로 지불하기를 요구하는 것에 대해, 그리고 혈액은행에서 상업주의가 증대되는 것에 대해 발언하였다.

미국혈액은행협회 회장인 드레스킨 E. A. Dreskin 박사는 혈액의 부족을 강조하면서 "비록 아무도 이것을 공개적으로 인정하기를 원치 않겠지만, 혈액 공급의 불균형으로 인해 비응급 수술을 받아야 하는 사람들의 대기 시간 지연이 국가적으로 상당히 증가하고 있다"고 언급하였다. 또한 그는 미국의 어떤 지역에서는 상황이 너무 급박해서 혈액은행들이 헌혈자에게 유인책으로 영화나 야구 경기의 표 또는 교환권을 제공하며, 사우스캐롤라이나와 미시시피에서는 죄수들이 헌혈을 할 경우 징역형의 형량을 감형해준다고 보고하였다.[47]

다른 지역과 주 — 예컨대 앨라배마, 아칸소, 조지아, 오클라호마 — 에서는 1967년까지는 헌혈자 부족이 너무 극심해서 의약품 회사들이 중개 기관을 통해 임상 시험에 죄수들을 동원하고, 혈장을 얻기 위해 교도소에 혈액 처리 시설을 짓고자 하였다.[48]

Association Conference on Blood and Blood Banking(1964).
47 Dreskin, E. A., *et al.*, *Proceedings of the Conference of the American Medical Association of Blood Banks*(Los Angeles, October 1966) and *Hearings on S. 1945*(1967), p. 91.
48 *Hearing on S. 1945*(1967), p. 91. 죄수들을 헌혈자로 활용한 것에 대한 더 자세

미국혈액은행협회는 1945년의 상원 법안을 대표하는 1967년 성명에서 "혈액의 필요는 자발적 헌혈자들의 수에 비해 더 빠른 속도로 증가해오고 있다. 그 결과로 개인은행 또는 상업은행과 보수를 받은 헌혈자 이용의 증가가 있었다"라고 보고하였다. 성명은 "혈액에 대한 수요"가 "현존하는 모든 자원을 거의 넘어섰다"라고 결론 내렸다.⁴⁹ 1968년 11월 한 제약회사는 보수를 받는 헌혈자의 전국적인 비율을 33%로 추정했다.⁵⁰ 결론적으로 1967년 말경 미국의사협회장과 『미국의사협회지』는 (사설에서) 자발적 헌혈자들로부터의 혈액 공급이 환자 진료에 필요한 혈액 증가 속도를 따라가지 못하고 있다는 경고를 의료 전문가들에게 보낸 것이었다.⁵¹

9장에서는 미국적십자사, 병원 및 지역사회 혈액은행, 상업적 혈액은행 및 기타 기관들이 각각 공급에 얼마만큼 기여했는지 그리고 다양한 유형의 헌혈자가 공급에서 무슨 역할을 했는지 자료들을 보면서 보다 상세히 분석하고자 한다.

그리고 동시에 이 장을 마무리하기 위해 혈액과 혈액제제의 국제시장을 언급하고자 한다. 정확한 근거를 제시하기는 힘들지만, 국제시장의 규모는 커지고 있는 것처럼 보인다. 이러한 경향에는 서로 밀접하게 연관된 두 가지 주요 이유가 있는 것 같다. 첫째, 물

한 참고 자료는 9장을 보라.
49 *Hearings on S. 1945*(1967), pp. 84-85.
50 국제 트래브놀 실험실Travenol Laboratories International[*미국의 보건 의료 관련 기업]과의 개인 교신(1968년 11월 5일).
51 *Journal of the American Medical Association*, 202(23 October 1967), p. 4.

질적으로 부유한 사회 다수에서 혈액 및 특정 혈액제제의 부족 현상이 심해지고 있다. 둘째, 혈액 분리의 새로운 방법들로 인해 최근 다양한 혈액제제가 등장하고 있다. 몇몇 국가 — 예를 들어 미국, 일본, 스웨덴 — 에서는 생산을 원칙적으로 제약 산업에 의존하고 있다. 영국에서는 국립수혈원이 책임을 지고 있다.

몇몇 제약회사는 혈액제제의 광범위한 국제시장을 구축하고 있다. 예를 들어 미국의 한 제약회사는 1969년에 100만 달러치의 혈장 제제(면역글로불린, 알부민, 피브리노겐과 기타 많은 조제용 물질)를 해외에 팔 수 있기를 바란다고 저자에게 알려주었다. 미국의 몇몇 상업적 혈액은행은 분리용 혈장을 스웨덴 제약회사에 판매하는데 이 회사는 여러 유럽 국가로부터 태반 뒤 혈액과 유통기한이 지난 혈액까지도 수입한다. 일본 정부는 자국에서의 혈액 공급 부족 때문에 1966년 혈액과 혈액제제의 수출을 엄격하게 제한하였다. 라틴아메리카와 극동 국가들은 분리에 쓰이는 혈장과 태반을 점점 더 큰 규모로 미국에 수출하고 있다고 한다. 아마도 수백만 개의 태반이 매년 수출될 것이다.

여기에서 자세히 설명할 필요는 없기 때문에 이러한 상업적 시장에서 파생된 모든 영향을 탐색하지는 않을 것이다. 1966년 3월 호주 연방정부는 위협적인 상업 경쟁과 자발적 헌혈 시스템이 붕괴되는 것에 대한 두려움 때문에 인간 혈액, 인간 혈액에서 추출된 물질, 그리고 태반을 포함한 사람의 기관과 조직의 수출을 금지하였다.[52] [53]

[52] 시드니 뉴사우스웨일스주 관세청장 앤더슨K. Anderson 상원 의원과의 개인

국가 단위에서뿐만 아니라 국제적으로도 혈액을 통해 이윤이 창출된다. 그렇다면 자발적인 공동체 시스템은 "전쟁과 같은 비상 상황 시"에만 살아남을 수 있을까?[54] 다음 장에서 우리는 혈액이 가진 선물로서의 속성을 고려해보기로 한다.

교신(1966년 7월 19일)(Amendments to the Customs, Prohibited Exports, Regulations, Sixth Schedule, 24 March 1966).

[53] 이 부분은 다음과 같은 수많은 자료원로부터의 정보에 근거하고 있다. 일본 오사카의 녹십자사Green Cross Corporation 나이토R. Naito 박사. 일리노이주의 국제 트래브놀 실험실. 캘리포니아주 버클리의 커터제약회사Cutter Laboratories. 미국 워싱턴 상무부US Department of Commerce의 대외무역부Foreign Trade Division, 국세조사국Bureau of the Census, 국제통상국Bureau of International Commerce. 베데스다의 국립보건원 생물의약품 표준과Division of Biologics Standards. 뉴욕의 머크 샤프 앤드 돔Merck Sharpe and Dohme 제약회사. 워싱턴의 식품의약품국Food and Drug Administration 산업지원부Division of Industry Advice. 워싱턴의 제약협회. 스웨덴 스톡홀름Stockholm의 에이비카비AB Kabi 제약회사.

[54] 이 부분은 미국적십자사가 시카고 혈액은행업으로 진출하는 것을 반대하는 시카고 의학협회의 혈액은행위원회Blood Banking Committee of the Chicago Medical Society의 관점에서 표현한 것이다(*Transfusion*, Vol. 4(1964), p. 404).

8장
선물

　5장에서 우리는 헌혈자에 대한 일련의 건강 기준을 기술했으며, 수혈자들을 위해 헌혈자 선택 시 높은 기준을 적용할 필요가 있다고 설명하였는데, 이는 인간 혈액의 질이 잠재적으로 치명적일 수 있고 질병을 전파할 위험이 있기 때문이다. 우리는 또한 헌혈자의 건강을 위해서 베풂의 행위에 엄격한 제한을 두어야 한다고 의견을 표명했다. 어린이, 노인, 병자, 장애인, 임신부와 수유 중인 여성, 그 외 다른 임상적인 부적격 집단은 의학적으로 헌혈이 금지되어 있다. 그래서 인구의 절반 또는 그 이상은 혈액과 혈액 부산물에 대한 치료 및 예방적 필요의 측면을 인구의 나머지 절반 또는 그 이하 — 건강하고 튼튼한 남성과 여성 — 에게 의존한다. 희귀 혈액형을 가진 사람들의 생명은 발견하기 힘든 극소수의 동일한 혈액을 가진 사람의 헌혈 의지에 달려 있다. 혈우병 환자와 같은 이들은 그들의 생명을 지속하기 위해 매년 50명의 낯선 사람의 선물에 의지해야 할지도 모른다(15장을 보라).

익명의 소수 또는 다수에게 베풀 수 있는 사람들도 한 번에 헌혈할 수 있는 혈액의 양과 다음 헌혈까지의 시간에는 제한이 있다.

의사는 과학적인 정보를 통해 사회의 어떤 생물학적 집단이 익명으로 헌혈하는 행위, 생명을 구하기 위한 노력에 참여해도 좋은지 결정한다. 그는 헌혈자의 유통을 결정한다.

의사는 또한 어떤 개인들이 혈액을 ― 특정 혈액형의 혈액을 ― 받아야 하는지 결정해야 한다. 비록 그 혈액이 어느 헌혈자의 것인지, 그 선물이 좋은 것인지 아닌지 모르더라도 말이다. 이처럼 선물의 유통을 결정하는 입장에서 의사는 많은 부분을 헌혈자의 정직함과 진실성에 의지하며 그가 정직하고 진실하다고 가정해야 한다. 현대 세계의 그 어떤 사회도 헌혈을 강제하거나 헌혈자에게 그의 건강 상태를 제공하도록 강제하는 법률과 처벌을 두고 있지 않다. 그러나 최근 모든 나라에서 혈액에 대한 필요가 대규모로 급속하게 증가하면서 새롭고 비인격적인 형태로 주고, 받고, 상환하는 사회적 관계에 관한 근본적 질문이 제기되었다. 헌혈에 적합한 사람들 가운데 누가 헌혈을 해야 하는가? 만약 그런 사람이 있다면 그들은 어떤 원칙에 따라, 누구에게, 왜 헌혈을 해야 하는가? "헌혈"이란 이타적 동기를 함축하는 베풂이다. 엄격하게 그리고 더 중립적으로 말하면, 아마도 이 연구에서는 "헌혈자"라는 말 대신 "공급자"라는 말을 써야 할 것이다. 그러나 어떤 의미에서 오해의 소지가 있더라도 우리는 통상의 사용을 따를 것이다. 특히 헌혈자에 관해 다루는 뒷장에서 우리는 베풂의 행위를 자발적이고 자연스럽게 실행하는 사람의 동기를 분석하고 분류할 것이다.

비록 누가 헌혈해도 좋고 그렇지 않은지, 그 선물의 도착지가 어디가 되어야 하는지 결정할 권한이 의료 전문가에게 있다 할지라도 충분한 양의 혈액이 필요한 시간과 필요한 장소에, 필요한 혈액형의 비율에 맞춰 도착하는 것은 그들에 의해 결정되고 통제되는 과정이 아니다. 만약 우리가 혈액을 베풀거나 베풀지 않거나, 혈액을 빌려주고 되갚거나, 심지어 혈액을 사고파는 이러한 혈액의 거래 과정들을 개별 사회의 맥락에서 이해하게 된다면 우리는 사회 및 경제적 삶의 토대를 들여다볼 수 있다.

베풂의 형태와 기능은 도덕적, 사회적, 심리적, 종교적, 법률적, 미학적 사고를 구체화한다. 이것은 집단의 문화적 유대를 반영하고, 유지하고, 강화하거나 약화시킬 수 있다. 이것은 최악의 경우 전쟁과 종족 민족주의의 과잉에 불필요한 힘을 실어줄 수도 있고 반대로 공동체의 관용을 고무할 수도 있다. 이것은 (상이한 민족, 종교, 세대 집단을 서로 연결하여) 사회의 통합에 기여할 수도 있고 또는 ― 남아프리카공화국 및 미국의 남부 주들에서처럼 ― 분열주의와 분리주의의 방식으로 소외의 현실과 감각을 확산시킬 수도 있다. (남아프리카공화국, 아칸소, 루이지애나에서의 "인종" 구분에 따른 헌혈된 혈액의 분리는 14장에서 다룬다.)

마르셀 모스가 그의 책 『증여론』[1]에서 과거와 현재의 상이한 문화권의 증여를 다루며 개인적, 집단적 관계의 결합에 관해 섬세하게 묘사한 것처럼 비경제적 증여 ― 일면적, 다각적인 사회적 전달 ― 의 관습과 그 실천은 우리에게 많은 것을 말해준다. 역사적

---

[1] Mauss(1954).

문명 속에 존재한 관습의 의미를 생각할 때마다 오늘날 우리는 얼마나 많은 것을 잃어버렸는지, 만약 다른 경로를 밟았다면 무엇을 얻을 수 있었는지 떠올리게 된다. 이를테면 재화와 용역의 교환이 비인격적인 거래가 아니라 도덕적 거래였고 이로써 개인과 집단 사이에 인격적 관계가 형성되고 유지되던 체제를 대규모 경제 체제가 대체하면서 우리는 얼마나 많은 것을 잃었고 대신 무엇을 얻었는가?

과거와 현재의 일부 사회에서 사람들은 여러 목적으로 다른 이들에게 선물을 준다. 평화를 얻기 위해, 애정과 관심 또는 충성을 표현하기 위해, 집단을 통합하고 세대 간 유대를 도모하기 위해, 의무와 권리의 계약을 이행하기 위해, 참회의 의사를 표하거나 상대방에게 수치심 또는 모멸감을 주기 위해, 그 외 수많은 인간적인 감정을 상징하기 위해 사람들은 선물을 준다. 상이한 문화권에서 증여가 가지는 사회적 기능에 대해 연구한 모스와 레비스트로스 같은 인류학자와 사회학자의 저서를 읽으면 (헌혈자들의 유형을 묘사하려는 시도와 관련된) 많은 주제를 발견할 수 있다.

많은 사회에서 증여 행위는 집단의 문제이며, 존재의 바탕에 새겨져 있고, 인격적인 대면 접촉 상황 — 북아메리카 원주민의 포틀래치potlach와 멜라네시아 원주민의 쿨라kula와 같은 — 에서 발생한다.

…멜라네시아Melanesia와 폴리네시아Polynesia에서는 선물이 돌 때, 보답return은 물건들을 건네는 행위에 내재된 미덕에 의해 보장된다. 어떤 사회에서도 선물은 결국 그 자체로 보상을 받

는 성격을 가지고 있다.²

그러나 답례 선물counter-gift을 하기 전에 시간이 지나가버릴지도 모른다. 그래서 선물을 주고받는 행위와 관련하여 시간의 개념은 중요하며 여기에 신용credit이라는 관념이 덧붙는다. 더 중요한 것은 증여를 해야 한다는 의무감이나 강박이 실제로 존재한다는 것이다. 모스와 레비스트로스, 호먼스Homans, 슈워츠 그리고 다른 학자들이 선물 교환gift-exchange에 대해서 쓴 모든 연구를 보면, 선물을 주어야 하고 선물에 보답해야 한다는 사회적 의무감 — 집단적 강박 — 이 엄청나게 확산되는 것을 생생하게 느낄 수 있고, 불명예, 수치심, 죄책감 등 제재들이 존재하여 이를 떠받치며 강력한 힘을 발휘하는 것을 볼 수 있다.

그러한 사회에서 — 어떤 의미에서는 우리 사회에서 — 모든 선물 교환의 양자 관계dyad는 도덕적 실행이라는 요소로 특징지어진다. [이러한 관계를 여는] 첫 번째 선물에 대해 뭐라고 이야기하든지 간에(지멜Simmel은 첫 번째 선물이 완전한 자발성에서 주어진다고 주장했다. "이것은 어떠한 의무도 심지어 감사할 의무도 없는 자유이다"),³ 답례 또는 보답은 의무적인 행동이 된다. 말리노프스키Malinowski는 트로브리안드Trobriand 섬의 거주민에 관한 연구에서 선물과 답례가 "사회조직, 족장의 권력, 친족의 연결, 그리고 법적 관계의 주요 도구들 가운데 하나"⁴를 구성한다는 것을 보여준다. 선물 교환으

2   Mauss(1954), p. 34.
3   Simmel, G., "Faithfulness and gratitude", in Wolff(ed., 1950), p. 392.
4   Malinowski(1922), p. 167.

로 만들어진 사회적 관계는 사회집단을 단결시키는 가장 강력한 힘 가운데 하나이다.

베풂의 행위에 대한 이러한 관찰은 대부분 사회생활이 끊임없이 주고받는 구조로 되어 있는 비산업사회non-industrialized society에 관한 연구에서 도출된다. 이러한 주고받는 과정은 비통화 경제non-monetary economy에서 상품을 분배하는 수단이 되기도 한다. 모스는 그의 책 마지막 부분에서 비록 구체적이지는 않지만, 이러한 개념의 일부를 복잡한 서양 사회에 적용하려고 시도했다. 그가 수혈 서비스가 등장하기 전에 글을 썼으며 프랑스와 영국에서 등장한 사회보장제도를 현대적 선물 관계의 사례로 언급했다는 점에 우리는 주목해야 한다. 그는 다음과 같이 말했다. "선물이라는 주제가, 또는 선물에 내포된 자유와 의무라는 주제가, 또는 베풂의 행위에 내포된 관대함과 자기 이익이라는 주제가 마치 마음속에서 오랫동안 잊힌 지배적 동기가 부활하는 것처럼 우리 사회에 다시 등장했다."[5]

다른 문화적 맥락에 있는 사회의 선물 교환에 대한 이러한 관찰은 영국과 미국, 구소련, 남아프리카공화국, 그 외 다른 나라들의 헌혈자들의 역할과 관련해서는 어느 정도나 유효할까? 일단 형태와 기능의 유사성이 존재한다. 관대함과 자기 이익, 자발성과 강요의 요소가 혼합되어 있다. 하지만 독특하게 다른 점도 존재한다. 이러한 것은 헌혈자 시스템과 헌혈자 사이에서 사회적이고 경제적으로 설정된 관계의 특별한 성격에 의해 상당한 정도로 영향을 받

---

[5] Mauss(1954), p. 66.

는다. 다음에서 살펴볼 수 있듯이 총체적으로 이러한 관계들은 기부 시스템과 사회 전반에 스며든 가치와 문화적 성향에 의해 강력하게 결정된다. 실제로 어떤 산업화된 사회 내부에서, 그리고 그런 사회들 사이에서 헌혈자를 모집하고 보상하는 시스템에는 근본적인 차이점이 존재한다. 예를 들어 영국과 미국, 그리고 구소련과 일본 사이의 차이가 있다. 그러나 다음 장에서 다루려고 하는 이러한 생각을 더 진행시키기 전에 우리는 현대적인 수혈 서비스를 가진 모든 사회에 적용할 수 있는 헌혈자들의 유형을 구성해야 한다.

첫째, 그러나 우선 혈액이라는 선물은 다른 형태의 선물과 구별되는 독특한 속성들을 가지고 있다는 점을 지적할 필요가 있다. 수혈이 서비스 또는 시장 거래를 구성하는지에 대한 문제는 나중에 다시 논할 기회를 가질 것이므로 여기에서는 이 속성들 중 일부를 간략하게만 열거하겠다. 아래의 속성들은 선물의 베풂이 자발적이고 이타적인 행위라고 가정한다.

- 혈액이라는 선물은 비인격적 상황에서, 때때로 헌혈자에게 신체적으로 고통스러운 결과를 가져오면서 발생한다.

- 수혈자는 거의 모든 경우에 헌혈자를 개인적으로 알지 못한다. 그러므로 고마움이나 다른 감정을 개인적으로 표현할 수 없다.

- 인구의 특정 집단에게만 헌혈이 허용된다. 누가 헌혈을 할 수 있는가에 관한 선택은 합리적으로 결정되며, 외부 결정권자가 만든 문화적인 규칙에 따라 결정되지 않는다.

- 헌혈하지 않은 것에 대한 개인적이고 예측 가능한 처벌은 없다. 후회, 부끄러움이나 죄책감에 대한 사회적으로 강요되는 제재는 없다.

- 헌혈자가 현재 또는 미래에 상응하는 선물을 돌려받을 것이라고 확신할 수 없다.

- 어떠 헌혈자도 상응하는 선물을 돌려받기를 요구하거나 원하지 않는다. 그들은 수혈을 받기를 기대하거나 원하지 않는다.

- 대부분의 시스템에서 선물에 상응하는 선물을 돌려줘야 하는 어떤 의무도 수혈자 본인에게 부과되지 않는다.

- 알지 못하는 수혈자에게 전달된 선물이 그 자체로 이익이 될지 또는 손해가 될지는 어느 정도 헌혈자의 진실성과 정직함에 달려 있다(헌혈자가 고의적으로 정보를 주지 않거나 정보를 잘못 전달할 경우 수혈자에게 치명적 영향을 줄 수 있다). 여기에다 중개인 — 선물을 수집하고 처리하는 사람 — 이 특정 시스템하에서 그것이 잠재적으로 이익이 될지 또는 손해가 될지 결정할 것이다.

- 만약 헌혈자와 수혈자가 서로를 알게 되면 둘 다 종교적, 민족적, 정치적 또는 다른 배경에 따라 이 과정에 참여하기를 거부할지도 모른다.

- 선물로서의 혈액은 매우 쉽게 손상될 수 있지만(혈액의 가치는 급속히 상실된다), 헌혈자나 수혈자는 혈액이 사용될지 또는 폐기될지 결정하는 데 있어 어떠한 권력도 행사할 수 없다.

- 선물은 헌혈자의 신체에서 빠르게 대체된다. 영구적인 손실은 없다. 수혈자에게 그 선물은 가장 중요한 것, 생명 그 자체가 될 수 있다.

현대사회에서 이러한 11가지 서로 다른 명제를 통해 확인되는 혈액 선물의 독특한 성격은 다른 유형의 선물이 갖는 특징과 비교할 때 더 확실해진다. 슈워츠 교수는 「선물의 사회심리학」이라는 논문에서 선물이 수행하는 몇 가지 역할에 대해 분석했다(주로 미국 사회의 관점에 기반한 것이었다). 그는 차례로 정체성을 발생시키는 것으로서의 선물("선물은 다른 사람들이 그들의 마음속에 갖고 있는 그림을 전송하는 하나의 방법이다"), 지위를 보호하고 통제하고자 하는 열망을 위한 개인적 도구로서의 선물(예를 들어 수혜자에게 수치심을 주는 "과시적 폐기물"로서의 선물), 호혜성을 강요하거나 수혜자의 행동을 통제하는 "명령적인 감사"로서의 선물, 그리고 공유된 죄책감을 규제하는 기술로서의 선물 교환에 대해 논의했다.[6]

이러한 모든 역할에서 나타나는 한 가지 공통적 요소는 익명성의 부재이다. 주는 사람과 받는 사람은 개인적으로 서로 알아야만 한

---

[6] Schwartz, B., "The social psychology of the gift", *American Journal of Sociology*, Vol. 73, No. 1 (July 1967), p. 1.

다. 혈액에 관해서는 이러한 관계가 대부분의 경우 존재하지 않는다. 만약 익명성의 원칙이 일반적으로 포기된다면(특히 혼주 혈장과 혈액 구성물의 경우에 행정적으로 매우 어려운 과제이다), 그 결과는 헌혈자와 수혈자에게는 물론 모든 수혈 서비스에 재앙이 될 것이다.

특히 낯선 사람에게 헌혈하려는 자발적 헌혈자의 부족에 직면한 나라들에서 사실 일부 근본적인 문제를 유발하는 원인이 되는 것은 바로 혈액 선물의 특수하고 독특한 속성이다. 이러한 문제는 이후의 여러 장에서 논의할 것이다.

헌혈자 유형론

다음 부분에서 상이한 유형의 헌혈자를 구분하는 주요 특징이 8가지 주제로 분류되는데, 이는 부분적으로는 "자발적 헌혈자"를 정의하는 문제를 포함하여 일부 문제를 설명하기 위한 것이다. 이러한 유형론을 구성하는 데는 미국, 잉글랜드, 웨일스의 시스템 및 방법과 관련된 정보를 주로 사용하였다. (다른 나라와 관련된 자료는 13장과 14장에 포함되어 있다.) 이 부분에서 각 유형의 헌혈자에 의한 양적 기여가 혈액의 전체 공급량에서 얼마나 되는지를 측정하려는 시도는 하지 않았다.

A 유형: 보수를 받는 헌혈자

이 헌혈자는 혈액을 시장에 팔고 시장은 그것을 사들인다. 그는 혈액의 판매를 부분적으로 또는 전적으로 돈을 얻기 위한 대안적인 방법으로 생각한다. 판매자 또는 구매자는 혈액을 결코 선물로 생각하지 않는다. 기계적이고 비인격적인 거래는 사적 시장을 토대로 이루어진다. 혈액의 가격은 수요와 공급 상황(하지만 일반적으로 판매자가 상이한 혈액형에 대한 지역 "시장"의 정확한 정보를 얻을 수는 없다), 혈액의 범주, 혈액의 분배, 그리고 유통기한이 지난 혈액의 폐기, 광고의 효과에 따라 변화한다.[7]

따라서 혈액을 시장의 상품으로 취급하는 것은 혈액은행의 구매자들과 분배자들이 (병원과 환자에 책임을 가지는) 의료 전문가의 기술적 조언을 받아 이윤을 추구하는 것을 승인하는 것이 된다. 또한 혈장과 혈액제제를 판매, 수입, 수출하는 제약 산업과 (환자들에게 과대 청구를 하는) 병원들의 이윤 추구에 대해서도 이를 승인하는 것이 된다.[8]

일반적인 시장 거래가 그렇듯이 확보된 혈액의 질에 관한 정보는 가능한 한 구매자에게 알리지 않는다. 그런 정보는 가격 또는 판매에 악영향을 끼칠 수 있다. 1970년 미국에서는 혈액형 식별 카드를 다른 판매자들에게 돈을 받고 빌려주는 일이 일어나고 있다. 그에 따라 혈액에는 불법적으로 상표가 잘못 붙여지고 갱신되고 있다. 그리고 약물중독자, 알코올중독자, 간염 보균자, 말라리아 또는 다른 질병을 보유한 헌혈자를 가려내거나 제외하는 것을 매

---

[7] 예를 들어 "여가 시간에 월 200달러까지 벌어요", "마이애미 기업 창문의 지하실 유형의 할인에 대한 호소bargain basement-type appeal"(Exhibit B, *Hearings on S. 1945*(1967), p. 88). 또한 뉴욕과 다른 도시의 혈액 광고의 전화번호부를 보라.

[8] 한해 혈액으로 30만 달러를 번 미국의 한 병원의 사례가 보고되었다. Sugrue(1968).

우 어렵게 만드는 장치가 채택되었다.⁹ 노리스 박사와 그의 동료들이 쓴 글에 의하면 "많은 중독자가 헌혈을 위해 검사받을 때 성공적으로 중독 사실을 숨겼다. 심지어 그들 중 4분의 3이 한 번 또는 그 이상의 비정상적인 간기능검사를 받는다고 해도, 모든 헌혈자를 대상으로 한 심사 절차로서 이러한 검사를 시행하는 것은 실현될 수 없다."¹⁰ 보수를 받는 헌혈자들의 진실 은폐에 대해 쓴 다른 필자는 "음식과 다른 생필품을 사기 위해 돈이 필요한 어떤 사람도 믿을 수 없다고 결론을 내렸다."¹¹

따라서 개인 정보의 의도적 은폐 ─ "진실성 요소integrity factor"에 대한 글에서 어떤 논평자가 "열성적 헌혈자avid donor"라고 묘사한 것 ─ 는 보수를 받는 헌혈자와 사적 혈액 시장의 특수한 특징이며, 이는 공중 보건 부처 또는 다른 정부 당국에 의해 통제되기 어렵다. 전통적 시장 선market line에서 조직되는 일부 혈액 구매자 집단은 보호의 수단을 만들려고 시도한다. 그리하여 미국의 어떤 도시에서는 보수를 받는 헌혈자의 "빈번한 헌혈 시도를 막기 위해 각 은행은 혈액 기증 후 특정 손가락의 표피 아래 형광염료를 넣는다. 이 염료는 대략 8주 정도 지속되며 자외선 불빛 아래에서 볼 수 있다. 어떤 은행에서도 헌혈 예정자의 손가락에 염료가 있으면

---

9 *Hearings on S. 2560*(1964), pp. 44 and 184; *Hearings on S. 1945*(1967), pp. 85-89; Sugrue(1968), p. 13; and *Hepatitis Surveillance*, National Communicable Disease Center, Report 27(30 September 1967), US Public Health Service.

10 Norris, R. F., *et al.*, "Present status of hepatic function tests in detection of carriers of viral hepatitis", *Transfusion*, Vol. 3(1963), p. 208. 또한 11장도 보라.

11 Del Prete, R. F., *A study of the IP Factor in blood donors*, presented to the Sixth Annual Meeting of the South Central Association of Blood Banks, Oklahoma City(March 1964), p. 5.

헌혈을 거부할 수 있다."[12] 기준의 통제에 관한 질문은 상품으로서의 혈액에 대해 아주 광범위한 문제를 제기한다. 12장에서 이 문제를 법률적, 경제적, 도덕적 측면에서 논의할 것이다.

일부 필자들은 보수를 받는 헌혈자를 "용병 헌혈자mercenary donor"라고도 분류했다. "현금 지불의 전망에 의해 우선적으로 동기부여가 된" 사람이다.[13] 그는 정기적으로 또는 부정기적으로 헌혈을 하러 올 것이다. 미국에서는 일반적으로 그를 "즉석 헌혈자walk-in donor"라고 묘사한다. 라틴아메리카, 일본 그리고 다른 나라들의 경우에 (물론 미국도) 그는 필자가 알 수 없는 사람이고 앞으로도 그럴 것이기 때문에 "전문 헌혈자professional donor"로 묘사되기도 한다.

B 유형: 전문 헌혈자

타당한 이유를 제시할 수는 없지만 우리는 "전문 헌혈자"라는 용어를 사용하여 정기적이고, 등록되어 있으며, 반영구적인, 또는 반半급여를 받는 것을 전제로 혈액을 넘겨주는 사람들을 지칭하고, 그들을 부정기적이고, 임시적이며, 더 뜸한 "즉석 헌혈자"와 구별한다. 그들은 단위 수수료unit-fee를 토대로 보수를 받지만 실제 지불은 일반적으로 주급 또는 월급의 형태로 이루어진다. 실제로 일부 사람들은 시간제 급여를 받으며, 그뿐만 아니라 매일 철분 보충제와, 가능한 한 고단백 식단을 섭취하기 위해 의사의 지도를

[12] Dice, R. E., "Paid donor programs", *Proceedings of the American Medical Association Conference on Blood and Blood Banking*(Chicago, 1964).
[13] 예를 들어 Jennings(1966), p. 94를 보라.

받을 수도 있다.

이러한 헌혈자의 대부분은 1주일에 1회 또는 2회 미국의 제약회사들과 상업적 혈액은행들이 운영하는 혈장분획 프로그램(이 과정은 앞 장에서 자세히 설명했다)에 혈액을 공급하는 사람들이다.[14] 물론 이들은 어떤 기술적 의미에서도 "전문가"는 아니다. 이들은 조직화되지 않았고, 전문적 행동 수칙도 없으며,[15] 일부는 "대개 대규모 보충 식단이 필요한" 감옥의 장기수 "자원자들"이다.[16]

C 유형: 보수에 유인된 자발적 헌혈자

현금을 지불받지만 지불금이 우선적 동기가 아니라고 주장하는 헌혈자이다. 그는 혈액에 대한 공동체의 필요는 인정하지만, A, B 유형의 공급자들과는 다르다. 그는 직장이나 지역사회의 집단적 압력에 의해 헌혈하도록 설득되었을 것이다.[17] 예를 들어 미국의 일부 노동조합은 10달러에서 15달러를 제공하여 "헌혈자들이 헌혈하도록 유인한다." 이러한 지불금은 "경쟁적인 헌혈"을 촉진하

---

[14] 9장을 보라. 일리노이주, 모턴 그로브Morton Grove의 국제 트래브놀 실험실과의 개인 교신(1968년 11월 19일)에 따르면 1968년 일부 혈장분획 헌혈자는 일주일에 두 번 두 배로 채혈하고, 한 달에 요금 6,240달러를 받았다.

[15] 그러나 헌혈자 노동조합은 인도와 다른 나라들에 조직되었다(13장을 보라). "혈액 판매 전화Blood-selling rings"는 콜롬비아와 활동하고 있는데, 1964년 미국 언론은 집이 없는 젊은이들이 그들의 혈액을 병원에 판매하라는 "전화rings"에 의해 살해되었다고 보도했다. 1964년 콜롬비아의 칼리Cali에서 가격은 대략 1쿼트quart[•1쿼트는 1.14리터]당 25달러였다고 한다(*Transfusion*, Vol. 4(1964), p. 199).

[16] Kliman, A., and Lesses, F., "Plasmapheresis as a form of blood donation", *Transfusion*, Vol. 4(1964), p. 470.

[17] Sugrue(1968), p. 18.

는 과정의 일부가 된다. 이 집단들은 월간 또는 연간 혈액 목표를 달성하기 위해 서로 경쟁하며, 헌혈을 유도하기 위한 도구로 돈을 사용한다. 목표를 달성하지 못한 집단은 죄책감 또는 수치심을 경험하는 것으로 추정된다.

이러한 유형의 헌혈자들은 자원봉사에 대한 보수를 받기를(예를 들어 그들이 처한 곤경에 대한 대가를 받기를) 기대하며, 그 비용은 "이익" 또는 "방해 비용disturbance money"의 한 형태로 간주된다.

비록 C 유형과 A, B 유형의 헌혈자들 사이의 차이가 크지 않지만, 이들을 구분하는 주요 경계선은 전자는 개인적인 집단 압력에 따른 것인 반면에 후자는 그렇지 않다는 것이다. 개인적 자발성은 C 유형의 지배적인 특성이 아니다.

D 유형: 책임 요금 헌혈자

미국과 다른 나라들의 매우 다양한 혈액 프로그램 아래에서 수혈을 받는 환자들은 "책임responsibility" 또는 "대체replacement", "예치deposit" 등으로 불리는 요금fee을 지불한다. (처리 비용과 다른 기술적 절차를 위한 요금과 별도로) 혈액 자체에 대한 요금을 부과하는 이유는 만약 환자가 병원(또는 적십자사 같은 관련 기관)에서 헌혈을 하지 않았다면 병원은 환자에게 혈액을 "대출"함으로써 그 대출을 혈액 또는 돈으로 상환받을 것이기 때문이다.

1968년 심각한 수술을 위해 25단위 또는 최고 1,250달러에 해당하는 요금을 지불한 환자들은 (i) 상황을 받아들이고, (ii) 스스로 혈액을 대체하고 요금을 환불받거나, (iii) "자발적으로" 또는 현금을 지불받고 혈액을 대체해줄 "누군가"를 찾아야만 요금을 정산할 수 있다. "누군가"는 가족 구성원, 친구, "즉석 헌혈자" 또는 그 환자가 소속된 혈액 계획 집단의 구성원일 수도 있다.

이러한 집단은 미국 내 대부분의 지역에 수없이 존재한다. 이들은 미국적십자사(또는 다른 채혈 기관)에 매년 일정 분량의 혈액을 주기로 계약을 맺게 된다. 할당량은 그 집단의 구성원들과 그들의 가족의 혈액 요구 예측에 맞춰 정해진다. 가족의 정의定義는 매우 어렵다. 발생하는 다른 문제로는 지리적 이동성이 있다(대부분의 집단은 일터, 지역 노동조합의 회원 자격, 교회 또는 지역사회 조직에 기반을 두고 있다). 건강, 고령, 많은 다른 요인에 따라 헌혈을 할 수 없는 일부 성인이 있으며, "고위험" 사례(혈우병, 궤양, 개심술을 요구하는 사례 등)도 범주에서 제외된다.[18]

환자들에게 부과하는 혈액 요금(또는 "책임 요금 예치금responsibility fee deposit")이 헌혈할 도덕적인 의무를 강화하는 수단이라는 주장도 있다. 환자들은 "종종 돈을 지불하는 것을 선호하는데, 그 이유는 다른 사람에게 헌혈하여 도와달라고 요청하고 싶지 않아서"라는 보고가 있다.[19] 일부 병원들은 더 나아가 환자들에게 혈액 또는 돈이라는 선택지를 제공하지 않는 원칙을 실행하고, 환자들에게 그들의 수혈로 요금을 지불할 것을 요구했다.[20]

[18] 보도, 성원 자격, 배제 등에 관해서는 예를 들어 the Cooperative Blood Replacement Plan, Chicago; the New York Blood Center; the Jewish War Veterans, New York; the Presbytery of New York City에서 만든 문헌을 보라. 또한 Sugrue(1968), pp. 64-77도 보라.

[19] Southwest Blood Banks Inc.(subsequently known as "Blood Services, Arizona"), brochure(1965).

[20] Leger, R. R., *Wall Street Journal*(1 March 1967).

대체 비용replacement charges은 환자들이 그 요금을 지불할 수 있는지의 여부와 관계없이 — 병원이 "즉석 헌혈자" 또는 상업적 혈액은행에 얼마를 지불하느냐에 따라 측정되므로 일반적으로 "진짜" 시장 비용보다 높다 — 환자와 그의 친척들을 규율하기 위해, 그리고 혈액 대출을 상환하도록 강력한 재정적 인센티브를 제공하기 위해 의도적으로 높은 수준으로 책정됐다. 1961년 미국혈액은행협회의 구성원 311명에 대한 한 조사에 따르면 총 153만 9,045단위의 혈액이 사용되었는데, 혈액 대체 요금replacement fees은 7달러에서 50달러 사이로 평균 22.46달러였다. 최고 30달러의 처리 비용은 단위당 추가적인 비용으로 계산된다.[21]

혈액 대체 정책은 상당히 변화했다. 많은 병원과 은행은 2대 1 비율을 적용하는데, 예를 들어 환자는 이용되는 혈액 1단위당 2단위를 대체해야 한다. 일부는 3대 1 규칙을 적용한다. 그리하여 그 환자에게는 이러한 단위에 대한 비용 이외에 처리 비용까지 부과된다. 심지어 [미국] 국방부는 의학적으로 필요한 1단위의 혈액을 얻기 위해서 2명의 군인(각각 1단위의 혈액을 헌혈한다)을 지역 혈액은행에 보내야 한다.[22]

이러한 정책의 근거는 많은 병원 당국에서 "감소"라고 모호하게 묘사하는, 전체 혈액은행 시스템에서 발생하는 손실(또는 낭비)은 환자가 부담해야만 한다는 것이다. 그 가정에 의하면 (환자가 통제할 수 없는) 시스템에서 발생하는 낭비는 환자에 의해 지불되어야 한다. 그

---

21   *Transfusion*, Vol. 4, No. 3(May-June 1964).
22   *Hearing on S. 1945*(1967), p. 95.

래서 대체 헌혈자들을 격려하기 위해 단위당 가격은 높은 수준으로 고정되었다(1961년 일부 병원은 1파인트에 거의 100달러를 부과했다).[23]

추가적인 단위는 다음과 같은 경우에 대비하기 위해 요구되었다. (a) (유통기한이 지난 혈액을 포함한) 혈액 사용에서의 행정적, 기술적 낭비, 유통기한이 지난 혈액의 반환을 거부하는 상업적인 혈액은행의 이윤 활동, 연구의 필요, 다른 부서의 적자를 메우기 위해 관리부가 특정 부서에서 이윤을 만드는 일부 병원의 정책, 혈액에 대한 요금을 수표로 지불하는 부유한 환자에 대한 특혜와 그에 따라 혈액을 공급할 다른 사람들에 대한 필요의 증가, 그리고 돈도, 친척도 없고, 연령 또는 장애로 현물 대출을 갚을 수도 없는 궁핍한 사람들에게 혈액을 제공할 필요를 위해서다.[24]

그러나 "이러한 경우 중 그 어떤 것에서도 이차적 대체가 일종의 고리대금업이 아니라 환자가 연구소 서비스 비용을 지불하도록 돕기 위해 병원이 확대한 일종의 특권이라는 점을 환자에게 설명하는 것이 가장 어렵다"는 점이 또한 혈액 대체에 대한 개인의 책임을 매우 강조하는 시스템이라는 맥락에서 병원이 "혈액 궁핍자blood indigents"의 필요를 충족시키려 한다는 명목으로 1대 1보다 비율을 높게 정하는 것도 환자들에게 정당화하기 매우 어렵다. 그래서 일부 병원은 매년 혈액 신용blood credits(선약 헌혈)의 지정된

---

23 *Hearing on S. 2560*(1967), p. 159.
24 *Hearing on S. 2560*(1967), pp. 21, 53, 92 and 97; *Hearing on S. 1945*(1967), pp. 10, 43, 80-81, 162 and 182-183; Mainwaring, R. L., "Blood banking economics", *Proceedings of the American Medical Association Conference on Blood and Blood Banking*(Chicago, 1964) and Wolf, R., Seattle Magazine, Vol. 5, No. 46(January 1968).

비율을 의도적으로 바꾸는 방법을 채택한다 — 모호한 상업적 절차이다.[25]

그리하여 개심술(또는 상당한 수혈을 요구하는 다른 많은 수술)을 받는 환자의 친척은 "책임 요금 헌혈자"처럼 최고 60파인트의 혈액(30년간 1년에 2회 헌혈하는 것과 같은 혈액 부채)을 제공하거나, 혈액에 대해서만 약 1,500달러에서 6,000달러에 달하는 요금을 지불해야 한다. 미국에서 일반적인 방법은 병원 또는 "환자의 가장 가까운 친척들에게 그들의 대체 책임"을 알리는 편지를 보내는 것이다."[26] 혈우병 환자의 친척들은 대체 찾기를 시작할 수조차 없다. 영국의 국영보건서비스하에서 무료로 치료받는 41명의 혈우병 환자들은 치아를 뽑기 위해 총 3,321단위의 혈액이 필요했다.[27]

다음 장에서 우리는 "책임 요금 헌혈자"가 "자발적" 헌혈자로 분류될 수 있는지 논의할 것이다. 문제는 메디케어 병원 보험 프로그램이 워싱턴에서 결정될 때 발생했다. 혈액은행 대표의 강력한 압력의 결과로 "혈액 공제blood deductible"가 법률 조항에 포함되었다. 그들은 만약 노인 환자들이 다른 사람들에게 대체하도록 설득하는 데 실패한 혈액에 대해 지불하지 않아도 된다면, 그들이 받은 혈액 또는 구성물을 대체할 어떤 인센티브도 가지지 않을 것이라 주장했다.[28]

---

25 Mason, C. C., and Kyler, W. S., "Cost analysis in blood banking", Chicago Blood Donor Services Inc.(Chicago, 1964), pp. 2-3.
26 Hemphill, B. M., "Blood for open heart surgery", *Transfusion*, Vol. 2, No. 2(March-April 1962).
27 Biggs and Macfarlane(eds, 1966), p. 159. 또한 15장도 보라.
28 예를 들어 *Executive Hearings before the Committee on Ways and Means*, House of

그래서 1968년 시행된 법률에 따라 노인 환자들은 1파인트당 1파인트를 기본으로 질병의 각 기간(또는 혜택 기간) 동안 받은 혈액의 각 첫 번째 3파인트(또는 포장된 적혈구)를 반드시 대체하거나 또는 지불해야 한다. 이러한 혈액 공제는 보충적 의료보험 프로그램에도 적용되는데, 모든 보장 비용과 20%의 공동보험co-insurance 에 매년 50달러의 공제가 추가된다.[29]

메디케어가 시작된 첫해(1967년 9월)에 메디케어 병원 허가를 받은 100만 명의 노인 중 약 3분의 1에게 거의 100만 단위의 혈액이 수혈되었다. 메디케어 환자 중 대략 2%가 메디케어 환자 전체에게 사용된 혈액의 절반 이상을 사용했다. 그 혈액의 단지 25% 정도만이 대체되었다.[30] 노인 환자들의 친척들과 친구들에게 헌혈을 강요하기 위한 재정적 인센티브는 매우 효과적이지는 않은 것으로 나타났다.

E 유형: 가족 신용 헌혈자

매년 헌혈자 본인과 그의 가족(피부양자와 결혼하지 않은 19세까지의 자식)이 돌려받을 1파인트의 예치 혈액을 헌혈한, 자격 있는 헌혈자들은 1년간의 혈액 필요에 대한 "보험insured"을 든 것이다. 이

Representatives, on HRI and Other Proposals for Medical Care of the Aged, 89th Congress, First Session, Part 2(1965), pp. 767-770을 보라. 비슷한 이유로 평균 청십자사Blue Cross 환자는 청십자사로부터 혈액 보상을 받지 않는다(*Hearings on S. 2560*(1964), p. 80).

29 *Your Medicare Handbook*, Social Security Administration, Department of Health (May 1968), p. 31.

30 미국 볼티모어의 사회보장실 건강보험국 정책표준과가 제공한 분석(1968년 10월).

러한 신용 계획credit plans 중의 일부는 양쪽 가족의 부모와 조부모를 포함하는 확장 담보extended coverage를 추가적으로 제공한다. 또 어떤 계획에서는 의학적으로 부적격인 사람들은 매년 10달러 또는 그 이상을 지불하거나, 그들의 이름으로 헌혈해줄 다른 자격 있는 헌혈자를 찾을 수 있다. 그러나 대부분의 계획은 등록된 날짜에 특정한 질병과 "질환"을 가지고 있는 사람들은 혈액 혜택에서 제외한다. 그 대신에 그들에게는 오랫동안 대기 기간을 부과한다. 일반적으로 제외되는 매우 긴 "나쁜 위험"의 목록도 있다. 예를 들어 악성종양, 혈우병, 혈액 질환, 수술이 요구되는 심혈관 질환, 선천성 장애, 활동 결핵, 무형성빈혈, 전년도에 수혈이 필요했던 질병이나 질환 등이다.

이러한 계획들은 "대체 헌혈자를 찾을 걱정"을 하는 사람들을 안심시켜준다고 이야기된다(예를 들어 시카고의 혈액대체계획 협동조합의 1966년 안내 책자에서). 그것들은 책임 요금 헌혈자의 경우와 같은 방식으로 채혈을 하는 미국적십자사, 청십자조합 혈액 프로그램Blue Cross Community Blood Program[피고용자 및 그 가족을 대상으로 한 건강보험 조합], 그리고 다른 채혈 기관들을 기반으로 하는 개인 또는 집단을 통해 조직되었다.

이러한 프로그램들에서 만들어진 것은 "좋은 남편-아버지"의 모델이다. "좋은" 혈액 제공자는 중산층이고, 청교도적이며, 검소하고, 가족 중심적이며, 보험을 들고 싶어 하는 사람이다.[31] 적용

---

31 "옛날에 곧 아버지가 될 사람이 있었다. 그는 평범한 아버지가 될 사람처럼 행동했으나, 상당한 영웅이 되었다." 이는 바로 "우리의 예비 아버지는 어머니와 아이를 위한 혈액 신용을 개설하는 선견지명을 가졌기 때문이

된 제재는 재정적 처벌(더 많은 대체 헌혈 또는 "진짜" 경제적 비용을 초과하여 책정된 비용의 형태)과 가족의 기능을 수행하지 못한 데 대한 수치심을 혼합한 것이다. 그러나 미국의 일부 지역에서는 돈으로 혈액을 대체한다고 해도 "어떠한 오점도 남지 않는다"고 한다.[32] 또한 많은 혈액 보험 시스템이 동일한 혈액 예치 또는 신용에 기초하여 구축되기도 했다. 그런 시스템은 일반적으로 고용주에 의해 조직되었다. 많은 계획에서 기본적으로 요구되는 헌혈은 전체 직원, 은퇴한 직원, 또는 회원 수의 20%의 연간 헌혈 단위 수에 가깝다.[33]

혈액 획득과 혈액 비용의 부과에 관한 이러한 비인격적 시스템은 전문적인 혈액 보험회사에서 대표적으로 찾아볼 수 있다. 혈액 정책은 처리 과정, 혈액 적합성 검사, 그리고 (수혈당 제한 금액까지) 관리 비용을 보험 계약자들에게 보증한다. 그리고 지정된 조건의 수혈을 보장한다.[34] 일부 계획에서 보험료는 혈액으로 지불된다(그러나 조지아 같은 어떤 주에서는 그렇지 않다).

가족 신용 유형의 헌혈자는 때때로 "혈액 대부자lenders of blood"로 기술된다. 그러나 이러한 "대출" 또는 예치, 신용은 매년 말에 종료된다. 일반적으로 여기에는 이자가 붙지 않는다. 이처럼 특

다"(Maternity Care Plan of the New York Blood Center, brochure(1966)).
32   Southwest Blood Banks Inc., brochure(1965).
33   예를 들어 애리조나주 스코츠데일Scottsdale 혈액서비스계획보험회사Blood Services Plan Insurance Co.(1966년)에서 만든 판매 문헌을 보라.
34   이전부터 존재해온 백혈병, 궤양, 암, 재생불량성빈혈, 혈우병, 수술이 필요한 선천성 심혈관 질환은 제외된다. 또한 사고를 제외한 다른 수혈은 90일간 대기한 경우도 있었다.

정한 시기를 정한 이유는 더 긴 신용 기간을 설정하면 시스템이 파산할 수 있기 때문이다. 인간의 혈액은 현금보다 빠르게 가치가 하락한다. 다른 말로 하면, 미국의 외과 서비스와 의료 서비스를 유지할 수 있도록 마련된 혈액은 충분치 않다. 또한 공동체 사이, 고용주 사이, 주 사이inter-state의 수혈 권리, 예치, 신용의 양도성 문제가 존재한다. 수많은 상이한 개인과 지속적으로 변화하는 계획이 존재하는 상황에서 양도를 실행하는 것은 명백하게 매우 어려운 일이다. 심지어 양도가 가능한 곳이라고 해도 많은 병원은 "서면 신용paper credits"을 받지 않거나 혈액의 직접적인 수송을 주장할 것이다. 이러한 이유 때문에 비행기, 트럭, 버스, 택시 그리고 다른 교통수단의 형태로 주 사이에서 상당한 양의 혈액 수송이 이루어진다.

보험료를 돈으로 지불하는 혈액 보험 정책 프로그램의 증가는 개인과 가족들의 책임을 약화시킨다는 이유로 심각한 공격을 받았다. 그것은 자발적인 헌혈의 정신을 파괴하고, 보수를 받는 전문적인 혈액 공급자의 혈액 사용을 장려함으로써 결국 미국에서 걱정스러울 정도의 혈액 부족 사태를 초래할 수 있을 것이다. 1967년 "많은 곳에서 병원이 그 보험 정책을 무시하고, 종종 2대 1 정책을 토대로 이미 사용한 혈액을 대체할 혈액을 요구하고 있다"라는 보고가 있었다.[35] 병원들이 보험회사와 보험 계약자들 사이의 어떠

---

[35] *Hearings on S. 1945*(1967), pp. 91-92. 또한 the American Medical Association, *Hearings on S. 2560*(1964), pp. 82-87 그리고 Adashek, E. P. "Blood assurance plans", *Proceedings of the American Medical Association on Blood and Blood Banking*(Chicago, 1964), p. 5의 진술을 보라.

한 협약에도 구속을 받지 않는다는 지적도 있다.

모든 압력과 제재, 벌금을 고려하면 가족 신용 유형의 헌혈자들이 자발적, 이타주의적 헌혈자로 분류될 수는 없다.

F 유형: 반강제적인 자발적 헌혈자

통제를 받거나 종속된 위치에 있는 헌혈자들은 헌혈을 하라고 부탁을 받거나, 요구를 받거나, 기대를 받는다. 그들은 만약 기부하지 않으면 자신들이 비난받거나 수치심을 느끼거나 또는 향후에 어떤 형태로든 불리한 영향을 받을 것이라고 믿을 수밖에 없는 상황에 있을 것이다. 기관 당국 또는 관련된 사회집단은 종종 제재와 보상이 혼합된 도덕적인 압력을 부과할 것이다. 후자는 아마도 현금, 비현금 급여, 또는 두 가지 모두의 형태를 취할 것이며, 때때로 (수감된 헌혈자들의 경우) 형기 감축의 형태를 취하기도 할 것이다.

상대적으로 말하면 이렇게 분류된 헌혈자들을 "자유로운 행위자free agents"라고 기술할 수는 없다. 비록 이러한 종속적인 위치에 있는 남성이나 여성에게 진짜 자발적인 (아니면 그럴 수도 있는) 의도가 있다고 해도 그들은 당국(군대 또는 감옥)에서 풀려나서 보상 없이 헌혈해야 자발적 공동체 헌혈자(H 유형)로 기술될 수 있을 것이다.

반강제적인 자발적 헌혈자Captive Voluntary Donors의 주요 집단은 군대, 감옥, 그 외 비슷한 기관에서 찾을 수 있다.

미국과 잉글랜드 두 곳에서, 비록 헌혈에 부과되는 처벌과 보상 및 상황에 따라 숫자와 비율은 크게 다르지만 죄수들은 헌혈을 한다(9장과 10장에서 두 나라의 반강제적인 자발적 헌혈자들의 숫자를 추정하려고 한다).

잉글랜드의 정책은 수감자(그리고 교도소 관리자)를 다른 공동체의 구성원과 같이 다루는 것이며, 만약 그들이 원한다면 자원할 기회를 제공하는 것이다. 공식적인 정책에 따르면 그들이 자발적으로 헌혈을 하는지 하지 않는지의 여부가 그들의 형량 또는 판결에 영향을 미치지 않는다. 여기에는 현금 또는 비현금의 구체적인 보상도 없다고 되어 있다. 하지만 수감자들 스스로가 이러한 사항을 어떻게 생각하는지는 알 수 없고, 연구가 없다면 알아낼 수도 없다.

미국에서는 비록 관련된 숫자로 판단해보면 수감자를 헌혈자로 사용하는 예가 널리 퍼져 있고 아마 점점 증가할 것으로 보이지만, 정책은 주와 기관에 따라 매우 다르다.[36] 형량 감축이 가석방 위원회에 의해서 고려되지 않을 것이라는 조건하에 일부 헌혈자들은 5달러 또는 그 이상을 받는다. 개럿 앨런 교수가 썼듯이 "그러나 비록 가석방 위원회의 부인과 부정에도 불구하고 확실히 이러한 종류의 것은 그들의 기록에 유리할 것이며, 수감자들은 이를 잘 인식할 것이다."[37]

---

[36] "전체 혈액에 대한 감옥 혈액"의 비율은 1946-1948년에는 0%였는데, 1949-1950년에 5%, 1959년 약 75%로 증가했다는 사실을 보여준 시카고대학병원 개럿 앨런J. Garrott Allen 교수의 연구(총 7만 혈액 단위 이상을 포함)를 보라. Allen, J. Garrott, "Post-transfusion hepatitis: a serious clinical problem", *California Medicine*, 104(April 1966), p. 293-299, and "The advantages of single transfusion", *Annals of Surgery*, Vol. 164, No. 3(1966).

[37] 개럿 앨런 교수와의 개인 교신(1966년 12월 20일).

캘리포니아에서 콘래드 J. P. Conrad 교수는 이렇게 보고했다.

…세 가지 등급의 인센티브가 작동하고 있다. 일부 헌혈자들은 1파인트에 4달러(현재 비율)를 받고 헌혈하며, 종종 그렇게 하도록 허용된다. 일부 헌혈자들은 혈액은행에 헌혈하며, 그에 따라 혈액은행 계좌에 그들의 기관을 위한 신용이 누적된다. 의심의 여지 없이 만약 그가 두 번째 범주에 따라 헌혈한다면, 공적인 정신을 가진 헌혈자에게 축적되는 어떤 효과가 있을 수 있으며, 그것은 그의 형기를 정할 때 고려될 수도 있다. 헌혈로 형기의 일부를 감형할 수 있다는 직접적인 조항은 없다. 더욱이 대량의 혈액을 요구하는 특별한 의학적 상황에 처한 환자들이 한 기관 또는 다른 기관에서 비정상적인 분량의 필요한 혈액을 제공하는 투지의 수혜자가 된 많은 사례가 있었다. 그러한 사례에서 혈액은 무료로 제공되었고, 환자는 그 기관의 일종의 피후견인으로 "채택"을 받았다.[38]

다른 주에서 공급은 선고의 경감을 위해 이루어진다. 예를 들어 매사추세츠주에서는 "교정 기관, 감옥 또는 교정 시설의 수감자의 투옥 기간이 30일 이상인 경우 그가 헌혈한 혈액 각 파인트당 5일의 형량이 경감"될 수 있는 법이 1965년 통과되었다.[39] 수감자들

---

[38] 캘리포니아 교정부 Department of Corrections, 연구과 Research Division 콘래드 교수와의 개인 교신.

[39] The Commonwealth of Massachusetts, Ch. 317, Section 129A (April 1965). 1966년 미국혈액은행협회 회장 드레스킨 박사에 따르면 "사우스캐롤라이

은 매 3개월마다 한 번 헌혈할 수 있도록 제한되고, 그렇게 얻은 형량의 경감은 "몰수당하지 않을 것이다". 그 법은 그렇게 헌혈된 혈액을 상업적으로 사용하거나 이윤을 위해 사용하는 것을 금지하였다.

그러나 많은 주에서 감옥에서 얻은 혈액은 상업적인 목적으로 사용되었다.[40] 첫 번째 혈장분획 프로그램이 캘리포니아 버클리의 커터제약회사Cutter Laboratories에 의해 감옥 시설에서 시작되었다.[41] 1966-1967년 조지아주에서는 조지아주 리즈빌 교도소Reidsville State Prison에 있는 수감자들로부터 혈액을 얻기 위한 권리를 둘러싸고 혈액을 구하는 한 지역 병원과 한 제약회사 간에 "정면 충돌"이 일어났다.[42] 1968년에는 혈장분획의 방법과 감옥 혈액에 대한 독점권을 위한 다른 상업적인 이익을 추구하는 제약회사에 의해 다양한 지역에서 "경매" 또는 입찰이 이루어졌다.[43]

그리하여 윤리적 원리의 관점에서 미국과 잉글랜드의 감옥의 헌혈자에 관한 공식적 정책에는 근본적 차이가 있다.

나와 미시시피는 만약 죄수가 헌혈하면 감옥 형기의 5일을 감면해준다"(*New York Times*, 29 October 1966).

[40] 헌혈의 결과로 지속된 반응과 사고에 대한 죄수를 관리하는 행정 당국의 법적 책임성의 문제는 *Transfusion*, Vol. 6, No. 6(November-December 1966), p. 614에서 논의된다.

[41] *Conference on Plasmapheresis*(1966), p. 48.

[42] Leger, R. R., *Wall Street Journal*(1 March 1967).

[43] 일리노이주 모턴 그로브의 국제 트레브놀 실험실의 마케팅 보조 직원인 포브스K. W. Forbes와의 개인 교신(1968년 12월 2일). 혈장분획의 임상 실습과 실험 연구는 미국에서 "자원한 남성 죄수들"과 "보수를 받은 남성 자원자"를 대상으로 IgG 항D에 이은 Rh(+) 세포의 투입이 포함되어 실행되었다(World Health Organisation, "Report on the clinical use of human anti-D IgG in the prevention of haemolytic disease of the newborn", IMM/Inf/Rh/66/1(1966)).

군인 헌혈자와 관련된 정책에도 특별한 차이가 존재한다. 유럽의 특정 국가와 구소련 연합에서는 군인 "자원자"들이 상당수 사용되었다(13장도 보라). 잉글랜드에서는 때때로 군인들에게 다른 사람들처럼 현금 또는 비현금의 보상 없이 헌혈할 조직화된 기회가 제공되었다. 물론 그들은 군대에 몸담고 있지 않았다면 틀림없이 자발적으로 참여하지는 않았을 것이다. 하지만 이것은 사회에서 완전하게 자발적인 행동을 정의하는 문제의 한 측면에 불과하다.

그러나 미국에서는 많은 군인이 다양한 방법으로 보상을 받는 것으로 보인다. 일부는 "즉석 헌혈자"처럼 대가를 받거나 공제를 받는 지역 혈액은행들의 자원봉사자가 되라고 요청을 받는다.[44] 일부는 추가 휴가를 받고, 다른 이들은 추가적인 음식을 받는다(스테이크가 그러한 유인 음식의 대표적인 것이라는 보고가 있다).

비록 일부는 특별히 병원에서 군대의 군인을 치료하거나 보호하기 위해 혈액이 필요할 때 강한 증여의 동기를 가지고 행동했을 수도 있지만, 다양한 정도의 압력과 제약을 받는 이런 유형의 반강제적 헌혈자들이 일반적으로 자유롭게, 자발적으로 행동한다고 말할 수는 없다.[45] 제약 조건하의 헌혈자(특히 미국 교도소의 신장 기

---

[44] 일부 공동체는 방위 기지가 다른 곳으로 이동하거나 폐지될 때 혈액 공급의 심각한 문제에 직면한다(Dreskin, E. A., "Blood deposit plans", *Proceedings of the Annual Meeting of the American Association of Blood Banks*, Los Angeles, October 1966).

[45] Butterfield, B., "Operation 'Open Heart': a military volunteer donor recruitment program", *Proceedings of the Eighth Congress of the International Society of Blood Transfusion, Tokyo*, 1960(1962), pp. 526-530; Allen, J. G., and Sayman, W. A., *Journal of the American Medical Association*, 180(1962), p. 1079 and Jennings(1966), p. 125.

증자) 사용과 관련된 윤리적 문제가 「의학적 진보에서의 윤리Ethics in Medical Progress」에서 자세히 논의되었다.[46] 우리는 다음 장에서 이러한 논의로 돌아갈 것이다.

"반강제적인 자발적 헌혈자"라는 개념에서 추가적인 요소는 "인종 관계"의 문제로 대표되는 권위와 복종의 질문과 연결되어 있다. 이것은 남아프리카공화국의 수혈 서비스에서 볼 수 있다. 나탈대학University of Natal의 현지 조사인 『헌혈: 더반시 반투 지역의 태도와 동기부여Blood donation: the attitudes and motivation of urban Bantu in Durban』는 그러한 사회의 자발적 행위자 개념에 대한 많은 문화적, 정치적 제약을 보여준다. (더반에서는 보수를 받는 헌혈자가 아닌) 반투족의 눈에 백인은 그들의 피를 가져가는 사람들이다. "관찰자들은 놀랍게도 많은 헌혈자가 헌혈의 이유를 완벽하게 이해한 것 같지 않았다고 반복적으로 기록하였다."

무지가 한 요인이었으며, 공포가 다른 요인이었다. 바늘에 대한 두려움, 혈액 손실에 대한 두려움, 그들의 일자리를 잃을 것이라는 두려움이 그것이었다.

> 그들은 나에게 헌혈하도록 강제하는 것을 좋지 않게 생각한다고 말했다. 그들은 과거에는 언제나 헌혈을 거부했지만, 올해는 알 수 없는 이유 때문에 여기에 강제로 오게 되었다. 나는 "강제되었다고 해도 헌혈할 준비가 되지 않았다면 왜 왔느냐?"라고 물었다. 그들은 직장을 잃을 수 있다는 두려움 때문

---

[46] Wolstenholme and O'Connor(1966).

에 와야 했다.⁴⁷

G 유형: 부가 혜택 자발적 헌혈자

(훈장이나 "감사" 카드를 제외한) 비현금 형태의 현물 보상의 전망으로 유혹당하거나 설득당한 자발적 헌혈자들이다. 가장 일반적인 형태는 유급휴가, 휴가 기간 연장, "집에서의 휴식", 다른 휴가 시설에서의 무료 휴가, 헌혈 후 무료 음식(의학적 인증이 필요 없는 철분, 비타민 보조제), (미국에서 혈장분획 헌혈자들을 위한) 무료 의료보호, (특히 구소련과 다른 동유럽 국가들에서) 우선적인 의료 상담과 병원 치료, (미국에서) 야구와 축구 무료 티켓 그리고 다른 형태의 상품과 급여이다.

이러한 많은 부가 혜택fringe benefits은 전체 헌혈의 절반 정도가 이러한 유형의 헌혈자[부가 혜택 자발적 헌혈자]이고, 절반이 보수를 받는 헌혈자(1965년 헌혈에 대한 보수의 평균 금액은 15-25루블 또는 17-28달러였다)라고 보고된 구소련에서 보편화되어 있다.⁴⁸ 부가 혜택 헌혈자들Fringe Benefit Donors은 또한 동유럽과 일부 서유럽, 미국, 일부 라틴아메리카와 아프리카의 국가들에서 상당한 숫자로 발견된다.⁴⁹

47　Watts, H. L., and Shearing, D. C., *Blood donation: the attitudes and motivation of urban Bantu in Durban*, Institute of Social Research, University of Natal(1966), pp. 46-49; 또한 14장도 보라.
48　Vaughn, J., "Blood transfusion in the USSR: notes on a short visit", *Transfusion*, No. 3(May-June 1967), pp. 212-229 and Wolstenholme and O'Connor(1966), pp. 31-32.
49　*Third Red Cross International Seminar on Blood Transfusion*, League of Red Cross Societies, Medico-Social Documentation No. 27(Geneva, 1966) and Miller, G. W.,

화폐 단위로 환산했을 때 "자발적 헌혈자들"을 위한 이러한 혜택의 일부는 미국과 구소련에서 지배적인 비율을 차지하는 현금으로 보수를 지불하는 것보다 더 가치가 있다. 부가 혜택에 대한 추가 정보와 사례는 13장에서 제시된다.

H 유형: 자발적 공동체 헌혈자

이러한 유형은 사회적 현실에서 "무료로 베푸는 인간적인 선물free human gift"이라는 추상적 개념에 가장 가깝다. 이러한 헌혈은 현금 또는 비현금 형태의 확실하고 즉각적인 보상의 부재, 재정적 또는 다른 종류의 제재의 부재, 그리고 헌혈이 나이, 성별, 의학적 상태, 소득, 계층, 종교, 민족 집단을 불문하고 익명의 낯선 사람을 위한 것이라는 헌혈자들의 인식이 중요한 특징이다.

물론 어떤 헌혈자 유형도 완전히 이익을 추구하지 않고 자발적인 이타주의의 특징을 갖는다고 말할 수는 없다. 분명히 혈액 선물에는 어떠한 목적이 있을 수밖에 없다. 그것은 아마도 자비로움에 대한 일부 조직화된 집단의 경쟁, 너무 젊거나, 늙거나, 또는 아픈 공동체의 동료 성원은 헌혈할 수 없다는 사실에 대한 지식, 그리고 언젠가 미래의 시간에 답례 선물return gift이 필요해지거나 그것을 받을 것이라는 어떤 기대나 보장(다른 사회에서 모스가 발견한 선물 교환의 사례처럼)일 것이다. 그럼에도 불구하고 익명의 낯선 사람에게 베푸는 무료 혈액 선물이라는 관점에서 여기에는 어떠

"International aspects of blood banking", Proceedings of the *American Medical Association Conference on Blood and Blood Banking*(Chicago, 1964).

한 형식적 계약, 법률도 없고, 권력, 지배, 제약, 또는 강요의 상황도 없으며, 수치심이나 죄책감, 감사에 대한 강요, 속죄할 필요, 금전, 그리고 보상 또는 답례 선물에 대한 확실한 보장이나 바람도 없다. 그것은 수치심 없이 선택을 실행하는 자유의지에 따른 행동이다.

실제로 영국의 모든 헌혈자와 다른 여러 유럽 국가의 일부 시스템의 헌혈자는 감옥이나 군대의 소수 헌혈자를 제외하면 이러한 유형에 속한다. 영국에서는 확실한 보상이 아주 적거나 부정적인 것이라고 할 수 있다. 다른 자원봉사자들(종종 헌혈하기 너무 늦은 사람들)이 제공하는 차 한 잔과 여행 경비의 보상이 있지만, 그러한 보상은 단지 헌혈자가 요구할 때에만 제공된다.

헌혈자 유형론을 시작하려는 이러한 시도에서 우리는 자발적 헌혈자라는 개념의 다양성과 A-B의 극단적 유형부터 H 유형에 이르기까지의 동기와 행동에 많은 단계적 차이가 존재한다는 사실을 알 수 있다. 나아가 현대사회의 선물 교환에 관한 비교 연구에서는, 특히 인간 혈액과 같은 극도로 감정적인 분야에서는, 사회적 반응의 유형은 또한 문화적, 도덕적 가치와 불가분하게 만들어지는 것으로 보인다.

수혈 기관의 구조가 서로 다르게 조직화된 상이한 사회에서의 헌혈하거나 헌혈하지 않으려는 동기의 표현에 관해 우리는 무엇을 알고 있는가? 간단하게 대답하자면, 깊이와 학문적 수준을 가진 연구가 거의 없기 때문에 우리가 알고 있는 것은 거의 없다. 그런 질문을 탐구하기 위해 행해진 시도는 다음 장에서 논의될 것이며, 우리는 또한 1967년 잉글랜드의 헌혈자와 그들의 특징, 동기에 관한 현지 조사의 결과를 분석할 것이다.

그러나 먼저 미국(9장), 잉글랜드와 웨일스(10장)의 헌혈자들의 사회적 특징에 관해 얻을 수 있는 유용한 정보가 무엇인지에서부터 시작해야만 한다.

9장
미국 헌혈자들의 특징

앞 장에서 우리는 헌혈자들의 유형을 구분하였다. 우리는 헌혈자나 공급자의 특성을 분류하기 위한 이러한 시도 속에서 돈이 수반되고 계약에 근거한, 또는 돈이 수반되지 않고 계약에 근거하지 않은 다양한 동기와 모집 체계의 근본이 되는 가치의 유형도 고려하였다.

우리는 이제 미국, 잉글랜드, 웨일스에 있는 헌혈자들의 실제 분포와 특성이 이러한 헌혈자 유형과 어떤 관련성을 가지는지를 검토할 것이다. 두 국가의 헌혈자들의 유형별 분포는 어떠할까? 우리는 먼저 미국 헌혈자들에 관하여 알려진 특징을 정리한 다음 이를 활용하여 특정 유형에 배정될 사람들의 숫자를 추계할 것이다.

미국: 국가의 상황

7장에서 다룬 이중 계산, 과소 및 과대 보고, 주州 간의 혈액 선적, 그 외 요인들을 고려하면서, 우리는 1965년부터 1967년 동안 국가의 연간 전체 채혈량에 해당하는 600만 단위를 근거로 유형의 분포를 추계할 것이다. 우리는 채혈량 수치에서 베트남을 포함한 도처의 자체적인 필요 때문에 국방부에서 수집한 혈액은 제외하였다. 또한 상업적 혈액은행과 제약회사에서 혈장분획 프로그램을 위하여 채혈한 혈액도 제외하였다(각각은 이 장 후반부에서 다룬다).

7장에서 제시한 근거에 기반해 살펴봤을 때, 혈장분획 프로그램을 제외한 상태에서 1961-1964년과 1967년 사이에 국가의 전체 채혈량에는 약간의 감소가 있는 것 같다. 그러나 인구, 연령 및 성 구조의 변화를 고려하면, 1961년과 1967년 사이에 (가중된) 미국 인구 1,000명당 채혈량이 감소했다는 사실이 더욱 명확하게 드러난다. 우리는 헌혈자들의 특성을 분석하기 위하여 헌혈자와 공급자에게서 확보한 600만 단위로 추계를 시작할 것이다.

전체 채혈량 중에서 293만 2,700단위는 1967년 6월 30일에 종료된 사업연도를 기준으로 미국적십자사가 채혈한 것이다.[1] 군인과 교도소 수감자에게서 채혈한 혈액은 각각 적십자사가 채혈한 전체 혈액량의 7.6%와 2.2%에 해당하였다. 8장에서 제시한 이유들 때문에 이들에게서 채혈한 혈액(총 28만 7,400단위)은 F 유형(반강제적인 자발적 헌혈자)에 배정할 것이다.

적십자사는 나머지(264만 5,300단위)에 대하여 "그들이 채혈한 혈

---

[1] 시민들의 활용을 위하여 수집된 자료(*Annual Report*, American National Red Cross, 1967).

액의 대부분은" 지역사회, 농장, 회사에서 제공하는 "일종의 보장계획assurance plan에 의한 것"2이라고 보고하였다. 다시 말해 대체(1대 1 혹은 그 이상에 해당하는 혈액이나 돈으로 대체하는 것), 책임, 혹은 가족 신용 예치 협정3을 포함하는 다양한 지역계획하에 있는 "조건부" 자발적 헌혈자들에 의하여 제공된 것이다. 여기서 우리가 "대부분"을 80%로 해석한다면 — 비록 그 수치가 더욱 높다는 근거가 있지만 — 211만 6,200단위를 D 유형(책임 요금 헌혈자)과 E 유형(가족 신용 헌혈자)에 배정해야 한다. 일부 헌혈자에게는 유인책으로 현금이 제공되었을 것으로 예상되지만, 통계가 없기 때문에 우리는 1%(21만 1,600단위)만 C 유형(보수에 유인된 자발적 헌혈자)에 배정할 것이다. 이렇게 되면 52만 9,100단위가 남는데, 이중 95%에 해당하는 50만 2,600단위는 H 유형(자발적 공동체 헌혈자)에, 5%에 해당하는 2만 6,500단위는 G 유형(부가 혜택 자발적 헌혈자)에 배정할 것이다. 아마도 이것은 보수적인 추계일 것이다. 일부 헌혈자는 조직화된 집단과 고용주로부터 휴가나 무료 식사 등을 받는 것으로 알려져 있는데, 1967년 모든 헌혈의 25.6%는 일터에서 이루어졌다.4

7장에서 명확히 밝힌 것처럼 상업적 혈액은행의 운영에 관한 세밀한 정보는 충분히 알려져 있지 않다. 공식적으로 공중 보건 당

2 미국적십자사 혈액 프로그램 의료 부책임자 크리스먼A. S. Chrisman 박사와의 개인 교신(1967년 1월 19일).
3 적십자사가 헌혈자에게 돈을 지불하는 것이 아니라 병원들이 채혈 및 운반과 관련된 요금("참가비")을 부담한다.
4 *Blood Center Operations 1967*, American National Red Cross.

국의 허가를 받은 상업적 혈액은행들은 1961년과 1964년 그리고 1967년 조사에서 그들의 채혈량을 보고하지 않았다. 지난 조사의 결과들이 분석되기 전에 미국의사협회는 상원 위원회에 보낸 자료에서 상업적 혈액은행들이 미국에서 사용되는 혈액의 약 20%를 공급한 것으로 추계하였다.[5] 채혈과 관련하여, 혈액은행 시스템에 속해 있는 다양한 부문에서 얼마나 폐기율에 차이가 나느냐에 따라 이 비율은 더 낮아질 수도, 높아질 수도 있다. (전반적인 맥락에서 볼 때 이 추계치는 혈장분획 프로그램에서의 혈장 채혈량은 제외한 것으로 판단된다.)

7장에서 보았듯이 1967년 조사에 대한 분석에 따르면 대규모 상업적 혈액은행이 미국 전역에 걸쳐 채혈한 혈액은 1964년과 1967년 사이에 119% 증가했다. 이러한 증가분 중 정보를 알 수 없는 것은 아마도 제약회사에 대한 판매 확대와 관련이 있다고 판단된다. 그러므로 모든 것을 감안할 때, 상업적 혈액은행의 대대적인 사업 확장이 진행되어왔던 것 같다. 그러나 20%란 추계치가 낮은 수치임이 틀림없다고 하더라도, 이 단계에서 우리는 분석을 위하여 이 수치를 받아들이기로 한다. 우리는 A 유형과 B 유형에 120만 단위를 배정해야 한다. 1966년에 뉴욕시에서는 상업적 혈액은행이 단독으로 약 10만 단위를 채혈하였다. 상업적 혈액은행에 헌혈한 사람들(정확한 비율은 모르지만 교도소 수감자들을 포함한다)은 모두 보수를 받았다.

600만 단위에서 적십자사와 상업적 혈액은행이 채혈한 혈액을

---

[5] *Hearings on S. 1945*(1967). p. 10.

빼면 186만 7,300단위가 남는다. 이 혈액량은 병원의 혈액은행과 지역사회 혈액은행이 공급한 것이다. (병원으로서 지역사회에 혈액을 제공할 수 있는) "병원 혈액은행"과 (병원에 혈액을 제공할 수 있는) "지역사회 혈액은행" 사이의 기능의 중복과 각 기관의 구성 요소에 대한 해석이 다양하기 때문에 이 두 부문의 기여도를 정확히 파악하기는 어렵다. 그러나 병원과 지역사회 혈액은행이 수집한 혈액량을 추정하기 위해서는 적십자와 상업적 혈액은행이 채혈한 혈액량을 확정한 후, 이를 뺀 나머지 혈액량에 어떤 추계된 비율을 적용해야 한다. 제닝스는 혈액은행 시스템에 대한 그의 분석에서 31%를 병원 혈액은행에, 19%를 지역사회 혈액은행에 적용하였다.[6] 우리는 남아 있는 186만 7,300단위에 이 비율을 적용한다.

그러므로 병원 혈액은행은 매년 115만 7,700단위를 채혈한다. 1957년에 병원에서 채혈한 혈액의 20%는 보수를 받는 헌혈자들(A 유형과 B 유형)로부터 얻은 것이다. 1957년과 1965-1967년 사이에 이 비율은 급격하게 증가한 것으로 보이는데, 1960년대에 많은 도시와 지역의 병원들은 훨씬 더 높은 비율을 보고했고 여기에는 교도소 수감자들도 포함되어 있었다.[7] 또한 병원에서 환자들에게 부과하는 혈액 단위당 평균 대체 요금도 크게 증가했는데, 이는 병원이 보수를 지불하고 조달한 혈액의 양이 더욱 많아졌다는 것을

---

6   Jennings(1966), pp. 39 and 42.
7   이것은 〈표 7.2〉에 제시되어 있는데, 1964년에 규모가 큰 병원 및 지역사회 혈액은행들은 헌혈한 사람들 중 보수를 받은 헌혈자의 비율은 50% 이상이었고, 1961년과 1967년 사이 채혈 등록자 증가율은 45%라고 보고하였다. 이 증가율은 적십자사의 등록자 증가율(18%)에 비해서 훨씬 높은 것이었다. 규모가 작은 병원과 지역사회 혈액은행의 등록자 수는 21% 감소하였다.

의미한다.[8] 그러므로 약간의 증가가 있었다고 가정한다면, 1965-1967년에는 25%(연간 28만 9,400단위)의 혈액이 보수를 받는 헌혈자들의 것이라고 추정할 수 있다.

나머지는 대부분 책임, 대체, 가족 신용 헌혈자(D 유형과 E 유형)에게 배정할 것이다.[9] 1965-1967년에 병원이 채혈한 혈액의 2%(2만 3,200단위) 정도는 H 유형(자발적 공동체 헌혈자)에 배정되어야 한다. 비슷한 비율이 F 유형(반강제적인 자발적 헌혈자)에 배정되는데, 이는 군인과 수감자가 헌혈한 것이다.

남아 있는 단위(70만 9,600)[10]는 다양한 종류의 지역사회 혈액은행이 채혈한 것이다. 이 기관들이 채혈한 혈액은 보수를 받는 헌혈자, 전문 헌혈자, 보수에 유인된 자발적 헌혈자, 반강제적인 자발적 헌혈자, 대체 및 가족 신용 헌혈자 그리고 자발적 공동체 헌혈자 등 그 원천이 다양하였다. 일부 이른바 "비영리 지역사회 혈액은행"은 지방 의사들이 통제했는데, 이들은 환자들에게 그들이 이용한 혈액을 파인트당 2파인트, 심지어는 3파인트로 대체하도록

---

[8] *Survey on Blood Bank Fees 1960*, American Association of Blood Banks, *Transfusion*, Vol. 4, No. 3(May-June 1964) and *Guide for Medical Society Committees on Blood*, American Medical Association, brochure(1966).

[9] 1957년에 조사된 모든 병원 중 81%는 대체 정책을 실시하였다(*The Nation's Blood Transfusion Facilities and Services*, Joint Blood Council(Washington, 1960), pp. 28 and 44). 1960년에 미국혈액은행협회에 보고한 모든 병원은 실제로 대체 정책을 실시하였다(앞의 각주 8을 보라).

[10] 이 수치는 미국혈액은행협회에 보고된 총계 및 다른 추계치에 비하면 더 적다. 이런 차이는 이 분석에서 "병원 혈액은행"의 것으로 분류된 많은 혈액이 여기서는 "지역사회 혈액은행"에 포함되었기 때문인 것 같다. 그러나 중요한 효과는 A 유형과 B 유형으로 분류되는 헌혈자의 비율이 더 적어지는 것이다.

요구했고, 일부는 적십자사의 신용을 받아들이는 것을 거부하였다.[11]

미국의사협회의 1964년 명부의 저자가 분석한 결과에 의하면 1964년 지역사회 혈액은행이 채혈한 혈액 가운데 35%는 구매한 것이었다(1967년 조사에서는 지불과 관련된 설문 문항이 제외되었다). 그래서 우리는 24만 8,400단위를 A 유형과 B 유형에 배정하기로 한다. 1964년과 1967년의 명부에는 헌혈자 유형과 관련된 더 이상의 분류는 없었다.

이용 가능한 모든 근거를 검토하고 나서, 우리는 나머지(46만 1,200단위)의 대부분은 다양한 대체, 가족 신용 그리고 보장 계획하에서 채혈되었다는 것을 알 수 있었다(적십자사와는 달리 군대에서 확보한 양은 더 적었다). 제닝스는 그의 분석에서 지역사회 혈액은행은 "일반적으로 자발적 헌혈자에게 동기를 부여할 수 없기 때문에 혈액 보험 또는 보장 계획에 의존한다"고 결론지었다.[12] 따라서 우리는 이 장과 7장, 8장에서 인용한 많은 출처에서 얻은 다른 정보를 고려하여, 5%는 H 유형(자발적 공동체 헌혈자)에, 2%는 F 유형(반강제적인 자발적 헌혈자) — (군인들 중) 일부는 보수를 받았다 —에, 58%는 D 유형과 E 유형(책임 요금 및 가족 신용 헌혈자)에 배정할 것이다.

1956년 이후 모든 조사 보고서에 수록되어 있던 통계량들을 표로 만들고, 이를 검토하고 비교하는 작업을 수개월 동안 수행했지

---

11 *Hearings on S. 2560*(1964). pp. 182-183.
12 Jennings(1966), p. 40.

만, 단지 "정보에 기반한 추정informed guesswork"이라고 평가될 수 있는 것들을 활용하여 만든 통계이기 때문에 부적절한 내용과 편차, 오류가 다양한 영역에서 존재한다. 전반적으로 우리는 보수를 받는 헌혈자들의 비율을 보수적으로 추계했다. 그러나 이러한 점들에 유의하면서 우리는 이제 이런 대략적인 수치들을 모두 합할 것이다(〈표 9.1〉을 보라).

〈표 9.1〉 미국에서 채혈한 혈액의 유형별 추계치(1965-1967년)(연간 수치)

유형	단위 수	백분율(%)
A 보수를 받는 헌혈자 B 전문 헌혈자	1,737,800	29
C 보수에 유인된 자발적 헌혈자	211,600	4
D 책임 요금 헌혈자[1] E 가족 신용 헌혈자[1]	3,138,000	52
F 반강제적인 자발적 헌혈자	324,800	5
G 부가 혜택 자발적 헌혈자	26,500	1
H 자발적 공동체 헌혈자[2]	561,300	9
총계	6,000,000	100

1. 많은 헌혈자가 혈액 보장 또는 혈액 보험 프로그램에 참가한다.
2. 만약 이 사실들이 알려진다면 일부 혈액 단위는 아마도 G 유형에 배정되어야 할 것이다.

이 표를 통하여 헌혈로 모인 모든 혈액의 약 3분의 1이 매매된 것임을 알 수 있다. (실제로 이 분석이 끝난 후에 한 대규모 제약회사는 연간 채혈량이 600만 단위라는 점에 근거하여 "3분의 1이 보수를 받는 헌혈자"에 의한 것이라고 추계하였다.)[13] 약 52%는 다양한 종류의 계약

13   국제 트래브놀 실험실과의 개인 교신(1968년 11월 5일).

과 연계된 "조건부" 헌혈자들이었는데, 여기서 계약은 주로 빌린 혈액을 혈액으로 갚는다는 것이었다. 또한 이 계약은 벌금이라는 수단을 통해 장려되거나 강제되었는데, 이런 종류의 헌혈자들 가운데 일부는 재정적인 혜택을 보았을 것이고, 일부는 혈액을 공급하기 위하여 다른 헌혈자들에게 보수를 지급해야 했을 것이다. 약 5%는 반강제적인 자발적 헌혈자(군인과 수감자)들이었다. 약 9%는 자발적 헌혈자의 개념에 어느 정도 부합했는데 이들은 헌혈을 낯선 사람에게 주는 선물로 생각하는 사람들이다.

모든 사회에는 많은 신화적 통념이 있고 미국도 예외가 아니다. 미국에 가장 깊게 뿌리박혀 있는 신화적 통념들 중 하나는 자발적 헌혈자가 헌혈자의 표준적 모습이며 대부분의 헌혈은 자발적으로 이루어진다는 것이다.

상업적 혈액은행들과 제약회사들이 운영하는 혈장분획 프로그램의 성장은 미국에서 안 그래도 상대적으로 덜 중요한 자발적 헌혈자들의 행동에 영향을 미쳤다. 이 장의 후반부에서 우리는 이런 프로그램을 운영하는 제약회사들과 다른 상업적 기관들에 대한 1968년의 조사 결과를 살펴볼 것이다. 이 결과는 연간 전체 헌혈량이 100만 단위 이상이라는 것을 분명하게 보여주는데, 이 양은 상업적 혈액제제(예를 들어 알부민, 감마글로불린, 피브리노겐, 제8인자, 제9인자, 피브린 용해소fibrinolysin)로 분리하기 위한 혈장 200만 단위와 비슷한 양이다. 이것은 모두 구매된 것이었다. 일부는 등록된 헌혈자 또는 준準급여 헌혈자quasi-salaried donors와 같은 전문 헌혈자들에게서, 일부는 즉석 헌혈자, 부정기적, 일시적 헌혈자들에게서 획득한 것이었다. 모두 합해 아마도 40만 명 정도의 개인들이 연간 총 200만 단위의 채혈에 기여하고 이에 대한 보수를 받는다.

우리는 이제 〈표 9.1〉에 있는 추계들을 모두 합할 것이다. 그 결과 연간 국가 전체 채혈량은 800만 단위까지 증가했고, A 유형과 B 유형의 합계는 373만 7,800단위로 증가했다. 보정된 비율은 〈표 9.2〉에 제시되어 있다.

〈표 9.2〉 미국 헌혈자 유형별 채혈량(혈장분획 프로그램 포함) 추계치(1965-1967년)

유형	백분율(%)
A 보수를 받는 헌혈자 B 전문 헌혈자	47
C 보수에 유인된 자발적 헌혈자	3
D 책임 요금 헌혈자 E 가족 신용 헌혈자	39
F 반강제적인 자발적 헌혈자	4
G 부가 혜택 자발적 헌혈자	
H 자발적 공동체 헌혈자	7
총계	100

연간 800만 단위를 기준으로 할 때 약 절반이 매매된 것이다. 자발적 공동체 헌혈자로부터 채혈된 혈액은 단지 7%뿐이다.

보수를 받고 헌혈한 혈장이 크게 증가한 것 외에도 우리는 확보한 이 모든 증거를 통하여 최근 미국에서 보수가 지급된 헌혈의 비율이 전반적으로 증가했다는 것을 알 수 있다. 혈액은행 분야의 대표들의 의견과 결론이라는 형식으로 제시된 일부 증거들은 이전 장들에서 이미 인용하였다. 1967년 상원 위원회에 제출된 보고서에 많은 내용이 요약되어 있다.[14]

10년 전 합동혈액협의회 조사에서는 미국의 헌혈량 중 보수가 지급된 헌혈의 비율을 전체적으로 약 14-17% 정도로 추계하였다.[15] 그러므로 〈표 9.1〉에 의거하면 이 비율은 두 배로 증가한 것 같고, 혈장 200만 단위의 헌혈을 포함한다면 세 배가 된 것 같다.

뉴욕시의 관련 추세에 대한 문헌에 의하면 뉴욕시에서 보수가 지급된 헌혈의 비율은 1952년에는 15%, 1956년에는 42%, 1966년에는 55%였다.[16] 자발적 공동체 헌혈자의 비율은 1956년 20%에서 1966년 약 1%로 감소하였다.

일부 남부 주들의 채혈에 대한 분석 결과를 보면, 1961년에 많은 양의 여분의 혈액(아마 어딘가로 양도되었을 것이다)이 존재했다는 사실을 알 수 있다. 이는 보수가 지급된 헌혈의 비율에 지역별로 큰 차이가 있음을 시사한다.[17]

---

14 *Hearings on S. 1945*(1967), pp. 10, 79, 81-83 and 84-85.
15 *The Nation's Blood Transfusion Facilities and Services*, Joint Blood Council(Washington, 1960), Table 16.
16 Mason, C., *Transfusion*, Vol. 4(1964), p. 404; *Human blood in New York City: a study of its procurement, distribution and utilisation*, New York Academy of Medicine, Committee on Public Health, New York Academy of Medicine(New York, 1958), p. 20. 켈너, 뉴욕 혈액센터(1966년 6월 8일, 개인 교신).
17 *The Nation's Blood Transfusion Facilities and Services*, Joint Blood Council(Washington, 1962)에서 인용.

	1961년에 수집된 전체 단위	지급된 비율(%)	수혈 단위 수
앨라배마	168,375	25	60,593
아칸소	39,579	51	30,398
조지아	160,338	8	98,803
켄터키	75,781	10	50,190
루이지애나	91,275	27	79,989
미시시피	35,227	30	33,379
사우스캐롤라이나	52,964	8	41,518
테네시	203,992	48[1]	86,528

1. 1963년 테네시주 녹스빌에서 수혈된 모든 혈액 단위의 절반가량은 구매된 것이었고 절반은 "조건부" 보장 계획을 통하여 확보된 것이었다(Burkhart, J. H., "The Knoxville Program", *Proceedings of the American Medical Association Conference on Blood and Blood Banking* (Chicago, 1964), p. 1.

    1964년에는 일부 가장 큰 도시들에서 보수가 지급된 헌혈의 비율이 어느 정도였는지 말해주는 추계치가 보고되었다(상업적 혈액은행과 제약회사의 혈장분획 프로그램 채혈량은 제외하였다).

	%	
보스턴(다섯 대학 병원)	28	(1964)[2]
시카고	60	(1964)[3]
댈러스	65	(1964)[3]
덴버	42	(1964)[3]
디트로이트	39	(1964)[3]
저지시티	92	(1964)[3]
캔자스시티	41	(1964)[3]
로스앤젤레스	29	(1964)[3]
멤피스	68	(1964)[3]
뉴욕	55	(1964)[4]
필라델피아	24	(1964)[3]
피츠버그	39	(1964)[3]
수혈원 (애리조나, 아칸소, 캘리포니아, 루이지애나, 미시시피, 몬태나, 네바다, 뉴멕시코, 노스다코타, 텍사스, 그리고 와이오밍에서 운영되는 지역 혈액은행 시스템)	70	(1964)[1]

1. Jennings(1966) p. 134.
2. Lund, C. C., "Medical Sponsorship and Supervision", *Proceedings of the American Medical Association Conference on Blood and Blood Banking*(Chicago, 1964), p. 6.
3. *American Medical Association Directory*(1965). 일부 상업적 혈액은행이 보고하지 않았기 때문에 이 수치들은 모두 축소된 것일 것이다.
4. 1963년 뉴욕의 주요 의료센터 네 곳에서 확보한 전체 혈액 중 50-70%는 보수를 받은 헌혈자와 상업적 원천으로부터 얻은 것이었다(*Hearings on S. 2560*(1964), p.100).

1961년과 1964년 그리고 1967년의 조사 결과 보고서에 자료가 존재하는 개별 도시들을 검토해보면, 7장의 〈표 7.3〉에 기술되어 있는 일반적 경향에도 불구하고 대규모 상업적 혈액은행들이 1964년과 1967년 사이에 여러 대도시에서 채혈한 전체 혈액량이 크게 증가했다는 점을 알 수 있다. 또한 그리 명확하지는 않지만, 1964년에는 병원과 지역사회 혈액은행들이 절반 이상의 헌혈자들에게 보수를 지급하고 있었음을 알 수 있다. 그러므로 아마도 이 12개 도시에서 보수가 지급된 헌혈의 비율은 1967년에 더욱 증가했을 것이다.

보수를 받은 헌혈자의 비율에 상당한 차이가 있지만, 우리는 일부 주와 도시들의 통계를 통하여 시카고와 뉴욕의 헌혈자들 유형이 일반적인 양태와 다르지 않다는 것을 알 수 있다.

미국 헌혈자들의 사회적 특성

이제 우리는 헌혈자 유형에 대한 이러한 광범위한 추계로부터 더 나아가 이들의 사회적, 인구학적 특성에 대한 구체적 정보를 파악하려고 한다. 우리에게 필요한 정보는 헌혈자의 연령, 성, 결혼 상태, 사회 계급, 소득 집단, 종교, 인종에 관한 것이다. 여러 부문에서 혈액 부족을 호소하고, 보수를 지급하지 않고 헌혈자를 모집하는 것에 대한 관심이 증가하고 있음에도 불구하고 이에 관한 정보는 매우 부족하다. 오직 소수의 연구만이 수행되었는데 이를 요약하면 다음과 같다.

미국적십자사 조사, 1964년 5월[18]

헌혈자 정보 카드 작성을 완료한 총인원수: 13,553		
		%
성별	남성(14%는 군인)	78
	여성	22
	무응답	1
	합계	100
연령	(성별 분류 정보 없음)	
	18–21	18
	22–29	22
	30–39	25
	40–49	22
	50–59	12
	무응답	1
	합계	100
처음 헌혈자		25
반복 헌혈자		74
무응답		1
합계		100

샌프란시스코 의학회의 어윈 기념 혈액은행Irwin Memorial Blood Bank of the San Francisco Medical Society, 1964년[19]

전체 조사 대상자는 (혈액은행 월간 채혈률과 비슷한) 5,581명이었

---

18 미국적십자사 혈액 프로그램의 의료 책임자 대행이 제공한 정보(1966년 9월).

19 London, P., and Hemphill, B. M., "The motivations of blood donors", *Transfusion*, Vol. 5, No. 6(November-December 1965).

다. 이들 중 8%(A 유형과 B 유형)는 보수를 받았고, 31%는 대체 헌혈자였고, 61%(D 유형과 E 유형)는 개인 또는 집단의 신용 헌혈자였다. 인센티브와 관련된 질문에서 현재 그리고 과거 헌혈자들 가운데 46%는 친구를 위한 대체 헌혈자라고 답하였고, 12%는 "돈이 필요했다"고 답하였다.

		%
성별	남성	80
	여성	20
연령	(성별 혹은 지위 분류 정보 없음)	
	25세 미만	28
	25-35	29
	35-45	25
	45세 초과	17
	합계	99
결혼 상태	미혼	33
	기혼	57
	이혼, 별거 그리고 사별	9
	합계	99
인종	백인	90
	흑인	6
	미국 원주민, 동양인 등	4
	합계	100
가구 소득(달러)	1,000	14
	3,000	13
	5,000	20
	7,000	19
	9,000	13

가구 소득(달러)	11,000	7
	13,000	3
	15,000 이상	5
	무응답	6
	합계	100
종교	천주교	32
	기독교	51
	유대교	3
	기타	2
	무교	10
	무응답	2
	합계	100
고용	직업 있음	82
	실업 상태이고 수입이 있는 일에 종사하고 있지 않음	18
	합계	100
처음 헌혈자		19
반복 헌혈자		81
합계		100

지역사회 혈액은행은 가능한 한 헌혈자들에게 보수를 지급하지 않으려고 하였다. 본 연구에서 92%는 "조건부" 신용 헌혈자에 해당하는 것으로 보인다. 개심술(1962년 혈액은행이 공급한 혈액은 약 780단위였다)의 경우 대체 헌혈자들의 활용은 심각한 곤란을 야기하였다.[20] 환자는 (20명 이상의) 많은 헌혈자를 모집하여 필요한 만

---

[20] Hemphill, B. M., "Blood for open-heart surgery", *Transfusion*, Vol. 2, No. 2(March-April 1962). 2년 후 미시건대학의 자연과학부Department of Natural Science, Michigan State University 해켈Hackel 교수는 "만약 보수를 받은 헌혈자들

큼의 혈액을 구해야 하는데 그 책임은 환자에게 있었다. 이를 포함하여 여러 문제들이 혈액은행으로 하여금 이러한 책임을 떠맡도록 강제하였다. 그 결과 혈청간염 감염의 위험에도 불구하고 보수를 받는 헌혈자들에게서 얻은 혈액의 비율은 더욱 증가하였다. 1956년부터 1961년 6월 사이에 심혈관 질환에 대처하기 위해 모집한 1만 7,160명의 헌혈자들 중 27.1%는 보수를 받았다.

개심술 때문에 생긴 이런 특별한 문제들을 제외하더라도, 보수를 받는 헌혈자 비율이 8%로 비교적 낮았다는 점에서 어윈 기념 혈액은행은 미국에 존재하는 전형적인 지역사회 혈액은행과는 그 모습이 달랐던 것 같다. 이미 1964년에 지역사회 혈액은행들은 혈액의 약 35%에 대하여 보수를 지급한 것으로 밝혀졌다.

1964년 표본조사의 저자들은 다음과 같이 결론지었다. 1960년의 미국 인구총조사 자료와 비교했을 때 헌혈자들은 더 젊었다. 백인의 비율은 "샌프란시스코를 적절하게 대표"하였고, 그들의 사회경제적 지위는 전체 인구 집단보다 다소 높았다. 노인과 어린이, 환자, 그 외 부적격자들은 헌혈을 할 수 없었다는 점을 명심하자. 특히 강력한 "조건부" 프로그램들이 중간 계층과 안정적 고용 상태에 있는 사람들을 위한 것이라는 점을 상기하면 이것은 놀랄 만한 일은 아니다.

이 아니었다면, 이런 중요한 수술 중 매우 적은 비율만 시행되었을 것이라고 생각한다"라는 의견을 제시하였다(*Hearings on S. 2560*(1964), p. 28).

애리조나 혈액원(1966년 6월 이전에는 "남서부 혈액은행Southwest Blood Banks"이었다)

이 비영리 기관은 12개 주에 지역사회 혈액은행을 설립하여 운영하면서 남서부 작은 마을의 소규모 병원들에 서비스를 제공하였는데, 1966년에 약 20만 단위의 혈액을 수집하였다. 이 기관은 미국 면적의 5분의 1에 해당하는 지역사회와 주민에게 서비스를 제공하며 1,400만 명에 대한 혈액 필요량을 충당하고 있다고 자임하였다.[21]

1958년 연구 1

12개 도시[22]의 헌혈자들에 대한 조사가 1주일 주기로 다섯 차례 실시되었다. 조사 참가자들은 전체 헌혈자의 10.3%에 해당하는 1만 2,759명이었다. 이들 중 76%는 보수를 받았고, 24%는 대체 헌혈자였다.

연령과 결혼 상태, 인종, 소득 그리고, 종교에 관한 자료가 수집되었다. 이 조사의 주요 목적 중 하나는 고용 상태를 규명하는 것이었다. 이 질문에 대한 결과는 〈표 9.3〉에 나와 있다.

---

[21] *Hearings on S. 1945*(1967), pp. 2-3.
[22] 1958년 2월, 4월, 6월, 8월 그리고 11월. 도시들은 애리조나주 피닉스, 뉴멕시코주 앨버커키, 텍사스주 엘패소, 휴스턴, 샌안토니오, 러벅, 할링전, 미시시피주 머리디언, 아칸소주 리틀록, 와이오밍주 샤이엔, 네바다주 리노, 루이지애나주 알렉산드리아였다(Korzekwa, M. T., Jordan, W. Q., and Alsever, J. B., "The blood donor: 1. Who are our blood donors?", *American Journal of Medical Science*, 240(1960), p. 36). 이 조사에 대한 비평은 London, P., *Hearings on S. 2560*(1964), pp. 222-224를 보라.

<표 9.3> 미국 애리조나 혈액원에 대한 조사 결과(1958년)

직업 및 소득 순위	직업군: 1950년 미국 인구총조사 때 8개 주에서 직업이 있는 것으로 조사된 사람1	직업군: 총헌혈자	보수를 받는 헌혈자 분포
	%	%	%
1. 전문직/기술직	7.8	5	4
2. 관리자, 임원, 사업체 소유자	9.0	2	1
3. 판매상	6.6	4	3
4. 기능공, 현장 감독관	12.0	21	21
5. 사무직원	9.4	3	2
6. 직공	14.2	14	15
7. 서비스직 종사자	11.2	10	11
8. 노동자인부	6.8	19	22
9. 농부	13.3	2	1
10. 농장 노동자인부	5.2	2	2
11. 군인2	–	14	14
12. 학생	–	2	2
13. 주부	–	2	2
14. 무응답	4.5	–	–
합계	100.0	100	100

1. 연평균 소득 근사치의 순서에 따라 매겨진 1 – 10순위 (Bureau of the census, US Dept. of Commerce, Statistical Abstract of the United States, 1958 edition, Tables 279 and 410).
2. 1957년 군인은 전체 노동인구의 약 4%에 해당하였다.

이 조사를 통하여 많은 중요한 결론을 내릴 수 있었다. 헌혈자들 중에는 직업 계층 및 소득수준이 낮은 사람들의 비율이 훨씬 높았다. 헌혈자들의 66%는 숙련 노동자, 직공, 서비스직 종사자,

노무자였다. 또한 14%는 군인이었다. 이들은 대부분 보수를 받았다. 샌프란시스코의 연구와는 달리, 고용 인구의 33%에 해당하는 중간 계층(1, 2, 3, 5 계층)은 헌혈자의 14%에 지나지 않았다.

이 조사는 또한 보수를 받는 헌혈자의 51%, 대체 헌혈자들의 11%는 실업자라는 점을 밝혀냈다. 두 집단에서 실업자들은 주로 노무자, 기능공, 직공, 서비스직 종사자에 해당하는 사람들이었다.

헌혈자들 가운데 남성 및 여성 군인의 비율(14%)은 1964년 적십자사 조사(11%)와 1967년 국가 적십자사 보고서에서의 수치(7.6%)보다 더욱 높았다. 일반적인 견해와는 달리 이들은 모두 보수를 받았다.

또한 이 조사는 처음으로 헌혈자와 반복 헌혈자에 대한 자료도 제공하였다. 전체 헌혈자의 약 12%는 "처음 헌혈자first-timers"였고, 88%는 반복 헌혈자였다. 반복 헌혈자들이 공급한 혈액 중에는 "장기" 헌혈자들'long-time' donors이 공급한 혈액의 비율이 매우 높았다 ― 이들은 이미 아홉 차례 넘게 헌혈하였으며, 대부분은 보수를 받았다. "이 결과"는 "전체 인구 집단 중 '자발적' 헌혈자의 비율은 꽤 낮다는 우리의 의견에 신빙성을 더해준다"라는 보고가 있었다. 또한 "많은 '신규' 대체 헌혈자는 대부분 다시 돌아오지 않는다. 이들은 사회적 압력 때문에 '강제적으로' 헌혈할 수밖에 없었던 '비자발적' 헌혈자들이다"라는 보고도 있었다. 이 조사 보고서는 헌혈 동기에 대한 설문도 분석하였는데, 이에 대해서는 나중에 언급할 것이다.

1965년 연구 2

1965년에 지역사회 혈액은행을 대상으로 비슷한 조사가 이루어졌는데 조사 대상자 수가 훨씬 많았다.[23] 전체 조사 대상자 수는 9개 주 16개 도시에 있는 헌혈자 3만 396명이었다.

		%
대체 헌혈자		19.5
보험 헌혈자		2.0
보수를 받는 헌혈자		78.5
합계		100
성별	남성	94
	여성	6
	합계	100
연령 (남녀 모두)	18–20	9.2
	21–25	17.8
	26–30	16.4
	31–35	15.1
	36–40	14.7
	41–45	12.1
	46–50	8.1
	51–55	4.8
	56–60	1.8
	합계	100.0
결혼 상태 (남녀 모두)	미혼	37
	기혼	56

[23] 애리조나 혈액원 의료 책임자 앨세버 J. B. Alsever 박사와의 개인 교신(1966년 8월).

결혼 상태 (남녀 모두)	이혼	6
	사별	1
	합계	100
교육 수준 (부분적으로 혹은 완전히 마친 경우 — 남녀 모두)	초등학교	19
	고등학교	57
	대학교	24
	합계	100
인종	백인	78
	흑인	8
인종	스페인계 미국인	12
	인도계 미국인	1.6
	동양인과 기타	0.4
	합계	100.0
헌혈자 수입 (가구 소득은 아님)	3,000달러 미만	39
	3,000–5,000달러	32
	5,000–10,000달러	23
	10,000–15,000달러	3
	15,000달러 초과	1
	정보 없음	2
	합계	100
처음 헌혈자		36
반복 헌혈자		64
합계		100

저자에게 제공된 직업에 대한 유일한 정보는 헌혈자들의 44%가 기능공과 노무자였다는 것이다. 헌혈자들 중 실업자 비율은 36%였다.

1958년부터 1965년 사이의 경제 발전을 고려하면, 1965년의 결과는 이전 조사 결과들을 거의 확증하는 것 같다. 헌혈자들의 대다수는 소득과 직업 계층이 낮았다. (대략 80%의) 헌혈자들은 보수를 받았고 실업자의 비율은 조금 더 낮았다. 여성의 비율이 단지 6%에 불과하다는 1965년 결과는 실업자의 비율과 관련하여 중요한 함의를 제공한다. 이것은 헌혈자들(특히 보수를 받는 헌혈자들) 중 실업자 집단이 차지하는 비율이 매우 높았다는 사실을 암시한다. 이 헌혈자들이 어떤 형태의 보험 혜택이나 공적 부조를 받았는지에 대해서는 알려진 바가 없다.

인종과 관련해서는 16개 도시 내 인구 집단의 인종에 대한 분석이 없는 상황에서 "백인"이 아닌 헌혈자의 비율(22%)을 결정하기가 쉽지 않다. 혈액에 대한 인종차별이 법으로 규정되어 있는 주(아칸소와 루이지애나)의 경우에는 더욱 복잡한 문제들이 존재한다. 루이지애나주의 경우 혈액이 어느 인종의 것인지 표시를 해야 하고, 의사가 어떤 인종의 혈액을 다른 인종의 환자에게 수혈할 때 환자의 동의를 받지 않는 것은 경범죄에 해당한다.

우리는 시카고의 일부 자료를 제시하고 나서 이 두 조사에 대한 논의를 더 진행할 것이다. 1965년 시카고 헌혈부Chicago Blood Donor Service는 애리조나 혈액원 조사와 비슷한 조사를 수행하였다.

시카고 헌혈부 조사

이 연구에서 조사한 헌혈자 표본은 1,689명이었다.[24] 우리는 아

---

[24] 시카고 헌혈부 의료 책임자 코이 메이슨Coye C. Mason 박사와의 개인 교신 (1966년 8월, 시카고).

래에 1965년 혈액원 조사와 똑같은 순서로 결과를 기술할 것이다. 이용 가능한 자료가 있는 적절한 경우에는 1960년 인구총조사의 시카고시 총인구에 대한 통계를 이러한 결과에 삽입할 것이다.[25]

		%	1960년도 인구 총조사(%)
대체 헌혈자		8.5	
보험 헌혈자(집단 헌혈자 포함)		1.1	
보수를 받는 헌혈자		90.3	
합계		99.9	
성별	남성	93.7	48.6
	여성	6.3	51.4
	합계	100.0	100.0
연령 (남녀 모두)	18–20세	9.2	6.3
	21–25세	17.8	11.4
	26–30세	16.4	11.5
	31–35세	15.1	12.1
	36–40세	14.7	12.6
	41–45세	12.1	12.4
	46–50세	8.1	12.3
	51–55세	4.8	11.1
	56–60세	1.8	10.3
	합계	100.0	100.0
결혼 상태 (남녀 모두)			14세 이상
	미혼	43.4	24.0
	기혼("별거"포함)	49.2	63.1

25 US Censuses of Population and Housing 1960, Final Report PHC(1)-26 (Chicago, Illinois, Standard Metropolitan Statistical Area) and *Statistical Abstract of the USA 1965*.

		%	1960년도 인구 총조사(%)
결혼 상태 (남녀 모두)	이혼	6.0	3.4
	사별	1.2	9.5
	합계	99.8	100.0
교육 수준 (부분적으로 혹은 완전히 마친 경우 — 남녀 모두)	초등학교	5.5	
	고등학교	75.8	
	대학교	18.8	
	합계	100.1	
인종 (남녀 모두)			모든 남성[26]
	백인	67.8	76.7
	흑인	30.2	22.5
	스페인계 미국인	0.5	
	인도계 미국인	1.1	0.8
	동양인과 기타	0.4	
	합계	100.2	100.0
헌혈자 수입 (가구 소득은 아님)			20–64세 남성
	3,000달러 미만	30.7	14.4[27]
	3,000–5,000달러	45.8	22.2
	5,000–10,000달러	21.1	52.0
	10,000–15,000달러	2.2	11.4
	15,000달러 초과	0.4	
	합계	100.2	100.0
직업 (남녀 모두)			고용 상태의 남성 시민*
	전문직, 기술직, 이와 동류	4.4	8.8
	관리자, 임원, 사업체 소유자	1.2	7.8

직업 (남녀 모두)	사무직, 이와 동류	5.9	10.5
	판매업 종사자	3.9	6.4
	서비스 종사자	13.8	8.7
직업 (남녀 모두)	군인	5.3	0.2
	기능공, 현장 감독관, 이와 동류	16.2	19.3
	직공, 이와 동류	17.0	22.0
	인부	29.1	6.9
	주부	1.3	–
	학생	2.1	
	기타 및 무응답		9.4
	합계	100.2	100.0
			전체 남성 시민 노동자**
고용 상태 (남녀 모두)	직업 있음	59.4	94.8
	실업 상태	40.6	5.2
	합계	100.0	100.0
처음 헌혈자		88.0	
반복 헌혈자		12.0	
합계		100.0	

* 군인은 포함했지만 실업자, 학생, 퇴직자는 제외하였음.
** 군인은 포함했지만 학생과 퇴직자는 제외하였음.

26   1960년에 20-59세의 유색인종 비율은 약 21.9%였다(US Census of Population and Housing 1960, Chicago, Illinois, SMSA).
27   1965년에 시카고 도심 지역의 모든 가족과 거주민의 15%는 소득이 3,000달러 미만이었다. 백인은 12%, 비非백인은 29%가 그러했다(Table 1, Current Population Reports, Series P-60, No. 53(December 1967), Consumer Income, US Department of Commerce, Bureau of the Census).

다섯 가지 조사 결과와 주별, 도시별 그리고 국가적 차원의 인구총조사의 관련 통계를 비교하면 대략 다음과 같은 결론이 도출된다.

성

헌혈자들의 대다수는 남성이고 이 비율은 미국적십자사 조사의 78%에서 시카고 조사의 94% 사이에 위치한다.

연령

전체 헌혈자의 40-45% 정도는 30세 미만이다. 그러므로 헌혈자들은 전체 인구 집단에 비해서 더 젊다. 이러한 결과가 나온 한 이유는 헌혈자에 대한 연령 제한 때문이다. 또 다른 이유는 군인과 유색인종의 숫자가 비정상적으로 많다는 것이다.

결혼 상태

전체 인구 집단과 비교할 때 헌혈자들 중 미혼의 비율은 높고, 배우자가 있는 사람들의 비율은 낮다. 이것은 성비와 군인 헌혈자의 비율을 고려하면 어느 정도 맥이 통한다. 그러나 다른 이유들도 존재하는데 이에 대해서는 나중에 다시 언급할 것이다. 이혼자의 비율은 전체 인구 집단보다 조금 더 높다.

헌혈자 유형

미국적십자사 조사 결과를 제외하면 보수를 받는 헌혈자(A 유형과 B 유형)의 비율은 샌프란시스코 조사에서의 8%에서 시카고 조사에서의 90% 사이였다. 네 가지 조사에 포함된 다른 유형의 헌혈자는 책임 요금 헌혈자와 신용 헌혈자(D 유형과 E 유형)였다. 자발적 공동체 헌혈자는 미국적십자사 조사에서만 확인되었다.

직업

혈액원 조사와 시카고 조사에서는 전문직 계층 및 중간 계층의 비율이 전체 인구 집단에 비해서 매우 낮았다. 샌프란시스코 조사는 대다수의 헌혈자가 샌프란시스코의 전체 인구 집단에 비해서 사회경제적 지위가 다소 높다는 사실을 밝혔는데, 이런 결과가 나온 이유는 헌혈자의 92%가 중간 계층 및 안정적 고용 상태에 있는 사람들의 많은 관심을 끄는 프로그램의 "조건부" 헌혈자였거나 신용 헌혈자였기 때문이다. 샌프란시스코 지역사회 혈액은행은 이 점(그리고 보수를 받는 헌혈자의 비율이 낮다는 점)에서 전반적인 지역사회 혈액은행들 또는 미국 대도시들의 헌혈자 유형과는 차이를 보인다.

혈액원 조사와 시카고 조사는 대다수 헌혈자가 (취업 상태와 무관하게) 육체노동자라는 점을 밝혔는데, 특히 노무자, 임시 노동자, 반#숙련 직공이 많았다. 이 계층들의 비율은 전체적으로 미국의 직업별 노동자 비율보다 더 높았다.

실업

네 가지 연구(미국적십자사 조사에서는 고용에 대한 자료가 수집되지 않았다)에서 실업자(그리고 특히 젊은 실업자)의 비율은 전체 인구 집단에 비해서 매우 높았다. 샌프란시스코 조사의 경우에는 18%,

1958년 혈액원 조사에서는 51%(보수를 받는 헌혈자)와 11%(대체 헌혈자), 1956년 혈액원 조사에서는 전체 헌혈자의 36%, 시카고 조사에서는 41%가 실업자였다. 1958년부터 1963년 사이 미국에서 농업이 아닌 산업 영역의 14세 이상 남성의 실업률은 5.4%에서 7.1%였다.[28]

소득

혈액원 조사와 시카고 조사의 경우에 "빈곤 기준선" 이하의 개인 소득, 가구 소득에 해당하는 헌혈자의 비율은 미국의 전체 인구 집단에 비해서 매우 높았다. 이 조사들에서 헌혈자들은 대체로 생산직 노동자의 평균 임금에 훨씬 못 미치는 소득 기준에서 생활하고 있었고, 빈곤한 헌혈자의 비율이 매우 높았다.

처음 헌혈자

신규 헌혈자 또는 처음 헌혈자의 비율은 미국적십자사 조사에서는 25%, 샌프란시스코 조사에서는 19%, 혈액원 조사에서는 12%(1958년)와 36%(1965년), 시카고 조사에서는 12%였다. 이 비율은 잉글랜드와 웨일스의 경우보다는 낮은 것이다. (물론 많은 다른 설명이 존재하지만) 이것은 (적십자사를 제외한) 미국의 모든 혈액은 행이 보수를 받는 헌혈자들에게 더 많이 "의존하기" 때문인 것 같다. 그러므로 다량의 수혈을 요하는 개심술 등의 수술이 필요할 때

---

[28] *Manpower Report to the President*, US Department of Labor(Washington, 1964), Tables A-8 to A-11.

환자의 가족이 선불 또는 대체에 근거하여 혈액을 제공할 수 없거나 제공하지 않으려고 하는 경우, 보수를 받는 헌혈자들은 집중적인 요청을 받는다.[29] 11장에서 우리는 자신의 이름을 등록해놓고 [헌혈 요청이 오면] 보수를 받는 "콜 인call-in" 헌혈자들의 혈액을 이용할 경우 혈청간염의 위험도가 증가한다는 내용을 다룰 것이다.

인종

시카고 조사에서는 흑인과 기타 유색인종의 비율이 시카고 전체 인구 집단에 비해서 훨씬 높았다. 이러한 결과는 1965년 혈액원 조사에서도 보고되었는데 지역사회 혈액은행의 도움을 받아야 할 사람들을 정의하는 것이 어렵기 때문에 여기서 어떤 결론을 내리기는 쉽지 않다. 샌프란시스코 연구의 저자들은 헌혈자들 중 백인의 비율이 "샌프란시스코를 적절하게 대표한다"고 보고하였다.

이런 결론들은 전체 미국 사회에 어느 정도로 적용될 수 있는가? 소수의 분산된 연구 결과에서 일반적인 결론을 내리는 것은 어렵지만, 성, 소득수준, 고용 상태 그리고 인종과 관련된 결과들은 이 장과 이전 장들에서 제시된 다른 사실들과 일치하거나 이를 확증한다. 특히 자신의 헌혈을 낯선 사람에게 주는 선물이라고 생각하는 자발적 헌혈자들의 헌혈은 미국의 전체 헌혈의 약 7%밖에 안 된다는 사실이 밝혀졌다. 1964년 미국혈액은행협회의 직전 회장이었던 메인워링 박사는 "순전히 자발적 헌혈자들에 의지하여

---

[29] Adashek, E. P. and W. H., "The incidence of hepatitis in open-heart surgery where massive blood transfusions are used", *Proceedings of the Ninth International Congress of the Society of Blood Transfusion, Mexico, 1962*(1964), pp. 631-637.

혈액 프로그램을 운영할 수 있는 지역사회는 드물다"고 하였다.³⁰

혈액 보장 프로그램에 속해 있는 헌혈자("조건부" 헌혈자)가 헌혈로 모인 전체 혈액의 39%를 공급하였는데, 이들은 안정된 고용 상태에 있으며 대부분 남성인 것으로 판단된다. 이런 프로그램들은 노동조합에 소속된 숙련 노동자들에게 크게 의존하는 것 같다. 행정자치부Department of Community Services에서 수행한 연구에서는 적십자사가 노동조합 조합원들로부터 수집한 전체 혈액의 적어도 35%는 대규모 공장과 산업 시설에서 조직된 프로그램의 결과라고 보고하였다.³¹ 만약 이 사실들이 알려졌다면, 일부 헌혈자들은 아마도 부가 혜택 자발적 헌혈자(유형 G)로, 일부는 보수에 유인된 자발적 헌혈자(유형 C)로 분류되었을 것이다.

이 연구는 또한 헌혈된 모든 혈액 및 혈장 — 연간 약 375만 건 — 의 약 절반은 보수를 받고 얻은 것이라고 보고하였다. 이에 대한 모든 자료를 검토하면 일반적인 특성을 도출할 수 있는데, 이들의 대다수는 남성이고, 미숙련 또는 반숙련 노동자이며, 소득이 낮거나 실업 상태에 있는 이민자였다. 특히 대도시들과 남서부 주들에서는 흑인이 대부분을 차지한 것 같다. 1968년 뉴욕의 상업적 혈액은행이 저자에게 보낸 보고서는 다음과 같은 내용을 담고 있다.

> 우리 혈액은행에 등록된 헌혈자는 약 4,000명인데 이들은 매년 약 1만 8,000단위의 전혈을 헌혈한다. 이들에게는 각각 평

---

[30] Mainwaring, R. L., "Blood banking economics", *Proceedings of the American Medical Association Conference on Blood and Blood Banking*(Chicago, 1964), p. 3.
[31] 지역사회 서비스부 책임자 펄리스L. Perlis와의 개인 교신(1966년 11월 30일).

균 6달러가 지급되는데 Rh 음성 헌혈자들은 더 많은 돈을 받는다.

헌혈자의 95-96%는 남성인데 이들 중 75%가 흑인이다.

연간 2만 2,000단위의 혈액을 수집하는 마이애미의 한 상업적 혈액은행은 저자에게 헌혈자의 3분의 2는 남성이고 75%는 소득 계층이 낮은 사람이라고 보고하였다. 뉴저지주 뉴어크Newark의 또 다른 상업적 혈액은행에서는 1968년 한 해 동안 1만 2,860건의 헌혈이 이루어졌는데, 헌혈자의 85%는 평균 연령 28세의 남성과 흑인으로 주로 소득 계층이 낮은 시간제 노동자였으며 건설업계 노동자도 많았다고 보고하였다.

저자는 모두 합쳐 36만 6,000단위의 혈액을 수집한 많은 상업적 혈액은행(일부는 제약회사가 운영하였다)으로부터 1968년의 통계를 받았다. 연령, 성, 결혼 상태 및 기타 특성들에 관한 상세한 통계를 보유한 곳은 거의 없었지만, 많은 곳에서 위에서 인용한 것과 비슷한 맥락의 자료를 제공하였다.

(교도소 수감자, 군인, 대학생을 제외한) 보수를 받는 헌혈자들은 대부분 다음의 세 범주에 속하는 것으로 보인다.

- 수가에 기반해서 또는 일종의 월급제 형태로 운영되는 프로그램을 통하여 보수를 받는 사람(전문 헌혈자). 혈액은행에 등록하고 주기적으로 헌혈하는 사람들이다. 여기에 속하는 헌혈자들은 거의 혈장분획 프로그램에 참여하는 사람들이다.

- "콜 인" 헌혈자. 예를 들어 일종의 등록자로서 5-15달러 또는 그 이상의 수가에 따라 돈을 받고, 요청이 오면 헌혈하는 사람들(아마도 이들은 덜 흔한 혈액형을 가진 사람들일 것이다).

- "즉석" 헌혈자. 혈액 부족 정도 및 여타 시장이나 지역 상황에 따라 5달러 또는 그 이상을 받는 사람들로서 광고를 통하여 모집된 사람들이다.

상업적 혈액은행들은 보통 (적어도 뉴욕에서는) 오전 7시 30분부터 자정까지 운영되는데, 많은 경우 흑인 및 소수집단 밀집 지역에 위치한 덕분에 "방문 헌혈자"를 더 잘 모을 수 있다. 1966년 자선병원들과 민간 병원들은 "뉴욕시의 31개 혈액 구매 상점에서 사회 밑바닥 혈액Skid Row blood"을 10만 파인트 구입했다.[32] 이 기관들은 파인트당 35달러 이상을 지불하였다. 1964년에 수행한 미국 의사협회의 조사에 따르면 뉴욕의 모든 혈액 공급원으로부터 수집된 총 혈액량은 23만 2,201단위였다.[33]

이와 관련하여 언론 특유의 전형적인 기사가 1963년에 나왔다.

게슴츠레한 눈을 가진 멍한 표정의 한 남자가 떨리는 손에 들려 있는 종잇조각으로 주소를 확인하면서 마을의 어느 산업단지에 있는 한 건물 안으로 발을 질질 끌며 들어갔다. 황량한

---

[32] Report by the New York Council for Civic Affairs, *Daily News*(1 August 1967).
[33] *Directory of Blood Banking and Transfusion Facilities and Services 1965*, American Medical Association.

3층 사무실에서 그는 자기와 비슷한 다른 부랑자들과 합류하였다. 한 명의 안내원이 이들을 한 명씩 호출한 후, 몇 가지 간단한 질문을 하고 나서 안에 있는 방으로 들어가도록 하였다. 여기는 싸구려 여인숙이 아니다. 여기는 지친 노숙자들을 위한 직업소개소나 사회 서비스 부서도 아니다. 이곳은 헌혈 센터이다.[34]

시카고, 시애틀, 조지아, 클리블랜드, 보스턴, 마이애미, 디트로이트, 신시내티, 로스앤젤레스, 샌프란시스코, 워싱턴, 볼티모어, 필라델피아, 뉴저지, 캔자스시티 그리고 뉴욕을 포함한 많은 도시에 있는 상업적 혈액은행에 대하여 비슷한 이야기들이 나왔다.

그러나 이런 이야기의 대부분은 예리한 눈을 가진 신문기자들로부터 나온 것이 아니라 혈청간염 문제를 걱정하는 의사들로부터 나왔다. 11장에서 우리는 이 문제에 대하여 더 자세하게 논의할 것이다. 이와 관련된 유명한 관계자들 중에는 스탠퍼드 의학전문대학원의 개럿 앨런 교수가 있는데, 그는 1966년 미국외과학회 American Surgical Association의 한 회의에서 그의 논문 중 한 편을 인용하여 다음과 같이 주장하였다.

특정 헌혈자 집단들에게서 채혈한 혈액은 그 외 다른 집단들에게서 수집한 혈액보다 황달을 동반한 간염을 더욱 많이 일

---

[34] David, L., *Science and Mechanics*(November 1963), presented to Senate Committee, *Hearings on S. 2560*(1964), p. 165.

으킨다. 헌혈자가 수감자인 경우 — 이들은 다양한 형태의 밑바닥 생활을 하였다 — 이들로부터 단일 수혈을 받은 환자들 중에서 황달을 동반한 혈청간염이 발생할 확률은 자발적 헌혈자, 가족 또는 친구로부터 수혈을 받았을 때의 10배에 이른다. 이런 놀라운 차이는 수감 생활을 하고 있는 헌혈자들에게서 수집한 피를 복합 수혈하는 경우에도 발견되었고, 다른 여러 사람들도 이를 확인해주었다.[35]

다른 신문에서 앨런 교수는 다음과 같이 썼다.

보수를 받는 헌혈자들은 종종 사회 밑바닥에서 은둔하는 사람들이며 이런 사람들은 약물 자가 투여를 위하여 소독되지 않은 바늘이나 주사기를 공동으로 이용하는 행태를 자주 즐기는 것으로 알려져 있다. … 또한 이들은 불결한 행동을 많이 하는데, 이런 행동들 때문에 전염성간염에 지속적으로 노출된다. 다른 요인은 알코올중독인데, 일반 인구 집단보다 이런 집단에서 알코올중독자의 비율이 더 높게 나타나며, 이런 사람들은 전염성간염이나 혈청간염에 초기 감염될 확률이 더 높다.[36]

---

[35] Allen, J. G., "The advantages of the single transfusion", *Annals of Surgery*, Vol. 164, No. 3(September 1966), p. 476.

[36] Allen, J. G., "Immunization against serum hepatitis from blood transfusion", *Annals of Surgery*, Vol. 164, No. 4(October 1966), p. 752.

혈액 구매는 알코올중독자 및 기타 사회적 낙오자들의 주의를 끌 수밖에 없는데, 이들은 혈액은행에 자주 올 뿐만 아니라 "황달, 말라리아, 다른 전염병 및 과민 반응에 관한 질문에 '그렇다'라고 답하면 보수를 받을 수 없다"는 사실을 알고 있다. 이런 사실은 여타 관계자들의 주목을 받아왔다.[37] 마약중독자들은 헌혈을 자주 하는 것으로 알려져 있다.[38]

이런 헌혈자들은 여러 많은 신문에서 마약중독자narcotics, 마약상용자dope addicts, 거짓말쟁이liars, 타락자degenerates, 낙오된 실업자unemployed derelicts, 감옥의 마약 이용자prison narcotic users, 부랑자bums, 주체성이 없는 사람the faceless, 영양 결핍의 불결한 사람the undernourished and unwashed, 마약 밀매자junkies, 사기꾼hustler 그리고 술에 빠진 헌혈자ooze for-booze donors와 같이 다양하게 묘사되었다.[39] 이들 중 많은 사람이 가명과 가짜 주소를 사용하여

---

[37] Hoxworth, P. I., and Haesler, W. E., "Serum hepatitis in transfusion", *Proceedings of the Eighth International Congress on Blood Transfusion, Tokyo, 1960*(1962), p. 498.

[38] *Hepatitis Surveillance*, National Communicable Disease Center, Report 27(30 September 1967), US Public Health Service(30 September 1967), pp. 28-35.

[39] Adashek, E. P. and W. H., *Archives of Surgery*, Vol. 87, No. 5(1963), p. 792; Allen, J. G., and Sayman, W. A., *Journal of the American Medical Association*, 108(1962), p. 1079; Carroll, R. T., *Transfusion*, Vol. 3(1963), p. 191; Dougherty, W. J., *Weekly Report, US Department of Health, Education and Welfare*, No. 16(1967), p. 170; Dull, H. B., *Journal of the American Medical Association*, 176(1961), p. 413; Fitch, D. R., *et al.*, *American Journal of Clinical Pathology*, 25(1955), p. 158; Hemphill, B. M., "The national clearing house program of the American Association of Blood Banks", *Proceedings of the American Medical Association Conference on Blood and Blood Banking*(Chicago, 1964), p. 2; Hoxworth, P. I., *et al.*, *Surgery in Gynecology and Obstetrics*, 109(1959), p. 38; Kellner, A., New York Blood Center(personal communication, 6 March 1967); Kunin, C. M., *American Journal of Medical Science*, 237(1959), p. 293; Leger, R. R., *Wall Street Journal*(1 March 1967); Malootian, I.,

혈액을 여러 혈액은행에 팔고, 암시장에서 사회보장 카드를 25센트를 주고 불법적으로 빌린 다음 혈액은행에서 신분증으로 사용하는 것으로 알려져 있다. 11장에서 우리는 이런 인구 집단들로부터 공급되는 혈액이 수혈을 받는 사람들에 미치는 효과를 검토할 것이다.

혈장분획 프로그램이 크게 확장됨에 따라 주기적이고 반복적으로 헌혈하는 사람들의 건강 문제가 중요한 공중 보건 쟁점으로 대두하였다. 1966년 혈장분획 프로그램 당국자들은 회의에서 헌혈자들이 마주하는 건강상의 위험을 다음과 같이 논의하였다. 여기에 포함되는 위험은 철결핍성빈혈의 악화, 반복적인 정맥 천자venipuncture 부위에 발생하는 국소적 정맥혈전증, 문제 있는 적혈구를 다시 수혈받는 헌혈자들, 헤모글로빈 수치를 평가하는 기술의 부적절함, 세균 증식과 오염, 그리고 특히 장기적인 다른 건강 위험 등이었다.

모든 당국자는 헌혈자들이 혈장 단백질을 신속히 생산할 수 있도록 단백질이 풍부한 식사를 즐겨야 하고, 정상 이상의 수분 섭

"A plan to attract voluntary blood donors", *Proceedings of the Tenth Congress of the International Society of Blood Transfusion, Stockholm, 1964*(1966), p. 1002; Mayes, B., Sausalito, California(personal communication, January 1967); *Medical World News*(15 March 1963); Mirick, G. S., Ward, R., and McCollum, R. W., *New England Journal of Medicine*, 273(1965), p. 59; Norris, R. F., Potter, H. P., and Reinhold, J. G., "Present status of hepatic function tests in detection of carriers of viral hepatitis", *Transfusion*, Vol. 3(1963), p. 202; Potter, H. P., *et al.*, *Journal of the American Medical Association*, 174(1960), p. 2049; Rubinson, R. M., *et al.*, *Journal of Thoracic and Cardiovascular Surgery*, Vol. 50, No. 4(1965), p. 575; Wheeler, C. B., "State laws and regulations", *Proceedings of the American Medical Association Conference on Blood and Blood Banking*(1964), pp. 3-5.

취를 해야 하고, 수면과 신체 활동에 주의를 기울여야 하고, 혈중 단백질 및 기타 검사들을 자주 해야 한다는 점에 대해서 동의하였다. 또한 가난한 사회 밑바닥 계층의 혈액을 이용해서는 안 된다는 점에 대해서도 의견의 일치를 보았다.[40]

헌혈이 헌혈자들의 건강에 미치는 장기 효과에 대하여 확고한 결론을 내리는 것은 어려운 일일 뿐만 아니라 위험한 일일 수 있다. 국립보건원 생물의약품표준부 Division of Biologics Standards의 한 대표자는 1966년에 다음과 같이 말하였다. "우리는 1954년부터 스터전 Sturgeon 박사와 함께 헌혈자들에 대한 연구를 시작한 이후 현재까지 이를 진행해오면서 많은 양의 자료를 축적하고 있다. 우리는 현 단계에서 헌혈자들에게서 발생한 일들에 관하여 몇 가지 유형을 발견할 수 있을 것 같다. 그러나 그들에게 무엇을 제공해야 하는가에 대해서 편안한 마음으로 자신 있게 이야기할 수 있으려면 더 많은 자료가 필요하다."[41]

애슈워스 J. N. Ashworth 박사(그 또한 생물의약품표준부 소속이다)는 같은 회의에서 혈중 단백질 수준의 결정, 그리고 헌혈자들 사이에서 간염 확산 억제의 중요성을 강조하면서 다음과 같이 윤리적 문제를 논의하였다.

> 아직 아무도 헌혈자들의 동의를 얻는 문제에 대해서는 언급

---

[40] *Conference on Plasmapheresis*(1966); Kliman, A., and Lesses, M. F., "Plasmapheresis as a form of blood donation", *Transfusion*, Vol. 4(1964), p. 469; *A New Frontier in Medicine*, Fenwal Laboratories, brochure, Morton Grove, Illinois(1968).

[41] Crouch, M., *Conference on Plasmapheresis*(1966), p. 106.

하지 않았다. "당신이 이 일을 하고 싶어서 하는 게 맞죠?"라고 묻는 것만으로는 충분하지 않다. 그들에게 정보를 제공한 상태에서 동의를 얻어야 한다. 헌혈자들에게 관련 내용을 정확하게 말해주어야 한다. 어떤 이상한 세포 때문에 그가 사망할 가능성이 있다는 사실과 이 프로그램에 참여한 결과 장기적으로 그에게 무슨 일이 일어날지에 대해 정확하게 말해주어야 한다. 여러분은 이런 문제들을 당신의 변호사와 함께 매우 주의 깊게 의논하길 바란다. 왜냐하면 그가 법정에서 당신을 변호해줄 사람이기 때문이다. 한 번이 아니라 헌혈자가 혈액을 헌혈하러 올 때마다 동의서에 서명을 받을 것인지 결정해야 한다. 이렇게 하면 그가 처할 수 있는 위험에 대해 지속적으로 알려줄 수 있다. 그가 헌혈하기 전 — 프로그램에 참여하기 전 — 그의 적합 여부에 대하여 타당한 결론을 내렸는가? 세포들을 적절하게 확인했는가? 매번 헌혈자가 올 때마다 당신이 혈액 백 또는 의무 기록에서 확인한 그 사람이 맞는지 확인을 하는가? … 당신은 이 헌혈자에게 어떤 일을 부담지우기 위해서 그를 데리고 있다. 당신은 그가 가진 어떤 질병을 치료하고 있는 것이 아니다.[42]

분명한 것은 혈장분획에는 심각한 위험이 존재하고 이런 이유로 명백하고 심각한 윤리적 문제 또한 뒤따른다는 것이다(이런 함의에 대해서는 뒤의 장에서 다시 다룰 것이다). 1966년 밀워키 혈액센터

---

[42] Ashworth, J. N., *Conference on Plasmapheresis*(1966), p. 83.

의 관리자인 그린월트 박사(이후에 미국적십자사 혈액 프로그램의 의학 부문 책임자가 되었다)는 다음과 같이 말했다.

> 가장 중요한 [윤리적] 함의 중 하나는 헌혈할 여력이 거의 없는 인구 집단 — 영양 결핍 상태에 있는 최하층 인구 집단 — 에게서 혈액 단백질을 착취하고 있다는 것이다.[43]

이 장 초반부에서는 (대부분 상업적 혈액은행이 운영하는) 전국의 혈장분획 프로그램에서 얻은 인간 혈장 총량을 약 200만 단위라고 추계하였다. 이 장의 결론을 위하여 우리는 서신과 설문지를 통하여 일부 관련 기관들로부터 수집할 수 있었던 자료들을 합칠 것이다. 이 자료들은 주로 혈액 조달의 의학 부문 책임자들에 의하여 수행된 국가적 차원의 추계치와 예측치(어떤 경우에는 특정 프로그램에 대한 정확한 통계치가 제공되기도 했다)이다.[44] 기술 표준 및 과정,

---

[43] Greenwalt, T. J.(1966년 밀워키 혈액센터의 책임자였고, 이후 미국적십자사 혈액 프로그램의 의료 책임자가 되었다), *Conference on Plasmapheresis*(1966), p. 2.

[44] 주요 자료원은 플로리다주 마이애미의 주식회사 미국혈액은행서비스American Blood Bank Service Inc., 캘리포니아주 버클리의 커터제약회사, 플로리다주 마이애미의 주식회사 데이드 시약Dade Reagents Inc., 뉴욕의 화이자 진단Pfizer Diagnostics, 인디애나주 인디애나폴리스의 릴리 조사연구 실험실Lilly Research Laboratories과 주식회사 매리언 카운티 지역사회 혈액은행Community Blood Bank of Marion County Inc., 캘리포니아주 로스앤젤레스와 텍사스주 엘패소의 코틀랜드 실험실Courtland Laboratories, 일리노이주 모턴 그로브의 국제 트래브놀 실험실, 백스터 실험실Baxter Laboratories, 하일랜드 실험실Hyland Laboratories(그리고 펜월 실험실Fenwal Laboratories을 포함함), 뉴저지주 호보컨의 지역사회 혈액은행 및 혈청 서비스Community Blood Bank and Serum Service, 밀워키의 주식회사 밀워키 혈액센터, 매사추세츠주 주식회사 혈액조사연구소Blood Research Institute Inc., 보스턴의 어린이 병원 의료 센

동의서 확보와 관련된 제도, 헌혈 빈도, 단백질 수치 검사 및 기타 문제들에 대하여 조사가 시도된 적은 없었다. 조사는 헌혈 횟수 및 헌혈자들의 수, 그리고 이들의 특성을 규명하는 것에 국한되었다.

헌혈자들의 나이는 18세부터 60세 사이이다. 약 75—80%는 남성이다. 대다수는 미숙련 노동자이다. 흑인, 기타 소수자 집단(수감자 포함)이 헌혈자들 가운데 차지하는 비율은 그들이 국가 인구 집단에서 차지하는 비율보다 더 높다. 헌혈 1건당 헌혈자가 받는 돈은 5.50달러로 추정된다.

상업적 혈액은행이 운영하는 프로그램과 관련된 답변들 중에는 다음의 내용이 꽤 특징적이었다.

우리 프로그램에 참여하는 헌혈자들의 90%는 남성이다. 그리고 실업자가 90%다. 75%는 백인이고 25%는 흑인이다.

그리고 다음과 같은 다른 답변도 있었다. 이 답변도 구체적인 자료를 제공하지는 못하였다.

터Children's Hospital Medical Center, 시애틀의 유나이티드 바이올로지스United Biologies(*Seattle Magazine*, Vol. 5, No. 46, January 1968), 시카고의 주식회사 응용 면역학Applied Immunology Inc., 시카고의 설 회사G. D. Searle & Co. 그리고 주식회사 혈액 부산물Blood Derivatives Inc.(*Hearings on S. 2560*(1964), pp. 187-188), 그리고 미시간 앤아버Ann Arbor에 있는 미시간대학University of Michigan 병리학과Department of Pathology였다.

나는 헌혈자 집단에서 약 3대 1 정도로 남성이 더 많다고 분명하게 생각한다. 전문 헌혈자 중에는 흑인 헌혈자의 수가 훨씬 더 많다. 이들은 일반적으로 노동계급이다.

통계적으로 보면 1961-1963년 동안 미국 전체 인구 중에서 "노무자(농장과 광산은 제외)"로 분류된 17세 이상 취업 인구의 비율은 백인이 3.8%, 백인 외 다른 인종이 11.9%였다.[45]

혈장분획 프로그램에 참여하는 헌혈자들의 특성에 대한 정보를 제공하는 의학 잡지의 일부 기사들에도 동일한 내용이 담겨 있었다. 예를 들어 한두 개의 기사에는 다음과 같은 내용이 있었다. "과학 발전에 힘입어 지금은 가난한 헌혈자들이 일주일에 2-3회씩 혈액을 팔 수 있는데 가격은 1파인트당 25달러이다. … 이것은 바워리 조직Bowery boys을 부르주아지Bourgeoisie로 바꿀 정도이다."[46] "혈액이 시카고 바깥으로 흘러나감에 따라 낯선 황금물결이 사회 밑바닥으로 밀려들어 온다"[47]라는 또 다른 기사도 있었다.

1963년에 이런 기사들이 나온 이후 헌혈자에 대한 지불은 더욱 차별적인 성격을 띠게 되었다. "우리 프로그램에 참여하는 모든 헌혈자는 이 회사에서 상업적 가치에 따라 결정한 비율에 의거하여 보상을 받는다. 화학 조제 또는 응고 조절에 이용되는 혈액

---

45 *Selected Health Characteristics by Occupation*, National Center for Health Statistics, Public Health Service, Department of Health, Education and Welfare, Series 10, No. 21, Table 38(August 1965).
46 *Medical World News*(15 March 1963), *Transfusion*, Vol. 3(1963), p. 302에서 인용.
47 *Chicago's American*(14 March 1963), *Hearings on S. 2560*(1964), p. 187에서 인용.

을 제공한 헌혈자들은 가장 낮은 비율을 적용받고, 혈액형을 결정하는 특정 항체를 생산하기 위하여 면역이 된 사람들은 가장 높은 비율을 적용받는다. 아마도 헌혈을 하고 받는 보수가 유일한 소득인 헌혈자는 극소수일 것이다."[48]

혈장분획 프로그램에 참여하는 수감자들의 숫자에 대한 체계적인 통계 자료를 획득하는 것은 불가능했다.[49] 그러나 그 숫자는 매우 많을 뿐만 아니라 증가하고 있는 것으로 추측된다. 일부 교도소는 제약회사들을 상대로 "헌혈 프로그램 입찰에 참여해달라"는 안내문을 보낸다. 입찰 금액에는 수감된 자원자들과 교도소를 위한 돈이 포함되어 있다.[50]

앞으로 우리는 윤리적 문제, 혈액의 질과 안전의 문제, 법률가와 의사의 전문가적 자율성의 문제, 그리고 미국 사회의 다양한 집단 간 비용과 재분배의 문제 등과 관련하여 그 함의를 다루면서 미국 헌혈자들의 특성에 대한 조사 결과를 전체적으로 논의할 것이다.

---

[48] 마이애미 주의 주식회사 데이드 시약의 조사 개발 책임자였던 리처드슨 존스 A. Richardson Jones 박사와의 개인 교신(1968년 12월 17일).

[49] 전혈 채혈과 관련하여, 8장에서는 1967년 미국적십자사의 전혈 채혈량의 2.2%가 감옥에서 헌혈한 것이었고, 지역별로 보면 일부 센터에서는 하나도 없었지만 사우스캐롤라이나 센터에서는 13.1%였던 등 그 양상이 다양하였음을 기술하였다(*Blood Center Operations 1967*, American National Red Cross, p. 2). 1970년 상업적 혈액은행 및 기타 혈액은행과 관련된 국가 자료는 없지만, 많은 특정 프로그램을 위해서 출간된 추세도를 보면 "반강제적인 자발적 헌혈자"의 혈액 이용이 더 늘어났음을 알 수 있다.

[50] 일리노이주 모턴 그로브의 국제 트레브놀 실험실의 마케팅 보조 직원인 포브스와의 개인 교신(1968년 12월 2일). 또한 (개심술을 위하여 수감자 혈액이 필요했던) 조지아주 오거스타의 한 병원과 감옥에 혈액 처리 시설을 만들기 원했던 커터제약회사 사이의 논쟁에 대한 보고(*Wall Street Journal*(1 March 1967), p. 21)를 보라.

한편 우리는 제시된 자료의 통계적 부적합성에도 불구하고 혈액이나 헌혈자와의 관계 맺음이란 측면에서 상업성이 크게 증가하는 경향이 발생하고 있다는 결론을 내릴 수 있다. 그뿐 아니라 혈장분획의 확장에 비례하여 가난한 사람, 미숙련 노동자, 실업자, 흑인 그리고 저소득자가 공급한 혈액이 더 많아졌고, 혈액을 대량 공급하는 착취당하는 인간 집단이라는 새로운 계급이 발생하고 있다는 사실도 알게 되었다. 가난한 사람이 부자에게 제공하는 "혈액과 혈액제제라는 선물"의 재분배는 미국 혈액은행 시스템이 만든 지배적인 영향 중 하나가 된 것 같다.

우리는 이제 잉글랜드와 웨일스의 헌혈자들의 특징을 분석할 차례이다.

10장
잉글랜드와 웨일스 헌혈자들의 특징

7장에서 우리는 1948년부터 1970년 사이 국립수혈원의 설립에 따른 전국 헌혈자 통계 및 지역별 헌혈자 통계를 제시하였다. 그러나 이 통계는 연령, 성, 결혼 상태, 소득수준, 그 외 구분에 따른 특징에 대해서는 아무것도 알려주지 않는다.

국립수혈원 직원들은 지방 및 소지역 차원의 헌혈소에서 연령별, 사회집단별 헌혈자 모집에 관한 많은 지식과 경험을 습득하였다. 그러나 즉석에서 진행된 그리고 발간되지 않은 한두 개의 조사[1]를 제외하면 1970년 이전에는 통계의 작성과 관련하여 어떠한 자금 지원도 없었다. "누가 헌혈하는가?"라는 질문에 대해서는 두리뭉실한 대답만 있을 뿐이었다.

조사가 부족한 원인 중 하나는 혈액과 혈액제제를 공급할 책임

---

[1] 예를 들어 1964년, 버밍엄 지역은 헌혈자 1만 명의 연령과 성에 관한 연구를 하였다. (이에 대해서는 뒤에 언급할 것이다.)

이 있는 국가 행정기관인 국립수혈원이 헌혈자 부족이라는 절박한 상황을 제대로 인식하지 못했기 때문이다. 따라서 헌혈하는 사람과 그렇지 않은 사람의 특성에 관한 더욱 체계적인 정보를 확보하려는 내부적 혹은 외부적인 압력이 존재하지 않았다. 미국을 포함한 다른 많은 나라에 존재하는 행정 기구의 다양성과 중복성에 비교하면 그래도 국립수혈원은 국가적 차원에서 자료를 수집하고 분석하는 유일한 국가 기관으로서 독특한 지위를 유지해왔다. 하지만 왜 그런 정보를 수집하는가? 카프카의 눈을 빌려 말하자면, 컴퓨터를 마련하고 여기에 자료를 투입하는 인력들을 놀릴 목적으로 방대한 양의 통계 자료를 축적하기만 하는 것이 공공서비스의 일상적인 행정 과업은 아닐 것이다.

여러 이유가 있을 것이다. 누군가는 과학적, 기술적, 역사적 질문을 제기할 것이고 정책이나 행정에 관한 질문을 던질 수도 있을 것이다. 이전의 장들에서 지적했듯이 지금 이 경우에는 헌혈자들의 특징에 관한 다양한 질문이 제기된다. 예를 들어 선물 관계에 관한 질문, 태도와 동기, 가치관에 관한 질문, 서비스 채권service-bond 또는 상품으로서 인간의 혈액에 관한 질문, 그리고 수혈 서비스를 사회적 재분배 체계로 간주했을 때 제기되는 질문들이 이에 해당한다.

보건부와 국립수혈원의 도움으로 1967년 여름과 가을에 3,800명을 대상으로 한 예비 조사가 이루어졌다.[2] 설문지는 자문 직원과

---

[2] 애초에 "예비 조사"라고 했던 이유는 보건부가 장차 더 큰 규모의 조사를 시행할 때, 이 조사가 유용한 지침을 제공해줄 것이라는 기대 때문이었다.

보건부의 공무원들이 함께 만들었다. 저자의 연구 조교인 마이클 레딘Michael J. Reddin과 세라 웨스트Sarah West는 현장 방문 조사를 수행했고, 이 프로그램 진행과 관련하여 너필드재단 소규모연구기금 프로그램Nuffield Foundation Small Grant Program, 보건부, 런던정경대학의 사회조사부Social Research Division의 보조금이 각각 다른 단계에서 지원되었다.

일반 대중과 기관 — 공장, 사무실, 대학 등 — 그리고 국방부의 헌혈자 보고율과 헌혈자 집단의 지역별 동향 및 통계치를 검토한 후 우리는 목표 표본의 크기를 3,750-4,000명으로 결정하였다. 전국의 비율과 비슷하게 맞추기 위하여 전체 표본의 65%는 일반 대중에서, 32%는 기관에서, 3%는 국방부에서 추출하기로 하였다. 그리고 비용과 조직, 행정상의 편리함을 고려하여 버밍엄Birmingham, 맨체스터, 남동쪽 대도시South East Metropolitan 세 지역을 선택하였다. 지역의 직원들은 설문지의 신속한 운반을 준비하였다. 이들은 또한 "혼합된" 도시 거주자, 농촌 거주자, 기관 이용자, 사회집단을 대표할 수 있는 적절히 "혼합된" 헌혈자 표본을 구성하기 위한 특정한 유형의 헌혈소 선정과 준비를 도왔다. 표본에 포함된 헌혈자들은 빌링스허스트Billingshurst, 캐터햄Caterham, 리틀햄프턴Littlehampton, 서턴Sutton, 서턴의 공공시설들, 월링턴Wallington(서리Surrey), 해머스미스Hammersmith, 버먼지Bermondsey 그리고 버먼지의 공공시설들(런던), 코번트리Coventry, 스토크온트렌트Stoke-on-Trent, 월솔Walsall, 슈루즈베리Shrewsbury, 울버햄프턴Wolverhampton, 월 히스Wall Heath, 워털루가Waterloo Street(버밍엄), 버밍엄의 공공시설들, 알트링엄Altringham, 글로솝Glossop, 올

덤Oldham, 세일Sale, 위건Wigan, 로비가Roby Street(맨체스터), 맨체스터의 공공시설들 그리고 HMS 콜링우드Collingwoood에서 헌혈하였다.

이러한 작업을 통해 답변이 완료된 총 3,813부의 설문지를 수거하고 그 외 8부의 일반 대중 설문지를 우편으로 받았다. 그리고 그 결과를 컴퓨터에 입력하였고 표로 제시하였다(〈표 10.1〉을 보라).

〈표 10.1〉 지역별, 헌혈소별 헌혈자 수

	일반 대중	기관	국방부
버밍엄	902	237	–
맨체스터	679	246	–
남동쪽 대도시	1,069	546	134
합계	2,650(69%)	1,029(27%)	134(4%)

패널 헌혈자들에게 약 2주 동안 통지를 한 후 8,000부의 설문지와 소집 카드를 보냈다(일반적으로 두 개의 날짜를 받았다). 등록된 헌혈자들(예를 들어 이전에 적어도 한 번 이상 헌혈한 사람들)만이 소집 예약 카드와 설문지를 받았다. 그러므로 표본에 포함된 사람들의 헌혈소에서 요청을 하지 않은 경우 "처음" 헌혈자는 일반 대중 헌혈자에 대한 조사에서는 제외되었다. 헌혈자들은 지역 관리자로부터 런던대학이 수행하는 조사에 협조해주길 바란다는 편지를 받았다. 편지에는 이 조사가 "국립수혈원에 자발적으로 헌혈함으로써 생명과 연관된 인도주의적 행위를 수행하는 사람들"의 여러 특성을 규명하기 위한 것이라는 설명이 들어 있었다. 헌혈자들은 설문지를 완성하고, 필요할 때 웨스트 조교가 도움을 줄 수 있는 여러 헌혈소 중 하나에 가져오도록 요청받았다. 그들은 완벽한 비밀

유지를 다짐받았다.

국립수혈원의 공무원들은 헌혈 활동과 아무런 관계가 없을 것 같은 사람들에게 질문을 함으로써 이 조사 때문에 헌혈자들과의 관계가 악화될 수 있다는 점을 조금 걱정하였다. 그러므로 보고율에 주의를 기울였다. 여기서는 헌혈소의 보고율(a)과 완벽하게 설문 응답을 거부한 헌혈자들의 비율(b)을 구별할 필요가 있었다.

전자와 관련하여 일반 대중 헌혈소의 전반적인 보고율은 표준보다 더 높았다. 1967년 잉글랜드와 웨일스의 전체적인 보고율은 53%였다. 다른 두 지역보다 거부자가 비례적으로 더 많았던 버밍엄 지역의 조사 보고율은 61.4%였다. 세 지역(일반 대중 헌혈소)을 모두 합하면 응답 거부자는 보고된 헌혈자 수의 2%에 해당하는 83명이었는데, 버밍엄 지역의 거부율은 3%였다.

일반 대중에 관한 한 조사가 헌혈 요청에 응답하는 등록된 헌혈자들의 자발성에 유의미한 영향을 미쳤다는 근거는 없다.

그러나 이 조사가 기관과 국방부에 있는 헌혈자들에게 어떤 영향을 미쳤는지 이야기하기는 불가능하다. 왜냐하면 이들에 대해서는 다른 절차가 채택됐기 때문이다. 설문지는 미리 정해진 일정에 따라 헌혈소에 온 자원자들에게 전달되었다. 이것은 헌혈자들이 설문에 대하여 곰곰이 생각할 시간이 적었음을 의미하는데, 특히 헌혈소가 간소해서 헌혈자들을 기다리게 할 수 없는 경우에는 더욱 그러하였다. 전반적인 방향은 복잡한 설문 — 그중에서도 특히 동기와 관련된 설문 — 에 대해서 완벽하게 응답하도록 부추기지 않는 것이었다. 이 점에 대해서는 조사자들이 인지하고 있었고,

이들은 가능한 한 표가 나지 않게 조사를 수행하였다. 게다가 자원자들 중에는 처음 헌혈자가 많았는데 이들은 조사 대상자가 아니었다.

그러므로 처음 헌혈자들을 제외한 후의 응답률은 상당히 만족스러운 것으로 간주되었다. 버밍엄 지역을 예로 들면, 설문지를 제공받은 전체 기관 헌혈자들의 55.6%가 설문지를 완성하였다.

설문지를 작성한 사람들이 모든 문항에 답한 것은 아니었는데, 특히 동기와 관련된 5번 문항 — 당신이 처음에 헌혈자가 되기로 한 이유를 말해주세요 — 이 그랬다. 5번 문항에 답하지 않은 비율이 일반 대중 헌혈자의 경우 9.7%였던 데 비하여, 기관 헌혈자는 17.2%였다. 헌혈 동기에 대한 기관 헌혈자들의 응답은 막연하고, 다소 형식적이었다.

동기에 대한 이런 특별한 질문들(그리고 공공성에 대한 질문들)은 설문지의 초안에는 없었다. 헌혈 동기를 전반적으로 조사하는 것은 너무 복잡한 일로 생각되었는데, 특히 일반적 동기에 대한 체크리스트와 개방형 질문 기법으로 이런 것들을 밝히기는 더욱 힘든 것으로 판단되었다. 또한 이 조사(국가를 대표하는 무작위 조사가 아니라 예비 조사로 기획되었다)는 한 번도 헌혈을 한 적이 없는 사람들을 조사에서 제외했다는 더 큰 결점을 가지고 있었다. 그러나 보건부는 예비 조사에서 헌혈 동기에 대한 응답을 도출하기 위한 시도를 해야 한다고 생각하였다. 만약 나중에 헌혈자들의 특징과 헌혈 동기에 대한 더 포괄적인 연구가 진행된다면 이런 경험이 유용할지도 모른다.

비록 결과를 주의 깊게 해석해야 할지라도 이런 질문들은 포함될 가치가 있었는데, 헌혈자들 — 특히 일반 대중 헌혈자들 — 은 그들의 관점을 이야기하고 표현할 수 있는 기회를 환영하였다. 주목할 만한 것은 문장의 양(그리고 글자의 수)이었는데, 많은 헌혈자가 상대적으로 작은 응답란에 용케 그 많은 글을 써넣었다.

기관 헌혈자들에게 영향을 미친 특별한 어려움(주로 응답률과 비사실적 질문에 대한 대답에 영향을 미쳤다) 때문에 일반 대중 헌혈자들의 조사 결과의 신뢰도가 다소 높은 것으로 판단되었다. 그래서 우리는 다음의 몇몇 표에서는 일반 대중 헌혈자와 기관 헌혈자의 자료를 분리하였다.

조사가 시작되기 전 1967년 봄에 웨스터햄Westerham(켄트Kent)과 버먼지Bermondsey(런던) 두 지역에서 설문 조사가 수행되었는데, 이 두 지역의 헌혈소에 참석한 헌혈자들은 일반 대중 헌혈자들이었다. 실제 헌혈소에 참석한 사람은 57%(평균 정도)였고, 참석자의 약 98%가 설문지를 완성하였으며, 우리는 완성된 설문지 406부를 받았다. 응답은 만족스러운 것이었고, 조사 결과를 통하여 얻은 일부 교훈들을 근거로 설문지가 교정되었다.

이제 우리는 예비 조사의 주요 결과들을 제시할 것이다. 가끔 연령, 성, 결혼 상태, 사회 계급 그리고 소득수준에 따라서 잉글랜드와 웨일스의 인구가 비교될 것이다. 우리는 또한 결혼한 헌혈자들의 아이들 수의 분포를 검토할 것이다. (비교를 위하여 잉글랜드와 웨일스의 1961년 인구총조사 및 1966년의 표본 인구총조사 통계청 보고서를 활용하였다. 사회 계급 분류와 직업 및 산업의 코딩은 인구등록청General Register Office에서 채택한 정의와 규칙을 따랐다.)

우리가 헌혈자 표본과 일반 인구 집단의 비교 결과를 해석하는 데 있어서 기억해야 할 한 가지 중요한 사실이 있다. 헌혈자들의 자기 선택 요인을 제외하면, 18-64세의 표본이 더 많이 선택되었는데, 그 이유는 환자, 중증 장애인, 임신부, 수유 중인 여성, 그리고 의학적 기준(5장을 보라)에 의해서 헌혈자 등록이 거부되거나 만류된 사람들, 또 만약 등록이 가능했더라도 특정 헌혈소에서 헌혈이 거절되거나 보류된 사람들은 제외되었기 때문이다. 그러나 표본에 포함된 모든 헌혈자가 "건강하고 장애가 없는 헌혈자"로 분류될 수 있는 것은 아니다. 눈이 보이지 않고 심각한 장애를 가지고 있는 헌혈자, 과거 정신병원 병력을 가진 헌혈자ex-mental hospital donors, 그리고 헌혈을 계속하기 위하여 65세 이하라고 허위 기재한 것으로 밝혀진 사람들이 있었다.

그러므로 이런 중요한 점에 관해서는 우리는 비슷한 대상끼리는 비교하지 않을 것이다. 우리는 자체 선택 및 의학적으로 선택된 집단 그리고 국가의 18-64세 인구 집단을 서로 비교할 것이다. 인구 집단 중 건강하지 않고 자격이 없는 사람들을 모집단에서 배제하는 것은 불가능하다. 특히 두 집단이 유의미하게 영향을 받을 것으로 보인다. (i) 생식 가능 연령대의 여성과, (ii) "건강하지 않은" 사람의 비율이 높을 것으로 예상되는 노인이다.

〈표 10.2〉는 성 및 헌혈소 형태에 따른 헌혈자 표본(3,813명)이다. (많은 표에서 이 숫자들은 약간씩 다른데 그 이유는 설문지의 다양한 영역에서 질문에 대한 응답을 누락한 헌혈자가 많았기 때문이다.)

⟨표 10.2⟩ 성별, 헌혈소별 헌혈자 전수

	일반 대중	기관	국방부	합계	잉글랜드와 웨일스, 1966년(20–64세만 해당)
남성	53%	74%	100%	60%	45%
여성	47%	26%	0%	40%	55%

일반 대중 헌혈자들의 성비는 국가 전체의 성비와 가장 비슷하다. 대부분은 아닐지라도 이런 차이의 일부는 임신부와 수유 중인 여성이 표본에서 제외되었기 때문에 생긴 것으로 이해할 수 있다.

⟨표 10.3⟩(우리는 기관 및 국방부 헌혈자들을 합하였다)은 성과 연령에 따른 분포를 보여준다.

⟨표 10.3⟩ 성별, 연령별, 헌혈소별 헌혈자 전수

연령	남성				여성			
	일반 대중(%)	기관과 국방부(%)	합계(%)	잉글랜드와 웨일스(%)	일반 대중(%)	기관과 국방부(%)	합계(%)	잉글랜드와 웨일스(%)
18–24	17	29	22	17	20	38	23	16
25–29	13	16	14	10	12	13	12	10
30–34	12	13	13	10	10	6	9	10
35–39	14	12	13	11	12	7	11	10
40–44	13	11	12	11	11	9	11	11
45–49	12	8	10	10	12	11	12	11
50–54	9	6	8	11	9	11	9	11
55–59	7	4	6	11	9	4	8	11
60–64	3	1	2^1	9	5	1	5^2	10
합계(비율)	100	100	100	100	100	100	100	100
합계(수)	1,412	886	2,298		1,245	270	1,515	

1. 65세 이상 헌혈자 1인 포함
2. 65세 이상 헌혈자 3인 포함

헌혈자들은 남녀 모두 일반 인구 집단보다 다소 젊다. 그러나 이는 주로 55세 이상 헌혈자 수의 감소 때문에 발생한 것이다. 헌혈에 적합한 첫 10년 동안 남녀 모두에서 젊은 헌혈자들의 수가 더 많은 것은 마지막 10년 동안 남녀 모두에서 나이가 많은 헌혈자들이 점점 빠져나가는 것에 의해서 상쇄된다. 질병과 장애로 인하여 노인들이 헌혈을 하지 못하는 노화의 영향을 젊은 사람들의 헌혈로 완화한 것이다.

그러나 단순히 헌혈자들의 수를 따지는 게 아니라 각 개인이 평생 헌혈한 혈액의 총량을 고려하면 양상은 달라진다. 뒤에 보겠지만 우리가 4만 3,391건의 헌혈에 대한 "전체적인" 관점을 가지면 나이가 많은 사람들은 지금까지 충분히 공헌을 해왔으며 젊고 건강한 사람들에게 더 의존할 자격이 있다. 〈표 10.3〉이 보여주듯이 심지어 그들의 공헌도는 현재에도 여전히 중요하며 ― 55세가 넘는 사람들이 전체 혈액의 약 10%를 헌혈한다 ― 사별자와 이혼자, 별거자는 사회로부터 "멀어지지" 않은 상태에서 기혼자 및 미혼자와 함께 높은 비율로 기여하고 있다.

만약 의학적, 생식적 이유로 헌혈할 수 없는 일부 사람들을 고려하면, 우리는 〈표 10.2〉와 〈표 10.3〉으로부터 헌혈자 표본이 연령과 성의 측면에서 일반 인구 집단의 구조와 매우 비슷하다고 결론을 내릴 수 있을 것이다. 사실 이것은 1964년 버밍엄 지역 수혈센터Birmingham Regional Transfusion Centre가 수행한 1만 명의 기관 헌혈자에 대한 (미발간된) 연구보다도 더 대표성이 있다. 이 분석은 단지 연령, 성, 헌혈소의 형태에 대한 정보만 기록하였다. 일반 인구 집단과 현재 연구를 비교했을 때 연령-성 구조의 측면에서 남성의 비율이 높고 여성의 비율이 낮다는 점을 보여주었는데, 백분율 분포는 일반 인구 집단보다 대표성이 떨어졌다.

일반 인구 집단과 관련된 헌혈자 표본의 광범위한 대표성에 대한 이와 같은 결함으로부터 다음과 같은 주요 결론들을 도출할 수 있다.

- 18-24세: 남성은 상당한 대표성을 가지고 있는 데 반해서 여성은 대체로 그렇지 못한데, 그 이유는 출산 때문이다.

- 25-29세: 남성은 상당한 대표성을 가지고 있으나 18-24세와는 반대로 결혼한 헌혈자의 비율이 다소 높다. 여성의 비율은 여기에서도 출산의 영향을 보여준다.

- 30-39세: 남성의 분포는 일반 인구 집단의 분포와 매우 비슷하다. 여성 사이에서도 그 비율은 이전 연령들에 비해 더 비슷해졌다(특히 35-39세 일반 대중 헌혈자들에게서 그렇다).

- 40-49세: 남성의 분포는 여기서도 매우 비슷하다. 이 양상은 여성도 동일하다. "생식의 영향"은 분명히 사라졌다.

- 50-64세: 남성과 여성 모두 일반 인구 집단의 분포와 더욱 비슷해졌다. 이러한 유사함은 소수의 헌혈자가 포함되었음에도 불구하고 60-64세 연령대에서도 유지된다.

이 표들을 보면 노령으로 인한 장애 및 출산 효과를 감안할 때, 헌혈자 표본은 연령, 성, 결혼 상태의 측면에서 일반 인구 집단과 대체로 비슷하다는 결론을 내릴 수 있다. 이런 요인들은 통계적으로 추정될 수 없다. 예비 조사 결과와 비교할 수 있는 적절하고 정확한 헌혈자 "모집단"을 가진 사람은 아무도 없다. 우리에게는 1967년의 전체 헌혈자 수에 대한 어떤 자료도 없다. 그러므로 우리가 할 수 있는 최선은 표본 자료와 일반 인구 집단 자료 사이의 유사점과 차이점을 관찰하는 것이다.

두 가지 다른 점을 주목할 만하다. 먼저 대부분의 연령군에서 일반 대중 헌혈자는 기관 헌혈자나 전체 헌혈자에 비해서 전국 인구 집단에 대한 대표성이 더 높다는 것이다. 기관 헌혈자와 국방부 헌혈자는 전체적으로 나이가 더 젊은 경향이 있다.

두 번째는 사별, 이혼, 별거에 해당하는 헌혈자의 상대적 비율이 일정하다는 것이다 — 이것은 예상하지 못한 결과였다. 25세를 시작으로 한 8개의 연령군 중에서 이런 범주에 해당하는 남성 헌혈자의 경우 3개의 연령군에서는 그 비율이 일반 인구 집단의 비율과 동일하였고, 1개의 연령군에서는 비율이 더 높았고, 4개의 연령군에서는 비율이 더 낮았다. 여성의 경우에는 1개의 연령군에서는 비율이 동일하였고, 7개의 연령군에서는 비율이 더 높았다.

이러한 결과들을 우연의 산물이라고 믿기는 힘들다. 물론 사별, 이혼, 별거는 성별에 따라서 다른 사회적, 심리적 상태를 야기한다. 전체 표본 중 상대적 소수가 대표성을 더 떨어뜨리지 않았다는 것은 유감스럽다. 이들의 동기가 무엇이었든지 간에 그 내용은 아마도 틀림없이 복잡할 것이다. 그러나 이 조사에 의하면 사별자,

이혼자, 별거자는 전체적으로 일반 인구 집단 내에서보다 국립수혈원에서의 비율이 더 높은 것으로 판단된다는 점이 기록되어야 한다.

사회 계급 그리고 주당 총소득과 관련된 다양한 측면에서 헌혈자 표본을 보면, 사회 계급 I과 II 그리고 주당 30파운드 이상을 벌어들이는 헌혈자(또는 주 소득자)들은 조금 과다 대표되어 있고, 반대로 사회 계급 IV와 V 그리고 주당 15파운드보다 적게 벌어들이는 헌혈자(또는 주 소득자)들은 다소 과소 대표되어 있다. 사회 계급을 높이려는 경향(예를 들어 가게 주인, 소상인은 수입이 적다고 보고하고 그들 자신을 "관리자"라고 한다), 헌혈자들의 75%는 상대적으로 부유한 버밍엄, 남동쪽 대도시 지역 출신이라는 사실, 건설과 토건, 농업 영역의 반숙련, 미숙련 노동자, 소규모 또는 산개된 작업 단위에 고용된 사람, 야간 근무자, 또는 때때로 집 근처의 일반 대중 헌혈소에 참석하기 힘든 사람의 헌혈을 제한하는 행정적 관행 등 많은 요인으로 이런 차이를 설명할 수 있다.

게다가 대표성을 의심하게 하는 세 가지 추가적인 요인이 있다. 첫째, 사회 계급 IV와 V 그리고 저소득자 중에는 헌혈에 적합하지 않은 "건강하지 않은" 인구 집단의 비율이 남녀 모두 더 높다는 점이다. 둘째, 우리는 헌혈자 통계에서 주 소득자들의 직업과 소득 자료는 고려했지만, 일하고 있는 그들의 아내들 그리고 일부 미혼 헌혈자들의 직업은 무시했다는 점이다. 셋째, 헌혈소별로 특정한 수의 헌혈자를 공급하기 위한 몇몇 기관(공장, 사무실, 가게 등)의 준비가 중요한 역할을 해온 것 같다는 점이다. 예를 들어 주당 15파운드보다 적게 버는 사람들이 기관 헌혈자들에서는 일반 인구 집단 헌혈자들에 비해서 비례적으로 더 적었는데, 이들은 대체로 젊은 연령대임에도 불구하고 그러하였다. 이는 아마도 처음에는 간부와 사무직 노동자에게 헌혈에 참여할 수 있는 기회가 주어졌기 때문인 것 같다. 흔히 있는 일이지만 만약 이러한 계급의 자원자가 부족하지 않았다면, 단일 헌혈소에서 육체 노동자 ― 그리고 특히 기관 내에서 계급의 하층에 있는 사람들 ― 의 기회는 분명히 제한되었을 것이다.

이러한 모든 요인에 주목하면서 표본이 추출되고 답변을 받은 방식을 고려하면, 사회 계급과 소득에 대한 국가 자료와의 유사함은 놀랄 만한 것이다. 그러므로 우리는 이런 특성을 기반으로 우리가 확보한 헌혈 집단은 대략적으로 일반 인구 집단에서 [헌혈에] "적합한" 사람들을 대표한다고 결론 내렸다.

마지막으로 우리는 대표성을 고려하면서 자녀 수 및 무자녀의 분포, 평균 가족 규모에 대한 우리의 자료를 국가 자료를 기준으로 검토하였다. 이와 함께 우리 자료의 분포, 평균, 백분율이 가족 규모와 사회 계급의 역사적 상황과 대체로 일치한다는 것을 발견하였다. 비교적 적은 규모의 헌혈자 표본에도 불구하고 우리는 예를 들어 4명 이상의 자녀를 가진 남성 헌혈자의 비율이 사회 계급과 반비례하고 있다는 점을 파악하였다. 사실 이것은 18-64세 사이의 더 크고 더 무작위로 추출된 표본에서 발견할 것으로 기대되었던 바로 그것이다.

지금까지 우리는 조사에 포함된 헌혈자들의 특성을 "대표성"의 관점에서 고려하였다. 우리가 설명한 것처럼 여기서 주요 난제는 우리가 실제 모집단을 설명해주는 자료를 가지고 있지 않다는 것이다. 우리는 18-64세 사이의 적합 헌혈자 모집단에 대해서 어떤 것도 추정할 수 없고, 1967년 잉글랜드의 실제 헌혈자 총수에 대한 어떤 관련된 자료도 가지고 있지 않다. 그러므로 우리는 다양한 간접적인 방법을 이용해야 했고, 일반 인구 집단 자료와 우리의 헌혈자들의 특성에 대한 비교를 통하여 유사점과 차이점을 발견해야 했다. 이를 기반으로 하여, 그리고 많은 제한적인 요인을 고려하면서 우리는 자료에 나와 있는 헌혈자들(특히 일반 대중 헌혈자들)이 여러 면에서 국가의 일반 인구 집단과 매우 유사하다는 대강의 결론을 내렸다. 상대적으로 성과 연령, 사회적 신분, 사회 계급, 소득수준의 측면에서 일반 인구 집단과 더 가까웠는데, 이는 미국의 헌혈자들의 경우보다 더욱 그러하였다.

그렇다면 우리의 헌혈자들은 잉글랜드의 모든 헌혈자와 비교하여 얼마나 비슷한 특성을 가지고 있는가? 이러한 질문에 대하여 우리는 명확한 답변을 할 수 없다. 그러나 이런 종류의 예비 조사가 가지는 약점에도 불구하고 우리는 소위 우리의 "표본"이 상당히 모범적으로 "혼합"된 3,800명의 헌혈자를 포함했다고 믿는다.

세 지역 각각의 헌혈자 표본 인구의 특성에 대한 분석이 수행되었고 이것들은 해당 지역 병원 위원회가 관할하는 지역에 대한 1966년 인구총조사 자료와 비교되었다. 그 결과 세 지역의 헌혈자 표본 사이에는 어떤 범주(성, 연령 그리고 결혼 상태)에서도 통계적으로 유의한 차이가 없었다. 이 장에 있는 주요 표들에 대해서는 통계적 유의성도 살펴보았고, 그 결과들은 표에 대한 해석에서 일관되게 고려하였다. 여기에 모든 표를 제시하면, 이미 언급한 것처럼 일반 인구 집단과 헌혈자 표본을 비교하는 것의 어려움과

1967년 잉글랜드와 웨일스의 모든 등록된 헌혈자에 관한 기본 자료의 부족 때문에 대표성이 흔들림에도 불구하고 대표성이 있는 것 같은 인상을 줄 수도 있다.

한 가지 조그마한 추가적인 단서가 또한 언급되어야 한다. 우리의 표본에는 감옥에 있는 사람들이 포함되지 않았다(8장에서 F 유형으로 분류된 반강제적 헌혈자). 여러 해 동안 국립수혈원의 정책은 감옥과 다른 형법 기관들에 수용되어 있는 사람들을 포함한 모든 사람에게 자발적으로 헌혈할 기회를 제공하는 것이었다. 이러한 정책의 근거는 일반 대중 헌혈소에 참석할 수 없는 잠재적인 시설 헌혈자를 차별하면 안 된다는 것이었다. 그러므로 수감된 헌혈자들도 똑같이 취급되었는데, 공식적으로는 수감자들을 위한 물질적 보상, 형기의 감소 또는 모범수로의 지정good conduct marks과 같은 것들이 없었다.

1967년 (스코틀랜드를 포함한) 국가 전체에서 1만 4,903명의 수감자와 1,175명의 수감 시설의 직원이 헌혈을 하겠다고 자원하였다.[3] 이는 같은 해 국가 전체 헌혈의 1%에 조금 못 미치는 것이었다.

수감자들은 헌혈로부터 어떠한 이득도 얻지 못함에도 불구하고 헌혈에 대한 일부 강제 또는 외부 압력이 있다고 생각했을 수 있고, 실제로 그런 것이 있었을 수도 있다. 그러므로 이 1%(우리는 이 비율에 소수의 국방부 헌혈자를 포함시킬 수 있다)를 제외한 나머지 99%의 헌혈자를 자발적 공동체 헌혈자(H 유형)로 분류할 수 있다

---

[3] *Report on the Work of the Prison Department*(1967), p. 29.

는 것이 우리의 결론이다.

대표성에 대한 평가의 문제를 우리가 할 수 있는 한 논의하였고, 이 장의 다음 절에서는 헌혈자들의 특성에 대한 주요 사실을 요약할 것이다.

- 헌혈자의 약 60%는 남성이고 40%는 여성이다. 성별 차이의 대부분은 결혼한 젊은 여성들이 출산 때문에 빠졌기 때문인 것 같다. 어쨌든 만약 이 조사 결과가 전형적인 것이라면 영국의 여성 헌혈자들은 비교가 가능한 다른 어떤 국가의 경우보다 국가 전체 헌혈량에 비례적으로 더 많은 기여를 하고 있다고 평가할 수 있다.

- 헌혈자들은 남녀 모두 18-64세 일반 인구와 비교할 때 다소 더 젊다. 이러한 결과는 주로 55세 이상 헌혈자 수의 감소 때문이다. 헌혈에 적합한 첫 10년 동안 남녀 모두에서 젊은 헌혈자들의 수가 더 많은 것은 마지막 10년 동안 남녀 모두에서 나이가 많은 헌혈자들이 점점 빠져나가는 것에 의해서 상쇄된다. 이론적으로 말하면, 질병과 장애로 인하여 노인들이 헌혈을 하지 못하는 노화의 영향을 젊은 사람들의 헌혈로 완화한 것이다.

- 그렇기는 하지만 55세 이상의 남녀가 헌혈한 모든 혈액이 약 10%는 된다.

- 노령에 따른 불능, 건강, 생식과 관련된 요인을 고려할 때 성별, 연령별, 결혼 상태별 헌혈자 집단은 일반 인구 집단의 구조와 많은 측면에서 매우 비슷한 것 같다.

- (단일 범주로 묶은) 사별, 이혼, 별거한 40세 이상의 여성들은 일반 인구 집단보다 헌혈 빈도가 다소 더 높은 것 같다. 동일 범주의 남성들보다 여성들이 더 많이 그리고 장기적으로 헌혈하였다(30회 이상).

- 사회 계급 I과 II, 주당 총소득이 높은 사람들의 비율은 일반 인구 집단보다 다소 높다. 사회 계급 IV와 V 그리고 소득이 주당 15파운드보다 적은 사람들에게서는 반대의 현상이 나타난다.

- 사회 계급 III과 주당 15-30파운드를 버는 사람들은 모든 헌혈자의 2분의 1에서 3분의 2 사이이다.

- 직장 헌혈소에서보다 일반 대중 헌혈소에서 자발적으로 헌혈한 고소득 상위 계급과 저소득 하위 계급의 비율이 더 높았다. 다시 말해서 평균적으로 공동체 헌혈자는 고용된 헌혈자보다 대표성이 더 높은 것 같다.

- 헌혈자 가구에서 모든 주 소득자의 약 13%는 1967년 표준 생활 기준standard of living 또는 보충 급여Supplementary Benefits 기준 이하에 해당하는 주당 소득을 벌어들이고 있었다고 판단된다. 남

편을 여읜 여성의 약 70%는 주당 소득이 15파운드보다 적었고, 전체의 약 24%는 사회 계급 IV와 V에 속하였다.

- 젊은 미혼 남성들(20-29세)의 기여가 가장 큰 사회 계급은 I과 II 였다. 반대로 기혼 남성들(50-64세)의 기여가 가장 큰 사회 계급은 IV와 V였다.

- (대다수가 30세 이상인) 정규직 기혼 여성들은 일반 인구 집단의 경우보다 헌혈 빈도가 더 높은 것 같다. 이것은 특히 사회 계급 III-IV를 제외한 모든 사회 계급에서 마찬가지였다. 주부의 역할과 정규직 역할의 병행이 이들의 자발적 헌혈을 막지 않은 것은 분명하다. 대다수는 지역사회에서 자발적으로 헌혈을 하였다.

- 4명 이상의 아이를 포함한 대가족을 가진 (또는 성인 구성원을 포함하여 더 큰 대가족을 가진) 모든 사회 계급과 소득 집단의 헌혈자는 아이가 없는 사람들, 그리고 1명부터 3명의 아이를 가진 사람들과 같은 정도로 국립수혈원에 헌혈하였다. 30-44세 전체 사회 계급의 기혼 헌혈자들 중 9%는 아이가 4명 이상이었다. 사회 계급 IV와 V에서 그 비율은 12%이었다. 이들 중에는 그들의 아이가 미래에 수혈을 필요로 할 수도 있다고 생각하는 사람이 있었는데, 약 150명의 헌혈자가 이것을 헌혈의 이유로 들었다.

- 아이가 있는 (또는 아이를 기른 적 있는) 기혼 여성은 아이가 없는 기혼 여성보다 헌혈할 확률이 더 높았다.

- 우리 표본에 있는 3,616명의 헌혈자는 이전에 헌혈을 한 적이 있었다. 그들이 국립수혈원에 제공한 혈액은 모두 합치면 4만 3,391파인트였다. 그 범위는 2파인트부터 60파인트 이상 사이였으며 평균은 약 12파인트였다. 성별로 살펴보면 전체의 약 7-8%는 상대적으로 새로운 헌혈자(1-4파인트)에 의한 것이었고 25%는 장기 헌혈자(30파인트 이상)에 의한 것이었다.

- 우리는 이상의 사실들을 통해서 헌혈자들은 갑작스런 위기나 혈액을 요청하는 긴급 TV 방송 때문에 일시적이고 산발적으로 헌혈하는 것이 아니라는 것을 알 수 있다. 많은 헌혈자는 주기적이고 지속적으로 혈액을 제공하는 "소속감을 가진attached" 헌혈자이다(장기 헌혈자의 기여는 15년이 넘도록 지속된다).

- 컴퓨터를 활용하여 헌혈로 모인 전체 혈액이라는 관점에서 (헌혈자 수와 비교하여) 성, 연령, 결혼 상태, 사회 계급 그리고 기타 요인들에 대한 모든 자료를 분석해보면 현저하게 차이가 나는 점을 발견할 수 없다. 예를 들어 모든 헌혈의 38%는 여성이, 62%는 남성이 한 것으로 나타났다.

- 이 분석을 통하여 확보한 일부 추가적인 사실은 다음과 같다. 사회 계급 IV, V와 비교했을 때, 사회 계급 I, II, III에서 30-64세 연령대 중 15파인트를 초과하여 헌혈한 사람이 남녀 모두에게서 더 많았다. 사회 계급 IV와 V에서는 남녀 모두에서 45-64세의 상대적으로 새로운 헌혈자의 기여가 컸다. 기혼 남성

미혼 남성에 비해 장기 헌혈자가 될 확률이 높았다(이는 부분적으로는 미혼 상태는 보통 영구적인 상태가 아니라는 사실에 기인한다).

헌혈의 수와 관련된 이러한 결과들은 다른 것보다 더 주의 깊게 다루어야 했는데, 그 주된 이유는 이전에 헌혈할 당시 헌혈자들의 상황과 특성에 대한 자료를 얻을 수 없기 때문이었다. 그러므로 예를 들어 조사가 수행될 때 기혼이었던 헌혈자가 결혼 상태에 있었던 기간 동안만 혈액을 헌혈했다고 추정할 수는 없다. 이전에 했던 헌혈과 관련된 회상 오류는 공식적 기록을 검토하면서 배제하였다.

잉글랜드 헌혈자들의 특징에 대한 1차 조사의 대략적인 사회적 함의에 대해서는 나중에 다룰 것인데, 이때 동기부여 요소에 대한 검토와 미국을 비롯한 다른 국가들의 상황과의 비교 작업도 동시에 할 것이다.

이 장을 마치면서 "주고받기"에 대한 간략한 조사 분석 결과를 제시하고자 한다.

조사에서 헌혈자들은 주고받기에 관한 일부 질문들에 응답하였다. 우리는 처음에는 헌혈자 본인의 측면에서, 나중에는 헌혈자의 직계 가족의 측면에서 주요 결과를 분석한다.

국방부 헌혈자, 그리고 성 또는 결혼 상태 자료가 결손되어(또는 이런 정보가 부적절해서) 분류가 불가능한 소수의 헌혈자를 제외했을 때, 수혈을 받은 경험이 있는 헌혈자는 159명이었다. 총 3,465명(남성 2,062명, 여성 1,403명) 중에서 이 숫자는 4.6%에 해당하는 것이었다.

〈표 10.5〉에서 볼 수 있듯이 여성의 비율이 남성보다 더 높았다(여성 5.9%, 남성 3.5%). 세 개의 연령군으로 구분했을 때 백분율은 〈표 10.4〉와 같다.

〈표 10.4〉 성별, 연령별 수혈을 받은 적 있는 헌혈자 백분율

연령	남성(%)	여성(%)
18-29	2.3	3.6
30-44	3.1	8.3
45-64	5.6	8.5

성별, 연령별 수혈을 받은 적 있는 헌혈자는 각 집단에서 연령이 증가함에 따라서 여성, 그리고 남녀 전체에서 그 비율이 높아졌다. 이러한 연령 효과는 기대된 것이었는데(어떤 의미에서 수혈은 기억된다는 사실을 증명하는 한 예이다) 그 이유는 해를 거듭할수록 그동안에 수혈을 받을 확률이 증가하기 때문이다.

〈표 10.5〉는 결혼 상태와 사회 계급 분석을 결합한 결과이다(수가 너무 적어서 더 이상의 연령 구분은 불가능하였다).

〈표 10.5〉 성별, 결혼 상태별, 사회 계급별 수혈을 받은 적 있는 헌혈자 백분율

사회 계급		사회 계급이 차지하는 비율(%)	수혈을 받은 적 있는 사람의 비율			
			기혼(%)	미혼(%)	W/D/S(%)	합계(%)
남성	I	11	4.8 (189)	8.8 (34)	0.0 (1)	5.4 (224)
	II	20	3.8 (318)	4.3 (94)	0.0 (4)	3.8 (416)
	III	56	3.3 (901)	2.9(209)	4.3(23)	3.3(1,133)
	IV	11	1.2 (163)	0.0 (51)	0.0 (6)	0.9 (220)
	V	2	5.6 (18)	12.5 (16)	0.0 (0)	8.8 (34)
	IV/V 결합	13	1.7 (181)	3.0 (67)	0.0 (6)	2.0 (254)
	합계[1]	100	3.4(1,589)	3.7(404)	2.9(34)	3.5(2,027)
여성	I	11	8.2 (122)	0.0 (22)	0.0 (2)	6.8 (146)
	II	26	7.2 (236)	4.0(100)	9.1(11)	6.3 (347)
	III	48	7.2 (389)	1.5(200)	13.0(46)	5.8 (635)
	IV	13	8.7 (115)	0.0 (46)	0.0(16)	5.6 (177)
	V	2	0.0 (20)	0.0 (8)	0.0 (3)	0.0 (31)
	IV/V 결합	15	7.4 (135)	0.0 (54)	0.0(19)	4.8 (208)
	합계[1]	100	7.4 (882)	1.9(376)	9.0(78)	5.9(1,336)

1. 이 표에 제시된 총 헌혈자 수(3,363명)가 다소 적은 이유는 직업을 빠뜨린 경우가 있기(혹은 정보가 부적절했기) 때문이다. 또한 경제 활동을 하지 않는 사람과 퇴직자는 제외하였는데 수혈을 받은 적 있는 사람들 가운데 149명이 여기에 해당한다.

결혼 상태별, 사회 계급별 분석에 의하면 사회 계급이 높아짐에 따라서 수혈을 받은 경우가 많아지는 것 같다. 사회 계급이 높은 헌혈자들은 사회 계급이 낮은 헌혈자들보다 수혈을 더 많이 받았는데, 특히 남성이 그러하였다. 남성의 경우 사회 계급 IV, V에 대한 사회 계급 I, II의 초과 백분율은 120%이다. 여성은 35%이다.

이러한 차이를 연령 구조(사회 계급 IV, V의 남녀 헌혈자들은 나이가 더 많은 경향이 있었다), 결혼 상태(〈표 10.5〉를 보라), (여성에 영향을 미

치는) 가족 규모의 차이로 설명할 수는 없다. 사회 계급이 높은 헌혈자들이 사회 계급이 낮은 헌혈자들보다 수혈(그리고 외과적 수술)을 요청할 가능성이 높다고 추정하는 것은 합리적이지 않다.

그리하여 우리는 다음과 같이 결론을 내렸다. 이러한 차이는 실제로 존재하며 이 헌혈자 집단 내에서 사회 계급이 높은 헌혈자 집단이 수혈(그리고 외과적 수술 또는 혈액을 요구하는 다른 의학적 치료)을 더 많이 받았다는 것이 그것이다. 이것은 기대하지 않은 결과이다. 사망과 질병 이환, 산업재해, 교통사고, 그리고 가난한 대가족을 거느린 여성의 분만 등이 가지는 위험의 사회 계급별 확률에 대한 전반적인 근거들은 이와는 정반대의 결과를 보여준다. 즉 이런 점들을 고려하여 우리는 특히 수혈을 무상으로 시행하는 국영보건서비스 체제에서 사회 계급 IV, V가 상대적으로 수혈을 더 많이 받았을 것이라고 기대했던 것이다.

우리는 헌혈소별 헌혈자들의 분포, 특히 기관 헌혈자들의 선택에서 이를 설명할 단서를 찾을 수 있을지 알아보기 위하여 자료를 재배치하였다. 그 결과는 표 〈10.6〉이다. 네 개의 열 중 세 개의 열에서 계급 관계가 나타나는데, 이는 기관 헌혈자들에게서 더 강력하다.

⟨표 10.6⟩ 성별, 주 소득자의 사회 계급별, 헌혈소별 수혈을 받은 적 있는 헌혈자들의 비율(괄호 안은 헌혈자 수)

사회 계급	일반 대중		기관	
	남성	여성	남성	여성
I–II	4.8 (418)	6.4 (469)	4.2 (192)	7.0 (57)
III	3.2 (758)	6.2 (534)	3.5 (431)	4.5 (155)
IV–V	3.2 (154)	6.2 (145)	2.8 (109)	2.3 (43)
합계	3.7(1,330)	6.3(1,148)	3.6 (732)	4.7 (255)

마지막으로 우리는 수혈을 받은 적 있는 헌혈자들의 비율을 고려하면서 이를 헌혈 횟수와 연결시켰다(⟨표 10.7⟩). 수혈을 받은 적 있는 사람들의 수는 많은 부분에서 매우 적다. 그러므로 이 표에 대한 어떤 해석도 정확하지 않을 수 있다. 그러나 대략적으로 다음의 결과들을 제시할 수 있다.

- 수혈을 받은 적 있는 여성 헌혈자들의 비율은 남성보다 더 높다.

- 남성과 달리 헌혈의 수가 증가할수록 이 백분율도 증가한다. 또는 반대로 표본 내에서 수혈을 받은 적 있는 여성은 남성보다 헌혈을 더 자주 할 확률이 높았다. 이것은 모든 사회 계급의 여성과 장기 헌혈자 남성(30세 이상), 사회 계급 III-V에 적용할 수 있는 것 같다.

- 사회 계급 비율을 보면, 사회 계급 I, II의 남녀 헌혈자들은 수혈을 더 많이 받는 것 같다. 그들은 또한 헌혈을 더 많이 한다.

⟨표 10.7⟩ 성별, 사회 계급별, 헌혈 횟수별 수혈을 받은 적 있는 헌혈자의 비율
(괄호 안은 헌혈자 수)

	사회 계급	헌혈 횟수[1]			
		1–4(%)	5–14(%)	15–29(%)	30+(%)
남성	I–II	4.3(164)	3.9(279)	7.0(144)	0.0 (57)
	III	4.7(359)	2.6(466)	1.3(234)	6.8 (74)
	IV–V	2.2 (91)	1.0 (97)	1.9 (52)	6.7 (15)
	합계	4.2(614)	2.9(842)	3.3(430)	4.1(146)
여성	I–II	3.4(175)	7.5(212)	8.1 (86)	9.4 (32)
	III	4.6(262)	5.5(275)	7.8 (90)	6.1 (33)
	IV–V	3.9 (76)	6.2 (65)	4.5 (22)	20.0 (10)
	합계	4.1(513)	6.3(552)	7.6(198)	9.2 (75)

1. 현재 수치는 제외

이러한 결론의 잠정적인 본질이 무엇이든 간에, 수혈을 받은 적 있는 남녀는 자발적으로 헌혈을 할 것이고 그것도 지속적으로 후하게 할 것이라는 점에 주목하지 않을 수 없다. 가장 놀랄 만한 사실 중의 하나는 15-50파인트가량의 헌혈을 한 모든 여성들 가운데 8% 이상은 수혈을 받은 적이 있는 사람이라는 것이다.

이 장의 모든 비율을 해석하는 과정에서 여전히 우리가 알지 못하는 것은 수혈을 받은 적이 없는 사람들의 경험이다. 18-64세 연령대에서 수혈을 받은 적 있는 사람들은 그렇지 않은 사람들보다 헌혈할 확률이 낮을 수 있다. 사회 계급, 나이, 그 외 다른 특성에 따라 주고받음의 비율은 달라질 수 있는데 왜냐하면 한 집단에 대한 외과적 또는 내과적 수혈의 이유가 다른 집단에 대해서보다 더 심각할 수 있고 이 때문에 의학적 이유에 근거하여 일부 수혈자들

은 헌혈자가 되지 못하게, 또는 더 이상 헌혈을 계속하지 못하게 막기 때문이다. 우리는 헌혈하지 않은 사람들에 대한 자료를 가지고 있지 않을 뿐만 아니라 주기적인 헌혈을 중단한 사람들의 특성에 대해 어떤 것도 알지 못한다. 예를 들어 그들은 더 이상 등록명부에 존재하지 않는다. 우리가 도처에서 명시하였듯이 의학적, 사회학적 측면에서 누가 수혈을 받는지 그리고 왜 수혈을 받는지에 대해서 알려진 것이 거의 없다는 사실은 여전히 더 중요하다.

마지막으로 우리는 〈표 10.8〉에서 설문의 두 번째에 해당하는 일부 통계를 제시하였는데, 이는 헌혈자의 직계가족(여기서는 부모, 남편/아내, 자식으로 한정하였다)에게서 수혈을 받은 것과 관련된 것이다.

〈표 10.8〉 적어도 한 명의 직계가족 또는 자신이 수혈을 받은 기혼 헌혈자의 성별 비율

	한 번 이상 받음(%)	받은 적이 없음(%)	합계(%)	헌혈자 수
남성	28.3	71.7	100	1,708
여성	28.7	71.3	100	984

성별 비율은 사실상 크게 다르지 않다. 이 표에서 우리가 말할 수 있는 모든 것은 남녀 헌혈자 가족들의 4분의 1 이상이 수혈을 받았고 4분의 3은 수혈을 받지 않았다는 것이다. 그러나 만약 이 표본이 국가의 총인구를 조금이라도 대표한다면(〈표 10.8〉은 아이와 노인을 포함한다) 이는 매우 높은 수치인 것 같다. 모든 "직계"가족들 가운데 4분의 1 이상이 지난 25년 정도 기간의 어느 시점에 수혈을 받았다고 믿기는 어렵다. 이에 대한 대안적 설명은 과거 어

느 시점에 자신 또는 자신의 가족 중의 누군가가 무상으로 수혈을 받은 사실이 있고 이것이 자발적 헌혈의 동기가 되었다는 것이다.

〈표 10.9〉와 〈표 10.10〉은 헌혈자가 받은 수혈을 제외한 것이다. 이 표들은 소득과 사회 계급이 높은 가족이 소득과 사회 계급이 낮은 가족보다 비례적으로 더 많은 혈액을 수혈받았다는 사실을 보여준다. 부유하고 사회 계급이 높은 헌혈자들뿐만 아니라 그들의 가족도 더 많은 혈액을 수혈받았다는 것이다. 이것은 또한 사망, 이환, 사고에 관한 통념이나, 사회 계급 IV, V와 주당 20파운드보다 적게 버는 사람들이 전반적으로 나이가 더 많을 뿐만 아니라 (그러므로 더 긴 기간 동안 위험에 노출된 나이 많은 가족들이 있을 확률이 높다) 그들의 직계가족 수가 더 많다는 사실과 비교했을 때 기대되지 않은 결과이다. 그러나 비록 엄격한 의학적 측면에서는 이런 결과가 기대되지 않을 수는 있으나 다른 측면에서는 그렇지 않다. 이것이 의미하는 것은 더욱 많은 혈액을 수혈받은 개인과 가족이 (결과적으로 지속적인 헌혈이 가능한 잠재적 헌혈자가 되어서) 더욱 많은 혈액을 헌혈할 확률이 높다는 것이다. 아마도 이러한 현상은 전반적으로 자발적인 체계의 맥락에서 기대될 수 있는 것이다.

우리는 헌혈자의 동기에 대해서 논의할 후반부에 이 주제를 더 탐색할 것이다.

〈표 10.9〉 직계가족 중 적어도 한 명이 수혈을 받은 모든 헌혈자의 사회 계급별 비율

전체 헌혈자 수: 3,516					
사회 계급	I(%)	II(%)	III(%)	IV(%)	V(%)
최소 한 번 받았음	24.4	25.5	23.0	19.0	22.6
받은 적 없음	75.6	74.5	77.0	81.0	77.4
합계	100	100	100	100	100
총 헌혈자 수	393	793	1,879	389	62

〈표 10.10〉 직계가족 중 적어도 한 명이 수혈을 받은 적 있는 헌혈자가 속한 가구의 주 소득자의 주당 총소득별 비율

전체 헌혈자 수: 3,823				
소득 집단	한 번 이상 받음(%)	받은 적 없음(%)	합계(%)	헌혈자 수
무응답	16.7	83.3	100	156
10파운드 미만	19.6	80.4	100	107
10-15파운드	20.9	79.1	100	407
15-20파운드	20.1	79.9	100	957
20-30파운드	24.3	75.7	100	1,387
30-50파운드	26.7	73.3	100	603
50파운드 초과	25.7	74.3	100	206

11장
선물은 좋은 것인가?

5장에서 의학적 목적을 위한 인간 혈액의 이용은 다른 많은 약제보다 수혈자에게 더 치명적일 수 있다는 점을 설명했다. 수혈과 전혈 및 특정 혈액제제의 이용은 질병을 전파할 위험을 동반하는데 특히 혈청간염, 말라리아, 매독 그리고 브루셀라증이 그렇다. 이러한 위험은 감염된 혈액과 혈장 때문만이 아니라 채혈과 수혈 과정에서 오염된 주사바늘이나 기구 때문에도 존재한다. 5장에서는 이러한 위험에 대하여 간략하게 설명하였다.

1970년에 미국과 영국 그리고 다른 현대사회에서 가장 위험한 것은 혈청간염이다. 이 질병은 전 세계에 걸쳐서 가장 중요한 공중 보건 문제가 되었다. 수혈되기 전 또는 혈액이 다양한 혈액제제로 전환되기 전에 혈액 속에 있는 간염의 원인 인자를 실험실에서 알아낼 과학적 수단은 아직 발견되지 않았다. 100만분의 1밀리리터보다 적은 양의 오염된 혈액으로도 간염이 전파될 수 있다.[1]

미국과 영국에서 수행한 예비 연구 결과가 1969년에 출간되었는데 이 연구는 급성 바이러스성 간염 환자의 혈청에서 특이 인자를 식별했다고 보고하였다. 이 인자는 항원으로서 작용하는 것으로 알려져 있고 "오스트레일리아 항원Australia antigen"으로 불리는데, 그 이유는 이것이 호주 원주민의 혈청에서 처음 발견되었기 때문이다. 『영국의학저널』은 사설에서 이 보고를 논의하면서 다음과 같이 결론지었다. "발견이 힘든 간염바이러스와 효과적인 백신의 개발을 놓고 그동안 많은 시행착오가 있었다. 이것 역시 또 다른 잘못된 길일 수 있지만 우리는 배양된 조직에서 이 인자를 성장시키기 위한 여러 시도들이 어떤 결과를 낼지 큰 관심을 가지고 기다릴 것이다. 그리고 잠재적인 헌혈자들을 선별하는 문제에 있어서 항원 검사의 활용은 앞으로 평가될 만한 가치가 있다."[2]

질과 안전성에 대한 과학적 검사 방법이 없다는 것은 수혈자들의 차후 생물학적 상태가 헌혈받은 혈액에 바이러스가 존재하였는지 여부를 결정하는 최종 검사가 된다는 것을 의미한다. 다시 말해 사실상 환자가 "선물"의 질을 검사하는 실험실이라는 것이다.

그러나 현실이 이렇다고 하더라도 어느 환자도 수혈의 대가로 자신의 몸이 이런 역할을 하게 된다고 알고 있는 경우는 거의 없다. 이들은 그 혈액이 간염을 일으키는지에 대해 묻지 않고, 대부분의 경우 물을 수 있는 상황이 아니다. 누가 그것을, 어떤 상태에

---

1   Murray, R., *Bulletin of the New York Academy of Medicine*, 31(1955), p. 341.
2   *British Medical Journal*, 645(14 June 1969). 또한 *Lancet*, 143(19 July 1969) and 577(13 September 1969); Cossant, Y., *et al.*, *British Medical Journal*, 755(27 September 1969) and 403(14 February 1970); Zuckerman, A. J., *et al.*, *British Medical Journal*, 262(31 January 1970) and *Transfusion*, Vol. 10, No. 1(January-February 1970), p. 1도 보라.

서 제공하는가? 그리고 그 혈액이 나에게 해를 미치거나 목숨을 앗아가지 않는다는 것을 인간의 힘이 미치는 한도 내에서 확증하기 위해 채택된 안전장치는 무엇인가? 심지어 이런 질문들을 꺼낸들 수혈을 행하고 혈액제제를 투여하는 사람들은 만족스럽게 답할 수 없다.

진료 영역의 다른 많은 상황에서 그러하듯이 이와 같은 무지와 불확실성의 상황에서 환자들은 의료 전문가와 조직화된 진료 체계를 믿어야 한다. 믿는 것 말고는 대안이 없다. 차후에 간염에 이환되고 (많은 경우 이러기는 어렵지만) 감염이나 건강상의 이상이 임상적으로 진단된다고 하더라도 수혈이나 혈액제제가 그 원인이라고 이야기하기는 대부분의 경우 사실상 여전히 불가능하다. 많은 복잡한 요인이 진단과 발견 그리고 원인 인자(들)에 대한 명명을 어렵게 한다. 혈청간염의 잠복기가 길다는 것도 그중 하나의 이유이다 ― 이는 6개월까지 길어질 수 있다.

혈청간염은 임상 검사와 실험실 검사로는 전염성간염과 구별이 되지 않는 바이러스성 간염이지만 다음과 같은 점에서 차이가 있다. 보통 "40일에서 180일, 때때로 200일" 또는 "50일에서 160일"로 알려져 있는 긴 잠복기, 성인의 발생률이 더 높다는 점, 계절에 따른 차이가 없다는 점, 오로지 비경구적 경로로 전파된다는 점 등이다. 일반적으로 전염성간염은 입과 배설물로 전파되지만, 비경구적 경로로도 전파될 수 있다.[3]

---

3   *WHO Expert Committee on Hepatitis*, Second Report, WHO Technical Report Series No. 285(Geneva, 1964).

그러므로 환자로서는 수혈을 받을 때 믿는 것 말고는 대안이 없을 뿐만 아니라 인과관계가 성립하는 매우 드문 명확한 감염 사례를 제외하고는 차후에 배상을 받을 수도 없다. 그는 자신도 모르는 사이에 "선의goodness"를 검사하는 실험실이 될 뿐 아니라 혈액이 감염된 것이거나 신뢰하지 못할 것인 경우 그와 그의 가족은 생물학적, 사회적, 경제적 비용, 즉 신체 불능, 소득과 경력상의 전망 상실, 가족생활에 대한 나쁜 영향, 그 외 수량화할 수 없는 비용을 감수해야만 한다. (예를 들어 잉글랜드의 국영보건서비스에서 제공하는 무상 진료를 통해) 이런 비용은 감소할 수 있지만 결코 완전히 제거될 수는 없다. 많은 경우 비용은 없어지지 않는다.

이런저런 이유로 수혈 서비스의 책임자들은 헌혈자 선택에 있어서 가장 엄격한 기준의 유지가 매우 중요하다는 점을 강조해왔다. 실험실에서 바이러스를 확인할 수 없기 때문에 헌혈자들의 건강 상태, 과거 병력 그리고 사회적 습관은 중요하다. 그러나 "건강"의 임상적 측정에는 명확한 한계가 있다. 바이러스 보균자와 "정상인"을 구별할 수 있는 신뢰도 높은 단일 검사나 간기능검사는 아직 개발되지 않았다.

그러므로 의학적 검사, 과거 병력 확보와 선택의 과정은 헌혈자의 신뢰도에 많은 부분을 의존한다(5장에서는 장래의 헌혈자에게 해야 할 질문들과 그 채택 과정을 논의하였다). 수혈을 받는 사람들이 의사를 믿어야 하는 것과 마찬가지로 의사도 헌혈자를 믿어야 한다. 의학적 결정과 수혈에 대한 책임자들은 헌혈자들이 믿을 만하다는 가정에 기반한 특정한 환경에서 행동해야 하는 것이다.

불행하게도 그 혈액이 고위험 헌혈자 집단의 것인지, 아니면 위험도가 낮은 자발적 집단의 것인지에 관해서 의사가 정보를 얻을 만한 무언가가 혈액 용기에는 표기되어 있지 않다. 그런 정보가 표기되지 않는 한 환자의 담당 의사는 수혈의 위험도를 적절하게 평가할 수 없다.[4]

완벽한 무지와 무력함의 상황에서 환자는 진실성에 대한 권리를 가진다. 이것은 사회적 권리이다. 근본적으로 이것은 그가 무언가를 선호할 수 없기 때문에 부여되는 권리이자 한 사람의 거짓됨에 의해 다른 사람의 복지가 감소하기 때문에 부여되는 권리이다.

그러므로 서로 다른 헌혈 시스템에서 우리는 다음의 질문들을 할 수 있다. 헌혈자의 진실성을 극대화하고 이를 장려하는 상황과 방식의 조합은 무엇인가? 진실성은 어느 정도까지 극대화될 수 있는가? 이러한 목표는 헌혈에 대한 동기가 다양함에도 불구하고 추구될 수 있는 것인가? 의료 전문가가 환자와 전문가를 위하여 헌혈 프로그램을 조직하고 운영할 때 근본적으로 고려해야 하는 원칙은 무엇인가? 이것들은 이 장에서 주로 다루는 질문들이다. 질과 안전의 문제를 토론하면서 우리는 혈청간염이라는 중요한 위해에 집중할 것이다.[5] 그러므로 우리는 수혈 및 혈액제제의 임상

[4] Allen, J. Garrott, "Post-transfusion hepatitis", *California Medicine*, 104: 4(April 1966), p. 297.
[5] 말라리아의 위험도도 비행기 여행의 급격한 증가 때문에 미국, 영국, 기타 서구 국가들에서 급격하게 증가해왔다. 말라리아는 전혈과 특정 혈액제제에 의해서 전염될 수 있다. 다른 국가들과 비교했을 때, 영국에서 수혈에 의한 말라리아 환자가 드문 이유는 안전장치의 도입 때문인 것으로 평가된다

적 활용에서의 다른 위험들은 다루지 않을 것이다. (다른 위험들에는 혈액형 검사, 교차 시험, 표 달기, 환자 식별, 혈액과 혈액제제가 헌혈자로부터 수혈자에게 전달되는 모든 단계의 여러 과정에서 발생할 수 있는 인간 및 컴퓨터의 오류, 혈액과 혈액제제의 실제 사용에 있어서 임상적 판단의 오류 및 "투약 오류"가 포함된다.)

다음은 대체로 첫째, 다양한 시스템에서의 헌혈자의 특징 및 헌혈자 선택과 관련된 혈청간염 위험에 대한 근거 검토, 둘째, 많은 국가의 혈청간염 발생률에 대한 요약으로 구성된다.

전자와 관련된 근거는 대부분 미국과 일본에서 수행한 연구 결과이다. 1966년에 그로스M. L. Gross 교수는 미국의 일부 문헌을 간략하게 요약하였다.

> 간염은 병원 환자들 사이에 가장 널리 퍼져 있는 수혈로 인한 이환이고 오염된 혈액의 결과이다. 이와 관련된 정확한 희생자 숫자를 파악하기는 힘들지만 『미국의사협회지』는 사설에서 간염 수혈 문제가 심각하며 이전에 생각했던 것보다 매우 상당한 정도로 널리 퍼져 있다고 밝혔다.
> 치료를 위한 필수적 조치인 혈액 수혈을 받은 40세 이상 환자들이 매 150회의 수혈당 약 한 번 꼴로 혈청간염에 의한 사망을 일으키는 것으로 나타난다. 이 집단은 대부분의 수혈이 집중된 연령 집단이고, 매일 수백 회의 수혈이 이루어지고 있

(Shute, P. G., and Maryon, M., "Imported malaria in the United Kingdom", *British Medical Journal*, 781(28 June 1969)).

기 때문에 이런 높은 치명률은 문제가 된다(이는 사설에 게재되었다).

중요한 지역 — 시카고, 뉴저지, 필라델피아, 로스앤젤레스, 볼티모어 — 에서 수행된 수혈을 받은 환자들을 주의 깊게 추적한 연구는 우리를 좌절하게 만든다. 이 연구는 간염이라는 불행이 환자 25명 내지 50명 중 한 명 꼴로 발생하고, 이들 중 20%가 사망한다고 보고하였다. 필라델피아의 연구자인 존 시니어John R. Senior는 "수혈 후 간염 발생률은 이전에 보고된 추정치보다 더 크다"고 진술하였다. 시카고의 개럿 앨런 박사는 간염의 위험성이 너무 커서 가장 숙련된 전문가들조차도 놀라게 한다고 보고하였다. 수혈을 받은 모든 병원 환자의 3.6%가 나중에 그 질병에 걸렸다(수혈받은 혈액 단위의 수에 따라 위험도는 커진다). 이 표본들로부터 판단해보건대 매년 7만 5,000건의 간염이 발생하고 거의 1만 명이 이로 인해 사망한다.

터프츠 의과대학Tufts University School of Medicine 연구원들이 보스턴에서 수집한 통계자료는 미래의 희망적인 수혈 기준이라는 관점에서 보다 낙관적인 것이었다. 9개의 보스턴 수련병원에서 12년간 수행된 연구에 의하면 수혈 후 간염 때문에 재입원한 환자는 171명에 불과했는데, 이중 12%가 사망하였다. 이들의 전체 연구 대상은 국가의 연간 혈액 이용의 약 5%에 해당하고 따라서 전국적 차원의 예측치는 3,500건이 된다. 수혈 후 간염의 실제 피해자 수는 보스턴과 시카고 연구의 양극단 중 어딘가이다.

수혈 후 간염을 예방하기 위한 주요 조치들 중 하나는 혈액의 원천을 주의 깊게 검사하는 것이라고 보스턴의 연구자들은 보고하였다. 그들은 다른 도시들에서 발생하고 있는 유행에 가까운 간염은 상업적인 혈액원에 의해서 공급된 혈액의 직접적인 결과라고 믿었다. 시카고 표본의 혈액의 40%는 구매된 것이었고, 볼티모어 혈액의 75%는 상업적 혈액원에 의해서 공급된 것이었다. 반대로 보스턴의 수련병원의 경우에는 상업적 혈액 기업으로부터 구매한 혈액이 없었다.

"사례 발견에 활용된 방법에 관계없이 수혈 후 간염 발생률이 가장 낮은 경우는 상업적으로 공급된 혈액을 이용하지 않는 경우"라고 터프츠대학의 그레이디Grady 박사와 챌머스Chalmers 박사는 진술한다.[6]

개럿 앨런 교수는 미국의 최고 대가들 중의 한 명인 그로스 교수의 책에 나온, 앞에서 요약한 내용을 언급하면서 일련의 연구에 의하면 감옥과 사회 밑바닥 계층이 공급한 혈액을 수혈한 후 혈청 간염이 발생할 확률은 자발적 헌혈자를 이용한 경우보다 적어도 10배 더 높다는 사실을 보여주었다. "이러한 더 높은 위험률은 다음의 사실에 기인하는데, 보수를 받는 헌혈자들은 종종 사회 밑바닥에서 은둔하는 사람들이며 이런 사람들은 약물 자가 투여를 위하여 소독되지 않은 바늘이나 주사기를 공동으로 이용하는 행태

---

6   Gross(1966), pp. 173-174. 미국 문헌에 대한 참고를 위하여 그로스 교수의 책과 Mirick, G. S., et al., *New England Journal of Medicine*, Vol. 273, No. 2(8 July 1965)를 보라.

를 자주 즐기는 것으로 알려져 있다. 이런 비율은 수혈받은 횟수와 함께 증가하지만 첫 5단위 또는 6단위를 받은 이후에는 선형적 관계가 지속되지 않는다. 또한 이들은 전염성간염에 반복적으로 노출되기 쉬운 비위생적인 습관들을 가지고 있다. 다른 요인은 알코올중독인데, 일반 인구 집단보다 이런 집단에서 알코올중독자의 비율이 더 높게 나타나며 이런 사람들은 전염성간염이나 혈청간염에 초기 감염될 확률이 더 높다."[7]

미국의 일부 연구들은 마약 및 기타 약물 이용자들의 간염 발생률이 기형적으로 높다는 사실을 보고하였다. 그들은 "더 많은 약물을 구입할 돈을 마련하기 위하여 혈액을 파는 것으로 흔히 알려져 있기 때문에", "공중 보건상의 커다란 위해 요인"이다.[8] 런던에서는 주사기와 바늘의 광범위한 공유 때문에 헤로인 중독자들 사이에서 간염이 발생했다는 보고가 있었다. 그러나 그들은 헌혈자가 아니었다.[9]

(뉴저지의) 또 다른 연구에서는 "마약중독으로 유죄 판결을 받거나 관련 혐의가 있는 사람들이 헌혈한 혈액을 수혈받은 사람들의 간염 발생률은 대조군의 70배였다"라는 사실을 보고하였다.[10]

미국의 연구들은 중년기 후반 연령대에서의 간염으로 인한 사

---

7   Allen, J. Garrott, "Immunization against serum hepatitis from blood transfusion", *Annals of Surgery*, Vol. 164, No. 3(1966).
8   참고를 위하여 *Hepatitis Surveillance*, National Communicable Disease Center, Report 27(30 September 1967), US Public Health Service를 보라.
9   Bewley, T. H., *et al.*, *British Medical Journal*, 730(23 March 1968).
10 Cohen, S. N., and Dougherty, W. J., "Transfusion hepatitis arising from addict blood donors", *Journal of the American Medical Association*, 203(1968), p. 427.

망률은 40% 정도일 수 있고 60세 이상의 환자의 경우 약 50% 정도라는 사실을 보고하였다.[11] 발생률이 8.7%(위에서 인용한 평균보다 거의 세 배 더 높다)라는 보고도 있었다. "우리의 연구에서 수혈 후 간염은 일반적으로 생각한 것보다 더 흔한 것으로 밝혀졌다. 이렇게 간염에 걸린 환자들은 이후 감염을 지속적으로 일으키는 원천이 될 수 있을 뿐만 아니라 그들 자신이 만성간염 환자가 될 수 있다."[12] 만성간염, 간염 후 경화, 문맥성 고혈압 그리고 출혈성 식도 정맥류는 흔한 합병증이다.[13]

미국에서 일부 집단은 혈액의 바이러스 보균 비율이 다른 집단들에 비해 6배에서 10배까지 높다. 이러한 높은 보균자 비율은 단지 사회 밑바닥 계층과 수감된 헌혈자들처럼 소규모 집단에서만이 아니라 보수를 받는 전문 헌혈자들에게서도 발견되었다. 다양한 부문에서 수행된 미국의 많은 연구는 보수를 받는 헌혈자들(그리고 상업적 혈액은행에서 확보된 혈액)을 주요 감염원으로 간주하였다. 베데스다에 있는 국립보건원(NIH)의 폴 슈미트Paul Schmidt 박사와 그의 동료들이 수행한 연구는 다음과 같은 내용을 보고하였다.

이것은 (이전의 많은 후향적 연구와는 달리) 국립보건원의 병원에서 심장 수술을 받은 21세 이상의 두 개의 환자군에 대한 통제된 전

---

[11] Allen, J. Garrott, and Sayman, W. A., *Journal of the American Medical Association*, 108(1962), p. 1079 and Hoxworth, P., *Annals of Surgery*, Vol. 160(October 1964), p. 763.

[12] Hampers, C. L., *et al.*, "Post-transfusion anicteric hepatitis", *New England Journal of Medicine*, Vol. 271, No. 15(8 October 1964), p. 753.

[13] Hoxworth, P. I., and Haesler, W. E., "Serum hepatitis in transfusion", *Proceedings of the Eighth International Congress on Blood Transfusion, Tokyo, 1960*(1962), p. 496. 또한 Zuckerman(1970)도 보라.

향적 연구였다. 연령, 성, 심장 질환의 종류, 수술의 종류, 수술 전 증상의 심각성에는 유의한 차이가 없었다. 첫 번째 집단이 수혈받은 혈액의 94%는 보수를 받는 헌혈자들을 고용한 (미시시피 밸리 지역Mississippi Valley area과 동해안 항구도시east coast port city에 위치하는) 하나 또는 두 개의 상업적 기관이 수집한 것이었다. 두 번째 집단이 수혈받은 혈액의 97%는 워싱턴 지역의 자발적 헌혈자들의 것이었다. 환자들은 상업적 기관으로부터는 평균 18.5단위를 수혈받았고 자발적 집단으로부터는 약간 더 많은 양(19.6단위)을 수혈받았다.

첫 번째 집단의 전체 간염 발생률은 53%였는데 두 번째 집단에서는 발생자가 없었다. 이 연구는 미국에서 보수가 지급된 혈액을 수혈받은 심장 수술 환자들(평균 연령은 47세)의 간염 발생률이 매우 높다는 사실과 함께 현재 발견되지 않은 감염 사례가 매우 많다는 사실을 동시에 알려준다. 연구에 포함된 환자들의 수가 적기 때문에(총 68명), 간염 위험도에 대한 감시가 전국적 차원에서 지속 및 확대되고 있었다. 보수가 지급된 혈액의 일부가 미시시피 밸리 지역에서 확보되었기 때문에 지역적 요인을 제거하기 위한 후속 연구가 진행되었다.[14]

14   미국혈액은행협회의 연차 총회에 한 보고서가 제출되었다(1968년 10월). Walsh, J. H., Schmidt, P. J., *et al*., "Icteric and anicteric hepatitis following open-heart surgery: a direct comparison of paid and voluntary blood donors", *Transfusion*, Vol. 8, No. 5(September-October 1968)를 보라. 국립보건원이 제출한 이전 연구 결과(개심술을 받은 200명의 환자가 포함되었다)는 1965년에 출간되었다. 이 연구에서는 간염 발생률이 12%인 것으로 밝혀졌는데, 이는 이전 개심술 연구에 비해서 더 높은 것이었고, "대량 수혈 후에 이 나라에서 일반적으로 관찰되는 발생률을 매우 초과하는 것"이었다. 많은 혈액은 보수를 받는 헌혈자들에게서 얻은 것이었다(Rubinson, R. M., *et al*., *Journal of Thoracic and Car-*

환자들이 부담해야 하는 다른 모든 "비용"과는 달리, 간염 환자들에게 부과되는 입원 진료비는 매우 높다. 저커먼 박사는 수혈 후 간염으로 고통받는 환자들의 "평균" 입원 진료 기간은 35일이라고 보고하였다.[15] 1967년에 메디케어 환자의 주당 평균 입원 진료비(합계)는 약 1,400달러였다.[16]

혈청간염의 문제는 전혈의 이용에 국한되지 않는다. 전체 혼주 혈장과 특정 혈액제제의 이용에도 심각한 위험이 있다. 『영국의학저널』은 "상대적으로 큰 규모의 (헌혈자) 풀에서 얻은 혈장이 '이용'될 때 간염 발생률은 11.9%라는 우려스러운 수치까지 올라갈 수 있지만, 만약 혈장 풀이 10개의 혈액 병보다 적은 양으로부터 준비된다면 그 수치는 1.3%까지 떨어진다. 대량 수혈 이후 — 오늘날 심장 수술에서 10개에서 20개 사이의 혈액 병 이용은 흔하다 — 그 위험도는 다시 증가한다"라고 보고하였다.[17]

1970년 영국에서는 오직 "소규모 풀"의 혈장만이 국립수혈원으로부터 제공되었다.[18] 그러나 연간 30만 단위 이상의 혈액이 이용되는 것으로 추정되는 미국에서는 (종종 수백 명의 헌혈자들의 혈액으

---

    diovascular Surgery, 50(1965), pp. 575-581). 국립보건원의 연구는 상업적 원천에서 유래한 혈액으로 인한 간염 발생률이 매우 높다는 사실을 확증하였다(Walsh, J. H., *et al.*, *Journal of the American Medical Association*, Vol. 211, No. 2(12 January 1970), p. 261).

15 Zuckerman, A. J., *British Medical Journal*, 174(20 April 1968).
16 *Health Insurance Statistics*, Social Security Administration, US Department of Health, Education and Welfare, HI-1(20 November 1967).
17 *British Medical Journal*, 426(20 August 1966).
18 대규모 풀의 혈장 이용에 따르는 매우 높은 간염 발생 위험도를 보여주었던 의학연구위원회의 연구(*Lancet*, 1328(26 June 1954)).

로 이루어진) 대규모 풀의 혈장 이용이 흔하다. 게다가 혈액의 상당 부분은 보수를 받는 헌혈자의 것이다.

1968년 초 오염에 대한 증거들이 증가함으로써 이미 제기되었던 안전성 문제는 레데커Redeker 박사와 그의 동료들이 수행한 혈장 연구 결과의 출간으로 인해서 미국 내에서 시급한 처리를 요하는 문제가 되었다.[19] 간단히 말해서 이 연구 결과는 제약 업자가 혼주 혈장에 자외선 처리를 하고 그것을 섭씨 30-32도에서 6개월 동안 보관하더라도 (이미 주장되었던 것처럼) 간염의 위험이 제거되지 않는다는 것을 보여주었다. 그러므로 국립과학위원회의 의학분과는 1968년 다음과 같이 경고하였다. "모든 혼주 혈장 제조의 안전성에 대해 심각한 의구심이 제기된다." 이 기관은 "만약 특정한 필요조건들을 밝히는 명백한 사례가 개발될 수 없다면, 전체 인간 혼주 혈장의 이용은 금지되어야 하고, 심지어는 중단되어야 한다"고 권고하였다.[20] 그 결과 연방 정부는 주를 넘나드는 혈장 수송을 금지하기 위한 절차를 두었다.[21]

대규모 풀에서 확보된 혈장은 전혈에 비해서 상업적 측면에서 저렴하고, 운반이 용이하며, 무기한 저장이 가능하다는 장점이 있다. 바로 이것이 보고서에서 "의료 전문가들이 교착상태에 놓여 있다"[22]는 구절이 나오는 이유이다. 다른 의미에서는 미국의 제약

19 *Transfusion*, Vol. 8, No. 2(March-April 1968)에 게재된 국립과학위원회 의학분과의 혈장과 혈장 대체제 위원회의 성명서.
20 혈장 위원회Committee on Plasma의 성명서, pp. 58-59.
21 *New York Times*(3 November 1968) and *Journal of the American Medical Association*, Vol. 205, No. 5(29 July 1968).
22 *Transfusion*, Vol. 8, No. 2(March-April 1968), p. 58에 게재된 국립과학위원회 의

산업도 이를 설명해주는 하나의 이유이다. 비록 이 권고안의 기반이 되는 결과들이 도전을 받는다고 하더라도 1969년 5월에도 미래에는 여러 헌혈자들의 혈액으로 혼주 혈장을 만드는 것은 금지해야 할 것 같다는 보고가 있었다.[23]

혈장의 획득과 피브리노겐 등과 같은 상업적 제제의 생산을 위한 혈장분획 프로그램의 대규모 상업화는 이 모든 프로그램 — 그리고 약 200만 단위의 혈액 — 이 사실상 보수를 받는 헌혈자들에게 의존하는 것이기 때문에 간염의 위험도를 더욱 증가시킨다. 9장에서 제시하였듯이 이런 종류의 혈장을 공급하는 사람들 대다수는 흑인이나 수감자 등 "소수자"가 압도적으로 많은 가난한 미숙련 노동자이다. 이들의 대부분은 등록된 상태이기 때문에 더욱 주의 깊게 선별되어야 하고 주기적으로 의학적 감시를 받아야 한다는 주장이 지속적으로 제기되었다. 동시에 간염 의심자와 실제 보균자를 선별하기 위한 "열성적인 시도"가 "헌혈자의 수를 매우 감소시킬 수 있다"는 사실이 널리 알려졌다.[24] 정교하고 값비싼 건강검진, 실험실 검사 및 신원 확인 — 심지어는 수감된 헌혈자의 이마에 표시를 하는 것 그리고 지문을 확인하는 방법이 포함되었다 — 의 필요성에 대한 설명이 1966년에 개최된 혈장분획에 관한 컨퍼런스 Conference on Plasmapheresis에서 이루어졌다.[25] 이런

학분과의 혈장과 혈장 대체제 위원회의 성명서.
23 *Medical World News*, American Medical Association, Vol. 10, No. 21 (23 May 1969), p. 32.
24 Stengle, J. M., National Blood Resource Program (16 October 1968), p. 10.
25 *Report on Conference on Plasmapheresis* (1966), pp. 37–53.

조치들은 — 헌혈자들의 건강 및 식습관에 대한 지속적인 관심과 함께 — 간염 위험도를 낮추기 위해서뿐만 아니라 헌혈자들의 건강 위해를 낮추기 위해서라도 필요하다. 혈장분획에 참여하는 굴지의 제약회사의 대표자는 이 회의에서 "한 명의 헌혈자가 무기한으로 혈장분획에 계속 참여할 수 있다는 것을 보여주기 위하여 무엇을 찾아야 하는지 우리는 아직 확실히 알지 못한다"고 말했다.[26] 다른 연사들은 장기 헌혈자에 대하여 발표하였다. 예를 들어 40세의 한 여성은 6명의 자녀를 둔 가난한 시간제 노동자였고 "음식에 신경 쓸 만한 시간이 없었다". 그녀는 철분제를 복용하였고, 주당 3-4단위의 혈액을 헌혈하였다. 10년 동안 그녀는 약 250단위의 혈액을 공급하였다.[27]

"즉석", 부정기적, 사회 밑바닥 계층의 헌혈자 혈액에 수반되는 간염 위험도와 비교했을 때 그보다는 더 정기적이고 선별된 장기 혈장분획 헌혈자들의 간염 보균율이 더 낮다는 것은 아마도 사실일 것이다. 그러나 이것은 — 모든 헌혈자에게 해당하는 것이겠지만 — 두 가지 요인에 크게 의존한다. 그것은 첫째, (비록 효과적인 선별검사에 한계가 있다고 하더라도) 과학적 감독 기구가 외부에서 질과 안전성을 얼마나 세밀하게 관리하는가이고, 둘째, 보수를 받는 헌혈자들이 지속적으로 얼마만큼의 진실성을 보증하는가이다.

첫 번째와 관련해서 보면, 생물학적 제제의 지속적인 안전성과 순도, 효능을 보장하기 위해 고안된 공식적인 공중 보건 기준

---

[26] *Report on Conference on Plasmapheresis*(1966), p. 47.
[27] *Report on Conference on Plasmapheresis*(1966), pp. 76-77.

은 단지 최소 기준일 뿐이며, 많은 경우 (부분적으로는 혈액은행의 모든 과정을 지속적으로 조사하고 점검하는 일에 내재한 어려움 때문에) 적용 불가능하고 부적절하거나 효과가 없다는 사실이 미국에서 반복적으로 보고되어왔다.[28] "국립보건원이 설정한 기준대로라면 고대ancient의 의사 한 명, 간호사 한 명 그리고 전직 바텐더가 이론적으로 그들이 가진 자원을 결합하여 혈액은행을 설립할 수 있다. 이들은 최소한의 비용으로 사회 밑바닥 계층으로부터 대부분의 혈액을 구입한 다음 그저 가장 저렴하게 혈액을 구입하길 원하면서 혈액은행의 과학적 측면에 대해서는 관심이 없는 병원에 판매한다."[29] 1968-1969년 영리 병원 체인(전국에 있는 33개 내외의 투자자 소유 회사에서 사들인 민간 병원들과 새로 건립한 병원들)의 성장으로 인하여 이러한 위험도는 더욱 증가한 것으로 평가되는데, 그 이유는 상업적 혈액은행으로부터 구입한 혈액이 더 많아졌기 때문이다.[30] 이타적 헌혈자들의 대부분은 영리 병원에 헌혈하지 않았을 것으로 판단된다.

진실성의 측면에서 보면, 보수를 받는 헌혈자들 — 특히 돈이

---

[28] 예를 들어 9장과 *Hearings on S. 2560*(1964), *Hearings on S. 1945*(1967)에 제출된 모든 증거, 특히 뉴저지와 시카고의 헌혈자를 언급한 pp. 186-188을 보라.

[29] Wheeler, C. B., Associate Pathologist, Research Hospital and Medical Center, Kansas City, "State laws and regulations", *Proceedings of the American Medical Association Conference on Blood and Blood Banking*(1964), p. 5. 더구나 예를 들면 주간 교역에 참가하지 않는, 즉 법을 지키지 않는 혈액은행이 많다. 또한 Ashworth, J. N., "Standards, inspection, accreditation program of National Institutes of Health, Federal Control and Blood Banking", *Proceedings of the American Medical Association Conference on Blood and Blood Banking*(Chicago, 1964)도 보라.

[30] *Wall Street Journal*(13 October 1969).

매우 필요한 가난한 헌혈자들 — 은 일반적으로 자발적 헌혈자, 친척, 친구에 비해서 모든 의학적 과거 병력을 밝히는 일이나, 최근의 전염병 이환과 예방접종 여부 그리고 헌혈자로서의 자격을 상실하게 만들 수 있는 그들의 식생활, 음주, 약물 습관에 대한 정보를 제공하는 일에 있어서 이를 꺼리고 응하지 않을 확률이 높다.[31] 유색인종 헌혈자를 검사하고 이들에게 질문하는 것과 관련해서는 추가적인 문제도 있다. 교양 있는 백인 헌혈자에게서는 (황달에 대한 질문을 포함하는) 이런 의학적 과정들을 통하여 상당히 정확한 답변을 얻어낼 수 있지만, 유색인종의 경우, 특히 부적절한 의학적 지식을 가지고 있고 적절한 보건 의료 서비스를 받지 못한 가난하고 교육 수준이 낮은 경우에는 예를 들어 어린 시절에 자신이 "황달"에 걸린 적이 있는지 없는지 모르는 경우가 많다.

그러므로 미국 전역의 헌혈 프로그램 — 그리고 특히 보수를 받는 헌혈자들에게 의존하여 상업적으로 운영되는 혈장분획 프로그램 — 이 흑인들의 혈액 공급에 상당 부분 의존한다는 사실은 전염병의 위험도가 증가할 수도 있다는 것을 의미한다.

간염의 위험도와 관련하여 보수를 받는 헌혈자들과 자발적 헌혈자들에 대한 이러한 모든 문제는 미국과 일본, 기타 여러 국가에서 열띤 논쟁을 불러일으켰는데, 1964년 캔자스시티의 휠러 박사는 이를 다음과 같이 요약하였다.

---

[31] 9장의 참고 문헌과 *Hearings on S. 2560*(1964) 그리고 *Hearings on S. 1945*(1967)도 보라.

나는 상업적 혈액은행에서 확보한 혈액은 모든 면에서 비영리 혈액은행에서 확보한 혈액보다 위험하다고 생각한다. … 위에서 언급한 모든 것이 사실이듯이 자발적 헌혈자의 혈액보다 보수를 받는 헌혈자의 혈액이 더욱 많은 사망을 야기한다는 것이 나의 정직한 신념이다.³²

다른 전문가들에 따르면 유일한 해결책은 "전문 헌혈자에 의한 헌혈을 거부하는 것"이다.³³

이런 위험은 미국인들에게 국한되는 것이 아니다. 최근 혈장분획 프로그램의 확장에 힘입어 상당한 양의 혈장과 혈액제제가 제약회사들로부터 세계 여러 국가에 수출되고 있다.³⁴ 이 국가들의 공중 보건 당국은 간염 위험에 관한 제제의 안전성과 순도, 효능을 검사할 수단이 없다. 그들은 헌혈자들의 특성과 동기를 알지 못하고 이를 조사할 수도 없을 뿐만 아니라 헌혈자들의 선택과 선별검사 과정에 적용해야 하는 의학적 안전조치에 대해서도 모른다.

미국인들에 대한, 그리고 국제적 차원의 위해는 서던 식의약품 연구소 Southern Food and Drug Research Inc.와 부속 기관들의 1969년 활동에 대한 조사 보고서에서 더욱 명확해졌다. 이 기관들은 세 개의 주에서 운영되면서 많은 대규모 해외시장을 확보하고 있는

---

32 Wheeler, C. B., "State laws and regulations", *Proceedings of the American Medical Association Conference on Blood and Blood Banking*(1964), pp. 3-4.
33 Allen, J. Garrott, *et al.*, *Journal of the American Medical Association*, 180(1962), p. 1085.
34 9장과 쿠바로의 혈장 수송 시도를 언급한 *Hearings on S. 2560*(1964), p. 158을 보라.

약 37개의 미국 주요 제약회사의 "중간 계약자" 역할을 했다. 영리 기업으로서 이들의 주요 역할은 혈장과 고도 면역의 면역글로불린hyperimmune immunoglobulin, 기타 제제를 공급하고 인간을 대상으로 새로운 약제 생산물에 대한 임상 시험을 수행하는 것이었다. (볼거리, 백일해, 파상풍, 천연두 환자를 치료하기 위해 사용되는) 고도 면역의 면역글로불린은 혈장에 항체를 생성하기 위하여 백신 주사를 맞은 헌혈자들의 혈액을 통하여 공급되었다. (1964년 이 기관들은 전체 국가 공급의 약 4분의 1을 담당하였다.) 활용된 기술은 주로 혈장분획이었다.

교도소 의사(이들 중 일부는 이 기관들로부터 보상을 받았다)의 지원으로 1962년부터 1969년 사이에 (알약 복용과 접종, 혈장 공급으로 보수를 지급받은) 수감자들이 상당히 많이 이용되었다. 이 기관들은 모두 합쳐서 미국에서 매년 수행된 초기 약물검사(또는 건강한 대상자들에게 수행되는 1상 임상 시험)의 25%에서 50%를 수행한 것으로 파악된다.

이 기관들의 활동에 대한 일련의 조사 연구를 통하여 다음의 내용들이 보고되었다.

- 결과에 대한 직접적인 의학적 관찰이 거의 없는 상태로 수감자들에게 치명적일 수 있는 새로운 화합물에 대한 검사를 수행해 왔다.

- 수감자들은 알약을 삼키는 데 실패했고, 삼킨 경우에는 알약에 대한 심각한 반응을 보고하지 않았으며, 주의 깊은 실험실 검사

를 받지도 못했다.

- 확인을 위한 기록은 전적으로 부적절했고, 혈장분획을 하는 방은 "질척하였고", 헌혈자의 혈장을 보관하는 방은 전반적으로 오염되어 있었다.

- 혈장분획을 한 한 명의 수감자는 다른 사람의 적혈구를 수혈받은 후 생명이 위독한 상태에 이르렀다.

- 백일해 예방접종을 한 다른 수감자는 사망하였다.

- 1,000명 이상의 많은 사람에게서 간염이 발생하였고, 적어도 6명이 사망하였다.

- 보건교육복지부는 수년 동안 이 기관들의 활동과 기준을 알고 있었지만 이를 축소 또는 중단시키지 않았다는 주장이 있다.

- 국제적으로 알려진 많은 제약회사는 이 기관들이 행한 의학적 감시 기준, 실험실 및 질 관리에 대해서 알고 있었다. 이러한 과정들을 중단하기 위해서 협력적, 집단적 행동을 한 제약회사는 없었다. 일부 회사들은 서던 식의약품연구소와 그 부속 기관들의 가장 큰 고객으로 남았다. 1969년 여전히 이 시설들을 이용하고 있는 사람들은 제공된 자료의 타당성을 옹호한 것으로 보고되었다.

이것은 미국에서 구할 수 있는 방대한 양의 문서에 대한 간략한 요약에 불과하다.[35] 우리는 여기서 뉘른베르크 강령 Nuremberg Code에 명시되어 있는 것과 비슷한 윤리적, 정치적 문제들을 제기하는 많은 자료를 포함시키지 않았다.

이 사례 또는 일련의 사례들은 이 장에서 주로 다룬 문제들 — 헌혈자의 "진실성", 혈액 및 혈액제제에 관한 사회적 비용의 이론들, 안전성과 순도, 효능에 대한 의문 — 과 다양한 측면에서 관련이 있다.

사적 시장에 있어서 우리는 수감자들에서부터 제약회사의 직원들에 이르기까지 시스템의 많은 지점에서 "진실하지 못함"이 극대화되고 있음을 알게 되었다. 사회적 비용은 전통적으로 경제학자와 통계학자가 연구하는 비용편익분석의 범위를 넘어섰다. 사회적 비용을 치르는 당사자들에는 수감자들과 그들의 가족(이들 중에는 흑인이 많다), 수감 체계 그 자체, 의료 전문가, 미국의 제약 산업, 미국뿐만 아니라 세계의 많은 나라에 존재하는 이 생산물의 소비자가 포함된다.

이 시점에서 적어도 한 가지 결론에 도달할 수 있다. 정부의 면허 부여, 조사 및 질 보증 시스템은 혈액 및 혈액제제와 관련된 사적 시장을 통제하는 데 도움이 안 되는 것 같다는 것이다. 이런 비효과성은 미국에서 과실에 근거한 수많은 법적 소송, 암묵적 보증 및 다양한 식품 및 약품에 관한 법이라는 현상을 낳았다. 물론

---

35 *New York Times*(29 July 1969)에 더 완벽한 요약문이 게재되었다(1969년 7월 29일).

여기에는 수혈을 상업적 거래물로 보아야 하는지 아니면 전문 서비스로 보아야 하는지에 대한 문제가 포함되어 있다. 이 문제들은 13장에서 논의할 것이다.

대규모 풀의 혈장 활용에 따른 간염 전파의 위험은 오래전인 1945년에 인지되었고, 그해 영국은 국가적 차원에서 (10명보다 적은 수의 헌혈자들로 이루어진) 소규모 풀의 혈장으로 대체하였다.[36] 의학연구위원회의 1954년 연구에 의하면 소규모 풀의 혈장 이용에 따른 간염 발생률은 0.12%였고, 전혈 수혈 이후의 간염 발생률은 0.16%였다.[37] 이 보고서와 이전 보고서는 영국의 혈청간염 발생률이 미국에서 보고된 것보다 낮다는 사실을 알려준다.[38]

버밍엄 연구를 제외하면 영국의 최근 추세에 대한 자료는 거의 없다. 미국에서는 혈청간염 보고 사례 수가 급속하게 증가하고 있다.[39] 전혈 수혈에 대한 연구 자료와 1940년대 후반과 1950년 초

---

[36] Somayaji, B. N., "Risk of anictetic hepatitis following blood transfusion", *Gut*, Vol. 8, No. 6(December 1967), p. 614. 이 연구에서 도출한 결과는 직원과 환자에게 영향을 미치는 투석실에서의 간염 유행 문제였다. 이 위험은 오염된 혈액의 처리, 시료의 채취, 오염된 기구 이용에서 유래하는 것으로 판단된다(Jones, P. O., *et al.*, "Viral hepatitis: a staff hazard in dialysis units", *Lancet*, 835(15 April 1967)). 이후 연구는 혈청간염이 영국에서 "흔한 질병이 아니다"라고 결론내렸다(Mathews, J. D., and Mackay, I. R., *British Medical Journal*, 259(31 January 1970)).

[37] Ministry of Health, Medical Research Council and Department of Health for Scotland, "Homologous serum jaundice", *Lancet*, 1328(26 June 1954).

[38] Lehane, D., *et al.*, "Homologous serum jaundice", *British Medical Journal*, 572(1949).

[39] 미국 공중보건부의 동향 보고서(1968년 11월)를 요약한 광역 생명보험회사Metropolitan Life Insurance Company의 통계 보고서. 뉴욕시의 경우, 1969년 첫 5개월 동안 혈청간염 환자 수가 1968년 같은 기간에 비해서 약 50% 증가하였다(Hepatitis Surveillance Unit report, National Communicable Diseases Center, August 1969).

반에 미국에서 수행된 조사 결과를 비교하면 이환과 사망의 위험은 수혈받은 환자들의 경우 더 높다는 점은 명백하다. 인과관계가 성립되지 않았다고 할지라도, 보수를 받는 헌혈자들의 비율이 매우 급속하게 증가해왔다는 사실에 주목해야 한다(9장을 보라). 기존의 지식 수준으로는 국가적, 국제적 추세를 정확하게 해석하기가 불가능한데, 이것은 부분적으로는 간염에는 전염성간염과 혈청간염 두 종류가 있기 때문이다. 임상적으로는 구별이 안 되지만 이 두 가지에는 중요한 차이점이 있다. (본 연구와 관련된) 혈청간염은 보통 의학적 처치 과정에서 발생하는데, 혈액 및 혈액제제를 투여할 때 가장 흔하게 발생한다.

독일과 일본은 혈청간염의 연구 결과를 보고한 나라들이다. 1966년 독일의 수혈 후 간염 발생률은 14%였다.[40] 일본의 경우에는 33.9%라고 보고되었는데, 이 나라 전체의 간염 발생률의 범위가 10-25%이기 때문에 이 수치가 일반적으로 수용되는 것 같다.[41] 그러나 도쿄의 한 중앙 병원의 보수를 받는 헌혈자들에게서 얻은 혈액 이용에 관한 연구에 의하면 이들의 혈액을 수혈받은 환자들 가운데 65-95%에서 "분명한 혈청간염의 증거들이 나타났는데, 수혈 후 6주에서 12주 사이에 현저한 트랜스아미나아제trans-

---

[40] Creutzfeldt, W., *et al.*, *German Medical Monthly*, 11(1966), p. 469.

[41] Shimizu, Y., and Kitamoto, O., "The incidence of viral hepatitis after blood transfusions", *Gastroenterology*, Vol. 44, No. 6(June 1963) and Shimada, N., *et al.*, "Serum hepatitis in Japan", *Proceedings of the Tenth Congress of the International Society of Blood Transfusion, Stockholm*(1964), pp. 1066-1070. 일본에서는 동결 혈액 이용에 따른 혈청간염도 보고되었다(Sumida, S., *et al.*, *Lancet*, 1255(9 December 1967)).

aminase 증가가 있었다".⁴²

일본의 이런 재난적인 높은 수치는 모든 혈액의 약 98%가 돈을 통하여 거래되기 때문이었다. 혈액 "시장"은 빈민가 주민들로부터 대부분의 혈액을 공급받았고 200cc당 약 1.40달러의 "저렴한 가격"을 지불하는 상업적 혈액은행이 공급을 주도하고 있었다.⁴³ 이런 소위 "전문적 혈액 판매자들"은 일반적으로 타코(문어)라고 불리는데 "그들은 하루에 두 군데 상업적 혈액은행을 방문하여 각각 200cc의 혈액을 판매하는 것으로 알려져 있다. 상업적 혈액은행을 방문하기 전 그들은 소금물에 든 철심 가루 혼합물을 삼키고 시금치와 건조된 정어리를 먹는데, 그들은 이런 것들이 혈액을 진하게 만들 것이라고 믿는다."⁴⁴ 1964년에 주일 미국 대사 라이샤워Reischauer는 도쿄의 한 병원에서 오염된 혈액을 수혈받고 간염에 이환되었다.⁴⁵

일본에서 수혈이 시작된 초기에 헌혈자들은 자발적 헌혈자들이었던 것 같다. 물질주의의 만연과 생산성에 대한 강조 그리고 1951년 한국전쟁에 참여한 미국인들에게 혈액을 공급하기 위하여

---

42 Prince, A. M., and Gershon, R. K., *Transfusion*, Vol. 5, No. 2(March-April 1965).

43 *Transfusion*, Vol. 4(1964), p. 405; 또한 *Second Red Cross International Seminar on Blood Transfusion*, League of Red Cross Societies, Medico-Social Documentation No. 18(Geneva, 1960), pp. 20-21도 보라. 일부 상업적 혈액은행들은 "중년 여성들의 피부를 젊어지게 하기 위한" 상품 생산을 위하여 "얇거나 불순한 혈액인 소위 '혈액 부스러기'도 구매한다." 다른 혈액은행들은 백혈구 비율이 높은 혈액 구매를 전문으로 한다. 이런 혈액의 헌혈자들은 추가적으로 200cc당 300엔(85센트)을 받는다(*Hearings on S. 2560*(1964), p. 185).

44 "Blood donors in Japan", *Transfusion*, Vol. 3(1963), p. 213, 그리고 *Hearings on S. 2560*(1964), p. 185.

45 US Senate, *Congressional Record*(15 June 1967).

헌혈자들에게 보수를 주기로 한 결정, 이 모든 것이 혈액의 상업화와 혈청간염 증가에 영향을 미친 요인들이다. 전반적으로 보면 미국보다 일본에서 혈액 부족이 더 심각한 것으로 보인다.[46]

세계 많은 나라에서 수혈 및 혈액 구성물을 위한 혈액 수요가 급격히 증가함에 따라서 국가 차원에서 구매하는 혈액의 비율도 크게 증가하고 있는 것 같다. (여러 국가의 보수를 받는 헌혈자들의 비율 추계치는 13장에서 볼 수 있다.) 미국과 일본처럼 일부 국가들에서는 혈액의 상업화가 자발성의 원칙을 저해하고 이를 격하시킨다. 공동체 의식과 이타성의 표현은 금지된다.

그러나 뒤에서 심도 깊게 논의할 이런 도덕적이고 사회적 문제들과는 별개로 지금까지 제시된 자료로부터 세 가지 일반적인 결론을 내릴 수 있다.

첫째, 민간 부문의 혈액 시장은 수혈받는 사람들의 질병, 만성 장애, 사망의 위험도를 더욱 높인다.

둘째, 민간 부문의 혈액 시장은 헌혈자들의 건강에 보다 위험하게 작용할 가능성이 높다.

셋째, 사적 시장에서 이루어지는 혈액 생산은 결국 혈액의 부족을 더욱 심화시킨다.

사적 시장의 상황에서 환자, 잠재적 환자, 보수를 받는 헌혈자들은 이런 위험성을 모른다. 상업적 혈액은행과 제약회사는 수혈을 할 혈액이 누구의 것인지, 혈액제제의 준비 과정에서 이를 어떻게

---

46   일본에 대한 이전 참고 문헌과 Azuma, Y., "Problem of blood donor recruitement in Japan", *Proceedings of the Eighth Congress of the International Society of Blood Transfusion, Tokyo*(1960), pp. 520-522를 보라.

이용하였는지에 관한 어떤 정보도 의사와 환자에게 주지 않는다. 헌혈자들, 특히 반강제적 헌혈자들과 혈장분획 프로그램에 참여하는 헌혈자들은 너무 자주, 너무 장기간의 헌혈에 내재되어 있는, 그리고 보통 이하의 건강 상태일 경우에 수반되는 모든 위험을 완전히 알지 못한다. 혈액은 안전성과 순도, 효능에 대한 무지 상태에서 매매된다.

  이상의 것들은 시장 가치를 인간 혈액에 적용한 결과와 이와 연관된 사회적 비용에 대한 내용의 일부였다. 나머지 내용은 다음 장에서 논의할 것이다.

12장
혈액과 시장 법칙

4장에서 설명한 바와 같이 이 책은 본질적으로 인간의 가치에 관한 것이며, 사회정책과 관련이 있는 사회 내 제도 및 서비스와 인간 가치 간의 관계에 관한 것이다. 그러나 이 시점에서 일부 독자들은 이 책이 수혈 서비스에 대한 기술적 설명에 대한 것인지 의아해지기 시작했을 것이다.

그렇지 않다. 그러나 선택의 자유, 불확실성, 예측 불가능성, 질, 안전, 효율성, 효과성을 비교적 관점에서 심층적으로 검토하고 이를 인간 혈액의 공급 및 배분과 연결짓는 것은 중요한 일이었다.

예증과 사례연구로서 혈액을 선택한 것은 그저 한가한 학문적 발상은 아니었다. 이는 숙고의 결과였다. 인류 그 자체와 — 인간이 시장의 상품이 되는 — 노예제도가 검토되지 않는 한, 생체 조직으로서의 혈액은 현재 서구 사회에서 어디서 "사회적인 것"이 시작되고 어디서 "경제적인 것"이 끝나는지에 관한 마지막 시험대가 될 것이다. 만약 혈액이 이론적, 법적으로 교환되는 상품으로 간주되고 현실적으로도 이렇게 취급된다면, 궁극적으로 인간의 심장과 신장, 안구 그리고 다른 신체 기관 역시 시장에서 매매되는 상품으로 취급될 것이다.

혈액을 놓고 벌어지는 이익 추구를 위한 경쟁은 "건강한 것이다"라는 주장이 미국 일각에서 제기되었다. 이런 경쟁을 통해 서비스가 향상되고 혈액의 공급이 증가하며, 이런 경쟁이야말로 "무능한 사회주의적인 접근법"에 대한 해답이라는 것이다.[1] 만약 경쟁이 제거된다면, 이것은 "우리의 반독점적인 구조 전체의 파괴를 초래할 실마리를 제공하는 것"이 될 것이고, "대규모 제약회사"의 이익을 위협하게 될 것이다.[2]

1968년 런던에 있는 경제문제연구소에서 나온 출판물에서 두 명의 경제학자는 영국에서도 헌혈자에게 보수를 주면서 혈액에 대한 경쟁을 도입해야 한다고 주장했다.[3] 생산성은 올라갈 것이고, 혈액 공급량은 증가할 것이다. "혈액 시장에서 더 높은 효율성을 달성하기 위한 움직임은 전체 경제의 효율성을 더욱 높이는 움직임이다." 편집자인 아서 셸던은 서문에서 다음과 같이 말하였다. 저자들은 "교조적으로 불명료하게 속단하지 않고 실제에 가까운 결과를 도출하기 위하여 자발적 헌혈자들이 보수를 받는 헌혈자

---

1   많은 예 중 하나. Dice, R. E., "Paid donor programs", *Proceedings of the American Medical Association Conference on Blood and Blood Banking*(Chicago, 1964). 또한 *Hearings on S. 2560*(1964)과 *Hearings on S. 1945*(1967)도 보라.
2   Carlinger, P., General Manager, Pioneer Blood Service Inc., New York. 상원 반독과점소위원회 이전 성명서(1967년 8월 1일), *Hearings on S. 1945*(1967), pp. 51–56.
3   Cooper and Culyer(1968).

들로 보충되는 이의를 달 수 없는 평가 기간 동안의 사례를 만들었다."

미국인과 영국인인 이 저자들은 본질적으로 혈액과 기타 인체 조직에서의 이타주의의 독점에 반대하는 경제적 사례를 만들고 있다. 이들은 사람들이 의무적 양심에서 벗어나기를 원한다. 이들의 주장은 가격 탄력성과 이윤 극대화의 언어로 언급되지만 사실 여기에는 인간의 가치와 모든 "사회 서비스" 제도에 지대한 영향을 미치는 함의가 들어 있다. 예를 들어 그들은 1967년 이후 미국에서 영리 병원 수의 급격한 증가를 정당한 것으로 본다.

도덕적 문제는 가격과 시장 작동 이론을 넘어서서 제기된다. 게다가 여기에는 의료 분야의 전문가 자율성뿐만 아니라 사람들과 관계를 맺는 기타 서비스 부문의 윤리가 포함되어 있고 병원과 대학이 가진 비영리 기구로서의 개념, 미국의 경우에는 자선에 관한 면책charitable immunity을 정한 법적 교리가 포함된다. 미국에서 자선단체는 경쟁적 상황에서 거래 제한과 담보에 대해 동일한 법률을 적용받게 될 것이고, 사적 시장에서 사업가로서 동일한 자유를 가지게 될 것이다. 이런 모든 문제는 지금은 유명한 1962년의 캔자스시티 사례에서 결정되고 논의되었다. 우리는 이런 문제들을 다루기 전에 이 특정 사례의 원인과 함의를 검토해보는 게 좋을 것 같다. 그 내용은 다음과 같다.[4]

---

4   Federal Trade Commission, Washington, Final Order 8519(26 October 1966); *Hearings on S. 2560*(1964) 그리고 *Hearings on S. 1945*(1967); Whyte, W. E., "Federal Trade Commission *versus* The Community Blood Bank of Kansas City *et al.*", *Proceedings of the American Medical Association on Blood and Blood*

1953년 의사, 병리사, 병원 행정가 그리고 지역 주민들이 캔자스 시티에 모여서 비영리 지역사회 혈액은행을 만들기로 결정하였다. 지역 병원 혈액은행이 혈액을 충분히 공급하지 못했기 때문에 더 많은 혈액에 대한 요구가 있었다. 미국적십자사의 지역 지부는 당시 채혈한 혈액을 한국에 있는 군대에 보내고 있었다. 그후 2년 동안 권한과 제도적 통제, 재정 문제를 놓고 다양한 이해관계자(여기서 우리와는 관련성이 없는) 사이에 끊임없는 논쟁이 있었다. 그러고 나서 1955년 5월에 (미드웨스트 혈액은행 및 혈장센터Midwest Blood Bank and Plasma Center라는) 상업적 혈액은행의 운영이 시작되었다.

이 혈액은행은 한 남성과 그의 아내의 소유였다. 그는 초등학교를 졸업하였고, 의학적 훈련을 받지 않았고, 이전에 악기인 밴조banjo를 가르치는 선생으로 일했으며 중고차 영업 및 사진사 경력도 가지고 있었다. 실질적으로 혈액은행의 모든 일은 그의 아내가 했다. 그녀는 자신이 등록된 간호사라고 했지만, 캔자스나 미주리의 간호사 자격증을 가지고 있지 않았고, 혈액은행에 관한 경력을 가지고 있다거나 훈련을 받았다는 어떤 증거도 보여주지 않았다. 원래는 한 사람이 더 있었는데, 그는 총을 가진 주인이자 그녀의 남편에 의해서 쫓겨난 상태였다. 공중 보건 규정을 준수하기 위하여 의료 감독관이 지명되었다. 그는 78세 일반의였지만 혈액은행에 대한 훈련을 받은 적이 없었다. 이 혈액은행은 연방 당국인 국립보건원의 조사를 받았고 곧 허가를 얻었다.

이 시설은 빈민가에 위치해 있었고, "헌혈하면 돈을 준다"라는

Banking(Chicago, 1964); Jennings(1966); 그리고 다른 인용된 자료들.

표지판을 걸었으며, "사회 밑바닥의 부랑자"로 묘사되는 헌혈자들의 혈액을 수집하였는데, 한 사람은 "온 바닥에 벌레들이 있었다"고 말하였다. 1958년 다른 상업적 혈액은행인 세계혈액은행World Blood Bank Inc.이 캔자스시티에 설립되었고 운영을 시작했다.

1955년 이후 다양한 종류의 압력이 대체를 이유로 병원 환자의 친척들, 협회 및 노동조합 회원들에게 가해졌다. 상업적 혈액은행들에 혈액을 공급하라는 것이었다. 그러나 지역 병원들은 환자들이 지불할 요금을 면제해주기 위하여 그들이 공급한 혈액을 받아들이기를 거부하였다. 이런저런 국면들을 거치면서 비영리 지역사회 혈액은행의 통제와 관련된 논쟁이 해결되었고 1958년 4월부터 지역사회 혈액은행의 운영이 시작되었다. 나중에 실제로 모든 대규모 지역 병원은 지역사회 혈액은행과 혈액 공급 계약을 하였고, 병원들이 운영하던 혈액은행들은 폐쇄되었다. 사실상 지역사회 혈액은행은 독점과 다름없었다.

두 개의 상업적 혈액은행은 미국 연방통상위원회Federal Trade Commission에 자유 거래 제한 혐의를 제기하였다. 1962년 7월, 지속적인 수년간의 조사 이후 위원회는 지역사회 혈액은행과 사무원, 관리자, 행정감독 및 사업 관리자, 캔자스시티 지역병원협회의 직원, 관리자, 이사, 세 개의 병원, 병원 협회의 40개의 회원 병원 각각과 그 대표 기관, 16명의 병리사 및 두 명의 병원 행정가를 고발하였다.

이들의 혐의는 주 사이의 교역을 통한 인간 혈액의 판매와 배분을 방해하고 제한하기 위한 협정 또는 계획된 행동 절차에 가담하였다는 것이었다. 결국 이들은 교역을 통한 혈액의 판매와 배분에서 상업적 혈액은행을 배척하기 위하여 협력했다는 혐의로 피소되었다. 이런 음모는 국민들에게 피해를 주고 주 사이의 교역에 비합리적인 제한 및 억제를 만든 것이기 때문에 1952년 연방통상위원회법 5조를 위반했다는 것이었다. 이 법의 5조는 "교역에서의 획일적 경쟁 방법, 불공정하고 정직하지 못한 활동과 관행은 불법적인 것"이라고 명시하고 있다. 모든 것이 끝나고 난 후, 위반에 대한 위원회의 "정지 및 중단 명령"에 의해서 피고인들은 위반이 계속된 각 날짜마다 5,000달러에 해당하는 민사 벌금을 부담하게 되었다.

피고인들은 항소하였다. 1963년 위원회 감사 앞에서의 긴 공판, 추가 상고, 그리고 5명으로 구성된 통상위원회 전체 위원 앞에서의 여러 차례에 걸친 공판 이후 1966년 10월에 판결이 이루어졌다. 위원회는 3대 2로 지역사회 혈액은행과 관련 병원들, 의사들, 병리사들이 전체 인간 혈액에서의 교역을 제한하기 위해 불법적으로 음모를 꾸몄다고 판결했다.

이 긴 소송과 관련된 기록과 문서 사본, 증거자료는 2만 장을 초과하였고, 피고인들과 민사 벌금 부담자들은 50만 달러에 가까운 비용을 부담해야 했다. 재판이 진행되는 동안 비영리 혈액은행이 독점금지법을 적용받지 않게 하기 위한 법안들이 백악관과 상원 모두에 제출되었다. 특히 미주리의 상원 의원인 에드워드 롱은 비영리 혈액은행들의 이익, 그리고 인간 혈액은 법에서 상품으로 취급되어서는 안 된다는 원칙을 세우기 위하여 5년 동안 투쟁했다. 1964년과 1967년에 그는 상원에 법안들을 제출하였고, 이 법안들은 상원 반독과점소위원회에서 검토되었다.[5] 그러나 두 곳 다 진전이 되지 못하였다. 이 법안들은 (특히 스스로 심각한 위협을 느꼈던 의료 전문가 회원들에게서) 상당한 지지를 받았지만, 많은 복잡한 요인과 부분적으로는 상업적 혈액은행에서부터 제약회사에 이르는 다양한 이해관계자의 서로 다른 이유에 의한 압력 때문에 효력을 갖지 못하였다. 법무부 또한 이 법안들이 "독점금지법으로부터 혈액은행을 제외시킬 사유가 충분하지 않다는 이유 때문에 반대하였다. 법무부는 항상 이런 입장을 취해왔다. 다시 말해 의회의 입법 행위를 통해 예외가 인정받기 위해서는 공중의 이익에 근거한, 다른 무엇보다도 더 중요한 이유가 있어야 한다."[6] 주 수준에서 보면 (캘리포니아와 위스콘신 같은) 일부 주는 수혈을 서비스라고 명시한 특별한 법들을 가지고 있다. 다른 주들은, 특히 플로리다 대법원은 1967년 3월에 혈액은 판매할 수 있는 상품이며 암묵적으로 적합성이 보증된다고 결정하였다. 이 특별한 판결은 "불결하고 부적합한 혈액"을 수혈받은 후 혈청간염에 걸린 한 환자가 혈액은행을 고소한 재판에서 나온 것이었다.[7]

드레스킨 박사(1966년 미국혈액은행협회 회장)는 사회를 위하여 의학에 시장 원리를 적용하기 위해서는 "의학적 의견이 사업 관행에 기반해야 한다"고 주장하였다.[8]

(제13차 헌법 개정안이 시행되어 미국에서 인간의 매매가 금지되고, 짐

---

5 *Hearings on S. 2560*(1964) and *Hearings on S. 1945*(1967).
6 Wheeler, C. B., "State laws and regulations", *Proceedings of the American Medical Association Conference on Blood and Blood Banking*(1964), p. 3.
7 *American Medical Association News*(5 December 1966) and Rouse, M. O., *Transfusion*(March-April 1968), Vol. 8, No. 2, p. 107.
8 Dreskin, E. A., *Medical Tribune*(28 November 1966).

작하건대 살아 있는 인체 조직의 매매 역시 금지된) 1865년 이후 어떤 유사한 생물학적 쟁점이 의료 전문가와 관련 이해 당사자들 사이에서 이렇게 많은 관심을 유발한 적이 있었는지 의문스러울 정도이다.

1962년 이후 수천 명의 개인 및 의료 전문가들이 그들의 의견을 제시하였는데, 주된 견해는 위원회의 판결이 의료 전문가, 수혈의 과학적 표준, 비영리 지역사회 혈액은행의 생존, 자발적 헌혈자, 그리고 궁극적으로는 환자에게 중대한 위협을 가한다는 것이었다. 반독점 권력의 형태를 띠면서 미국에서 지지된 소위 "상업주의"는 지배력을 획득하게 될 것이다. 이를 반대했던 중요한 전문기관들은 미국의사협회, 미국병원협회American Hospital Association, 미국혈액은행협회, 병리학회College of Pathologists 그리고 뉴욕시 혈액위원회였다.

휠러 박사(미국 병리학회의 법률 위원회 의장)는 "이 공판의 중요성은 이것이 전문가들 간의 소통에 직접적 위협이 된다는 점에 있다. 만약 어떤 전문 분야의 의사들이 그들이 제공하는 두 개의 서비스의 상대적인 장점을 토론하기 위하여 만났고 과학에 기반하여 의견의 합의를 이루었는데 만약 이 의견으로 인해 (의술을 펼칠 수 있는 면허는 없고, 오직 의료에 준하는 사업에만 관련이 있는) 어떤 제3자가 손실을 보았다면, 이 의사들은 무한한 재정적 자원과 법률 관련 인력을 보유하고 있는 연방 정부가 제기한 50만 달러의 법적 소송에 휘말릴 수 있다"고 말했다.[9] (여타 많은 당국자가 그렇게 하였

9 Wheeler, C. B., "State laws and regulations", *Proceedings of the American Medi-*

듯이) 판결에 이의를 제기한 당국자들 중 한 명은 의사들이 상업적 혈액은행에서 제공하는 혈액에 대하여 전문가적 의학적 판단을 자유롭게 할 수 없을 것이라고 지적했다.[10] 사실 대부분의 의사와 외과 전문의들은 심지어 혈액을 누가 제공했는지조차 알지 못할 것이다.[11] 그들은 그런 혈액의 이용 여부에 대하여 자유롭게 만나서 토론하고 권고하지도 못할 것이다. 만약 그렇게 한다면 그들은 명령 위반으로 하루 5,000달러의 벌금형을 받을 것이다. 민사책임 또한 뒤따를 것이다.

정지 명령 아래 전문가적 자율성은 심각하게 제한되었다. 상업적 혈액은행에서 제공한 혈액은 간염 위험도가 높다는 일반적인 증거력에도 불구하고 이런 혈액을 구입하지 않겠다는 집합적인 결정("음모")에 참가하는 것은 불법이었다. 혈액 시장이 확립된 결과 더 많은 사람이 장애를 입고 죽게 되었음에도 불구하고 자발적 헌혈이라는 이타주의는 시장 가치에 종속되어야만 했다. 만약 자유로운 선택이 가능하지 않다면 "혈액은행 업무는 더 이상 현재의 높은 수준의 과학적 실행력을 유지하지 못할 것이다 ― 그리고 과학적 원칙들의 파괴와 타락은 환자들의 삶을 위험에 빠뜨릴 것이다."[12]

---

    cal Association Conference on Blood and Blood Banking(1964), p. 3 and *Hearings on S. 2560*(1964), pp. 131-143.

10 Federal Trade Commission, Final Order 8519(26 October 1966).

11 "그 실험실 책임자는 그의 혈액을 선별검사할 때 다른 누구도 믿지 못했을 것이다. 그는 스스로 선별검사를 해야 했을 것이다(Mainwaring, R. L., President-elect, American Association of Blood Banks, *Transfusion*, Vol. 4(1964), p. 68).

12 반독과점소위원회 이전 성명서(1967년 8월 1일), *Hearings on S. 1945*(1967).

판결에 반대하는 미국의사협회는 병원들과 의사들에게 "요금 청구" 관행을 변화시키고 별도 요금의 형태로 혈액의 요금을 명시하지 말라고 경고하였다.[13] 이 제안은 1964년 민간의료의 경쟁 원리와 상업적 혈액은행에 대한 협회의 지지를 뒤흔드는 것이었기 때문에 그들은 딜레마에 빠졌다.[14] 다른 이해관계자 집단들은 그들 자신이 비슷한 딜레마에 직면했다는 것을 발견하였다. 예를 들어 민간이 소유한 임상 실험실에서 근무하는 병리사와 의사들은 그들 자신이 이윤 동기에 반대되는 주장을 하고 있다는 것을 발견하였다. 1967년, 메디케어 프로그램 참여에 대한 인증을 받았던 미국의 모든 임상 실험실의 95%는 상업적 기관이었기 때문에 이들은 작은 집단이 아니었다. 그들 중 대부분은 혈액 검사에 대한 승인을 받았다. 그러나 상업적 혈액 보험회사들은 연방통상위원회의 판결을 강력하게 지지하였는데, 그 이유는 경쟁과 "합리적 경영 관행"을 도모하기 위해서였다.[15] 그들은 "경쟁 제한 협정"에 의해서 상업적 혈액은행이 좌절하는 것을 보고 싶어 하지 않았던 제약 산업 부문과 결합하였다.[16]

1967년, 수준이 매우 낮은 실험실이 많다는 사실이 밝혀졌다. "국가 실험실 위기"로 묘사된 사안을 토론하였던 다른 상원 반독점소위원회는 다음의 증거들을 받았다.

---

[13] Randall, C. H., "Medicolegal problems in blood transfusions", Committee on Blood, American Medical Association(1963), p. 16.
[14] *Hearings on S. 2560*(1964), p. 159.
[15] *Hearings on S. 2560*(1964), pp. 122-131.
[16] *Hearings on S. 1945*(1967), pp. 51-56 and pp. 114-115.

국가의 임상 실험실에 심각한 결함이 있는 것으로 드러났다. 국립감염병센터의 연구를 포함한 여러 연구는 세균 검사를 하는 실험실의 10-40%, 다양한 단순 임상 화학 검사를 하는 실험실의 30-50%, 혈액형 검사를 하는 실험실의 12-18%, 혈색소를 측정하는 실험실의 20-30%, 혈액세포의 구성적 특성 검사를 하는 실험실의 40-80%, 혈청 전해질을 측정하는 실험실의 20-30%에 문제가 있다고 보고하였다. 또한 실험실마다 결과에 상당한 변이가 존재한다. 이 정보는 이 연구들에 의해서 분석된 모든 검사의 25% 이상에서 잘못된 결과가 양산되었다는 것을 의미한다.

1967년에 단지 일부 주에 한하여 진단을 위한 의료 실험실의 허가와 점검, 통제를 다루는 통합적인 법률이 만들어졌다. 예를 들어 수혈과 관련된 한 평가 연구 결과는 일리노이주에서 조사한 10개의 실험실 중 4개의 실험실은 혈액형과 Rh 인자를 정확하게 밝혀내지 못하였다고 보고하였다.[17]

혈액이 상품이라는 연방 위원회의 판결의 일부는 소비자들의 금전적 이익을 위하여 (이용 적합성의) 암묵적 보증이라는 원칙을 확장한다는 주장에 기초한 것이었다. 요컨대 소비자들이 의사, 병원, 혈액은행, 실험실, 기타 등등을 고소하기 쉽게 만든 것이다. 예를 들어 의사가 적절한 기준을 충족하지 못한 혈액은행으로부터

---

[17] *Congressional Record, Senate, Ss. 1731-1736* (8 February 1967) and *Social Security Bulletin*, US Department of Health, Education and Welfare, Vol. 31, No. 9 (September 1968), pp. 19-24.

혈액을 확보했다면 부주의로 인하여 유죄 판결을 받아야 한다. 그는 혈액에 간염바이러스가 있다는 것을 "인지했어야" 한다는 것이다. 이 원칙은 기타 모든 의학적 진료 영역과 다른 서비스 관계로까지 확장될 수 있다. 비영리 병원은 이익을 위한 교역에 참가한 것으로 간주될 것이다. 1964년까지는 병원도 — 영리 활동을 하지 않는 교회와 학교, 전문대학, 대학교, 공공 도서관 그리고 자선단체처럼 — 미국연방법전의 가격 차별 조항에서 면제되었다.

미국 법원의 어떤 판결로 인하여 "이전에 '서비스'로 간주되어 왔던 것들이 점점 상품 거래의 범주에 포함되게 되었다"라고 랜들Randall 교수는 주장했다.[18] 이런 경향과 함께 점점 더 많은 서비스 관계를 합법화하기 위해 덤벼드는 법률가들의 활동 때문에 수혈뿐만 아니라 진료의 모든 영역에서 의료 과실과 부주의로 인한 소송 건수와 비용이 급격히 증가하였다.

영국의 의료 법학적 관점에서 미국의 상황을 바라본 『랜싯』은 1969년 초의 당시 상황을 다음과 같이 기술하였다.

> 의료 과실 책임 문제는 현재 심각하다. 대부분의 주에서 보험료가 50-100% 상승하였고, 신경외과, 성형외과 또는 산부인과 진료를 하고 있는 "고위험" 의사들을 위한 보험료는 보장성이 높다는 점을 감안하더라도 너무 높아지고 있다. 심지어 가장 큰 보험대리점조차도 매우 불리한 보험 인수 경험 때문에 이를 회피하려고 한다. 사실 캘리포니아에 있는 많은 보

---

[18] Randall, C. H., *Transfusion*, Vol. 4(1964), p. 67.

험대리점이 시장에서 탈락한 것으로 보인다 — 캘리포니아는 오랫동안 이 영역을 선도하는 곳이었다. 이것은 의학과 법률의 많은 변화 때문에 발생한 일이었다. 사실 그러한 위상은 급속하게 무의미한 것이 되어가고 있다. 과실 추정칙 res ipsa loquitur은 만약 환자가 완전히 회복되지 않거나 사망하면 소송의 원인이 될 정도로 위험한 지점까지 확장되어왔다. 만약 기적의 약이 기적을 만들어내지 않는다면, 그것은 의사의 잘못이다. 정보 제공에 기초한 합의의 원칙도 비슷한 정도로 극한까지 확장되어왔다. 만약 환자에게 정보가 제공되지 않은 상태에서 처치에 대한 동의를 받았는데 환자는 발생할 수 있는 모든 사건을 이해하지 못했다면, 이것이 소송의 원인이 되는 상황에 이르렀다. 어느 외과 의사가 매우 적절하게 질문했듯이 시간이 흐를 때마다 예후가 나빠지는 급성 충수 돌기염에 이환된 젊은 기혼 여성의 문제는 어떻게 해결해야 하는가? 간단한 충수 돌기 절제술에 따르는 모든 알려진 재해에 대하여 이해를 시키는 것은 고사하고, 설명하는 것만으로도 시간이 걸릴 것이고 환자에게 심각한 위해가 가해질 수 있다.

그러나 이런 문제들 외에도 소송은 더욱 많아지고 있고, 소송 비용은 더욱 증가하고 있으며, 배상액은 엄청나게 부풀려지고 있다 — 몇몇 경우는 100만 달러를 초과하였다. 소송이 해결되려면 몇 년이 걸릴 수 있으므로 보험대리점들은 7년 이상의 앞날에 그들이 가진 자원에서 무엇이 요구될지 가늠해야 하는 불가능한 일을 해야 한다. 그래서 보험대리점들은 시장을 떠나고 있고, 어떤 경우에는 여러 해 동안 유지되어온 보험 계약을 갑작스럽게 해지하고 있다. 이에 영향을 받은 의사들은 새로운 보장을 받기 위한 보험 쇼핑을 신속하게 해야 하는데, 거의 항상 매우 높은 보험료를 감수해야 한다.[19]

1969년 미국 의사 다섯 명 중 한 명이 의료 과실로 소송을 당했거나 진행 중인 것으로 추정되었다. 1968년에 의료 과실에 대한 영리 보험의 보험료로 의사가 납부하는 돈은 약 7,500만 달러였지만, 이중 환자들에게 지급된 보상금의 총액은 약 1,800만 달러에 불과하였다. 그 차이는 판촉비, 행정 비용, 이익 그리고 소송비용에 따른 것이었다.[20]

1950년대 초반, 의료 과실에 대한 배상 청구는 몇백 건 정도였다. 1960년대 후반에는 연간 7천-1만 건이 되었다. 1970년에는 당시의 추이를 토대로 적어도 네 명 중 한 명의 의사는 실무에서 은퇴하기 전에 배상 청구를 당할 것이라고 예측되었다. 보험이 적용되지 않는 경우 배상 청구는 파산으로 이어질 수 있다. 예를 들면 남부 캘리포니아의 경우, 1969년에 의사가 5년간 진료하는 동안 배상 청구와 이에 수반되는 소송을 경험할 확률은 50%였다.[21] 1969년 10월에는 일부 젊은 의사들이 미국을 떠나 이민을 가고 있다는 기사가 보도되었다.[22]

---

19 *Lancet*, 98(11 January 1969).
20 *American Medical Association News*(14 April 1969), p. 1에 게재된 미국의사협회 조사 결과에서 인용.
21 *Medical World News*(USA edition, 24 October 1969).
22 로스앤젤레스 카운티 의사협회 Los Angeles County Medical Association, Los Angeles Times(30 October 1969)에 게재.

개별 의사에게 부과되는 보험료는 보험회사가 규정한 위험 분류와 보험료 등급, (소송 건당 그리고 연간) 보장 범위, 지역, 배상 경험, 그리고 기타 요인들에 따라서 천차만별이다. 그러므로 많은 사례가 존재한다. (소송 한 건당 30만 달러, 연간 90만 달러의) 보장성이 중간 정도인 보험의 경우 뉴욕의 일반적인 외과 의사는 연간 약 1,165달러를 지불했고, (간단한 시술이 포함된) 일반 진료의 경우 보험료는 약 350달러였다(엑스선 치료, 전기쇼크요법 등이 포함되면 추가 보험료를 지불해야 했다). 이 보험료는 1968년 중반의 것이었다. 캘리포니아의 경우 해당 보험료는 각각 약 2,130달러와 1,600달러였다. 캘리포니아의 경우 (신경외과, 정형외과, 산부인과, 성형외과, 마취과 등의) "고위험" 외과의가 합리적이고 적정한 보장을 받기 위해서는 연간 약 2,812달러를 지불해야 했고, 뉴욕에서는 1,750달러를 지불해야 했다. 심지어는 (수술을 하지 않는) 소아과 의사들도 뉴욕에서는 약 250달러를 지불했는데, 캘리포니아에서는 이것의 약 두 배를 지불했다.[23] 그러나 이것은 "표준" 가격이었고, 표시된 최소 보험료였다. 많은 부분이 과거의 경험과 개인의 상황에 따라 결정되었다. 많은 의사가 실질적으로 더 많은 보험료를 납부하였는데, 미국의사협회에 따르면 일부는 연간 1만 2,000-1만 5,000달러의 보험료를 납부하였다.[24]

표준 보험료는 수년 동안 급격하게 증가해왔다. 1968년 말에 보

[23] 미국의 여러 보험회사로부터 얻은 정보, 뉴욕주 의사협회Medical Society of the State of New York, 로스앤젤레스의 랍슨S. M. Rabson 박사, 뉴욕주 올버니의 데이비스J. N. P. Davies 교수.
[24] *American Medical Association News*(14 April 1969), p. 13.

험등급위원회Insurance Rating Board는 오리건에서의 6%부터 버몬트에서의 150%에 이르기까지 28개 주에 대하여 평균 약 50%의 보험료 인상을 허가하였다.25 1969년 말에는 더 높은 보험료 인상을 허가하였다. 캘리포니아의 일부 외과의들은 연간 1만 6,000달러를 납부해야 했다.26 동해안에 소재한 한 방사선과의 과장은 연간 5,000달러의 보험료를 납부해왔는데, 1969년에는 보험료 인상에 직면하여 동일한 의료 과실을 보장하기 위하여 3만 5,000달러를 납부해야 했다.27

이런 경향의 일부 원인에 대해서 『랜싯』이 보고하였다. 여기서 언급한 또 다른 원인들은 "의사와 환자 간의 의사소통과 친밀한 관계의 붕괴", 미국에서 서둘러 하는 진료가 더욱 많아졌다는 사실,28 보상액의 30-50%에 이르는 사례금(성공 사례금)을 받는 고소인의 변호사들의 역할, "의료 과실 사례 입증을 사업 수단으로 이용하는" 일부 의사들의 활동, 그리고 증거가 상반될 때에는 원고의 손을 들어주는 법원의 일반적인 경향29 등이다.

일부 의사들에게 그 결과는 비용과 직업적 전망, 그리고 임상적

---

25 *Medical World News*, Vol. 9, No. 43(25 October 1968), p. 11.
26 *Los Angeles Times*(30 October 1969) and *Medical World News*(USA edition, 24 October 1969).
27 뉴욕주 유니언대학의 올버니 의과대학Albany Medical College of Union University 병리과의 데이비스 교수와의 개인 교신(1969년 11월 6일). 데이비스 교수는 본문에서 언급된 방사선과 의사는 아니다.
28 Hudson, C. L., past president of the American Medical Association, *American Medical Association News*(18 November 1968), p. 16.
29 Hirsh, B. D., General Counsel of the American Medical Association, *American Medical Association News*(14 April 1968), p. 1.

자율성의 측면에서 심각한 영향을 미칠 수 있다. 그들은 보험회사로부터 보장을 받지 못할 수도 있고("의료 과실 보험 시장은 병들었다"),[30] 만약 원고에게 배상한다면 보험이 취소되거나 병원에 환자를 입원시키지 못하게 된다고 생각할 수도 있다.[31] 캘리포니아를 포함한 일부 지역들에서는 중재 절차를 개발하여 의료 과실의 비용을 줄이려는 시도가 있었다. 환자들은 치료와 관련된 분쟁이 발생할 경우 이 분쟁을 중재에 넘긴다는 서류에 서명한다. 이 제도가 의사들에게 주는 이점은 배심원이 없고, 판사 대신 한 명 이상의 중재인이 있으며, (일부 주에서는) 중재 관련 법률에 의해서 법원 속기사가 필요 없다는 것이다. (절차가 의사의 사무실에서 진행될 수 있어서) 완벽하게 비밀이 보장되고, 증거에 대한 엄격한 규정이 적용되지 않고, 중재자의 결정은 공포되지 않는다. 한 가지 단점이 있다면 ― 아프거나 불안해하는 환자에게 의사를 고소할 수 있는 권리를 포기하도록 설득해야 하지만 이것을 제외하고 ― "의사와 환자의 관계가 성립되는 초기에 환자가 의사가 할 수 있는 의료 과실의 가능성에 직면하게 된다는 것이다."[32] 일부 의사들은 이것이 의료 과실을 의식하는 환자들을 줄이는 것이 아니라 오히려 늘린다고 생각한다.

30 보험회사 저널 『베스츠 리뷰Best's Review』의 결론으로서 *Medical World News*(USA edition, 24 October 1969)에 보도되었다. 1969년, 일부 주에서는 보장을 받을 수 없었다. 다른 주에서는 경쟁이 사라졌다. 일반적으로 많은 보험 회사가 의료 과실 보험을 취급하길 거절하고 있었다.
31 "Suing the doctor", *Wall Street Journal*(28 February 1969)에 의한 조사.
32 *Professional Liability Newsletter*, Legal Medicine Foundation, Berkeley, Vol. 1, No. 3(10 December 1968), p. 2.

이러한 일부 중재 절차들에 대하여 런던에서 출간된 한 의학 저널은 "미국의 사법은 직업으로서 의료의 마지막 사멸을 재촉하는 것 같다"라는 의견을 제시하였다.[33] 이것을 과장된 표현이라고 생각하는 것도 무리는 아니다. 물론 많은 것은 의료, 그리고 의사와 환자 모두를 위한 전문가적 자율성의 개념과 관련된 "전문가"에 대한 현재의 정의에 좌우된다. 그러나 분명한 것은 의료와 수혈 시스템 그리고 기타 영역의 대인 서비스 관계들을 법률화하는 과정은 "법적으로 방어적인 전문가 진료legally defensive professional practice"로 이어진다는 것이다. 이것은 우리가 이미 언급한 문제이므로 여기서는 캘리포니아의 주요 책임보험사 중 하나가 작성한 성명서에서 발췌한 한 구절의 인용문을 검토하는 것으로 만족하기로 하자.

> …오늘날 의사들은 아마도 그들의 판단에 의존하는 것이 아니라 법의학에 더 의존하는 진료를 하고 있다. 그들은 필요할 것 같지 않은 일련의 검사들을 지시한다. 그들은 필요 없을 것 같은 엑스선 검사를 지시한다. 오직 스스로를 보호하기 위하여 자문을 필요로 한다. 이것은 의학에 크나큰 영향을 미쳤다. … 그리고 이로 인해 환자 본인이 고통을 받을 것이다.[34]

경영진 재편성 소위원회Subcommittee on Executive Reorganization가

---

[33] *Pulse*, International News Bureau(1 April 1967), p. 2.
[34] King, J. F., American Mutual Liability Insurance Co., San Francisco. *American Medical Association news*(18 November 1968)에서 보도.

정부행정위원회Committee on Government Operations(미국 상원, 1969)에 제출한 「의료 과실: 환자 대 의사Medical Malpractice: The Patient Versus the Physician」라는 1,060쪽의 보고서는 1970년까지 환자들이 얼마나 고통받았는지에 대하여 분명하게 설명하고 있다. 상원 의원 리비코프Ribicoff가 의장을 맡은 소위원회는 의료 과실의 급격한 증가, "보건 의료비 급등"의 원인과 결과, 법률 전문가의 역할에 기인하는 의료 과실 비용의 증가분, 진단과 치료에 점점 더 많은 영향을 미치고 있는 방어적 진료의 만연, 법적 및 상업적 가치와 관행에 종속되면서 나빠지는 의사-환자 관계 등 미국의 의료 과실의 다양한 측면에 대한 방대한 자료를 2년 동안 수집했다. 미국 의사협회는 소위원회에 "오늘날 의사는 너무 바빠서 많은 가족의 친구가 될 수 없고, 진료는 어쩔 수 없이 비인간적인 것이 된다. 환자는 주치의 대신에 필요할 때 진료를 청하여 일련의 전문의들에게 진료를 받을지도 모른다. 이들은 환자에게 가족의 친구처럼 보이는 것이 아니라 비인간적인 사업가처럼 보이기 쉽다"[35]라고 말하였다.

의료 과실에 관한 상당한 양의 증거의 요약문에서 소위원회는 "이 상황은 국가적 위기가 되고 있다"라고 결론 내렸다.

의료의 질에 대한 효과가 어떻든 간에 비용은 국민들이 치른다. 이 비용에는 두 가지 주요 요소가 포함되는데 (i) 의료 과실 보험의 비용, (ii) 방어적 진료의 비용이 포함된다. 두 요소는 의료비를

---

[35] Subcommittee on Executive Reorganization to the Committee on Government Operations(United States Senate, 1969), p. 3.

급격하게 증가시켰다. 1969년 중반까지 의료비 증가액은 생계비 증가액의 두 배를 넘겼다. 새로운 닉슨 정부는 "국가의 보건 의료 전달 체계가 붕괴되고 있다"고 보고하였다.[36]

그러나 "붕괴"의 원인이나 결과를 탐색하는 것은 이 장의 목적이 아니다. 우리는 의료의 특정 영역에서의 상업적 관행의 증가와 — 합법적이고 적법하지만 적대적 의사-환자 관계로 대표되는 — 시장 법칙 적용의 확대 사이의 연관성을 보여주고자 했다. 두 번째는 이런 연관성의 논리적 결과이다. 혈액 또는 임상검사 서비스나 입원 진료 혹은 의료의 기타 영역들에서의 사적 시장은 결국 소비재의 매매에 존재하는 것과 같은 제한과 보증의 법칙에 의해서 지지되고 통제되기를 요구할 것이다.

영국에서의 법의 역할 — 그리고 소송을 일삼는 환자들의 역할 — 은 의료 과실 비용과 보험 비용을 비교함으로써 어느 정도 파악할 수 있다. 의료과실방어공제회Medical Defence Union와 의료보호협회Medical Protection Society의 회원인 일반의들은 의료 과실 소송, 법적 비용, 그리고 모든 부수적이고 결과적인 손실, 값, 요금, 비용의 책임에서 완벽하게 면제를 받는다. 1967년 두 기구의 전체 회원 수는 약 10만 5,000명이었고, 의사들의 업무상과실로 알려진 총 264개의 소송이 처리되었다.[37]

국영보건서비스 아래에서 훈련 과정과 환자가 제기한 소송에

---

[36] "Report on the health of the nation's health care system", 보건교육복지부 장관 보도 자료(1969년 7월 10일).

[37] Annual reports of the Medical Defence Union and the Medical Protection Society(1968).

대한 조사가 모두 문제가 없다고 가정해서는 안 된다. 조사의원회Council on Tribunals가 연차 보고서에서 명확히 했듯이 이 체계에는 심각한 결함이 있다. 저울은 너무나 자주 의사에게 유리한 방향으로 기울어진다. 그러나 환자들의 이익이 무시되거나 억압되는 상황에서 의사를 사업가로 취급하지 않고, 변호사들에게 큰 시장을 제공하지 않고, 의사-환자 관계를 파괴하지 않고, 동일한 양의 진료에 대하여 국민들이 부담해야 하는 의료비를 부풀리지 않는, 무료 진료 체계를 가진 사회에는 이용 가능한 다른 대안들이 있다.

영국과 미국 간의 이러한 의료 법학적 차이는 수혈 영역에서 더욱 뚜렷해진다. 영국에서 부주의로 인한 연간 소송 건수는 아예 없거나 극소수였다.[38] 미국에서는 "수혈로 인해 해를 입은 사람들이 제기하는 의료 과실과 부주의로 인한 소송이 계속 증가"하고 있다.[39] 1963년에 랜들 교수는 미국의사협회 혈액위원회의 후원에 의한 저술에서 "수혈과 관련된 소송이 기하급수적으로 증가하고 있는 것 같다"고 지적하였다. 그는 "그럼에도 불구하고 더욱 심각한 것은 자선과 관련된 면책의 원리를 기각하고 병원을 비자선 단체와 동일한 법적 위상을 가진 것으로 취급하는 법원들의 수가 증

---

[38] 영국에서의 수혈에 대한 법적 견해는 James(1958)의 9장을 보라.
[39] Diamond, L. K., "History of blood banking in the United States", American Medical Association Committee on Blood(1963), p. 5. 피해는 전례 없이 커지고 있다. 1965년 캘리포니아의 한 소송에서는 어떤 아이의 피가 적절하게 검사되지 못했다는 이유로 70만 달러의 피해 보상금 판결이 내려졌다(*Transfusion*, Vol. 5, No. 2(March-April 1965). 1964년 애리조나에 있는 한 혈액 보험회사에는 25만 달러에 달하는 소송이 있었는데, 이는 미해결인 채로 남아 있다(*Hearings on S. 2560*(1964), p. 71).

가하고 있다는 것이다"라고 기술하였다.⁴⁰ 그는 "대다수의 법원은 자선과 관련된 면책의 원리가 비합리적이고, 그것의 기반이 되는 역사적 주장들 중에는 검토할 만한 것이 없다고 확신하고 있는 것 같다"고 덧붙였다.

1969년 1월 캔자스시티 사례에 대한 연방통상위원회의 판결은 결과적으로 세인트루이스에서의 제8기 미국연방순회항소법원에서 기각되었다.⁴¹ 1969년 말까지 대법원 상고는 없었다.

이것이 특정 사례의 결말일 수 있다고 하더라도, 이런 사례는 전반적으로 혈액은행 시스템, 병원, 의료 서비스의 상업화가 심화되었다는 사실에 대한 한 가지 예다. 이런 경향으로 인해 필연적으로 시장의 법칙과 관행에 점점 더 의존하게 될 것이다. 여기에는 모순이 없다. 만약 살아 있는 인간 조직인 혈액을 상품처럼 매매하는 경향이 심화되고, 이런 거래에서 이익이 발생하면 결국에는 상업의 원칙이 지배한다. 인간 혈액에 대한 캔자스시티 사례의 정의에 의하면 "(인간의) 전혈은 냉장 보관이 되어야 하는 무균 용기에서 항응고제와 혼합된 생존 가능한 인간 조직이고, 그 혼합물은 상품이며, 또는 국립보건원의 행정 행위하의 교역품이다". 그리고 "(이렇게 정의된) 전혈은 '무역'과 '상업'의 대상이며, 이는 연방

---

40 Randall, C. H., "Medicolegal problems in blood transfusion", Committee on Blood, American Medical Association(1963), pp. 1-2. 또한 *Cases on blood transfusions*, Law Department, American Medical Association(1967); Wheeler, C. B., "State laws and regulations", *Proceedings of the American Medical Association Conference on Blood and Blood Banking*(1964), p. 6도 보라.

41 *American Medical Association News*(27 January 1969).

통상위원회법이 사용한 용어에 규정되어 있다".[42]

  합법적으로 상품으로 취급되는 경향이 심화되는 것, 자선과 관련된 면책의 원칙이 역사의 안개 속으로 사라지는 것과 같은 이런 경향이 미국 의학의 미래를 위하여 무엇을 예비하고 있는지는 이 특별한 연구와 상관이 없다. 그러한 모든 법적 파급효과를 고찰하는 작업은 우리의 관심을 법에서부터 의료윤리로, 의학의 목적으로, 그리고 궁극적으로 인간 생명의 가치로 이동시킨다.

---

[42] *In the matter of Community Blood Bank of the Kansas City Area Inc.*, FTC Docket 8519.

13장
구소련과 기타
국가들의 헌혈자들

　8장에서 우리는 헌혈자들을 8가지 유형으로 구분하였는데, 한쪽 극단에는 현금에 대한 유혹 때문에 헌혈을 하는 보수를 받는 헌혈자들이 있었고, 다른 한쪽에는 자발적 공동체 헌혈자들이 있었다. 이 분류를 통하여 우리는 사람들이 혈액을 기부하거나 공급하는 전반적인 이유를 알 수 있었다. 이어서 우리는 이 분류를 미국과 영국에 적용하였고, 제한적으로 일본에도 적용하였다.

　전체적으로 보면, 이 자료들은 다양한 사회적, 정치적 구조와 가치 체계가 유형의 분포에 강력한 영향을 미친다는 것을 시사한다. 예를 들어 우리는 미국과 일본, 영국에서 헌혈자 유형의 비율에 매우 큰 차이가 있음을 발견하였다. 이러한 차이는 단순히 혈액 공급 체계의 행정적, 조직적 구조와 의료 서비스가 어떤 유형이냐에 따라 발생하는 것이 아니다. 원인은 그보다 더욱 근본적인 것인데, 궁극적으로 각 사회의 역사, 가치, 정치사상 속에서 파악될 수 있는 것이다 — 그리고 이것은 반드시 부분적으로 파악될 수밖에 없다. 사회적 선물 관계의 역할의 차이는 기술적, 조직적 또는 단순한 경제적 용어로 설명될 수 없다.

그러나 일부 정치학자들과 사회학자들은 "이데올로기의 종말"로 표현되는 명제를 개발하였다. 이 명제가 주장하는 것은 기술관료들과 대규모 소비 시장의 요구에 의해서 통제되는 큰 규모의 산업화된 사회들이 지배적인 가치 체계와 정치적 이데올로기의 측면에서 점점 더 비슷해지는 — 수렴하는 — 경향이 있다는 것이다. 이 연구는 그런 이론들에 의문을 던진다. 미국과 영국의 헌혈자 선물 관계를 비교할 때 수렴의 징후는 없었다. 사회과학에서 새로운 것은 아니지만, 이는 이 이론들이 — 물질적 재화의 취득, 소유, 분포에서 — 측정 및 수량화가 가능한 지표들에 근거해서 만들어졌음을 시사한다. 다시 말해 비경제적 범주에서의 거래 및 관계에 구현된 사회적 지표들은 배제되었다는 의미이다. 계산된 것은 경제적 관점에서 계산 가능한 것들뿐이다.

이런저런 이유로 다양한 기타 국가의 혈액 공급 체계와 이에 관한 사회정책적 문제를 검토하여 이 연구를 확장했다면 보다 유익했을 것이다. 유감스럽게도 이것은 가능하지 않았다. 이를 실현하려면 엄청난 양의 추가 연구가 필요했을 것이다. 하지만 아쉬운 대로 우리는 이 장에서 주로 구소련을 포함한 여러 국가의 흩어진 자료들을 모아 볼 것이다.

다양한 자료원을 활용하여 만든 〈표 13.1〉은 27개 국가에서 보수를 받는 헌혈자들의 비율을 추계한 목록이다.

〈표 13.2〉에 있는 국가들의 헌혈자들은 다양한 형태의 부가 혜택을 받는 방식으로 보상을 받았다. 하루부터 열흘 사이의 유급휴

가, 휴양지나 호텔, 휴가 시설에서의 휴가 비용 지급, 헌혈 후 무료 식사 및 음료의 제공, 헌혈자와 그의 가족을 위한 무료 진료 우선권 제공, 주택 우선권 제공, 한 달 동안의 무료 교통 이용권 제공 그리고 이에 상당하는 기타 혜택들이 있었다.

만약 어떤 국가가 두 개의 표 양쪽에 없다고 해서 해당 국가의 수혈 서비스가 보수를 받는 헌혈자와 부가 혜택을 받은 헌혈자에게 어느 정도 의존하지 않는다고 추정해서는 안 된다. 더 종합적인 표를 제공하기에는 정보가 부족하다. 〈표 13.1〉에 있는 많은 국가들은 다양한 형태의 부가 혜택으로 헌혈자들에게 보상을 준다. 예를 들어 특히 동유럽 국가들에서 이런 일이 발생한다.

〈표 13.1〉 각국에서 보수를 받는 헌혈자의 비율

국가	대략적인 추정 연도	보수를 받은 비율(%)	출처
오스트리아	1964	조금	(5)
벨기에	1960	조금	(6)
불가리아	1964	조금	(5)
버마	1966	상당함	(4)
실론	1966	90	(4)
체코슬로바키아	1965	40	(5), (8)
덴마크	1967	조금	(9)
프랑스	1960	적음	(6)
독일민주공화국	1964	85	(5)
독일연방공화국	1964	40–85	(5)
(서베를린)	1962	100	(2)
그리스	1967	66	(5)
헝가리	1964	40	(5)
인도	1960	83	(6)
이탈리아	1959	상당함	(7)
일본	1963	98	(4)
대한민국	1960	90	(6)
파키스탄	1964	조금	(5)
페루	1964	많음	(5)
필리핀	1966	98	(4)
루마니아	1964	75	(5)
구소련	1965	50	(1)
스페인	1964	상당함	(5)
스웨덴	1965	100	(10)
태국	1964	80	(5)
아랍연합공화국	1960	100	(6)
우루과이	1964	조금	(5)
미국	1965–1967	50	(9장)

1. Vaughn, J., "Blood transfusion in the USSR", *Transfusion*, No. 3(May–June 1967), p. 217.
2. Council of Europe, *Problems of Blood Transfusion in Europe*(Strabourg, 1962).
3. Miller G. W., "International aspects of blood banking", *Proceedings of the American Medical Association Conference on Blood Banking*(Chicago, 1964).
4. *Proceedings of the Fourth Red Cross International Seminar on Blood Transfusion*, League of Red Cross Societies(Geneva, 1966).
5. *Proceedings of the Third Red Cross International Seminar on Blood Transfusion*, League of Red Cross Societies(Geneva, 1964).
6. *Proceedings of the Second Red Cross International Seminar on Blood Transfusion*, League of Red Cross Societies(Geneva, 1960).
7. *Proceedings of the First Red Cross International Seminar on Blood Transfusion*, League of Red Cross Societies(Geneva, 1959).
8. Novak, J., AND Dobry, E., *The Transfusion Service in Czechoslovakia*(Prague, 1965).
9. *Berlingske Tidende*(30 May 1967).
10. *Transfusion*, Vol. 5, No. 1(January–February 1967), p. 35.

〈표 13.2〉 각국에서 부가 혜택을 받은 헌혈자의 비율

국가	보고 연도	출처[1]
유고슬라비아(군대)	1964	(3)
버마	1966	(4)
포르투갈	1960	(6)
불가리아	1964	(5)
가나	1964	(5)

1. 출처는 〈표 13.1〉을 보라.

 덧붙여 많은 국가는 혈액 공급을 위하여 반강제적 헌혈자들(예를 들어 스위스와 몇몇 동유럽 국가들의 경우 군대)에게 지나치게 의존하는 것 같다.

 우리는 오직 영국과 아일랜드, 그 외 2-3개 국가에서만 혈액 공급 체계가 거의 전적으로 자발적 헌혈자들에 의해서 유지되며, 돈이나 현물에 의한 물질적 보상이 없고, 모든 헌혈이 타인을 위한 것이며, 어떠한 형태로든 친척이나 집단, 계급에 대한 "조건부"가 아니고, 반강제적 헌혈자들의 비율은 없거나 미미하다고 확실하게 말할 수 있다.

헌혈자들의 사회 인구학적 특성, 수혈 서비스의 구조와 조직, 수요와 공급 및 기타 요인들에 대한 자료가 없는 상태에서 이 표들에서 차이, 특히 유럽 국가들의 차이를 해석하기는 어려웠다. 적십자사는 유럽에서 중요한 역할을 해왔기 때문에 국제적십자사연맹이 자발성의 원칙을 매우 강조하였음에도 불구하고 언뜻 보기에는 일부 유럽 국가들(예를 들어 독일과 스웨덴)이 보수를 받는 헌혈자들에게 매우 의존하고 있다는 사실은 놀라운 것이다. 국제적십자사연맹의 의료사회부서의 책임자인 핸체프Hantchef 박사는 "인간에게서 유래한 치료적 산물인 혈액은 모든 상업적 이익으로부터 자유로워야 한다. 이것은 이타주의적 활동의 목적이 되어야 하고, 이 선물에는 돈이 개입되어서는 안 된다"고 하였다.[1]

심지어 더욱 충격적인 것은 구소련이 "헌혈자"를 모집하기 위하여 물질적 보상을 활용하였다는 것이다. 미소 과학자 교환 프로그램 때문에 1965년 소련에서 3개월을 보낸 미국의 혈액학자 본J. Vaughn 박사는 구소련 수혈청Soviet Transfusion Services에 대한 종합 기술 보고서에서 이를 명확하게 기술하였다.[2] 본 박사는 중앙 혈액학 및 수혈 연구원Central Institutes of Haematology and Blood Transfusion, 많은 도시와 공화국에 있는 헌혈자 대기소들과 병원들을 방

[1] Hantchef(1961), p. 6.
[2] Vaughn, J., "Blood transfusion in the USSR: notes on a short visit", *Transfusion*, No. 3(May-June 1967).

문하였다. 그는 일부 특징들 — 예를 들어 수혈학자와 임상 혈액학자 사이의 긴밀한 협조 — 에 대해서는 감명을 받았고, 다른 것들에 대해서는 비판적인 견해를 가졌다. 요약하면 그는 "전반적인 모습은 제2차 세계대전 직후의 미국과 유럽 국가들의 수혈 상황을 떠올리게 하였다"고 말하였다. 수혈 후 간염은 거의 없는 것으로 알려졌다 — 헌혈자들을 주의 깊게 선별하기 때문이다.

그가 방문했을 당시 돌연사한 사람들에게서 채혈이 이루어졌고, 모스크바와 키예프Kiev에서는 시체에서 채혈한 피가 이용되었다. 그러나 이런 혈액은 구소련의 혈액 요구량에 비하면 아주 적은 양에 불과하였고, 기술적 이유 때문에 소련 전역에 걸쳐서 이런 혈액의 이용은 감소되고 있는 것으로 보고되었다.[3]

구소련의 모든 혈액 공급의 약 절반은 공장과 사무실, 대학, 문화의 전당(레크리에이션 클럽) 그리고 기타 시설들의 보수를 받지 않는 헌혈자들에게서 얻은 것이다. 이들을 모집하는 단체는 적십자사 및 적신월사 연맹Union of Red Cross and Red Crescent Societies이다.[4] 헌혈자들은 헌혈을 위하여 하루 쉬고, 헌혈 후 무료 식사를 한다. 또한 그들이 선택할 경우 연간 휴가 일수가 하루 더 늘어난다. 다른 보고에 의하면 일부 헌혈자들은 한 달 동안 무료로 대중교통을 이용할 수 있고, 주택에 대한 우선권을 받을 수 있으며, 다양한 "부가 혜택"을 받기도 한다.[5]

---

3   *Hospital Services in the USSR*, Report of the US Delegation on Hospital Systems Planning (June-July 1965), US Department of Health, Education and Welfare.
4   Kisselev, A. E., and Lipatis, A. A., "The union of the Red Cross and Red Crescent Societies", *Prob. Hematology & Blood Transfusion*, 12: 3(Moscow, June 1967).
5   Sugrue(1968), p. 83.

모든 혈액 공급의 또 다른 절반은 채혈 센터에서 보수를 받는 헌혈자들에게서 얻은 것이었다. 이들은 헌혈을 위하여 하루 쉬지만, 무료 식사나 다른 혜택은 받지 않는다. 1965년에 이들은 혈액 1리터(영국의 2파인트를 조금 넘는다)당 60루블(66달러)의 비율로 보수를 받았고 1회 헌혈당 평균 15-25루블을 받았다.[6] 이러한 혈액의 가격이 얼마나 높은 것인지는 다른 두 가지 사실과 비교해보면 가장 잘 알 수 있다. 1965년 소련에서 신참 의사의 월급은 약 100루블이었고, 병원 전문의의 월급은 약 300루블이었다.[7] 모든 근로자의 최저임금은 1967년에 (40-45루블에서) 60루블로 인상되었다.[8]

이것은 크로포트킨Kropotkin이 묘사한 19세기 러시아 농부들 사이의 상호 원조와 선물 관계 체계와는 아주 다른 것이다.[9] 파인트당 20달러를 지불한다는 것은 한 달 최저임금의 거의 절반에 육박하는 돈을 준다는 것인데, 이는 생각건대 혈액과 헌혈자들이 심각하게 부족하기 때문인 것 같다. 그러나 혈액의 수요와 공급 및 헌혈자들의 특성에 대한 추가적인 정보가 없는 상태에서 무언가를 짐작하는 것은 바람직하지 않다.[10] 하지만 분명한 사실은 미국

---

[6] 리터당 60루블이라는 액수는 Wolstenholme and O'Connor(1966), p. 32에서 보고되었다.
[7] Vaughn, J., "Blood transfusion in the USSR: notes on a short visit", *Transfusion*, No. 3(May-June 1967), p. 226.
[8] Nove, A., and Katz, Z. *New Society*(19 October 1967)에서 보고
[9] Kropotkin, P., "Mutual aid amongst modern man", in Kropotkin(1895).
[10] 구소련 방문 시, 저자는 모스크바에 있는 중앙 혈액학 및 수혈 연구원의 혈청학 및 희귀 검사 혈청 분야의 책임자였던 엄노바M. A. Umnova 박사로부터 관련 정보를 얻고자 했으나 실패하였다.

처럼 구소련에서도 인간 혈액의 거의 절반을 보수를 지급하고 얻는다는 점이다. 그러나 상업적 관심 때문에 혈액 시장에서 이윤이 추구된 미국과는 달리, 구소련의 경우 거래에서의 이윤은 없다. 그렇다고 해도 높은 혈액 가격은 수입의 일부를 혈액 판매로 충당하는 전문 헌혈자 계층을 양산했을 가능성이 있다.

이 책에서는 간간이 몇몇 기본적인 질문을 반복해왔다. 어떤 장에서는 개별 헌혈자들의 측면에서, 다른 장에서는 사회집단, 계급, 또는 전체 사회의 측면에서 질문을 제기하였다. 왜 혈액을 자발적으로 주는가? 왜 남에게 주는가? 혈액을 파는 동기는 무엇인가? 연령, 성, 결혼 상태, 소득수준, 사회 계급 및 기타 요인들과 관련하여 모든 유형의 헌혈자(또는 공급자)의 특징은 무엇인가? (가능하다면) 소수자로서의 그들은 의학적 측면에서 문제없는 일반 성인 집단과 어떤 점에서 다른가?

지금까지 우리의 논의는 대부분 헌혈자들의 유형과 주된 특징, 헌혈자들의 모집, 혈액 및 혈액제제의 배분, 그리고 수혈을 위하여 많은 나라에서 개발한 다양한 제도와 체계에 국한하여 이루어졌다. 우리가 개별 동기와 관련한 질문에 접근할 수 있기 위해서는 헌혈자와 비헌혈자, 그리고 헌혈, 보상, 강제 또는 판매 행위의 배경에 있는 가치, 사회, 경제, 정치 구조에 대한 사실들을 더 잘 이해해야 한다.

일부 당국자들은 삶이 비참하고 어려운 사람들이 많은 것이 현실이며 대부분의 사람이 가난과 기아에 고통받고 있는 국가들의 경우에는 혈액을 파는 동기를 이해하기가 더욱 쉽다고 주장한다. 적은 돈을 위하여 피를 팔고 피를 파는 사람들의 노동조합을 결성한 캘커타Calcutta의 가난한 노숙자의 동기를 프로이트Freud나 융Jung의 관점에서 해석할 필요는 없다. 다음은 락타 단Rakta Daan이 쓴 "인도 국가헌혈운동의 목소리Voice of the national blood donation movement in India"라는 기사에서 발췌한 것이다.

헌혈은 졸병과 시민 모두를 돕는다. 이 활동은 고통에 처한 사람을 구하려는 인간 형제애의 상징이다.
그러나 수백만 명이 가난으로 고통받고 있는 이 나라에서는 헌혈 또한 생계를 꾸리는 일종의 방법이다. 땀 흘려 일해서 빵을 얻을 수 없는 많은 사람은 피를 팔아서 빵을 얻으려고 한다. 혈액은행이 지불하는 최고 가격은 1온스[*28.35그램]당 1루피이고, 헌혈자는 보통 한 번에 10온스를 팔 수 있다.
혈액은행에 피를 팔아서 생계를 유지하는 사람들은 4만 명으로 추산되는데 대부분은 인도 남부 사람들이다. 그들 중 약 300명은 파티알라Patiala에 있는 라젠다Rajenda 병원의 혈액은행에 등록되어 있다.
병원 업무 시간 동안 — 영양 상태가 좋지 않고 반나체로 면도도 하지 않은 — 전문적 혈액 판매자들은 그들의 차례를 기다리며 혈액은행 바깥에 쭈그리고 앉아 있다. 대체로 그들 중 두 명은 매일 기회를 얻는다.
규정에 따르면 한 사람은 세 달에 한 번 헌혈할 수 있다. 이 혈액 판매자들은 서로 다른 혈액은행에 등록하는 방식으로 이 규정을 회피한다. 그들은 한 곳에서 피를 판 후 다른 곳으로 간다. 보통 한 달에 세 번 이 일을 하는 것 같다. 한 남자는 오전에는 루디아나Ludhiana에서, 저녁에는 파티알라Patiala에서 하루 두 번 피를 팔았다.

이 유형의 헌혈자들은 일종의 노동조합을 만들었다. 그들은 병원이 피를 살 때는 온스당 1루피에 사면서 환자에게 팔 때는 온스당 2.5루피에 판다는 사실에 불만을 가졌다. 그들의 요구는 자신들이 손해를 보는 부당이득을 없애라는 것이었다.[11]

그후 진전된 주장은 다음과 같다. 생활수준이 높아지고 사회가 부유해질수록(교육 수준이 높아지고, 미신에 기반하여 헌혈을 금하는 생각들이 사라지고, 정치적, 사회적으로 더욱 안정될수록) 혈액의 매매는 감소할 것이다. 더 많은 사람이 도덕적, 사회적, 생물학적 이유로 혈액 매매를 반대할 것이고, 또한 혈액을 제공하는 가난한 무산계급에 의존하는 그들과 그들의 지인들이 처한 위험을 과학적으로 인지하게 될 것이다. 부유한 사회에서 행해지는 자발적 헌혈은 지구상의 생명에 대한 믿음을 상징하는 것이 될 터이고, 헌혈이 타인을 포용함에 따라 선물 관계에 이타주의가 더욱 광범위하게 적용되어야 한다는 가치의 전환이 이루어질 것이다.

이러한 이론과 신념들은 미국과 독일, 일본의 경험에서 유래한 것은 아니다. 이 국가들은 세계에서 경제 성장, 부의 축적, 생활수준의 향상이 가장 대규모로 급격하게 이루어진 국가들이다. 동시에 이 국가들은 특히 혈액의 상품화가 심화된 경험도 가지고 있으며, 돈 그리고 기타 물질적 보상을 주고 혈액을 구매하는 정도가

---

[11] *Transfusion*, No. 3(1963), p. 510에 요약되어 있음.

점점 더 심해지고 있다.

1964년에 국제적십자사연맹은 "헌혈자의 동기"라는 주제로 40개국 대표들과 함께 국제회의를 개최하였는데, 이들의 걱정거리는 수혈 서비스에 영향을 주는 상업화의 심화 그리고 세계적인 혈액 부족이었다.[12] 특히 유럽의 경우에는 또 다른 문제가 있었는데, 그것은 헌혈자들에게 보수를 지급하지 않는 국가들의 경우 현금 보상을 통하여 혈액을 모으려는 사람들이 국경을 가로질러 그 국가의 국민들을 돈으로 유혹한다는 것이었다. 예를 들어 1968년 네덜란드 국경 근처 도시들의 어떤 독일 단체들은 (헌혈이 전적으로 자발적으로 이루어지던) 림부르흐Limburg 지방의 네덜란드 국민들에게 혈액 단위당 4파운드까지 헌혈에 대한 보수를 지급하고 있었다.[13]

1964년의 적십자사 회의 보고서를 보면, 참가자의 대부분은 자발적 헌혈자를 더 많이 모집하기 위해 홍보 및 선전 방안을 개선하려는 관점에서 헌혈자 동기의 심리학에 관심을 가졌다. 크게 강조된 것은 젊은 헌혈자들을 이해하고 모집해야 한다는 것이었는데, 그 이유는 많은 유럽 국가에서 (군대에서 모집된 경우를 제외하고는) 젊은 자발적 헌혈자의 비율이 낮았고, 대부분의 자발적 헌혈자 집단은 나이가 많았기 때문이었다. 프랑스의 경우 남녀를 통틀어 평균 연령은 41-44세였고, 브뤼셀의 경우에는 25세 미만의 남성 헌혈자가 전체 남성 헌혈자의 6%도 되지 않았다(벨기에의 자발

---

[12] *Proceedings of the Third Red Cross International Seminar on Blood Transfusion*, League of Red Cross Societies(Geneva, 1964).
[13] *Pulse*(London, 31 August 1968) 그리고 림부르흐 지방 의원과의 개인 교신(마스트리흐트Maastricht, 1969년 3월 26일).

적 헌혈자 대부분은 나이 많은 남성 노동자인 것으로 알려져 있다).[14]

(국제적십자사연맹의 설문지에 대한 47개 국가의 답변이 보고된) 헌혈 동기에 대한 주요 결과는 파리에 있는 국립수혈센터의 서비스 책임자인 캐그너드J. P. Cagnard 박사에 의해서 소개되었다. 그는 "당신이 속해 있는 사회의 관점에서 볼 때, 헌혈자들이 주기적으로 또는 가끔씩 혈액을 제공하는 이유는 무엇입니까?"라는 질문에 대해서 거의 대부분 사람들이 이타주의나 도덕적 가치 때문이라고 응답하였다는 점을 지적했다.[15] 그는 이어서 일반적 수준에서 헌혈 동기의 일부 심리적 측면과 프랑스에서부터 시에라리온에 걸친 많은 국가의 요약된 기록을 검토하였다. 그와 나머지 참가자들이 다양한 문화적 맥락에 따른 태도, 믿음, 금기 그리고 종교적 원칙에 대하여 토론해야 했던 것의 대부분은 이미 5장과 8장에서 언급하였다.

개발도상국들이 제출한 보고서에 의하면 그 나라들에서 자발적 헌혈자들이 없는 이유가 유럽의 보고서와는 달랐는데, 그것은 믿음과 미신 그리고 금기에 관한 많은 범주로 구성되어 있었다. 예를 들어 그들은 피를 뽑으면 다음과 같은 일들이 발생한다고 믿었다.

---

14 *Proceedings of the Third Red Cross International Seminar on Blood Transfusion*, League of Red Cross Societies(Geneva, 1964), Introduction, p. 3, Annex I and Part III, pp. 2-3.
15 *Proceedings of the Third Red Cross International Seminar on Blood Transfusion*, League of Red Cross Societies(Geneva, 1964), Part I, pp. 1-23.

- 남성의 생식 능력이 없어진다.
- 몸이 마법에 걸린다.
- 부인이 죽기 전에 부인에게 피를 주는 남성은 죽는다.
- 병에 걸리고 노동 능력을 상실한다.
- 여성은 아이를 가질 수 없게 된다.
- 장님이 된다.
- 신성한 것을 더럽히게 되고, 집단의 기본적 신념과 제례적 행위와 어긋난 행동을 하게 된다.
- 공격적인 행위로 간주되며 당하면 질병이 발생한다.
- 백인의 지배와 증식을 위한 하나의 방법이다.
- (특히 중국의 경우가 대표적인데 예를 들어 불교와 같은) 특정 종교의 신념을 어기는 것이다.

헌혈자 모집의 어려움에 관한 선진국들과 개발도상국들의 인상적인 보고서를 통해 도출할 수 있는 사실은 구체적이고 일반적인 공포가 헌혈을 저해하는 매우 중요한 요인이라는 것이었다. 캐그너드 박사는 프랑스의 연구 결과를 요약하면서 이러한 사실에 주목해 다음과 같은 질문을 했다. "과학적 연구나 정치적 견해 또는 '미래' 발전을 위한 상품 시장에 대한 연구에서 도출한 동기가 인간의 영역에 적용될 수 있는 것인가, 그리고 도덕적, 사회적, 경제적, 심지어는 형이상학적인 문제들을 야기하는, 자기 자신의 일부분 즉 인간의 생명의 본질을 베푸는 일에 수반되는 이런 요인들을 계산하고 표준화하고 배분하고 관리하는 것이 가능한가?"[16]

동기연구소Institute for the Study of Motivation와 여론연구소Institute

of Public Opinion는 1961년 프랑스에서 수행한 연구를 통하여 사람들이 헌혈하지 않는 이유는 다양한 종류의 공포 때문이라는 사실을 발표함으로써 혈액의 강력한 상징적 중요성을 예증하였다.[17]

이 연구는 첫째, 프랑스 대도시 성인 인구 집단을 대표하는 표본 인구 2,024명에 대한 설문 조사, 둘째, 헌혈 경험이 있는 60명과 경험이 전혀 없는 88명, 총 148명에 대한 개방형 면접 조사로 구성되었다. 이 연구는 프랑스 헌혈자들에 대한 자료를 수집하고 헌혈을 하지 않으려는 이유에 대한 정보를 확보하기 위한 것이었다.

헌혈자들의 특성과 관련하여 우리가 가지고 있는 잉글랜드의 조사 자료와 상세하게 비교하는 것은 불가능한데, 그 이유는 활용된 방법론이 다르고 발표된 자료가 너무 제한적이기 때문이다. 게다가 상세하게 검토하기에는 표본이 너무 적다. 다만 두 개의 영역에서는 대강의 비교가 가능하다. 첫째, 여성 헌혈자의 비율은 잉글랜드에 비해서 프랑스가 더 낮다. 둘째, 프랑스의 전체 헌혈자 집단은 대체로 연령이 더 높다.

헌혈 경험이 없는 사람들에게 타인에 대한 질문을 했는데, 이들 중 61%는 "공포"가 "사람들이 헌혈을 주저하게 만드는" 주요 요인이라고 생각하였다. 응답자들의 22%는 "태만과 무지, 기회의 부족" 때문이라고 응답하였다. 7%는 "일시적 무능력"의 범주로 분류

[16] Cagnard, J. P. in *Proceedings of the Third Red Cross International Seminar on Blood Transfusion*, League of Red Cross Societies(Geneva, 1964), p. 3.
[17] Simeray-Massé, M., and Riffault, H., "La signification psychosociologique du don du sang en France", *Transfusion(Bulletin de la Société Nationale de Transfusion Sanguine et des Centres de Transfusion de France et de la Communaute)*, 5(i)(1962), p. 7.

되는 응답을 하였고, 10%는 응답하지 않았다.

본인이 헌혈을 하지 않는 이유에 대해서는 매우 다르게 응답하였다. 오직 9%만이 공포 때문이라고 응답하였고, 41%는 요청받지 않았기 때문이라고 응답하였으며, 10%는 그것에 대해 생각해보지 않았다고 응답하였다. 5%는 "시간이 없어서"라고 응답하였고, 27%는 (건강상의 문제와 연령으로 인한) 신체적 무능력 때문이라고 응답하였으며 8%는 응답하지 않았다.

이 연구의 저자들은 홍보에 대한 결론 및 권고안에서 일반적이고 구체적인 공포, 즉 헌혈 시의 육체적 고통에 대한 공포, 건강 악화에 대한 공포, 피를 보는 것에 대한 공포, 그리고 (주로 여성들 사이에서 발견된) 헌혈 후 체중 증가에 대한 공포의 중요성을 강조하였다.

이 연구는 부정적 측면에 방점을 찍고 있고 한편으로는 홍보의 기술적 측면이나 젊은 헌혈자를 더 많이 모으는 데 도움이 될 만한 권고안을 마련해주는 데 주된 관심이 있기 때문에 그 결과를 평가하기는 어렵다.

미국적십자사가 1964년에 수행한 헌혈자 표본 조사(연령과 성에 대한 결과는 9장에서 기술하였다)에서도 헌혈 동기에 대한 설문이 이루어졌다. 총 1만 2,097명이 "당신이 오늘 헌혈한 이유는 무엇입니까?"라는 설문에 응답하였다. 응답자의 약 21%는 분명하게 그것이 "조건부" 헌혈("나와 내 가족의 신용을 쌓기 위한" 지정된 헌혈 등)이었다고 응답하였다. 나머지 응답 결과는 너무 모호하고 일반적이어서 해석할 수 없다(예를 들어 "내가 원해서", "나는 예정된 일정에 따라 정기적으로 헌혈한다" 등의 응답은 "나의 의무", "시민의 의무"라는 응답과 합쳐졌다). 단지 2%만이 "감사하는 마음"이라는 범주로 분류되었다. 왜 다른 사람들이 헌혈을 하지 않는다고 생각하는가에 대한 질문에는 약 57%가 다양한 종류의 공포가 가장 중요한 이유라고 응답하였다.[18]

(9장에서 기술한) 헌혈자들의 특성에 대한 1958년, 1964년의 두 개의 다른 미국의 조사에서도 동기에 대한 설문이 진행되었다.[19] 그러나 두 조사 모두 분석 결과는 단순하고 일반적이었다. 게다가 이 조사들은 매우 다양한 인구 집단에 대해서 이루어졌고 응답들은 미국 혈액은행 시스템의 다양성에 영향을 받았다. 한 조사에서는 92%가 "조건부" 신용 헌혈자였고, 다른 조사에서는 76%가 보수를 받은 헌혈자였다. 이 연구들에서 헌혈의 심리적 과정에 관한 가치 있는 정보는 거의 없었다.

해외 문헌들 중에는 헌혈자들의 특성과 동기에 대한 상세한 연구가 네 편 있다. 이중 두 개는 호주에서 수행되었고, 하나는 스웨덴, 하나는 남아프리카공화국에서 수행되었다.

1960년에 빅토리아Victoria에 있는 적십자 수혈부Red Cross Blood Transfusion Service의 후원 아래 필립스E. Phillips 양은 헌혈을 장려하고 방해하는 요인들을 조사하였다.[20] 그러나 응답률은 낮았고,

---

[18] 이 조사 보고서는 *Proceedings of the Fourth Red Cross International Seminar on Blood Transfusion*, League of Red Cross Societies(Geneva, 1966), Annex III로 출간되었다.

[19] Irwin Memorial Blood Bank Survey(1958) and Blood Services, Arizona, Study 1(1964). 9장도 보라. 오하이오의 지역사회 특성에 관한 논문에서 록웰T. H. Rockwell과 한론R. F. Hanlon은 지역사회 혈액 소비율은 헌혈률과 연관성이 있다는 중요한 결론을 내렸다(*Transfusion*, Vol. 3(1963), p. 401).

[20] Phillips, E., "A study in blood donor motivation", *Medical Journal of Australia*,

574명의 헌혈자(그중 14%는 혈액은행에 혈액 빚을 갚고 있거나 혈액 신용에 투자하고 있었다)와 헌혈자들을 통하여 선택된 226명의 비헌혈자에 대한 자료만 분석하였다. 헌혈자들에게 좌절감을 주는 것 또는 그들이 "자주 제기하는 불만"은 수혈에 부과되는 요금에 관한 것이었다. 그 외에 동기에 대한 응답은 대부분 일반적인 용어로 표현되었는데 공동체에 대한 서비스, 개인 및 집단의 압력, 혈액은행에 대한 빚 상환, 알 수 없는 공포, 주사 바늘에 대한 공포, 혈액의 필요에 대한 무지, 기타 등등이었다. 두 번째 호주 연구 또한 적십자사가 후원하였는데, 1962-1963년에 시드니의 월시R. J. Walsh 박사에 의해서 수행되었다.[21] 이 연구는 두 부분 즉 (i) 260명의 신규 헌혈자에 대한 구조화된 설문 조사, (ii) 2,881명의 신규 및 기존 헌혈자의 연령과 성에 대한 자료, 그리고 두 번 이상 헌혈을 한 사람들의 총 헌혈 횟수에 대한 자료로 구성되어 있다. 이 연구도 빅토리아에서 수행된 연구처럼 동기와 관련해서는 일반적인 정보만 제시하였다. 연령과 성에 대한 정보는 의심의 여지 없이 호주의 수혈 서비스에 유용한 것이었지만 관련 자료를 시드니의 인구와 비교하지 않았기 때문에 그 가치는 제한적이었다. 잉글랜드의 조사 결과와는 오직 한 가지 측면에서 일반적으로 비교할 수 있었는데, 시드니에서는 여성 헌혈자의 비율이 더 낮았다.

마지막으로 우리는 매우 다른 종류의 조사 결과를 언급하고자

Vol. 11(4 November 1961), p. 742.

21   Walsh, R. J., "Some aspects of voluntary blood donors in New South Wales", *Proceedings of the Third Red Cross International Seminar on Blood Transfusion*, League of Red Cross Societies(Geneva, 1966), Part II.

하는데, 1968년 스톡홀름의 카롤린스카 병원Karolinska Hospital 헌혈 센터의 책임 의사였던 걸브링B. Gullbring 박사가 수행한 조사이다. 이 조사는 카롤린스카 병원과 웁살라Uppsala에 소재하고 있는 한 병원의 보수를 받은 헌혈자 2,000명(이중 1,858명이 응답하였다)에 대한 설문 조사였다. 조사의 주요 목적은 이들이 보수를 받지 않고도 헌혈을 할 것인지를 알아보는 것이었다.[22]

스웨덴에서는 조직적인 헌혈이 시작된 이후 모든 헌혈자가 보수를 받았다. "무상"의료 아래 수혈받은 환자는 돈을 지불하지 않았다. 헌혈자들의 특성에 대한 특별한 연구는 없었지만 스톡홀름 헌혈자들의 약 80%는 남성이었고(아마도 군사기지가 있는 지역에서는 그 비율이 더 높았을 것이다) 대다수는 18-30세였다.[23]

잉글랜드와 미국, 다른 국가들에서도 그랬던 것처럼 당시 스웨덴에서도 혈액에 대한 수요가 급격하게 증가하였다. 스웨덴의 수요와 관련하여, 보수를 받는 신규 헌혈자들(또는 공급자들)의 부족이 있었던 것 같다. 1968년 각 헌혈자들의 헌혈 간격은 적어도 6주는 되어야 한다는 공식적인 규정이 발표되었다(스웨덴은 연간 최대 약 8회의 헌혈이 가능한데, 이에 비해서 영국은 약 2회 가능하다). 만약 헌혈자들이 충분했다면, 일부 당국에서는 의학적 근거에 의하여 그 간

---

[22] 스웨덴에 대한 내용은 주로 다음의 자료원으로부터 얻은 것이다. Gullbring, B., "Motiv för blodgivning", Läkartidningen, Vol. 66, No. 4(1969), Sv. Läkartidningen, Vol. 49(1952), pp. 42-49 그리고 개인 교신(1969년 9월). 카비 제약 회사Kabi Pharmaceuticals Ltd와의 개인 접촉(런던 스톡홀름, 1969년 7월), 스웨덴 문화적 관계 연구소Swedish Institute for Cultural Relations와의 개인 접촉(런던, 1969년 6월).
[23] 걸브링 박사와의 개인 교신(1969년 9월 5일).

격을 세 달로 늘리기를 원했을 것이다. 혈액 부족의 또 다른 근거는 1969년의 경우 혈장 단백 분획, 오래된 혈액, 태반 뒤 혈액을 다른 국가들에서 수입하는 제약회사와 민간 회사가 많았다는 것이다. 그러나 세 달로 헌혈 간격을 늘리기 위해서는 헌혈자들의 수가 적어도 50%는 증가해야 하는 것으로 추산되었다.

이런 상황에서 1968년에는 보수를 주지 않으면 헌혈자들이 어떻게 반응할지에 대한 의문이 제기되었다. 환자들은 무료로 수혈받을 수 있었기 때문에 "무료로 헌혈하면 필요할 때 무료로 수혈받을 것이다"라는 개인 수준의 유인책을 사용하는 것은 심리학적으로 가능한 일이 아니었다.

1968년에 걸브링 박사가 다음 조사를 수행한 것은 이러한 이유에서였다. 그는 임의로 추출된 보수를 받는 헌혈자들에게 간단한 설문지를 완성해줄 것을 요청하였다.

질문 1 당신이 헌혈을 하는 가장 중요한 이유는 무엇입니까?
(a) 이 혈액은 환자들의 치료에 유용할 것이다.
예 / 아니오

(b) 헌혈을 하면 보수를 받을 수 있기 때문이다.
예 / 아니오

(c) 헌혈 후에 신체적으로 더 건강해지는 기분이 들기 때문이다.
예 / 아니오

(d) 모르겠다.

질문 2

당신은 만약 현금(30크라운)을 받지 못해도 헌혈을 할 것입니까?
예 / 아니오

만약 "예"라고 응답했다면 지금처럼 자주 헌혈을 할 것입니까?
예 / 아니오 /
아니라면 얼마나 자주 할 예정입니까?

주의. 응답에 서명을 하지 말아주시고 헌혈 센터에서 이 설문을 위해 특별히 마련한 상자에 넣어주세요.

응답자의 약 72%는 현금 보상 없이도 헌혈을 할 것이라고 응답하였다(그러나 50%만이 지금처럼 자주 헌혈을 할 것이라고 응답하였다). 24%는 하지 않을 것이라고 응답하였고, 4%는 응답하지 않았거나 응답이 분명하지 않았다. "헌혈을 하는 가장 중요한 이유"에 관한 72%의 응답 결과는 해석하기가 어려운데 "가장 중요한 이유"를 두 개 이상 체크한 집단의 비율이 높았기 때문이며, 그리고 부분적으로는 이전의 헌혈 횟수, 연령, 성, 결혼 상태, 직업, 소득수준, 기타 특성에 대해 수집된 정보가 없기 때문이다.

이런 경우 헌혈자들이 그들 스스로를 "혈액 판매자"라고 생각하지 않고 단지 자신들이 들인 시간과 노고에 대해 적은 보상을 받는다고 생각하는 상황에서, 보상이 없어진다면 어떤 일이 발생할지를 추정하기는 어렵다. 불가피하게 우리는 다시 질문한다. 그들은 누구인가? 그들은 여분의 현금이 필요한 학생인가? 가난한 사람인가? 군인인가? 유인된 헌혈자인가? 또는 헌혈이 가능한 스웨덴 인구 집단의 한 단면인가?

걸브링 박사는 또한 이 조사 결과를 1951년 카롤린스카 병원의 유사한 (748명을 대상으로 수행된) 조사와 비교하였다. 그해에는 현금 보상이 없어도 헌혈을 하겠다는 응답자의 비율이 34%였다. 46%는 헌혈하지 않겠다고 하였고, 20%는 응답하지 않았거나 "모르겠다"고 응답했거나 응답이 분명하지 않았다.

이 결과들을 1968년의 결과들과 비교하여 해석하기는 매우 어렵다. 비교를 어렵게 만드는 원인은 여러 가지가 있다. 걸브링 박사는 그의 연구에서 1951년과 1968년의 설문지 사이에 존재하는 어떤 차이를 언급하였다. 이전 조사는 이상주의에 더 많이 호소하였는데 그에 관한 단어가 "주요 이유"를 묻는 세부 설문 항목에 포함되어 있었다. 또한 그는 그의 보고서에서 1951년과 1968년에 스웨덴 크라운으로 28크라운이 갖는 상대적 가치에 주목하였다.[24] 게다가 두 해 모두 헌혈자들의 특성에 대한 자료는 수집되지 않았다.

스웨덴 당국이 처한 딜레마는 매우 현실적인 것이다. 만약 혈액

---

[24] 1968년 스웨덴의 28크라운은 영국 돈으로 약 42실링에 해당했다. 평균적인 상공업 소득은(영국 돈으로 환산하면) 주당 약 35파운드였다. 그러므로 주당 48시간의 평균 근로시간을 기준으로 했을 때, 혈액에 대한 지불금은 거의 3시간의 근로소득과 같았다(스웨덴 대사관의 노동 담당관 사무실에서 제공한 정보, 런던, 1969년 7월).

에 대한 현금 지불을 철회한다면 충분치 않은 자발적 헌혈자들에게 의존할 수밖에 없을 것이고, 환자들에게는 재난이 발생할 것이다. 반대로 대안은 현금 보상액을 늘리는 것일 수 있다. 그러나 이런 조치는 의료비를 인상시킬 것이다. 이로 인해 이전 장들에서 묘사된 다른 해로운 사회적, 의학적 결과가 발생할 수 있는데, 스웨덴에는 젊은 약물중독자가 많기 때문에 특히 혈청간염의 위험이 생길 수 있다. 그리고 가치관이 변화하고 있는 사회에서 물질적 보상을 강조한다면 결국 적절한 혈액 공급이 일어나지 못할 수 있다. 비록 문화적 맥락이 다르지만 미국과 일본은 "혈액 시장의 상업화"로 혈액 부족 문제를 해결하지 못하였고 분명 "안전, 청결, 효능"의 문제는 건드리지도 못하였다.

  스웨덴의 딜레마는 사회가 제도화되고 수용된 경제학의 원칙을 버리기보다 헌혈의 동기로서 이타주의를 버리기가 더 쉽다는 것을 암시한다. 아마도 자격을 갖춘 새로운 세대들이 등장하고 사회주의가 베풂과도 관련이 있다는 점을 알게 된다면 오직 그들만이 변화를 시작할 수 있을 것이다.

14장
남아프리카공화국에서의 헌혈자의 동기에 대한 연구

1966년 나탈대학의 사회조사연구소Institute of Social Research가 출간한 『헌혈: 더반시 반투 지역의 태도와 동기부여』라는 논문은 지금까지 수행된 관련 연구들 중 가장 빈틈없고 완벽한 연구이다. 이 연구는 나탈주 수혈원Natal Blood Transfusion Service이 위탁한 것이었고, 사회조사연구소의 와츠H. L. Watts와 시어링C. D. Shearing이 더반과 인근 지역에서 수행한 것이다. 현지 조사의 많은 부분은 6명의 훈련된 반투족 졸업생이 수행하였는데, 의심의 여지 없이 이들은 가난한 반문맹의 반투족 노동자들로부터 얻은 일부 인터뷰 자료의 본질을 통찰력 있게 파악하는 데 도움을 주었다.

우리는 210쪽에 달하는 이 보고서에서 연구 디자인과 주요 결과만을 보기로 하자.

이 프로젝트는 서로 연관된 일군의 연구들로 구성되었다. (250명의 성인 반투족 표본에 대한) 주요 연구는 인터뷰, 그리고 이야기 형태 및 그림 형태의 두 가지 방법을 통한 투영 검사법으로 태도와 동기를 조사하는 것이었다. 49명의 반투족 헌혈자 표본에 대하여 병행 연구가 이루어졌다. 반투족 의과대학 학생들, 하인들, 여고생들, 공장 노동자들 및 노무자들과 함께 피에 대한 반투족의 생각과 개념에 대한 정보를 얻기 위하여 집단토론이 시행되었다. 교사(백인과 반투족), 자연 치유사, 점쟁이, 공장의 사무직원 등 다양한 정보 제공자와 함께 구조화되지 않은 인터뷰가 진행되었다. 반투족 고등학생들에게서는 "피 ― 그것은 내게 무엇을 의미하는가", "좋은 피와 나쁜 피"에 대한 수필을 확보하였다. 많은 헌혈소에서 팀 관찰을 시행하였다. 마지막으로는 나탈주 수혈원이 이용한 포스터에 대한 반응에 관한 연구, 그리고 "혈액 질환"을 위해 반투족에게 판매된 전매특허 약 광고가 검토되었다.

주요 결과는 다음과 같다.

- 반투족 헌혈자는 통계적으로 드물다(약 16만 7,400명의 18-64세 반투족 성인 추정 인구 중 헌혈자는 1,756명에 불과하다).

- 이들은 주로 공장, 학교와 같은 시설의 헌혈자들이고 젊은 편이며 더반의 일반적인 반투족 성인들보다 교육 수준과 소득이 높다.

- 일반적인 반투족 육체노동자들은 피가 건강과 매우 밀접한 관계가 있다고 생각하며, 헌혈에 대해서 우호적이지 않다. 좋은 피 ― 풍부한 피 ― 는 건강의 원천이라고 생각한다. 또한 조상에 대한 숭배와도 연관성이 있다(우리의 피는 조상의 피이고 우리는 그

것을 버릴 권리가 없다). 나쁜 피 — 연하거나 약한 피 — 는 건강하지 못함, 질병과 연관성이 있다. 일부는 피가 마법의 운반체라고 생각하기 때문에 수혈받기를 꺼린다. 피는 비가역적인 것이기 때문에 한 번 손실되면 채워지지 않는다는 인식이 광범위하게 퍼져 있는 것 같다. "피는 나의 생명이다." 이런 개념들에는 더반에 있는 줄루족Zulus, 일부 호사족Xhosa 그리고 기타 소수 언어 집단들이 소유하고 있는 전통적 관점이 상당 부분 반영된 것 같다. "베풂" 또는 "자원봉사"를 의미하는 줄루족의 단어가 "희생"이라는 의미를 내포하고 있다는 사실은 중요하다.

- 반투족 고등학생들의 태도와 믿음은 학교에서의 "서구적 사고방식"의 영향에도 불구하고 일반적인 성인 인구가 가지고 있는 것과 전체적으로 비슷한 것 같다.

- 반투족 성인들에게 마법에 대한 믿음이 여전히 광범위하게 퍼져 있지만 이것이 헌혈을 방해하는 중요한 요인은 아닌 것 같다.

- 헌혈을 하는 진료소에는 고통에 대한 공포와 걱정이 매우 널리 퍼져 있다. 이런 문제들은 그들이 헌혈의 과정과 목적에 대해서 알지 못하고 — 그리고 그렇기 때문에 — 진료소의 분위기가 비인간적이고, 차갑고, "권위적"인 상황에서는 해결되지 않는다.

- 반투족 헌혈자들의 뚜렷한 특징은 한 번 내지 두 번만 헌혈하는 경향이 있다는 것이다. 1965년 더반이 관할하는 지역의 목록에

올라 있는 반투족의 평균 헌혈 횟수는 2.77회였다. 이 사실은 헌혈한 경험이 있는 사람들 가운데 8분의 1만이 지속적으로 활발하게 헌혈했다는 사실을 시사한다.

- 일반적으로 반투족은 헌혈에 대한 지식이 없고 헌혈을 무서워한다. 전반적으로 이런 믿음과 태도는 관련 교육을 통해서 제거되지 않았다. "관찰자들은 놀랍게도 많은 헌혈자가 헌혈의 이유를 완벽하게 이해한 것 같지 않았다고 반복적으로 기록하였다." 종종 대화가 거의 없거나 아예 없었다. 직원이 백인인 한 진료소의 기록에는 "헌혈자들은 수혈 텐트 밖에 있는 때는 말을 많이 하였지만, 텐트 안에서는 매우 공손하였고 말이 없었다. 그들은 간호사에게 어떤 요청도 하지 않았고, 대화도 시작하지 않았다"라는 내용이 있다. 8점 만점으로 점수를 내보면, 적어도 헌혈자들의 3분 1은 헌혈에 관하여 지식이 거의 없거나 아예 없다는 결론이 나왔다(이것으로 높은 폐기율을 어느 정도 설명할 수 있다).

- 일부 반투족 성인들은 수혈원에 대하여 이 기관이 정부 조직이고 "백인"들의 조직이라는 이미지를 갖고 있었고 그래서 부정적이었다. "정부"와 백인에 대한 의심과 공포는 수혈원에 영향을 주었다. 한 관찰 보고서에는 (특정 헌혈소에 참가한) "대부분의 헌혈자가 유럽 간호사들과 의사들을 두려워한다는 사실을 우회할 방법이 없다"라는 내용이 있다. "그들은 자신들의 고용주를 두려워하는 것과 똑같이 그들을 두려워한다." (일부 헌혈자들은 고용주에 의해서 강제로 헌혈을 하였다 — 아래를 보라.) 이런 태도는 "헌

혈하는 동안의 비인간적이고 차가운 분위기"에 의해서 더욱 강화되는 것 같다. 게다가 헌혈자들은 바깥에서 기다려야 한다. 헌혈소에서 좌석은 제공되지 않는다.

• 보고서에는 (금광이 있는) 트란스발Transvaal 남부에서는 헌혈자 (또는 공급자)가 보수를 받고 헌혈한다는 사실을 일부 반투족이 알고 있었다는 사실도 기술되어 있는데, 나탈주 수혈원으로서는 이것이 문제가 되었다. 그들은 속고 있다고 느꼈으며, 일부는 고용주가 헌혈자 모집을 해준 대가로 수혈원한테서 돈을 받고 있다고 생각하거나 자신이 받아야 할 돈을 고용주가 주지 않고 있다고 생각하였다. 이러한 믿음은 나탈의 병원 환자들이 수혈을 받을 때 돈을 낸다는 사실 때문에 더 강화되었다.[1]

이 내용은 이 연구의 주요 결과들 중 일부이며, 저자의 언어로 요약한 것이다. 만약 더 완벽하고 종합적인 요약문이라면 성실하게 표현되었을 내용이 제대로 담기지 않았다면, 이는 저자의 잘못이지 보고서의 원저자들에게는 어떤 비판도 비난도 할 수 없다.

이 보고서는 연구를 위탁한 나탈주 수혈원을 위하여 일련의 긴 권고안을 만들었다. 그 내용을 여기에 상세하게 기술할 필요는 없

---

1   수혈자는 국립수혈원에 혈액 단위당 요금을 지불한다. 이 "서비스 요금"에는 모든 병원의 실험실에 직원을 보내는 나탈주 수혈원의 창설을 통하여 나탈 지역의 모든 병원에 제공하는 교차시험 검사가 포함된다. 유럽인의 약 15%와 모든 비유럽인의 경우처럼 만약 수혈받는 사람이 비의료보장 환자가 아니라면 지방 병원에서 지방 환자의 자격으로 치료를 받는다. 그들은 모든 것이 포함된 약간의 일당 요금을 지불한다.

다. 그들은 반투족이 가지고 있는 수혈원에 대한 이미지를 향상시키고, 헌혈자 모집에 도움이 될 만한 실용적인 제안들을 만들고, 폐기율을 낮추는 데 가장 많은 관심을 두었다 — 예를 들어 그들은 헌혈자들이 "중요한 사람"이고 "필요한 사람"이라고 느끼게 함으로써 헌혈 동기를 진작하기 위하여 모든 헌혈소에서 반투족 헌혈자들을 환대해야 한다고 제안하였다. 또한 피를 "준다"는 개념을 없애고 선전을 통해 (덜 희생적인 의미인) 피를 "빌려준다"는 것으로 대체해야 하며 공화국 전체에서 혈액에 대한 현금 보상을 철폐해야 한다고 제안하였다.

요하네스버그Johannesburg에 있는 남아프리카공화국 의학연구원South African Institute for Medical Research은 수혈원을 운영하였는데, 금광에 의해서 관리되는 비트바테르스란트Witwatersrand에 있는 병원들에 혈액을 제공하고, 광산 노동자들로부터 혈액을 획득하였다. 이 기관은 트란스발 주정부에 의해서 운영되는 반투족 병원들에도 혈액을 공급하게 되었다. "이런 조치들이 확장되면 반투족들도 그들이 필요한 혈액을 스스로 공급할 수 있게 될 것으로 기대되었다."[2]

금광 산업은 병원과 의료 서비스 없이 운영될 수 없었다. 사고와 수술, 치료적 목적과 관련된 혈액 공급 또한 중요하다. 남아프리카공화국 의학연구원은 헌혈자들에게 보수를 지급했다. 1967년

---

[2] *Annual Report of the South African Institute for Medical Research for 1964*(Johannesburg, 1964), p. 61.

에는 반투족, 유색인종, 아시아인에게는 파인트당 1랜드를, 백인에게는 4랜드를 지불했다. 1967년에 용인된 공식적인 환율에 의하면 백인에게 지불된 혈액의 파인트당 가격은 뉴욕에서 흑인에게 지불되는 현재 가격보다 다소 적었다. 남아프리카공화국에서 지속적으로 황금을 캐내기 위해서 일부 수혈자들에게 사적 시장의 원칙에 근거해 "백인의" 혈액을 "흑인의" 혈액보다 4배 더 비싸게 청구했는지는 명확하지 않다.

나탈주 사회조사연구소가 수행한 이 연구에서 내릴 수 있는 개괄적인 결론은 두 가지이다. 동기에 대한 분석 결과는 반투족에게서 발견되는 혈액에 대한 근원적 개념과 헌혈에 대한 태도가 복잡한 서구 사회에서의 그것과 크게 다르지 않다는 사실을 알려준다. 혈액 그리고 혈액의 소유와 손실에 대한 믿음과 신화로부터 발생한 공포와 걱정의 많은 내용이 프랑스 연구와 일부 미국 연구에서도 동일한 구조로 묘사되었다.[3] 헌혈자와 공급자를 모집하고 유지하는 데 영향을 미치면서 작동하는 공통적인 심리적 과정이 존재하는 것 같다.

둘째, 8장에서 제시한 헌혈자 유형의 적용 정도를 고려할 때, 나탈 연구의 증거는 반투족 헌혈자 대부분을 "자발적 공동체 헌혈

---

[3] Simeray-Massé, M., and Riffault, H., "La signification psychosociologique du don du sang en France", *Transfusion(Bulletin de la Société Nationale de Transfusion Sanguine et des Centres de Transfusion de France et de la Communaute)* 5(i)(1962) and Dichter, E., "A brief psychological analysis of the blood donor procurement problem", Institute for Motivational Research Inc., Croton-on-Hudson(New York, 1952).

자"로 분류하는 것을 지지하지 않는다. 그들 중 대부분은 헌혈을 하던 당시 공장, 병원, 대학 또는 학교와 같은 조직의 구성원이었고, 표본의 약 절반은 학생들이었다. "놀라운 사실은 일반 진료소에 온 헌혈자들의 수가 미미했다는 것이다. 이 사실은 남아프리카공화국에서 (시설 밖의) 반투족 일반 인구 집단으로부터 헌혈자를 확보하려고 했던 시도가 대체로 성공하지 못했다는 나탈주 수혈원의 주장을 지지한다." 심지어 그들은 당시 한두 번만 혈액을 "베풀었다". 그들은 무서웠다. 많은 이들이 자신이 헌혈하는 이유를 완전히 이해하지 못했다. 일부는 "상사의 압력 때문에 헌혈을 했고", 일부는 고용주가 시켜서 강제로 헌혈에 참여하였다. 한 헌혈소의 관찰자는 어떤 헌혈자 집단에 대해서 기술하였다. "그들은 나에게 헌혈하도록 강제하는 것을 좋지 않게 생각한다고 말했다. 그들은 과거에는 언제나 헌혈을 거부했지만, 올해는 알 수 없는 이유 때문에 여기에 강제로 오게 되었다. 나는 '강제되었다고 해도 헌혈할 준비가 되지 않았다면 왜 왔느냐?'라고 물었다. 그들은 직장을 잃을 수 있다는 두려움 때문에 와야 했다." 그러므로 우리는 8장에서 개발한 분류 틀의 F 유형에 해당하는 "반강제적 헌혈자"로 이들 대부분을 분류하는 것이 더욱 적절하다고 결론 내렸다. 미국의 많은 흑인처럼 그들도 보이지 않는 누군가를 돕기 위한 소망을 내면화할 가능성은 없을 것 같다. 성인의 인생에서 가치를 내면화하는 심리적 과정들은 자기 존중과 개인의 자유와 연관될 때만 길러질 수 있다.

1962년 정부의 수혈규제 Government's Blood Transfusion Regulations[4] (1조 10항)는 헌혈자들 중 유럽인과 비유럽인을 서로 다른 집

단으로 나누어서 조직함으로써 (a) "유럽인과 비유럽인의 헌혈 장소를 달리하거나, 같은 장소에서 하더라도 적절히 분리한다. 그리고 (b) 유럽인과 비유럽인 헌혈자들에 대한 기록과 그들의 헌혈 기록은 구분해서 보관한다"라고 규정하였다.

인간 혈액과 혈액제제의 모든 용기에는 백인, 유색인, 인도인, 아시아인 또는 (남아프리카인의 경우) 반투족 등의 "인종적 기원"을 표시해야 하는데, 이는 미국의 루이지애나와 아칸소의 법에서 규정한 것과 같다. 1968년, 미국공중보건협회 American Public Health Association는 헌혈자와 수혈자의 인종에 따라서 수혈 전에 혈액을 분리하는 관행에 대하여 강력하게 반대하였다.[5] 이와 같은 남아프리카공화국의 "정의" 또는 "분류"는 전혀 과학적인 것이 아니다. 이는 "피의 우위"와 같은 신화적 범주까지 활용하는 프리토리아 Pretoria[남아프리카공화국의 행정 수도]의 인종분류위원회 Race Classification Board가 개발한 인종법과 판례법을 따르는 것이다.

남아프리카공화국 의학연구원의 혈액 조달 프로그램 외에도 1970년 남아프리카공화국에는 남아프리카공화국 수혈원 South African Blood Transfusion Service, 나탈주 수혈원, 동부지역수혈원 Eastern Province Blood Transfusion Service, 국경지역수혈원 Border Blood Transfusion Service 그리고 서부지역수혈원 Western Province Blood Transfusion Service 등 5개의 수혈원이 있었다. 저자가 아는 한 (나탈 연구를 제외하고) 백인 헌혈자들의 특성과 동기, 그리고 네 가지의 "인종

---

4   Republic of South Africa, *Government Gazette Extraordinary*, Regulation Gazette 146, Vol. VI, No. 385(Pretoria, 30 November 1962).
5   *Medical Tribune report*(28 November 1968).

적 기원"을 가진 집단 간에 혈액과 혈액제제를 준비하고 배분하는 체계에 대한 세밀한 정보를 제공하는 연구 결과가 보고된 적은 없다. 이런 정보가 없는 상태에서 남아프리카공화국의 헌혈자 유형을 전체적으로 분류하는 것은 가능하지 않다. 아무튼 인종차별과 인종 격리 정책들은 수혈과 의료 서비스와 같은 지표들을 통해서 선물 관계를 분석하는 것을 불가능하지는 않더라도 훨씬 더 어렵게 만드는 모든 복잡한 요인을 만들어낸다.

혈액을 주고받는다는 측면에서 볼 때, 인종 격리 정책의 의미, 그중에서도 의료의 전체 영역에 대한 이 정책의 적용과 효과, 결과를 이해하지 않은 상태에서 "누가 나의 낯선 사람인가?"라는 질문은 성립할 수 없다. 이런 영역의 선물 관계나 사적 시장에서의 거래에 대한 어떠한 설명도 그것이 사회의 가치의 총체 내에 자리 잡지 않는 한 거의 이해될 수 없다. 뮈르달Myrdal은 수년 전 『미국의 딜레마An American Dilemma』에서 다른 맥락으로 동일한 내용을 지적하였다. "불결한 흑인의 피"라는 개념을 논의한 후 그는 "흑인은 차별을 받는데, 그것의 배후에 깊게 자리한 한 가지 사상은 사회에 존재하는 사악하고 추잡하고 무서운 것들은 격리해야 한다는 것이다"라고 기술하였다.[6]

이 책은 남아프리카공화국의 딜레마에 관한 것이 아니기 때문에 이 장은 나탈 연구의 주요 결과를 제시하는 것에 국한하였다.

---

[6] Myrdal(1944), p. 100.

15장
경제적 인간: 사회적 인간

7장에서 우리는 쿠퍼M. H. Cooper와 컬리어A. J. Culyer가 공동으로 연구한 『혈액의 가격The Price of Blood』에 대해 살펴보았다. 이 연구는 저명한 경제학자들로 이루어진 자문 위원회의 지원을 받는 연구 단체인 경제문제연구소의 후원을 받았다.

혈액의 공급과 수요 문제에 대해 "가장 간단한 경제 분석의 도구"를 이용하여 이 학자들이 내린 결론은 다음과 같다. (i) 인간의 혈액은 경제적 상품이다. (ii) 낭비의 개념에 엄밀한 경제적 의미를 부여하는 것이 가능하다. (iii) 헌혈자에게 보수를 지급하는 것은 더 많은 헌혈자가 나타나도록 격려하는 방법이고, 또한 보수를 받는 헌혈자가 헌혈 행사에 한층 자주 참석하도록 인센티브를 제공함으로써 혈액 공급을 늘릴 수 있다. (iv) 비용에 관한 통계는 없지만, 향후에도 수요가 계속해서 늘어난다면 혈액 시장은 확실한 비용 우위cost advantage를 점하며 공급을 할 수 있을 것이다. 12장에서 우리는 편집자의 서문을 인용했는데 그 내용은 다음과 같다. "저자들은 교조적으로 불명료하게 속단하지 않고 실제에 가까운 결과를 도출하기 위하여 자발적 헌혈자들이 보수를 받는 헌혈자들로 보충되는 이의를 달 수 없는 평가 기간 동안의 사례를 만들었다."

13장에서 지적한 바대로 구소련에는 미국과 일본, 그 외 여러 다른 나라와 달리 혈액으로 이윤을 챙기는 "은행"은 없지만 혈액 시장에 준하는 초보적 단계의 공리주의utilitarianism가 성행하였다. 구소련에서 모든 혈액 공급량의 절반 정도는 매매에 의한 것이었고, 엄청난 금액이 오고 갔다. (인간의 혈액과 특별하게 관련된 것은 아니지만) 맑스의 상품 가치 이론과 보상의 불평등에 관한 그의 정당화를 읽고 이해한 사람들은 놀라서는 안 된다. 자본주의에 대한 맑스의 비판에 근본적으로 빠져 있는 것 중의 하나는, 사회주의 사회에 필요한 도덕성에 대한 표명이었다. 매킨타이어 교수가 언급한 것처럼 착취의 대안은 "단순히 초보적 단계의 공리주의"[1]에 불과했다. 만약 우리가 이러한 산문적 스타일을 바꾸고, 그 실례를 수정하고, 맑스에 관한 언급을 빠뜨린다고 하더라도, 그런 계산적인 (또는 "소비주의"의) 생각은 사적 혈액 시장을 지지하는 미국의 경제학자들에게는 의심의 여지 없이 매력적이었을 것이다.

그럼에도 불구하고 여기에서 이러한 사상을 추구해야 한다거나 『혈액의 가격』의 결론에 대해 상세하게 언급해야 한다고 제안하는 것은 아니다. 어떤 결론이 되든지 이에 대해 논평하려면 미국과 일본, 기타 국가의 상업적 혈액 시장의 운용과 효과에 대해 살

---

1   MacIntyre(1967), p. 214.

펴본 앞의 장에서 얻은 모든 증거를 반복하고 요약하는 따분한 일을 해야 할 테니까 말이다.

이 장에서 우리가 제안하는 것은 미국과 영국의 혈액 유통 시스템의 경제적 효율성, 행정적 효율성, 혈액의 단위당 비용과 순도, 효능 및 안전성의 기준에 대해 검토하자는 것이다. 우리는 여러 쪽을 할애하여 경제학자처럼 행동하고자 할 것이고, 경제적 기준을 참고하여 이러한 시스템을 살펴볼 것이다. 또한 우리는 다시 혈액과 관련하여, 경제학자들이 사람마다 다른 효용을 경험적으로 비교할 수 있다고 가정하여 윤리적 전제를 회피하는 방법에 대해서도 할 말이 있을 것이다.

단순히 경제적인 용어로 살펴보면 어떤 활동의 "비용"은 가장 가치 있는 활용 방법일 것이며, 여기에 집중된 자원은 다른 방식으로라도 이용됐을 것이다(사회적 기회비용·social opportunity cost). 7장에서 인용한 국가 혈액자원계획과 기타 관련 기관에서 예측한 내용을 보면 미국 시장의 경우 혈액이 부족한 상황에서도 해마다 채혈한 혈액의 15-30%가 유통기한이 지나 폐기되고 있는데, 이것은 "해마다 수백만 달러의 손실"이 생긴다는 것을 의미한다. 혈액에 대해 실제로 보수가 지급된다는 사실로도 막을 수 없는 이러한 혈액 낭비의 원인 중 일부는 실제 수혈에 필요한 양보다 훨씬 많은 혈액을 주문하는 의사들 때문이다.[2]

혈액 낭비의 또 다른 원인은 불필요한 수술(예를 들어 자궁 적출술, 맹장 수술)과 불필요한 수혈이다. 의학적으로 불필요한 외과 치

---

[2] Stengle, J. M., National Blood Resource Program(16 October 1968), p. 3.

료가 많다는 것은 미국의 의학 전문지에도 충분히 기록되어 있는 사실이다. (i) 여러 외과 수술과 임신부의 수혈 비율, (ii) 외과 절차의 경향 등에 관한 정보가 미시간주 앤아버의 전문의 및 병원업무 위원회Commission on Professional and Hospital Activities(1961-1967)의 주관으로 의료감사 프로그램과 전문 의료 행위 연구Medical Audit Program and Professional Activity Study에서 발표되었다. 다섯 가지 유형의 일반적인 수술에서 사용된 혈액에 대한 연구를 통해 내린 결론은 다음과 같다. 1959년에서 1962년까지 미국의 환자 200만 명을 조사한 바에 따르면 16만 파인트의 "낭비" 사례가 있었다. "조금 더 자극적으로 표현한다면 620배럴 이상의" 혈액이 낭비된 것이다.[3] 21개 종합병원의 일반적인 외과 사례 1,035건에 대한 또 다른 연구에 따르면 의사들은 "혈액 이용에 대한 정당성이 증명되지 않았거나 의학적인 효과에 대한 의문점이 있다"라고 평가했다.[4]

또 다른 혈액 낭비의 원인은 "방어적인 전문가 진료"의 결과이기도 한 내과 및 외과 의사들의 혈액 오용 또는 남용이다. 이에 대한 세부적인 내용은 12장에서 검토되었다. 의료 과실에 대한 청구에 대비하여 상업 보험에 가입한 "고위험" 내과 및 외과 의사들이

---

[3] 미시간 앤아버의 전문가와 병원활동에 관한 위원회Commission on Professional and Hospital Activities가 수행한 의료감사프로그램과 전문활동연구Medical Audit Program and Professional Activity Study, Vol. 1, No. 13(15 August 1963).

[4] *One- and Two-Pint Transfusions in Surgery*, Report 16, 전문가와 병원활동에 관한 위원회가 수행한 의료감사프로그램과 전문활동연구(1961년 2월 28일). 불필요한 수술 및 수혈 연구에 대한 실례 및 참고 문헌은 Tunley(1966) and Gross(1966), pp. 176-177을 보라.

마주하게 되는 어려움이 늘어가는 가운데, 의료 과실 소송에 대한 두려움이 광범위하게 확대되고 있으므로 자신을 보호하기 위해 의사들은 수많은 실험과 치료 절차, 엑스선 검사, 의료 자문을 지시하게 된다. 미국의사협회 전 회장 허드슨C. L. Hudson 박사는 "우리는 실험실 의학의 전문가가 되어버렸다"고 자조하기도 했다.[5]

따라서 전체적으로 볼 때, 그리고 7장에서 살펴본 모든 형태의 혈액 낭비 사례를 포함하여 보면, 1968년 미국에서는 100만 단위에서 150만 단위 사이의 혈액이 낭비되었다. 여러 증거를 보면 1950년대 전체 혈액의 낭비 정도가 이보다 훨씬 낮았음을 알 수 있다. 같은 해 잉글랜드와 웨일스의 전체적으로 자발적인 시스템에서는 혈액 낭비가 극미했다. 1960년 런던 남부 지역의 혈액 이용에 대한 독자적인 조사에 따르면 행정적인 낭비는 대략 1%(1961년의 국가적 수치로는 2%)로 나타났다. 이 연구에서는 수혈의 의학적 필요성에 대해서도 분석을 했다. 7개의 기준에서 보면 전체 이용 건수의 6.5%는 의학적으로 혈액을 이용할 필요가 없었던 것으로 나타났다. 여기에는 1파인트 미만의 수혈, 죽음을 앞둔 환자 및 기타 범주가 포함되어 있다.[6]

이러한 미국의 혈액 손실은 50만 명으로부터 확보한 혈액 공급량(1인당 연간 2-2.5단위로 추정)을 낭비하는 결과를 만들었다. 이러한 사실을 확인한 경제학자라면 적어도 두 가지의 유형有形의 비

---

5   Special Report on Malpractice Insurance, *American Medical Association News*(18 November 1968), p. 14.
6   Graham-Stewart, C. W., "A clinical survey of blood transfusion", *Lancet*, 421(1960).

용, 즉 필요한 노력이라는 측면의 비용과 필요한 시간이라는 측면의 비용을 고려하기를 원할 것이다. 정확한 자료가 없는 상태에서는 이러한 비용에 대한 보수가 (예를 들어 업무 휴식으로) 지급되었는지 아닌지를 검토하고자 할 수도 있다.

우리는 이러한 손익 분석을 제안하는 것이 아니다. 자료는 정확하지 않다. 여성 헌혈자의 경우 가사 노동의 가치는 측정할 수 없고(국민소득이라는 개념이 가지는 "모순 덩어리" 가운데 한 가지 요소이다), 전체 혈액 낭비의 규모에서 보면 어떠한 경우에도 측정은 무의미하다.[7] 그리고 마지막으로 이러한 경제적 낭비는 규모가 엄청나지만, 시장 시스템의 사회적 비용(또는 외부 효과)과 대안적인 자발적 선물 관계 시스템의 사회적 편익까지 고려하면 아주 작아 보이게 된다. 내스S. K. Nath와 다른 여러 학자가 주장한 "경제적 후생"이란 존재하지 않는다.[8]

이것에 대해 말하기 위해서는, 비록 인간 생활을 가치 있게 만들려는 시도는 있었지만,[9] 어떤 금전적 가치도 사회에서의 이타주의의 존재 또는 부재와 연결될 수 없다는 것을 우리는 지적해야만 한다. 낯선 사람에게 베푸는 이타주의는 헌혈을 통해 시작되거나 끝나는 것이 아니다. 이것은 삶의 모든 측면을 아우르는 것이며, 또한 가치의 모든 구조에 영향을 주는 것이다. 도와주려는 생물학적 욕구를 충족하는 이타주의의 역할은 특히 현대사회에서는

---

[7] Robinson(1962), p. 130.
[8] Nath(1968), p. 235.
[9] 예를 들어 Schultz, T. W., "Investment in human capital", *American Economic Review*, 51(1 March 1961)을 보라.

측정 불가능한 또 다른 요소이다. 이 책에서 우리는 인간의 혈액을 하나의 지표로 이용했다. 아마도 이것은 비교 연구에서 발견될 수 있는 사회적 가치와 인간관계에 대한 가장 기본적이고 민감한 지표일 수도 있다. 혈액을 달러나 파운드로 바꾼다면, 수많은 다른 인간의 활동과 관계를 달러나 파운드로 바꾸는 것도 도덕적으로 허용될 수 있을 것이다. 경제학자들은 시스템과 가치를 세부적으로 나눌지도 모르지만, 다른 사람들은 그렇게 하지 않는다.

자발적인 헌혈을 통해 최근 수년간 미국 사회가 부담한 사회적 비용이 얼마나 감소했는지 경제적인 측면에서는 알 수 없고 또한 예측할 수도 없다. 앞 장의 증거는 혈액의 상업화와 이윤 추구가 자발적 헌혈을 몰아낸 정도를 보여준다. 더욱이 인간 활동의 한 영역에서 이타주의 정신이 쇠퇴하면 다른 영역의 태도와 동기, 관계에서도 비슷한 변화가 동반될 수 있다. 11장에서 살펴본 것 같은, 혈액제제 실험과 혈장분획 프로그램을 위해 수감자를 이용하는 것에 제기되는 윤리적 문제가 바로 하나의 사례이다. 단기 입원, 높은 매출, "수익성이 있는" 환자에게 적합하게 맞춰지며 공동체에 대한 애착을 강화할 수 없는 영리 병원의 성장이 또 다른 사례이다.

사회의 밑바닥에 있는 사람들과 가난한 사람들, 그리고 종종 유색인종 판매자의 혈액이 달러로 교환된다는 것을 알게 되고 그리하여 "나는 더 이상 나의 이웃이 헌혈하지 않는 데 대한 책임감(혹은 죄악감)을 느끼지(혹은 고통받지) 않으면 좋겠다"고 사람들이 일단 말하기 시작하면, 그 결과는 사회에 급속하게 확산될 것이다. 호혜의 표현에 영원한 것은 없다. 만약 공동체 증여의 결속이 깨진다면, 그 결과는 가치중립의 상태가 되지 않을 것이다. 그 진공은 적대감과 사회 갈등으로 가득 채워질 것이라고 미샨Mishan 박사는 그의 책 『경제성장의 비용The Cost of Economic Growth』에서 비록 다른 맥락에서였지만 그 결과를 말하였다.[10] 경제성장의 극대화에 관한 신화는 사회적 관계의 성장을 대체할 수 있다.

경제학자들이 이러한 사회적 비용과 편익을 측정하지 못한다는 것에 대해서 우리는 그들을 비난하지 않는다. 우리의 불만은 사회적 기준뿐만 아니라 경제적 기준에서도 사회적 비용과 편익을 확인하지도 못하고, 기술하지도 못하고, 가치 선택의 스펙트럼을 명확하게 드러내지도 못하는 지적 순진함 때문이다. 이에 대해 말하면서 우리는 케인스Keynes가 과거에 경제학자들이 "치과 의사와 같이 겸손하고 능숙한 사람이 되어 스스로를 관리할 수 있을 것"이라는 희망을 표현한 사실을 회상한다. 하지만 윤리적 중립성을 지키겠노라고 당당하게 서약을 하고 사회복지 분야로 들어와 선교사로 활약하며 종종 신과 연결된 직통 전화를 가지고 있는 듯이 구는 교단의 일부 사람들에게 이런 날은 아직 찾아오지 않았다.

꽤 다른 차원에서 사회정책의 경제적 비용 최소화의 분석에서 무시되거나 엄격하게 연구되지 않은 다른 종류의 사회적 비용이 존재한다. 우리는 두 가지 사례를 언급한다. 둘 다 혼합된 외부성externalities의 사례인데, 달리 말하면 개별적 조직 또는 기업이 부담하는 비용과 (또는 그로부터 발생하는 편익과) 공동체 전체에 부과되는 비용(비복지diswelfare) 사이의 (또는 그로부터 발생하는 편익 사

---

10 Mishan(1967), 특히 9장.

이의) 차이이다.

영국과 비교하였을 때 미국과 일본의 혈청간염 문제의 중대성은 상업적 혈액 시장의 운영으로 인한 것이라는 점은 11장에서 설명하였다. 런던보건대학원의 세균학과 면역학 학과의 저커먼 박사는 경제문제연구소의 연구인 『혈액의 가격』이 "상업적으로 공급되는 혈액의 심각한 위해 — 이를테면 수혈 후 간염의 위험"을 거의 무시하고 있다고 비판하였다.[11] 1966년에 그는 다음과 같이 지적했다. "더욱 중요한 사실은 비록 감염성 있는 간염이 죽음의 주요 원인으로 고려되고 있지 않지만 이것이 1959년에 미국에서 급성 바이러스성 감염에 의한 사망 가운데 인플루엔자influenza 바로 다음으로 두 번째 순위를 기록했다는 점이다."[12]

어떠한 적절한 비용편익분석도 개인과 지역사회에 대한 의료 돌봄 비용, (인간의 피를 포함한) 희소 자원의 오용, 아마도 생명을 위한 개인과 가족의 소득 손실 비용, 가족의 다른 구성원의 "순 연간 의존성net annual dependency"[13]과 인간의 생활에 함축된 돈의 가치와 관련된 더 높은 사망률에 대한 비용, 오염된 혈장 제제의 상업적 수출로 야기된 미국 경제 외부의 질병과 죽음의 비용,[14] 또한 미국으로부터 헌혈자 체계와 다른 많은 유형, 무형의 외부성을 상

---

[11] *British Medical Journal*, 174(20 April 1968).
[12] *British Medical Journal*, 1136(5 November 1966).
[13] Hayzelden, J. E., "The value of human life", *Public Administration*, Vol. 46(Winter 1968), p. 427.
[14] 1961년 뉴욕의 상업적 혈액 회사가 가공하고 수출한 오염된 혈장에 의해 2명이 사망했다. (Perlis, L., "Blood banks or blood business?" 디트로이트에서 개최된 미국혈액은행협회의 16차 연차 회의에서 발표된 연설(1963년 11월), p. 6).

업화하는 방법과 결과를 수입한 다른 나라들에서 발생하는 비용을 고려할(최소한 인식할) 필요가 있을 것이다.[15] 우리는 경제 성장을 최대화하는 과정은 알지도 모르지만, 사회가 비복지를 최대화하는 과정을 인식하는 것은 아직 시작하지도 못했다.

두 번째, 상업적 혈액 시장의 비용편익분석에 대한 어떠한 평가도 의사와 의료 기관의 진료와 행동에 대한 역할, 기능, 기준, 그리고 시장의 법칙에 의학을 합법적으로 종속시킴으로써 전문가적 자율성을 제한한 대가로서의 시장 효과를 어느 정도 인식하지 않는다면 완성되지 못할 것이다. 이러한 문제의 일부는 12장에서 논의하였다.

이러한 비용 중 일부 측정 가능한 요소의 상당한 부분, 특히 혈액의 낭비와 행정적 혼란에 대한 비용이 개별적으로 미국에서 발생했다.[16] 의료 과실 보험과 소송에 대한 높은 비용은 또한 대부분 환자들에게 부풀려진 의료 비용으로 부담이 전가되었다. 검사와 상담, 입원과 다른 불필요한 개입에 대한 방어적 의료 행위의 비용 또한 비슷한 방식으로 일반 환자들에게 전가되고 부과되었다. 그 반대편에서는 혈액과 혈액제제 및 혈액 처리로 인한 이익이 상업적 혈액은행, 상업적 실험실, 제약회사에 의해 만들어졌다. 혈액을 필요로 하는 환자들은 또한 일부 병원에서 추가 비용을 부담해야 하는데, 이는 병원 내 다른 부서들을 보조하기 위한 이윤

---

[15] 비용편익분석의 원칙에서 생기는 주요 문제의 계산을 위해서는 Prest and Turvey(1966) and Feldstein, M. S., "Cost-benefit analysis and investment in the public sector", *Public Administration*, Vol. 42(Winter 1964), p. 351을 보라.

[16] 행정, 사무 회계, 서류 작업에 관해서 Jennings(1966), 특히 pp. 66-90를 보라.

을 혈액 "부서"에서 충당하기 위해서이다. 대부분 이러한 비용과 이윤 폭 때문에 — 환자와 그들의 가족에게 — 부담을 전가하기 위한 거짓말을 하는 것이 허용된다.

이러한 비용은 사회 내 가난한 사람들, 아픈 사람들, 장애가 있는 사람들에게 더욱 무거운 짐이 된다. 재분배 시스템의 관점에서 보면, 이것은 심각한 역진적 성격을 갖는다. 그리하여 혈액이 필요한 가난한 사람들은 이것이 필요하지 않은 사람들의 효용성을 증가시킨다. 그러나 의료 비용과 가격의 광범위한 영역에 대한 수많은 연구가 없다면 (보험과 법률적 비용과 가격에 대해서 함구한 채로) 잉글랜드와 웨일스의 국영보건서비스의 자발적이고 비용을 지불하지 않는 "무료" 시스템과 비교하여 혈액에 대한 상업적 시장에서 기인하는 추가 비용을 측정하는 것은 불가능하다. 하지만 매우 실천적인 차원에서 우리는 잉글랜드와 웨일스, 미국의 병원의 수술실에서 사용하기 위한 한 단위의 혈액이 전달되는 데 필요한 비용에 관해서는 비교하여 말할 수 있다.

1964년에서 1968년 3월 31일까지 국립수혈원은 수술에 소요되는 국가적, 지역적 차원의 순 자본 부담금에 관한 비용 연구를 수행했다.[17] 비용은 다섯 가지 주요 주제에 따라 분석되었다. (i) 채혈, (ii) 혈액 분배, (iii) 이송, (iv) 실험실, (v) 관리가 그것이다. 자원봉사자(주로 일반적인 공공 헌혈소를 도와주는 지역사회 내 기혼 여성과 퇴직한 사람)의 비용이 지불되지 않은 서비스는 비용에 포함시

---

17 보건부에서 제공한 보고서의 사본. 새로운 수혈 센터의 자본 지출은 1969년에 전체 서비스의 운영 비용 가운데 약 10%에 달하는 것으로 추정되었다.

키지 않았다.

  이 비용에는 월급, 임금, 숙소, 보수와 유지, 가구와 장비, 장소의 임대, 임대료와 금리, 여행과 최저 생활, (새로운 자동차를 포함한) 이동 설비, 약품, 다른 의학적 필수품과 홍보가 포함된다. 또한 다음의 비용도 포함된다. 출산 전 Rh 검사의 상당한 양의 비용(미국에서는 일반적으로 비용 측정에 포함되지 않는다), 혈장의 생산과 혈액제제, 일부 연구와 개발(이 또한 미국에서는 비용에 포함되지 않는다), "헌혈자들에 대한 보상"이 포함된다. 마지막 항목은 의복과 개인적 소지품(혈액 방울에 의한 오염, 부서진 안경)의 세탁이나 교체 또는 수리, 헌혈자들의 소용된 시간에 대한 보상과, 부주의에 대한 손상(헌혈자에게 지불되는 피해에 대한 비용 ― 미국에서는 매우 중요한 항목이다 ― 미국에서는 상업적 혈액은행들 사이의 파산 발생 정도에 따라 비용 측정에 포함될 수도 있고, 포함되지 않을 수도 있다)에 대한 현금 보상을 가리킨다. 잉글랜드와 웨일스 지역의 1967-1968년 모든 헌혈자에 대한 보상 비용은 808파운드였다. 이 시기에 헌혈자는 144만 6,551명이었다. 따라서 보상 비용은 채혈된 혈액 7단위당 1페니 정도였다.

  이런 연구의 결과는 국가 전체적으로 1967-1968년에 병원에 배달된 혈액 한 병(실험실 검사 제외)의 평균 비용이 1파운드 6실링이라는 사실을 보여준다. 실험실 검사를 포함한 비용은 대략 한 병당 2파운드였다. 1969년의 공식 환율에 따르면 이에 상응하는 미국의 가격은 4.80달러였다. 1969년에 자존심이 있는 사회 밑바닥 공급자는 잠재적으로 오염된 파인트에 대해 5달러 미만을 받으려고 하지는 않았다.

한편으로는 지방적, 지역적 차원에서의 가격과 비용의 차이 때문에 그리고 다른 한편으로는 비용, 회계 절차, 혈액은행과 병원이 얻는 이윤 폭의 차이 때문에 미국에 대해서는 비교를 위한 대략적인 수치만 제공할 수 있다. 우리는 다음과 같이 혈액 1단위당 네 종류의 "가격"을 고려해볼 수 있다.[18]

- 공급자(보수를 받는 헌혈자와 전문 헌혈자)에게 지급되는 보수의 가격. 대부분의 공급자는 5-20달러를 받고, 어떤 사람은 최고 25달러까지 받는다. 희귀 혈액 집단의 경우에는 가격이 상당히 높기도 하다.[19] 뉴욕에서 Rh(-) 혈액은 41-50달러로 구매된다.[20] 혈장분획 "헌혈자들"에게는 때때로 준準급여 수준의 지불이 이루어진다는 점은 9장에서 논의하였다.

- 이용된 혈액을 자발적으로 대체하지 않았거나 다른 헌혈자를 찾지 않은 환자에게 청구되는 혈액 대체 요금. 이런 요금의 범위는 일반적으로 15-50달러 사이이다.[21]

[18] 그 숫자는 1966년에서 1968년의 동안의 기간과 관련이 있다. 가격과 비용은 1960년대 동안 상승했다.
[19] *Hearings on S. 1945*(1967), pp. 60 and 81-83, and Jennings(1966), pp. 16 and 701.
[20] *Human blood in New York City: a study of its procurement, distribution and utilization*, The New York Academy of Medicine, Committee on Public Health, New York Academy of Medicine(New York, 1958), 개인적으로 복사, p. 27.
[21] *Hearings on S. 1945*(1967), p. 97. 1960년 미국 혈액은행 조사에서 보고한 모든 성원에게 부과된 요금의 전국 가중평균은 22.46달러이다(American Association of Blood Banks, *Facts about Blood Banking*(Chicago, 1964), Table 3).

- 병원이 상업적 혈액은행에 지불하는 가격.[22] 이 가격은 약 35달러 또는 그 이상에 달한다.[23]

- (환자에 의한 혈액의 대체가 안 되는 경우) 병원 환자에게 청구되는 가격. 혈액과 처리를 위한 요금의 범위는 30달러에서 100달러 사이이다.[24] 상업적으로 혈액을 구매하지 않은 병원들의 요금은 더 낮은 범위에 있다.[25] 그러나 대다수의 병원과 혈액은행은 1대 2 (어떤 경우는 더 높게) 대체 계획을 운영한다.[26] 따라서 환자가 받을 혈액 청구서의 금액은 증가한다.

이런 가격과 비용에 사실상 무엇이 포함되는지 평균적으로 말하기란 불가능하다. 왜냐하면 회계 절차는 매우 다양하기 때문이다. 일부 자료에는 혈액형 분류와 교차 시험 비용, 저장, 기술적 교육과 연구 비용, 투입 비용 등이 포함될 수도 있고, 포함되지 않을

22 병원은 미국적십자사에 단위당 "참여 요금participation fee"을 지불하는데, 이는 지역에 따라 6달러에서 13달러에 달한다. 적십자사는 보조금을 받기 때문에 이것은 채혈의 실제 비용은 아니다(*Blood Center Operations 1967*, American National Red Cross).
23 뉴욕 민사 위원회의 보고서(1967년) 그리고 *Hearings on S. 2560*(1964), p. 3.
24 1960년 미국혈액은행협회의 조사에서 보고된 모든 성원의 전국 가중평균 처리 요금은 9.17달러였다(American Association of Blood Banks(1964), Table 2). 미국 학자 호닝스바움F. Honingsbaum은 런던에 거주하고 있으며, 1968년에 미국에 방문하여 수술을 해야만 했다. 그는 11파인트당 50파운드를 청구받았다(*Pulse*, London(17 May 1969), p. 9).
25 *Hearings on S. 2560*(1964), pp. 43 and 159, *The Nation's Blood Transfusion Facilities and Services*, Joint Blood Council(1960), p. 37, and *American Medical Association Guide for Medical Society Committees on Blood*, pamphlet(1967).
26 *Hearings on S. 2560*(1964), p. 12. 그리고 8장도 보라.

수도 있다. 더욱이 전체 혈액은행 시스템의 회계와 공적 정보의 기준은 낮다고 한다. 노리스 박사는 "대부분 영역에 존재하는 요금과 대체 정책 사이의 엄청난 불일치는 환자와 비전문가가 병원으로부터 착취당하고 있다는 생각을 떨치기 아주 어렵게 만든다"라고 썼다.[27]

물론 이 네 가지 자료는 경제적 측면에서 "비용"을 보여주는 것은 아니다. 소비자의 관점에서 중요한 것은 병원에서 보낸 혈액 청구서의 규모이다. 우리가 논의한 것처럼 그 금액은 1단위당 30-100달러로 다양하다. 만약 그가 이용한 혈액을 대체하지 않거나 대체할 수 없다면, 그는 1단위당 50달러 혹은 그 이상을 지불해야 한다. 게다가 혈액형 분류, 교차 시험, 투입과 다른 비용을 위한 요금도 있다. 이는 청구서에 10-20달러를 추가시킨다.

그러나 많은 환자가 1단위 이상의 혈액 또는 혈장을 필요로 한다. 1966년 7월 1일부터 1967년 9월 1일까지의 기간 동안 33만 3,156명의 노인 환자에게 메디케어 프로그램에 의해서 102만 8,273파인트의 혈액이 공급되었고, 그중 27%는 4파인트 또는 그 이상을 받았다. 그들은 모든 혈액의 반 이상(58만 2,946파인트)을, 또는 각각 평균 6.5파인트를 제공받았다. 6.5파인트의 혈액을 받고 어떤 혈액으로도 대체하지 않은 환자들을 위한 오직 혈액에 대한 청구서는 156달러였다. 모든 혈액 가운데 25%가 대체되었다. 메디케어 프로그램은 처음 3파인트는 변제해주지 않았다(8장을 보라).

---

[27] Norris, R. F., "Hospital programs of blood banking", *Journal of the American Medical Association*, Vol. 193, No. 1(5 July 1965), p. 46.

오직 3파인트만을 받고 변제받지 않은 사람들은 평균 약 70달러를 지불했다.28

메디케어 프로그램을 통해 평균적으로 6.5파인트를 받는 노인 환자들은 156달러의 요금을 지불한다. 비의료보장 환자들은 아마도 더 많은 요금을 지불해야 할 것이다. 반면에 영국에서는 (영국 보건청 병원에 거주하거나 거주하지 않는) 비의료보장 환자들은 국영 보건서비스의 수혈 제도 Health Service Blood Transfusion system29의 지휘 아래 자발적으로 제공된 혈액의 비용은 지불하지 않는다. 비의료보장 환자들은 — 수술, 임신중절 혹은 다른 절차들을 겪든 겪지 않든 간에 — 종종 영국보건청의 "외주 계약 contracting-out"을 위한 소득공제를 요구하지만, 수혈원과 영국보건청의 다른 부서들로부터 비의료보장 환자로서 무료 혜택을 받는다는 것은 아직까지 거의 인식하지 못한다.

중요한 수술과 대량의 수혈을 필요로 하는 많은 미국 환자가 직면한 청구서는 치명적인 것이었다. 심각한 교통사고 사례, 어려운 분만 사례, "인공신장" 환자, 개심술을 받는 사람, 다른 형태의 심혈관 수술과 "장기이식" 수술이라는, 오늘날 많은 양의 혈액과 혈액제제를 필요로 하는 사례들이 앞 장에서 제시되었다. 일반적으로 한 건의 수술 혹은 한 건의 사례당 20파인트의 혈액이 필요했다. 1968-1969년에 혈액에 더하여 실험실 작업 비용과 수혈 비용을 포함하여 이런 경우에 부과된 비용을 고려하면 20파인트의 혈

---

28 볼티모어의 사회보장실 건강보험국 정책표준과가 제공한 분석(1968년 10월).
29 Ministry of Health circular, HM(69) 28(March 1969).

액을 받기 위해 환자가 지불해야 하는 비용은 약 1,200달러였다. 1969년의 공식 환율에 따르면 영국 화폐 가치로 500파운드에 해당한다. 1968년 캘리포니아에서 이루어진 한 건의 심장이식 사례의 경우, 혈액(1단위당 25달러이며, 300단위로 본다)과 연구실 작업, 수혈을 위한 비용은 영국의 화폐 가치로 8,361파운드였다.[30] 또 다른 심장이식 사례에서 수술 뒤 14일 만에 죽은 환자의 부인에게 보내진 혈액 청구서는 7,265달러였고 이는 전체 병원 청구서의 금액인 2만 8,845.83달러의 4분의 1에 해당했다.[31]

이와 같이 많은 사례에서 대체 요금에 대한 시장 인센티브market incentive는 하나의 무관한 신화가 되었다. 가족과 친구의 도움을 받는 환자도 2-3년 이내에 20파인트 또는 그 이상의 혈액을 대체하기를 기대할 수는 없다. 이와 같은 경우에 종종 발생하는 일은 그 환자(그리고 그 또는 그녀의 가족)가 "궁핍한 수입" 뿐만 아니라 "궁핍한 혈액"도 갖게 된다는 것이다.

미국의 상업화된 혈액 시장 시스템과 영국의 국영보건서비스에서 하나의 필수적인 부분으로 기능하는 자발적 시스템을 비교하면서, 이 장에서 우리는 네 가지 기준을 고려하였다. 이것은 경제학자들이 상이한 시스템의 상대적 강점과 약점의 평가를 시도하는 데 적용하는 기본적 기준이다. 그러므로 이들은 더 광범위하고 수량화할 수 없는 사회적, 윤리적, 철학적 측면을 제외하는데, 사실 이러한 측면들이야말로 이 연구가 보여주듯이 경제적, 재정적

---

30   *The Times*(31 July 1968).
31   *International Herald Tribune*(6 April 1968).

조건으로 단순하게 판단된 혈액 분배 시스템의 협소한 한계를 초월하여 문제가 더욱 확대되는 지점들이다.

어느 정도 중복되는 이러한 네 가지 기준은 간략히 말하면 다음과 같다. (i) 경제적 효율성, (ii) 행정적 효율성, (iii) 가격(1단위당 환자가 부담하는 비용), (iv) 순도, 효능, 안전성(또는 단위당 품질)이다.

그리고 네 가지 기준 모두에서 상업화된 혈액 시장은 실패하였다. 경제적 효율성이라는 관점에서 상업화된 혈액 시장은 혈액을 매우 낭비하는 것이다. 수요와 공급은 만성적이고 극심한 공급 부족이라는 말로 특징지어지고, 균형equilibrium이라는 개념은 환상에 불과하게 된다. 또한 시장은 막대한 외부 비용external costs을 수반한다. 이것은 행정적으로 비효율적이다. 소위 미국 시장의 "혼합 다원주의mixed pluralism"는 더욱 심한 관료화를 초래했고, 종이와 청구서의 산사태를 가져왔고, 행정과 회계, 컴퓨터 운영 명목의 간접비를 증가시켰다. 이러한 낭비와 불균형, 비효율성은 환자(또는 소비자)가 지불하는 가격에 그대로 반영되었다. 미국에서 1단위당 비용은 영국의 1파운드 6실링(만약 처리 비용이 포함되면 2파운드)과 비교하면 (1969년의 공식 환율에 의하면) 10파운드에서 20파운드 사이로 다양하다 — 5배에서 15배 정도 높다. 그리고 마지막으로 품질의 측면에서 상업적 시장은 더욱 오염된 혈액을 분배할 것이다. 다시 말해 환자가 혈청간염 형태의 질병에 걸리고 사망할 위험이 상당히 높다.

(어떤 사람들에게는 역설적이지 않아 보일지도 모르지만) 역설적이게도 혈액 분배 시스템이 상업화될수록 (그로 인해 더욱 낭비하게 되고,

비효율적이 되며, 위험해질 것이고) 국민총생산[GNP]은 더욱더 부풀려질 것이다. 부분적으로, 그리고 꽤 단순하게, 이것은 통계적으로 외부 비용이 아주 낮은 지불되지 않는 서비스(자발적 헌혈자, 서비스의 자원봉사자, 비용이 지불되지 않는 시간)를 비용이 큰 외부성externalities을 수반하는 금전적이고 측정 가능한 비용이 지불되는 활동으로 "전환transferring"한 결과이다. 만약 주부가 가사에 대한 대가를 받거나, 자녀 없는 부부가 입양에 대해 재정적으로 보상을 받거나, 병원의 환자가 교육적 목적을 위해 협력하면서 의과대학 학생들에게 비용을 청구한다면, 국민총생산에는 비슷한 효과가 뒤따를 것이다. 또한 상업적 시장이 "혈액의 노후화" 또는 낭비를 가속화할 때 국민총생산은 부풀려질 것이다. 누군가 비용을 지불하기 때문에 그 낭비는 계산이 될 것이다.

1969년에 『이코노미스트The Economist』가 미국 경제에 대한 조사에서 미국과 영국[32] 사이에 거대한 "효율성 격차efficiency gap"가 있다고 묘사했지만 이는 분명히 인간 혈액 분야에는 적용되지 않는다. 혈액 분배 시스템과 관련된 이 연구에 사용된 경제적, 기술적 기준에서 보면, 그런 결론은 정반대로 뒤집혀야 할 필요가 있다. 영국의 자발적이고 사회화된 시스템이 미국의 혼합되고, 상업화되고, 개인주의적인 시스템보다 더욱 경제적이고, 전문적이며, 행정과 품질의 측면에서 더욱 효율적이다.

또 다른 신화인 소비자 주권에 관한 파레토 신화Paretian myth도 엄청난 충격을 받았다. 상업적 혈액 시장에서 소비자는 왕이 아니

---

[32]   USA Report, *The Economist* (10 May 1969).

다. 소비자는 손해 보지 않고 살기 위해 더 적은 자유를 가진다. 가격을 결정할 수 있는 선택권이 없고, 공급의 부족에 더 많이 종속되고, 관료화로부터 덜 자유롭고, 이타주의를 표현할 기회를 덜 갖게 되며, 소비, 품질, 외부 비용과 관련된 검사와 통제를 덜 실행하게 된다. 소비자는 주권을 갖기는커녕 종종 착취를 당한다.

가장 고통받고 가장 지불할 금액이 많은 청구서를 받는 사람은 혈우병 환자이다. 미국 내 남성 인구 1만 명당 1명(영국에서는 보다 낮게 측정되고 있다)이 혈우병이 있는 것으로 측정된다. 이 질병은 유전적인 것일 뿐만 아니라, 의학에서 가장 빈번한 돌연변이에 의한 결과로도 발생하는데, 이 말은 이 질병의 발생 정도가 전 세계적으로 감소하기보다는 증가할 것으로 예상된다는 의미이다.

현대의 의학적 치료는 이제 인간 혈장과 다양한 혈액제제로 구성된다. 이러한 물질을 이용한 10일에 걸친 치료 과정(예를 들어 치과 발치)은 헌혈자 60명의 선물을 필요로 하는데, 각각은 환자에게 간염을 감염시킬 수 있는 위험을 수반한다. 영국에서 이런 혈액제제는 국립수혈원의 지휘 아래 준비되며, 영국보건청 체제하에서 환자들은 비용을 전혀 부담하지 않고 공급받을 수 있다. 상업적으로 판매되지 않고, 가격이 매겨지지도 않는다. 혈액은 자발적 헌혈자들로부터 공급된다.[33]

일부 제제들이 임상적으로 덜 만족스러운 것으로 간주되는 미국에서 제제들은 상업적으로 만들어지고 시장화된다. 1966년 소매시세에 의하면 인간 혈장으로 10일 동안 치료를 받기 위한 성인의

---

33   Biggs and Macfarlane(1966).

평균 비용은 약 2,250달러였다. 1969년의 보고에 따르면 "많은 환자가 혈장 또는 혈장 집중 치료를 1달에 3회 이상 필요로 한다. 그해 말에, 이 환자는 충격적인 청구서를 받게 된다. 가족 중 2명 또는 그 이상의 혈우병 환자 아이가 있으면 재정적 부담은 더욱더 커지게 된다. 재정적 이유만으로도 가족 문제와 붕괴가 발생한다. 환자들은 종종 그들의 가족에게 재정적 짐을 지우게 된다는 것 때문에 죄책감을 느낀다".[34] 또한 그들은 이러한 시장의 힘에 의하여, 그들이 피를 흘리는 사건이 일어날 때마다 살아남기 위해 낯선 사람들의 혈액 공급에 의존한다는 사실을 지속적으로 생각하게 된다. 그것은 "나쁜 위험"이다. 미국의 사적 시장에서는 보험이 적용될 수 없고, 영리 병원에서는 받아들여지지 않는다.

만약 미국 내 혈우병 환자들의 욕구를 완전히 충족시킨다면, 그들은 매년 국가에서 채혈된 모든 혈액(약 100만 파인트)의 약 8분의 1을 쓸 것으로 추정되었다.[35]

영국에서는 2,000명 이상의 환자가 심각한 출혈성 장애를 가지고 있는데,[36] 그들이 직면하는 문제들은 미국 내 유사한 환자들이

---

[34] Taylor, C., "Haemophilic center at work", *Rehabilitation Record*, Rehabilitation Services Administration, Department of Health, Education and Welfare, Washington, Vol. 10, No. 2(March-April 1969), pp. 1-6. 1968년 셰필드대학Sheffield University 정신의학과의 177명의 혈우병 환자에 관한 연구는 혈우병이 특별한 정신 질환을 야기할 가능성이 높다는 미국의 조사 결과를 확인하지 못했다. 또한 심각한 재정적, 직업적 어려움에 관한 증거도 없었다(Bronks, I. G., and Blackburn, E. K., "A socio-medical study of haemophilia and related states", *British Journal of Preventive and Social Medicine*, 22(1968), pp. 68-72).

[35] 스탱글 박사와의 개인 교신(1968년 10월 16일).

[36] Biggs and Macfarlane(1966), p. 325.

직면하는 것과는 비교가 되지 않는다. 그들은 이민을 가기를 원하지 않는다. (오직 혈장의 비싼 구성 성분만 사용하는) 혈액제제의 적절한 분량의 기술적 생산에 심각한 어려움이 있음에도 불구하고, 혈액은 부족하지도 않고 환자가 혈액과 의학적 치료를 위한 비용을 지불하는 과정에도 아무 문제가 없다.

로버트 매시Robert K. Massie가 저술한 로마노프왕조와 러시아 제국의 멸망에 관한 책 『니콜라이와 알렉산드르Nicholas and Alexandra』는 가장 통찰력 있고 흥미로운 역사적 연구 중 하나로, 가장 유명한 혈우병 환자인 알렉세이 황태자를 중심으로 다루고 있는데, 그는 러시아의 마지막 황제인 니콜라이의 외아들이자 상속자였다.[37] 매시는 그의 아들이 혈우병 환자였다는 사실을 발견한 이후에 이 연구에 착수하였다. 그는 다른 가족들이 이 혈액 질환으로 인해 발생한 문제를 어떻게 다루었는지 알고 싶었다. 또한 그는 낯선 사람들이 주는 선물에 의존하는 미국의 가족을 돕고 싶어 했다. 연구 과정에서 그는 과학에 의해 수혈이 가능해지기 이전에 혈우병이 어떻게 역사적 과정의 변화를 도왔는지 보여주었다.

우리는 러시아제국에서 공산주의 러시아로 이동하며, 구소련에서 금지되었던 알렉산드르 솔제니친의 위대한 작품 『암 병동』을 이 장에 적합한 결론으로 인용할 것이다.

중앙아시아 병원의 암 환자인 슐루빈은 이전에는 강제 노동 수용소의 죄수였고 현재 같은 병원의 환자로 추방된 코스토글로토프에게 말한다. "그(슐루빈)는 교훈을 주는 주인과 같이 매우 분명

[37] Massie(1967).

하게 말했다."

"우리는 모든 관계와 근본적인 원칙 그리고 법이 도덕적 윤리로부터 흘러나오는 사회, 오직 도덕적 윤리로부터만 흘러나오는 사회를 세계에 보여주어야 한다. 윤리적 요구가 모든 계산을 결정할 것이다. 아이를 어떻게 키울 것인지, 아이를 위해 무엇을 준비할 것인지, 어떤 목적으로 성인의 일이 이끌어져야 하는지, 그들의 여가가 어떻게 사용되어야 하는지 결정할 것이다. 과학적 연구에 대해 말하자면 그것은 오직 윤리적 도덕성에 피해를 주지 않는 곳에서만 실행되어야만 하며, 우선 그것은 연구자들 스스로에게 피해를 주지 않아야 한다."

그러자 코스토글로토프는 질문을 던졌다. "거기에는 경제가 있어야만 하지 않나요? 경제가 모든 것보다 우선이지요." "그러한가?" 슐루빈이 말했다. "확실히 알 수는 없다. 예를 들어 블라드미르 솔로비요프는 경제는 윤리적 토대 위에 세워질 수 있으며, 그래야만 한다는 것을 꽤 설득력 있게 주장했다."

"그게 뭐야? 윤리학이 첫 번째이고, 경제학이 그다음인가?" 코스토글로토프는 어리둥절한 것처럼 보였다.[38]

---

[38] Solzhenitsyn(1969).

16장
누가 나의 낯선 사람인가?

이 장에서 우리는 "선물"이라는 주제에 대해서 다시 살펴볼 것이다. 앞 장(8장)에서 헌혈자에 관한 유형론을 제시하면서 우리는 현대사회의 혈액 선물과 원시 사회의 증여와 선물 교환에 대한 형태와 표현 사이의 유사성과 차이에 관해 관심을 가졌다. 레비스트로스가 말했듯이 하나의 보편적 현상으로서 선물 교환의 사회적, 경제적 측면은 "무궁무진한 사회학적 성찰"을 위한 재료를 제공한다. 레비스트로스 자신보다, 특히 그의 책 『친족의 기본 구조』[1]보다 그러한 성찰을 더 유발한 것은 없다.

레비스트로스와 모스는 둘 다 엄청난 범위의 문화적으로 다양한 사회에서 얻은 재료를 분석하면서 그 사회에 존재하는 증여의 규칙 및 기능과 오늘날 서구 사회의 제도와의 관련성에 대해 추측하려고 시도하였다. 모스는 "배려 또는 협력"을 표현하면서 사회

---

[1] Lévi-Strauss(1969).

보장social security의 현대적 형태를 "선물이라는 주제"의 르네상스로 보도록 이끌었다. 그가 나중에 태어났다면, 그는 영국보건청에서 전형적으로 나타나는 사회화된 의료 돌봄의 개념 또는 자발적 헌혈 시스템 아래에 있는 원칙을 비교하며 탐구하였을 것이다. 그가 70세가 되었을 때 수혈 서비스는 초기 단계였다. 오늘날 수혈 서비스는 사실상 보편적이며, 혈액에 대한 세계적 수요는 성인 인구의 증가, 경제 성장, 그리고 다른 물질적 지표보다 더 빠른 비율로 성장하고 있는 것으로 추정된다.[2] 대부분의 국가(특히 미국과 일본)에서 의학의 긴요한 수요에 한참 뒤떨어져 보이는 것은 적절한 숫자 형태로 된 자발적 헌혈자들의 "사회적 성장"의 비율이다. 즉 각적 보상이 없는 증여의 거부는 ― 만약 모스가 연구한 원시 사회의 맥락으로 번역한다면 ― "우정과 교류의 거부"로 해석될 수 있다.

레비스트로스 또한 서구의 선물 거래 사례를 배치하면서 비교하는 그림을 생각했다. "종종 원시 문화의 매우 일반적 태도와 절차를 현대사회에 재통합하기를 추구하는 것처럼 보이는 북아메리카 사회에서 이러한 경우(축제)는 매우 예외적인 비율을 보여준다. 매년 한 달을 위한 크리스마스의 선물 교환은 일종의 신성한 열정을 갖고 모든 사회 계급이 실천하는, 수백만의 개인이 연루된 거대한 포틀래치에 지나지 않으며, 결과적으로 많은 가족의 예산은 지속적인 불균형에 직면하게 된다. … 심지어 우리 자신의 사회에

---

[2] *Proceedings of the Conference of the American Association of Blood Banks*, Los Angeles(1966).

서도 부의 파괴는 위신을 얻기 위한 하나의 방법이다."³

복잡한 사회와 전통 사회 둘 다에서 이끌어낸 이런 사례들과 다른 사례들은, 주는 사람과 받는 사람이 서로 알고 개인적으로 소통하는 경우의 개인적 선물과 답례 선물들이 매우 다양한 종류의 감정과 목적으로 특징화된다는 것을 보여준다. 스펙트럼의 한 끝에는 물질적 이득을 성취하거나, 위신을 강화하거나, 미래에 물질적 이득을 가져오는 것을 목표로 하는, 경제적 이유가 지배적인 목적인 모종의 첫 번째 선물들first-gifts이 있다. 그 반대쪽 끝에는 "총체적 사회적 사실total social fact"로서 알려진 개인들과 사회집단들 사이의 친밀한 관계, 애착, 조화에 기여하는 것을 목표로 하는, 대개 사회적, 도덕적 목적을 가진 선물들이 있다.

그러한 모든 개인적 대면 접촉의 성질을 가진 선물 거래의 내부에는 도덕적 강화 또는 도덕적 연대의 일부 요소들이 배태되어 있다. 주는 것은 받는 것인데 ― 약간의 반환을 강제하거나 약간의 의무를 만든다 ― 비슷하거나 상이한 물질적 선물의 형태로 받을 수도 있고 또는 받는 사람 쪽의 태도나 신체적 행동을 통해 즐거움이나 고통 등 감정의 명시적 표현의 형태로 받을 수도 있다. 그런 선물은 완전히 공정하고, 객관적이고, 비인격적인 것이 아니며, 그렇게 될 수도 없다. 각각은 그 자체의 언어로 된 나름대로의 메시지와 동기를 가지고 있다.

레비스트로스와 모스 ― 그리고 다른 인류학자들 ― 는 원시 사회에서 교환은 경제적 거래라기보다 호혜적 선물reciprocal gifts의

---

3   Lévi-Strauss(1969), p. 56.

증정이었고, 이러한 호혜적 선물은 우리의 사회에서보다 이러한 사회에서 훨씬 더 중요한 기능을 수행했으며, 이 원시적 교환 형태는 본질적으로 경제적 성격에 그치는 것이 아니라 모스가 "하나의 총체적인 사회적 사실"이라고 부른 것이며, 말하자면 즉각적으로 사회적, 종교적, 마술적, 경제적, 공리주의적, 감상적, 법률적, 도덕적 중요성을 갖는 사건이라는 것을 보여주려고 노력했다. 돌턴Dalton은 시장-조직적 산업주의의 구조, 과정, 문제를 분석하기 위해 개발된 경제 이론이 원시 경제와 관련이 없다는 결론을 문헌조사를 통해 내렸다.[4]

퇴니에스Tönnies는 그가 쓴 유럽 사회에 대한 고전적 연구인 『공동사회와 이익사회』에서 공동사회와 같은 관계에서 그가 "동료애 유형fellowship type"이라고 부르는 것을 발전시켰다. 그는 그런 공동체 중심적 사회에서 선물 교환은 본질적으로 지식의 평등 또는 실행의 자유의지에 대한 상호 의존이라고 주장했다. 그와 대조적으로 결사체와 같은 (경제적 인간이 지배적인) 관계는 도 우트 데스Do, ut des(나는 준다, 그러면 당신은 줄 것이다)라는 원칙에 의거하여 통제받는다. "내가 당신을 위해 하는 것, 나는 오직 동시적으로, 과거에, 또는 나중에 나에 대한 당신의 봉사를 가져올 수단으로서만 행동한다. 내가 실제로 그리고 정말로 원하고 바라는 것은 바로 이것이다. 당신으로부터 어떤 것을 얻기 위함이 나의 목적이다. 나의 봉사는 앞에서 언급한 것의 수단이며, 그것은 내가 자연적으

---

[4] Dalton, G., "Economic theory and primitive society", *American Anthropologist*, Vol. 63(February 1961).

로 마지못해 기여하는 것이다."5 강력한 강요의 요소는 이런 유형의 선물 관계를 지배하며, 퇴니에스에 따르면 그것은 종종 그 목적으로서 지위, 권력, 물질적 이득을 얻기 위한 욕망을 갖는다.

그러나 레비스트로스의 주장에 따르면 우리 사회에서 원시 사회의 선물 교환의 양식에 따라 이전되는 상품의 비율은 "상업과 판매와 관련된 것들에 비해 매우 적다. 호혜적 선물은 골동품 전문가의 호기심을 사로잡는 즐거운 유물이다…."6 그가 제공한 사례 — 그것이 "유물"로 간주되든지 아니든지 간에 — 는 물질적 대상과 관련되고, 그 모든 것은 효용을 가진다. 그것들은 시장에서 구매되고 판매된다. 그것들은 다른 목적으로 쓰였을 수도 있고, 증여자에게 더 많은 (또는 더 적은) 이익이 되었을 수도 있는 돈의 이용을 포함한다. 슈워츠와 베블런Veblen과 같은 다른 저자들은 다른 질서의 실제를 위한 도구와 수단으로 사용되는 경제적 상품의 맥락에서 선물의 심리학을 논의했다. 따라서 그런 선물은 계산적인 "경제화하는economising" 행동의 일부 요소를 상정한다. 현대사회에서 이러한 선물 교환이 그 형태와 의도에 있어서 부분적으로 또는 전적으로 경제적인 한, 그다음에는 종종 주로 사회적인 것으로 간주될 어떤 특정한 종류의 행동 또는 행위의 의도가 주로 경제적인 것으로 여겨지는 일이 생길 것이다. 블라우Blau와 같이, 이것은 경제학의 한계효용marginal utility의 분석에 대한 원칙을 사회생활의 교환에 적용하도록 우리를 이끌 것이다.7

5   Tönnies(1955), pp. 20-21.
6   Lévi-Strauss(1969), p. 61.
7   Blau(1964).

결사체와 같은 유형의 선물 교환의 관계에 관한 이러한 이론의 일반적 유효성이 어떻든지 간에, 그 이론은 물질적 대상이 포함되지 않는, 경제 용어로 가격을 매기고 계량화하기 어렵거나 거의 불가능한, 그리고 증여의 행위에 있어서 답례 선물에 대한 어떠한 명확한 권리와 기대, 도덕적 강제도 수반하지는 않는 개인적이고 비개인적 모든 맥락의 선물 행동과 행위의 광범한 영역을 전적으로 무시한다. 만약 그런 행동을 효용이라는 형이상학적 개념에 적용하는 것이 가능하다면, 그것은 일반적으로 사람들이 획득하거나, 소유하거나, 구매하기를 원하는 과정, 관계, 사물이 아니라는 것이 발견될 것이다. 그것은 교환가치를 갖지 않는다.

하지만 우리가 이 연구에서 주장했듯이 명시적으로나 암시적으로나 답례 선물 또는 행동에 대한 개인적 권리를 수반하지 않는 사회적 선물과 행동은 (소로킨Sorokin의 용어로) "창조적 이타주의creative altruism"의 형태이다.[8] 이것은 익명의 타자들을 도움으로써 자아가 실현된다는 의미에서 창조적이다. 이것은 생물학적 욕구 자체가 표현되도록 돕는다. 이런 의미에서 이타주의의 표명은 물론 자기애로 생각될 수 있다. 그러나 이것은 또한 익명의 타자에게 삶을 주고, 삶을 연장시켜주고, 삶을 풍요롭게 해주는 것으로 생각될 수 있다. 이것이 삶을 유지해줌으로써 우연하게 경제적 부를 만들 수도 있다는 점은 개념, 행위, 목표에서 부수적인 것이다.

물론 우리는 여기에서 현대사회의 가족과 친족의 호혜적 권리와 의무의 외부에 있는 개인적 행위와 관계의 영역에 대해 말하고

[8]   Sorokin(1954).

있다. 우리는 — 사회정책의 많은 부분과 동일하게 — "낯선 사람"과의 관계에 관심을 가지며, 사회에서 익명의 도움의 강화와 확대를 촉진하거나 좌절시키는 과정, 제도, 구조에 관심을 가진다. 우리는 우리 자신의 성격에서 비롯된 것으로, 사실상 계약적인 것이 아닌 "극단적 의무ultra obligations"에 관심을 가진다.[9] 최종 분석에서 사회정책을 경제 정책으로부터 분리시키는 것은 바로 이러한 관심과 그들의 표현이며, 또는 케네스 볼딩Kenneth Boulding이 말했듯이 "사회정책은 통합을 창조하고 소외를 약화시키는 그런 제도들의 중심에 있다."[10]

앞 장에서 우리는 혈액이라는 선물이 다른 많은 형태의 선물과 구별되는 특정한 속성을 가졌다고 지적했고, 일련의 명제에서 이러한 속성을 묘사했다. 그것들 가운데 전부는 아니지만 대부분은 어떤 의미에서도 한계효용 모형에 의해서는 레비스트로스, 슈워츠, 블라우와 다른 학자들이 분석한 것과 같은 선물 교환의 형태로 분석되지 않을 것이고 그런 채로 설명될 것이다. 그러한 시장 교환에 관한 이론과 모형은 의료 돌봄의 현대적 시스템에서 혈액이 가지는 위치에 관한 이해와는 무관하다고 우리는 생각한다.

의료 돌봄의 본질과 이에 관한 사회적, 심리적 요소를 성찰하면서 우리는 최종적으로 불가피한 논리적 과정에 의해 더욱 구체적인 일반화를 하도록 강요를 받았다. 그리고 수혈 서비스와 인간 혈액의 이용과 분배가 시장의 소비재로 취급되어야 할지 물어보

---

[9] "극단적 의무"에 관한 철학적 논의에 대해서는 Grice(1967)를 보라.
[10] Boulding, K. E., "The boundaries of social policy", *Social Work*, Vol. 12, No. 1(January 1967), p. 7.

도록 강요를 받았다. 하나의 긍정적 대답에서 많은 것이 나올 수 있다. 그 의미는 사회정책의 넓은 영역에 관한, 그리고 관례적으로 "사회 서비스"라고 불리는 것에 관한 우리의 생각에 영향을 주기 위해 확대될 수 있다. 병원, 양로원, 임상 실험실, 학교, 대학, 그리고 심지어 아마도 교회도 더 이상 법률의 또는 공통된 "자선단체" 면제 관습의 보호를 받지 못한다. 그들은 경제적 계산의 힘과 시장의 법칙에 그대로 노출될 것이다.

수혈 서비스는 일반적인 사회정책의 문제와 특수한 의료 돌봄의 문제를 비교를 기반으로 이해하기 쉽게 보여주는 사례연구의 자료로서 선택되었다. 이러한 선택의 이유는 4장에서 설명하였다. 그러나 현대사회의 선물 관계의 다른 영역은 낯선 사람과의 관계에 관한, 그리고 비경제적 특성을 가진 거래에 관한 거대하고 확대되고 있는 사회정책의 영역에서 세부적인 조사를 위해서 선택되었을지도 모른다. 이러한 영역의 실제적이고 잠재적인 징후, 영국의 "돌봄 공동체caring community"의 징후는 「시봄 보고서Seebohm Report」에 기재되어 있다. "우리는 (사회 서비스의) 새로운 부서가 … 가능한 한 최대한 많은 숫자의 개인이 전체 공동체의 웰빙을 위해 서비스를 주거나 받으며 호혜적으로 행동하도록 만들 수 있을 것이라고 생각한다."[11]

예를 들어 우리는 연구를 위해 환자의 역할을 "수업 자료teaching material"로 사용할 수 있으며, 새로운 약물과 다른 진단 및 치료 수

---

[11] *Report of the Committee on Local Authority and Allied Personal Social Services*, Department of Health(1968), p. 11.

단을 검증하기 위한 실험과 시험에서 연구 자료로 사용할 수 있다. 매년 서구 사회에서는 수백만 명의 사람이 이러한 상황에서 대가나 계약된 보상 없이 스스로 증여하리라고 기대된다. 게다가 시간과 숫자를 측정하면, 그 수요는 증가하고 있다. 영국에서 의사의 자격을 갖기 위해서는 아마도 평균적인 의과대학 학생의 경우 어떤 형태로든지 약 300명의 환자에게 접근하거나 접촉할 필요가 있을 것으로 보인다. 전문적 엘리트의 훈련을 위한 이러한 환자들의 기여는 왕립위원회Royal Commission 권고의 완전한 실행과 함께 실질적으로 증가한다.[12] 이들은 1970년대에는 더 이상 "자선charity" 환자가 아니며, 미래의 영국보건청이 어떻게 되든지 간에 그렇게 취급될 수도 없다. 그렇다면 의료 교육을 위한 이들의 기여에 대해서 시장의 기준에 따라 보수가 지급되어야 하는가?

현재 환자들은 낯선 사람으로서 그들이 혜택을 받을 수도 있다는 무언의 가정하에 증여자로서 행동하도록 요청받거나 기대된다. 종종 그들의 합의가 요구되고, 종종 그것은 단순하게 통보되며, 흔하게는 아무 말도 없을 때도 있다.[13] 그들 스스로 "가르침"의 대상이 되거나 증여하려는 자발성은 물리적으로, 정신적으로 당연한 것으로 여겨진다. 그것은 연구, 의학의 발전, 의사에 대한 사회의 필요, 의사들의 더 나은 훈련과 전문적으로나 재정적으로 더 빠

---

[12] *Report of the Royal Commission on Medical Education 1965-1968*, Department of Health(1968).

[13] "진정한true" 또는 "비공식적informed" 동의를 정의하는 문제에 관한 설명을 위해서는 *Medical Research Council, Annual Report 1962-1963*(1964) 그리고 Pappworth(1967)를 보라.

른 전진, 그리고 궁극적으로 인종, 종교, 피부색 또는 지역을 불문한 모든 환자를 위한 선good이라는 명목 아래 당연한 것으로 여겨진다.

낯선 사람들 사이의 이러한 유형의 선물 거래는 — 현재의 가격이 매겨지지 않는 비시장적 상황에서는 — 결코 일방적인 이전移轉이 아니다. 환자들은 상담사보다 의과대학 학생들과 접촉하면서 더 즉각적인 혜택을 받을 수도 있다. 강의하는 역할을 가진 의사들은 그들의 의무에 관한 엄격한 규정이 보장하는 것보다 환자들에게 더 많은 것을 준다. 그러나 수업, 실험, 연구의 혜택 — 종종 불가분하게 혼합되어 있다 — 은 대개 장기적으로 누적된다. 그것은 개별 환자들에게 주는 즉각적인 "답례 선물"은 아니다. 거기에 "좋지 않은fall out" 혜택이 있을 수 있는 한, 그것은 환자들에게 즉각적으로 명백한 것은 아니다. 그러나 의과대학 학생들, 경력의 사다리에 오르는 의사들, 연구원들, 과학자들 사이에서 그 연계는 더욱 명확하고 더욱 개인적인 것이 된다. 개인으로서 그들은 이러한 선물 거래로부터 단기적으로 혜택을 얻기를 기대한다. 환자들에 대한 혜택은 대개 장기적으로 누적된다. 그들은 미래의 환자 집단의 웰빙well-being을 발전시킨다. 만약 만성 기관지염을 가진 연금 수령자들에게 홉스Hobbes의 질문 — 왜 사람들은 그들 자신의 즉각적인 이익을 위한 활동이 아닌 다른 일을 해야 하는가? — 을 던진다면 그들은 만성 기관지염을 가진 미래의 집단에게 좀 더 혜택이 될 것 같은 선물에 대한 요금을 청구하기 시작할지도 모른다.

점점 더 전문화되는 세계에서 모든 대인 서비스 전문직personal service professions은 의학에서 그렇듯이 그들의 전문적 열망을 성공시키기 위해서 다른 사람들에게 더욱 의존한다. 사회학자들은 협력 분야와 통제 재료가 필요하다. 심리학자들은 실험실의 자원봉사자가 필요하다. 정신의학 학생들은 정신 질환자가 필요하다. 사회복지사가 되려는 사람은 의뢰인clients이 필요하다. 제약 산업의 내부와 외부에 있는 모든 다양한 전문직 집단은 약물 시험을 위해 병든 환자뿐만 아니라 건강한 자원봉사자도 필요하다. 교육실습생은 제자가 필요하다. 기타 등등의 경우도 그렇다.

낯선 사람들과의 관계에 대한 사례로서 개별적으로 고려하면, 더 많은 사람이 다른 사람들의 이익을 위해 봉사할 것으로 ― 증여할 것으로 ― 기대된다. 이러한 모든 거래에는 선물-호혜성gift-reciprocity의 형태에 대한 말로 표현되지 않는 가정이 존재한다. 사회의 성원으로서 낯선 사람들에게 증여하는 사람들은 궁극적으로 그들 자신이 (또는 그들의 가족이) 그 사회의 성원으로서 이익을 얻을 것이다. 그러나 그런 기증자들은 대개 반강제적인 상황에 처해 있다. 그리하여 그 거래는 이룰 수 있는 형태의 가장 자발적인 이타주의로는 간주될 수는 없다. 그럼에도 불구하고 가까운 미래의 날짜에 도착할 답례 선물에 대한 모호하고 일반적인 추정은 존재하지만, 그것은 관계된 개인 ― 예를 들어 자발적 헌혈자 ― 이 의도적으로 찾거나 원한 선물은 아닐 수 있다. 아마도 아프기를 원하는 사람은 아무도 없을 것이다. 수술, 수혈, 입원 치료 또는 사회복지사의 사회적 돌봄을 원하는 사람은 아무도 없을 것이다. 점점 더 많은 사회정책의 도구가 작동하고, 과학적 지식이 전문화와 보조를 맞추면서pari passu 답례 행동 또는 답례 선물을 기대하지 않는 이러한 "자발주의voluntaryism"의 행동이 요구되고 있다.

이것은 단지 이 책에서 사례연구로 상세하게 전개한 선물 거래가 발생하는 수많은 사회정책 영역에 대한 하나의 간략한 설명에 불과하다. 이와 관련해 상이한 유형의 분석되지 않은 또 다른 영역으로는 — 비록 이타주의와 자기 이익의 요소도 포함하지만 — 위탁 보호foster care 제도가 있다. 상대적으로 위탁 부모의 태도와 동기, 그리고 가족 외부의 보육 시스템에서 누가 주고받는지에 대해서는 별로 알려진 것이 없다. 영국의 위탁 보호는 본질적으로 노동계급의 제도인 것처럼 보인다.[14] 왜 중간계급은 같은 정도로 참여하지 않는 것일까? 이것이 또 다른 계량화할 수 없는 영역이 되는 이유는 위탁 부모가 비용을 지불받을지라도 시장의 기준에 따른 보상은 받지 않기 때문인가? 또는 데니스 로버트슨 경Sir Denis Robertson이 말했듯이 사랑은 희소 자원scarce resource이기 때문인가?[15] 관련된 아이가 (사회와 함께) 즉각적으로, 그리고 미래에 해를 입지 않는다면 사회 전체의 이익을 위해 이 자원[사랑]이 필요할 것이다. 이 영역에서 또한 우리는 헌혈자의 특성과 동기에 관한 질문과 비슷한 성질을 가진 위탁 부모의 문제와 위탁 보호의 선물에 대해 질문했을지도 모른다.

또는 다른 사례를 들자면, 우리는 맹인의 예방과 감소를 위한 영국보건청의 지역안구은행Regional Eye Banks의 선물 거래를 분석할 수 있었을 것이다. 그 은행의 한 사례로 남동부지역안구은행South Eastern Regional Eye Bank에는 1965년에 448개의 안구가 기

---

14   Parker(1966), especially pp. 68-69. 또한 Dinnage and Kellmer Pringle(1967)도 보라.
15   Robertson(1956), p. 154.

증되었다 — 그 숫자는 꾸준히 증가하는 추세다.[16] 기증된 안구의 공급은 영국보건청이 없는 다른 나라들에서 훨씬 적기 때문에 448개의 각막 중 73개는 인도, 자메이카, 남아프리카공화국, 싱가포르, 터키, 홍콩 그리고 다른 나라들에 무료 선물로 수출되었다.[17] 알지 못하는 낯선 사람들에게 친척이 증여하거나 기증자가 물려준 인간의 안구는 소비재로 취급되거나 가장 높은 가격을 제시하는 사람에게 판매되어야 하는가? 최근 몇 년간 미국과 다른 나라들의 장기이식의 확대되는 영역에 나타난 경험을 보면, 이는 단지 한가한 이론적 질문이 아니다.[18]

윌렌스키와 르보에 의하면 "정말로 현대 사회복지는 개인적 연계가 있다는 이유로 부탁하지 않고 명령하는 사람들이 아니라 낯선 사람들에게 주는 도움으로 생각되어야만 한다. 그것은 도움을 받는 사람과 주는 사람 사이의 사회적 거리social distance의 정도를 상정한다."[19] 그 정도는 진찰하고, 감정을 느끼고, 질문하는 의과대학 학생으로부터 환자를 분리하는 사회적 거리에서부터, 선물의 수혜자를 알지 못하고 결코 볼 수 없는 헌혈자의 거리까지 다양할 것이다.

이런 관계에서 증여자들은 — 그것이 반강제적인 것이든 이타

16 벤저민 라이크로프트 경Sir Benjamin Rycroft과 라이크로프트P. V. Rycroft와의 개인 교신(1966년 12월). 또한 Wolstenholme and O'Connor(1966), pp. 43-50를 보라.
17 영국의 새로운 안구 기증자들은 1965년에 한 달에 약 1,000명의 비율로 등록되었다. *Report of the Central Health Services Council for 1965*(1966).
18 장기이식의 윤리적, 법률적 문제에 관한 정보를 제공하는 논의를 위해 Wolstenholme and O'Connor(1966)를 보라.
19 Wilensky and Lebaux(1958), p. 141.

적으로 자발적인 것이든 간에 — 증여의 행동으로 인해 피해를 입을지도 모른다. 헌혈자들은 — 드물게는 치명적으로 — 증여로 인해 피해를 입을 수도 있다. 환자들은 수업 자료로서 자발적으로 또는 마지못해, 또는 자신도 모르는 사이에 그들 자신을 증여함으로써 물리적으로, 정신적으로 피해를 입을 수 있다. 학생, 의뢰인, 위탁 부모, 그리고 다양한 "증여"의 사회정책의 상황에 있는 많은 다른 범주의 사람들도 그렇다. 이러한 사회적 선물 거래에서는 받는 사람뿐만 아니라 증여자에게도 위험이 존재한다.

경제 이론에서는 복지에 관한 명제를 자주 표현되지 않는 윤리적 명제인 "파레토 최적Paretian optimum"에 광범위하게 맡겨둔다. 각자 그 자신의 판단에 따라 움직이면서 누구도 더 나빠지지 않고, 최소한 한 사람이라도 더 나아지는 한, 어떤 변화도 더 나은 것이다. 그러나 사회적 선물 관계의 전체 영역에 이런 명제는 적용할 수 없다. 증여자들은 그들 자신 또는 다른 사람들에 대한 이익과 손해를 평가할 위치에 있지 않다. 결정은 전문적인 결정권자들이 하지만, 그들은 결국 증여자 또는 수혜자의 손익을 개인으로서 결코 평가할 수 없다. 그들의 개입은 가끔씩 발생하는 일이다. 그들은 궁극적인 산출에 대해 거의 알지 못한다. 신과 같은 역할을 가정하면서 파레토최적을 사회적 거래의 증가하는 영역에 적용하는 그러한 경제 이론가들은 그들 자신의 미적분학에 의해 눈이 멀게 될 것이다. 경제적 계산에 대한 그들의 편협한 추구로 인해 그들과 그들을 추종하는 사람들은 살아 있는 사람들에 관한 사회의 계통적이지 않은 지식을 위험하게 만들 것이다.

물리학자들이 이론적 영토를 점점 더 양도해온 반면에, 많은 경제학자는 더 많은 영토를 주장해왔다. 1952년 처음 영어로 출간된 『물리학의 세계관The World View of Physics』이라는 탁월한 책에서 폰 바이츠제커Von Weizsäcker는 다음과 같이 말했다. "점차 새로운 자료의 압력에 굴복하면서, 과학자들은 고전역학 또는 그 모형에 따른 이론이 자연 전체에 유효하다는 가정을 더욱더 완전하게 포기하였다. 대신에 그들은 고전역학에 의해 이해될 수 없는 그 현상에 관한 하나의 독립된 이론을 발전시키려고 시도했고, 역으로 그 새로운 이론의 '제한적 사례'로서, 즉 연구의 확실하고 한정된 영역에 그 이론을 적용한 결과로서 고전역학을 이해했다."[20]

우리가 앞에서 말했듯이 윤리적 고려는 과학적, 기술적, 경제적 고려가 가장 높은 위치에 있을 때에도 위험에 처하게 된다. 이러한 위험 — 특히 반강제적 헌혈자에 대한 위험 — 의 구체적인 사례는 의학계에 종사하는 사람들에 의해 점점 더 많이 제공되고 있다.

서구의 과학적 의학은 연구와 의학적 목적을 위해 두 개의 "반강제적 자원봉사자captive volunteer" 집단을 점점 더 많이 이용하는 것으로 나타났다. (i) 아프리카와 남아프리카의 원시 사회의 인구, 그리고 (ii) 미국과 남아프리카의 수감자들이다. 첫 번째 집단과 관련된 연구 관심의 주요 영역은 관동맥성 심장병과 식사(서구 사람들이 건강에 관해 갖는 중요한 관심사 가운데 하나이다)의 관계에 관한 보고이다. 많은 연구에 단기간 동안의 의료 돌봄의 공급이 포

---

[20] Von Weizsäcker(1952), p. 69.

함된다. 연구 사실이 수집되었을 때, 의료 돌봄은 중단되었다.[21]

앞 장에서 논의한 대로 과학적 실험의 윤리적 문제에 관한 또 다른 사례로는 미국의 제약 산업에서 사용되는 혈장분획의 기술이 있다. 많은 다른 사례는 1963년 『영국의학저널』이 "인간에 대한 실험의 놀라운 증가율"이라고 묘사한 것에서 발견할 수 있지만,[22] 인간 혈액에 관한 사례연구와 관련된 두 가지 사례면 충분할 것이다.[23]

첫 번째 사례는 미국의 한 의과대학에서 수행되었으며, 1969년 8월에 보고된 간염 전염에 관한 연구와 관련이 있다.[24] 다른 조사원들이 수행한 선행 연구들은 혈청 요소, 간염 항원이 특히 바이러스성 간염과 관련이 있다는 사실을 보여주었다. 대학의 조사원들은 2,211단위의 혈액을 실험했는데, 그 가운데 16단위가 항원을 보유한 것으로 발견되었다. 16단위의 혈액은 16명의 다른 환자들에게 수혈되었다. 환자들의 통제 집단은 항원이 포함되지 않은 혈액을 수혈받았다. 항원이 포함된 혈액을 수혈받은 12명의 생존한

[21] 예를 들어 Shaper, A. G., and Jones, K. W., "Serum-cholesterol in camel-herding nomads", *Lancet*, 1305(1962)를 보라. 죄수의 이용에 관해서는 혈장분획에 관한 이 책의 참고 문헌을 보라. 또한 필라델피아 감옥의 광범위한 실험실 실험을 설명하는 Davies, A. E., *Trans-Action*(1968) 그리고 Wolstenholme and O'Connor(1966)를 보라.

[22] Editorial, "Ethics of human experimentation", *British Medical Journal*(6 July 1963), p. 1.

[23] 더 많은 자료와 약 200개 논문에 관한 참고 문헌은 Pappworth(1967) and letter to *British Medical Journal* on the ethics of liver transplants(7 June 1969), p. 631을 보라.

[24] Gocke, D. J., Greenberg, H. B., and Kavey, N. B., "Hepatitis antigen", *Lancet*, 248(1969).

환자 가운데 9명(75%)에게는 간염이 생겼다. 항원 음성 혈액을 수혈받은 수혈자의 간염 발생 정도는 5.8%(69명 가운데 4명)였다. 그 저자들은 "우리의 관찰은 헌혈자의 혈액에 있는 간염 항원의 존재와 수혈을 통한 간염의 발전 사이의 굉장한 상관관계를 … 보여준다"라고 말했다. 이 조사에서 제기된 질문은 선행 연구의 발견을 고려하면 간염 항원이 포함된 혈액이 환자들에게 수혈되었어야 하는지의 여부이다. 이런 환자들과 그들의 친척 양쪽 또는 한쪽은 거기에 포함된 위험 가능성에 대한 정보를 제공받았던 것으로 추정된다.

두 번째 사례는 1967년에 보고된 것으로서, 대부분 아동인 약 6,000명 정도의 정신지체 환자를 수용한 과밀 시설인 뉴욕의 스태튼 섬의 윌로브룩 주립학교Willowbrook State School에서 수행한 실험 연구에 관한 것이다. 그 실험에 참여한 사람들은 3-10세 사이의 아동들이었는데, "그들의 부모는 조사에 관한 세부 사항, 잠재적인 위험, 잠재적인 이익에 관해 정보를 제공받은 다음에 서면으로 동의하였다".[25] 동의 절차의 실제적 방법과 동의 절차가 어떻게 실행되었는지에 관한 정보는 출간되지 않았다.

실험의 목적은 혈청간염의 기원을 밝히고, 면역학적으로 특별한 여러 질병 유형이 존재할 가능성을 평가하기 위한 것이었다. 그 시설은 고질적인 전염병의 역사를 가지고 있었다. 이는 부분적으로는 실험을 위한 정당한 이유였다는 이야기가 있다. 이 아동 집

---

[25] Krugman, S., Giles, G. P., and Hammond, J., "Infectious hepatitis", *Journal of the American Medical Association*, Vol. 200, No. 5(1 May 1967), p. 365.

단은 간염에 노출된 일련의 실험 속에 있었다.

물론 사회의 혜택을 위해 헌혈자로서 참여했던 정신지체 아동들에 관한 이 연구를 통해서 과학적 교훈이 습득되었다. 『미국의사협회지』가 논평했듯이 "이러한 최근의 연구들은 … 주의 깊게 통제된 실험 연구의 신중한 사용 없이는 불가능했을 간염에 관한 우리의 지식에 중요한 공헌을 했다".26

신중한 수단은 목적을 정당화한다. 미국에서 혈액의 상업화가 증대되고, 혈액의 원천으로 "부랑자"와 사회 밑바닥 사람들을 이용하는 경향이 증가하여 간청은 더 긴급하게 이루어졌다. 만약 시장의 경제학 대신 사회정책에 대한 고려가 혈액의 공급과 분배를 지배했다면, 이런 실험이 이루어질 수 있었을지 의심스럽다.

> 어떤 새로운 약품에 관한 최초 실험에서 조사원은 반드시 그 약이 실험할 가치가 있으며, 기존에 이용할 수 있는 것들 가운데 한 가지 또는 그 이상만큼 좋거나, 또는 어쩌면 더 나을 것이라는 가능성에 대해 순수하게 개방적인 마음을 지니고 있어야 한다. 질병 치료에 있어서 그것의 가치에 대해 찬성하거나 반대하는 강한 신념은 실험에서 약품을 이용하거나 억제하게 하면서, 또는 가짜 약을 사용하게 하면서 그를 비윤리적으로 만들 수 있다. 이러한 경우에 그는 조사를 수행할 수 없다.27

---

26 Editorial, *Journal of the American Medical Association*, Vol. 200, No. 5(1 May 1967), p. 407.
27 *Principles for the Clinical Evaluation of Drugs, Report of a WHO Scientific Study Group*,

이러한 인간 실험의 확대되는 분야에서 — 혈장분획 프로그램처럼 — 유인책으로 돈을 받거나 반강제적 상황에 있는 모든 낯선 사람은 사실상 가난한 사람들이다. 궁핍하고, 박탈당하고, 교육적으로 장애가 있고, 사회적으로 부적당한 사람들(감옥 및 다른 시설들의 내부와 외부에 있는 사람들), 그리고 미국의 한 사회학자가 현대 경제 체계들이 "더 효율적으로 어설픈 사람들을 활용한다"라는 가설을 발전시킬 때 "어설픈"으로 묘사한 모든 사람이다.[28]

11장에서 묘사된 미국 제약회사의 이윤을 추구하는 임상 시험에서 반강제적 수감 상황에 있는 "어설픈 사람들" 가운데 어느 정도가 추정되는 사회의 혜택을 위해 이용되었을까? 이용되었던 사람들 가운데 일부는 죽었고, 일부는 장애인이 되었다. 이것은 계산될 수 있는, 그리고 계산되었던 인적 비용의 사실이다. 그러나 가난하고 어설픈 사람들 — 내과 의사, 감옥 직원, 죄수, 관련된 제약회사의 기술자, 관리자, 임원과 다른 사람들 — 을 활용하는 이러한 실험과 유사한 실험에서 평가될 수 없는 것은 이런저런 형태로 관여된 모든 사람에게 미치는 도덕적 효과이다. 그런 경험이 그들의 가치에, 그리고 사회의 "어설픈 사람들"을 향한 그들의 태도와 행동에 어떤 효과를 미치는가? 이러한 종류의 시장 실험의 윤리적 결과(또는 반反가치disvalues)는 활용된 사람들에게 실제로 가해진 생물학적 손해를 훨씬 뛰어넘어 확대된다.

또한 누군가가 그것을 계산할 생각을 한다면 계산될 수 있는 사

World Health Organisation, Technical Report Series, No. 403(1968), p. 6.
[28] Goode, W. J., "The protection of the inept", *American Sociological Review*, Vol. 32, No. 1(February 1967), pp. 5–19.

실은, 미국과 다른 서구 사회에서 가난한 사람들과 "궁핍한 사람들"로 분류된 사람들은 의료 시스템의 구조를 유지하는 데 필요한 대부분의 수업과 연구 자료의 제공자들이라는 점이다. 많은 미국의 대학 병원은 1970년대에 그 지역의 궁핍한 사람들의 상대적 비율이 감소하면서 위기에 직면했다. (11장에서 언급한) 영리 병원의 급속한 성장은 미국에서 의사의 양성에 필연적인 영향을 미침과 함께 수업과 연구를 위한 "임상 재료"의 부족을 더 악화시켰다. 이러한 병원을 운영하는 기업들은 "궁핍한 사람들" 또는 "자선" 환자들 'charity' patients을 취급하지 않고, "전통적으로 병원에 손실을 가져오는" 응급실과 산부인과 또는 소아과 부서를 제공하지 않기로 결정했다.[29]

생활수준이 향상되면서 가난한 자선 환자들의 이용 가능성과 숫자는 영국 사회의 문제를 보여주었지만, 1948년 이후 영국보건청이 출현하면서 수백만 건의 보건 서비스의 잠재적인 "수업 사례"가 참여하자 그 상황은 해결되었다. 그렇기는 하지만 일부 차별의 요소는 여전히 비의료보장 환자들에게 유리하게 실행된다. 그들은 전체적인 사회의 궁극적 혜택을 위해 낯선 사람에게 선물을 하도록 같은 정도로 요구되거나 기대되지는 않는다 — 뉴욕과 시카고의 부자는 그들의 사회의 사회적 방향이나 내일을 생각하지 않고 혈액 청구서를 위해 수표를 작성한다.

우리는 선물 관계에 관한 이러한 논의에서 지속적으로 다음의 질문을 던졌다. 누가 베풀고 왜 베푸는가? 이 장에서 우리는 훨

[29] *Wall Street Journal* (13 October 1969).

씬 더 광범위한 사회 서비스의 맥락에서 같은 질문을 하였다. 필연적인 결과로 추가적인 질문을 던진다. 누가 이러한 지불하지 않은 사회적 거래로부터 혜택을 받는가? 가난한 사람들은 그들의 사회적, 의학적 필요에 따라 과학, 의학, 사회의 의료 전문가와 다른 전문가들을 위해 그들이 만든 선물에 대해 부자들에 비례해서 그만큼 또는 더 많은 혜택을 받는가? 사회는 어떤 답례 선물을 만드는가?

15장에서 우리는 미국의 상업적 혈액 시장과 관련된 낭비, 부족, 비효율성, 비윤리적인 관행, 위해로 인해 발생하는 사회적 비용에 대해 논의했다. 우리는 돈으로 그런 비용을 측정하는 데 어려움이 있음에도 불구하고 가난한 사람들, 아픈 사람들, 장애를 가진 사람들이 부담하는 불균형한 부분이 있다는 결론을 내렸다.

이 장에서 우리는 사회정책의 더 광범위한 영역을 망라하는 비용과 혜택에 관한 논의를 확장하였다. 비용편익분석에 대한 전문성을 가지고 계량적 안경의 도움을 받아 현장을 보는 경제적 통계학자는 사회적 선물 거래의 전체 영역을 어떤 사회에서는 부자와 특권을 가진 사람들에게 유리한 거대하게 성장하는 재분배 과정으로 볼지도 모른다. 더욱이 그 과정은 과학과 기술의 진보 및 전문주의professionalism와 대인 서비스 직업의 성장에 의해, 그리고 선물은 제공되지만 현물 또는 화폐 형태로 반환되지 않는 의료 돌봄과 다른 사회 서비스들의 구매와 판매가 이루어지는 시스템에 의해 촉진된다.

그러면 우리의 통계학자는 영국, 미국과 다른 나라들의 전통적인 수입과 부에 관한 이용 가능한 자료와 함께 그가 가진 모든 사회적 재분배의 자료를 일련의 엄청난 목록 안에 한데 모아 합치는 이런 통계적 환상을 비교를 바탕으로 한층 더 추구할 수 있을까? 그 결과를 통해 일부 경제적, 사회적 시스템에 가난한 사람들로부터 부유한 사람들에게 향하는 전체적인 재분배의 거대한 흐름을 보여주는 것이 가능하지 않을까? 달리 말하면 경제적으로 가난한 사람들의 사회적 선물이 사회복지 프로그램의 현금 이전과 누진세의 결합 효과보다 더 크지 않을까?

그러나 새뮤얼슨[30]과 다른 학자들이 발전시킨 "공공재 이론"에서 어떤 진전이 이루어졌든지 간에 많은 컴퓨터가 우리의 통계학자를 위해 제공되었고, 결국 그[통계학자]는 실패했다는 것을 인정해야 한다. 무엇보다도 현물 서비스의 수혜자에 관한 대부분의 확실한 정보가 누락되었기 때문에 그 과제는 그를 초월한 것이다. 다시 수혈의 사례를 보면, 이 세계의 어떤 나라에도 성별, 연령, 사회 계급, 소득 집단과 다른 특징들에 따른 수혈자의 분포를 보여주는 국가적 자료는 존재하지 않는다. 고소득 집단의 의료 돌봄 서비스의 특정한 영역의 활용과 수혈의 발생 정도 사이의 긍정적인 관계 — 특히 미국에서의 — 에 관한 확실한 표시는 존재한다.[31] 그러나 미국과 영국에서 이루어진 어떤 연구도 범위와 분석

---

30   예를 들어 *Review of Economics and Statistics*에 실린 Samuelson, P. A., "The pure theory of public expenditure", XXXVI(1954); "Diagrammatic exposition of theory of public expenditure", XXXVII(1955); "Aspects of public expenditure theories", XL(1958)를 보라.

31   의료 돌봄의 활용 자료에 관한 미국의 출처: *Vital and Health Statistics Data from the National Health Survey*, National Center for Health Statistics, Public Health Service, US Department of Health, Education and Welfare(1960-1969); 그리고 the Commission on Professional and Hospital Activities, *Medical Audit*

이 포괄적이지는 않다.

10장에서 보고한 1967년의 약 3,800명의 헌혈자에 대한 표본 조사는 소득과 사회 계급이 높은 가족이 소득과 사회 계급이 낮은 가족에 비해서 더 많은 혈액을 수혈받았다는 사실을 보여준다. 그러나 이 조사는 수혈자와 수혈의 혜택을 제한적 범위로 측정한 관점에서 이루어진 것이다. 그리하여 우리는 우리의 통계학자가 사회정책 가운데 상대적으로 작은 분야에서도 전국적으로 보면 이 질문에 답할 수 없을 것이라고 결론을 내려야만 한다. 누가 혈액을 수혈받는가?

그는 이 책에서 반복적으로 발생하는 더욱 형이상학적 질문과 분배에 관한 일부 질문에 대해서는 대답을 시작조차 할 수 없었다. 예를 들어 그는 전체적인 재분배 과정의 모든 "외부성"과 혹은 "반가치"를 인식하고 평가할 수 없을 것이다. 비록 그가 모든 인구학적 자료를 가지고 있을지라도, 그는 인간 생명의 구제와 상실, 질병의 유발과 예방에 대한 어떤 암시적인 돈의 가치에 중요성을 더 부여할 것인가? 의과대학 학생들, 의사들, 그리고 다른 많은 전문직 지망자와 전문가 집단이 사람들을 수업, 학습, 연구, 과학적 실험 재료로서 취급할 권리를 위해 어떤 대가를 지불해야 한다고 예상할 것인가? 낯선 사람의 관계에 관한 더 많은 영역이 시장의 법칙에 종속될 때 의료 과실과 이에 대한 배상 청구의 외부 비용

Program Reports, Ann Arbor, Michigan(1963-1969). 잉글랜드와 웨일스 자료 출처: *Report on Hospital Inpatient Inquiry for 1961* and *1966*, 그리고 *Annual Report of the Ministry of Health*, Department of Health and Social Security and General Register Office. 또한 Morris(1964)를 보라.

은 어떻게 감안할 것인가? 그는 어떤 이윤의 가치를 현재와 미래의 사회에 개인의 자유로운 선택의 요소로서 부재 또는 존재하는 이타주의의 정신과 일치시킬 것인가? 간단하게 혈액에 대한 수표를 작성하면서 "난 더 이상 낯선 사람들에 대한 임무, 의무, 책임의 감정을 경험하거나 그로 인해 고통을 받지 않는다"라고 말하는 사람들이 존재하는 사회의 결과에 대한 비용을 그는 어떻게 산출할 수 있을까? 그렇다면 그는 폭력에 대한 비용을 어떻게 계량화할 수 있을까?

이 모든 것이 순수한 추정은 아니다. 자발적 시스템을 쫓아내는 상업적 혈액 프로그램이 확대되고 있는 미국과 일본, 다른 나라들에서 불안은 증가하고 있다. 보험회사들이 증여의 정신을 숨 막히게 만들고, 그로 인해 수혈된 혈액의 비용을 현금으로 상환하는 방침을 판매함으로써 사회에 해를 끼친다는 이야기가 있다. 상업적 혈장분획 프로그램을 개발하는 제약 산업은 달러로 혈액을 대체할 수 있다는 관념을 광범위한 대중 사이에 촉진시킨다는 유사한 비판을 받고 있다. 심지어 1968년 미국의사협회 회장은 다음과 같이 말했다. "혈액에 대한 비용 지불은 가족과 친구의 혈액을 대체하려는 동기를 파괴할 수 있으며, 너무 자주 헌혈하는 많은 '반半전문semi-professional' 헌혈자를 낳고 그들의 건강에 손상을 야기한다. 그것은 또한 일부 보험 설계에 대한 보험료와 비율을 인상시킨다. 공동체 정신을 가진 자발적 기여가 될 수 있는 것을 상업화시키는 경향이 있을 것이다. 이는 국가적 재난의 시기에 이용 가능한 혈액의 양에 영향을 미칠 수 있다."[32]

그런 외부성은 통계 용어나 재정 용어로 측정될 수 없다. 에지워스Edgeworth가 다른 맥락에서 말하였듯이 "우리는 인생의 금모래를 셀 수 없다. 우리는 바다와 같은 사랑의 '무수히 많은 웃음'에 번호를 매길 수 없다".33

경제 정책과 구별되는 사회정책의 근본적인 특징은 바로 여기에서 파악할 수 있다. 왜냐하면 그것은 지속적으로 "누가 나의 낯선 사람인가Who is my stranger?"라는 질문을 해야 하기 때문이며, 인식되고 계산되는 그러한 측면뿐만 아니라 인간의 수량화할 수 없고, 비체계적unmethodical인 측면과도 불가피하게 관련을 가지기 때문이다. 그리하여 정책의 관점에서 그것을 윤리적 고려와 통합시키는 것은 통합적 시스템에 초점을 맞추는 것이다. 정체성, 참여, 공동체에 대한 개인의 감각을 증진하고, 그에게 이타주의의 표현을 위한 더 많은 선택의 자유를 허용하고, 동시에 개인의 소외감을 약화시키는 과정, 거래, 제도에 초점을 맞춰야 한다.

선물 관계를 중심으로 다루는 이 책은 그런 하나의 제도의 관점을 측정하기 위한 시도이다. 그것은 또한 서로 유관한 세 가지 명제를 발전시킨다. 첫째, 계량화할 수 없는 성질을 가진 선물 교환은 레비스트로스와 다른 학자들의 저서들에서 제시된 것보다 복잡하고 대규모의 사회에서 더욱 중요한 기능을 가진다. 둘째, 그런 사회에서의 과학적, 기술적 발전의 적용은 복잡성의 확산을 가속화하면서 선물 관계를 위한 사회적 욕구뿐만 아니라 과학적인 것을 감소시키기보다 증가시켰다. 셋째, 이러한 이유와 다른 많은

32 Rouse, M. O., "Blood banking and blood use", *Transfusion*, Vol. 8, No. 2(March-April 1968), p. 106.
33 Edgeworth(1881), p. 8. 원문의 강조.

이유로 인해 현대사회에서는 이제 모든 사회집단의 일상생활에서 이타주의의 표현을 위한 선택의 자유에 대한 요구가 더 적어지는 것이 아니라 더 많아진다. 이런 요구는 주로 사회적, 윤리적, 생물학적 토대에서 주장되고, 그것은 또한 과학적, 경제적 기준에서도 정당화된다.

이 장을 끝내면서 우리는 영국의 일부 헌혈자의 응답에 대해 구체적으로 보고하기 위해 선물 관계에 대한 추상적 일반화와, 사회적 재분배에 관한 해답이 없는 질문을 떠나 이동한다. 그러므로 우리는 일부 헌혈자들이 1967년 설문지 조사에 참여했을 때 헌혈의 동기에 관해서 말해야만 했던 것을 인용하면서 개인적 기록으로 끝을 맺을 것이다.

첫째, 그러나 우리는 이 책에 흩어져 있는 몇 개의 경고를 반복하고, 일부 일반적인 관찰을 제공해야만 한다.

도덕적 관점에서 자발적 혈액 프로그램에 대한 의무감을 가지고 있고, 이를 지지하는 영국 사람들에게 특별히 독특하거나 칭찬할 만한 어떤 것이 존재한다는 추정을 이 연구에서 발표한 비교적 자료에서 끌어내서는 안 된다. 영국과 미국 외에 다른 많은 나라에도 무수히 많은 자발적 공동체 헌혈자가 존재한다. 만약 묻는다면 많은 사람이 이타주의와 호혜성이라는 비슷한 감정을 표현하면서 반응할 것이라는 점을 의심할 이유가 하나도 없다. 우리가 적을 수 없는 것은 (몇 개의 나라를 제외하고) 그들의 숫자, 비율, 특징, 대표성 등이다. 그러나 우리가 영국의 자발적 헌혈자에 관한 수많은 사실을 소개하였고, 다른 많은 나라의 자발적 헌혈자에 관한 사실을 전혀 소개하지 않았다고 해서, 반복하여 말하지만 결론이 선택된 사람들에 대한 생각이 아니라는 점은 틀림없다. 아무튼 헌혈자는 그가 어떤 유형으로 분류되든지 간에(8장을 보라) 적절한 자격을 가진 전체 인구의 단지 소수만을 대표한다.

우리가 쓴 내용으로부터 모든 사람이 영국의 모든 사회제도와 재분배적 복지 체계와 잘 지낸다는, 간단히 말해 "영국의 사회적 조건"과 잘 지낸다는 결론을 내려서도 안 된다. 어쩌면 해석에 있어서 오류를 범할지도 모르는 일부 사람들을 위한 정정으로서, 이 책이 추구하는 주제는 저자의 『복지의 의무』34와 『소득분배와 사회변동Income Distribution and Social Change』에서 제기된 사회정의social justice의 문제와 연결된 것이라고 말할 필요가 있다.35

우리가 조사한 나라들 사이에서 사회정책의 도구로서 독특한 것은 영국보건청이 가지고 있는 가치이다. 1948년 이래 국립수혈원에 대한 일반 대중의 태도와 둘 사이의 관계는 오직 보건 서비스라는 맥락에서 이해될 수 있다. 20세기 영국 사회정책의 가장 도덕적인 행동은 이타주의, 호혜성, 사회적 의무에 대한 감정 자체가 표현되도록 허용하고 격려하였다. 모든 사회집단과 사회 계급에 의해 측정 가능한 행동 양식에서 그것이 분명해지고 확인이 가능해지도록 만든 것이다. 부분적으로 이것은 구조적이고 기능적으로 보건 서비스가 사회적으로 분열된 것이 아니라는 사실에서 기인하는 것이다. 보건 서비스의 보편적인 무상 접근free access의 기반이 보이지 않는 낯선 사람들을 위해 헌혈하거나 헌혈하지 않을 선

34 Titmuss(1968).
35 Titmuss(1962).

택을 사람들에게 허용하는 주체의 사회적 자유social liberties에 많은 기여를 했다고 우리는 생각한다.

물론 이타주의와 자기애를 위한 증여와 답례 증여return-giving에 대한 인간의 더 깊은 동기를 조사함에 있어서 사회화된 의학이 전적으로 책임을 가진다고 제안하는 것은 손쉬운 일이다. 우리는 전혀 그렇게 말하지 않았다. 그러나 우리가 제안하는 것은, 사회가 사회제도 ─ 특히 건강과 복지 체계 ─ 를 조직하고 구조화하는 방법들은 인간의 이타주의를 강화할 수도 있고 약화할 수도 있다는 것이다. 그러한 체계들은 통합 또는 소외를 촉진할 수 있다. 모스를 상기하면, 그것들은 낯선 사람을 향한 관대함이라는 "선물의 주제"가 사회집단과 세대들 사이에 확산되게 할 수 있다. 더 나아가 우리는 물질적 획득의 소비자 선택consumer choice에 대한 강조와 비교하면, 이것은 충분한 인정을 받지 못한 20세기의 자유의 한 측면이라고 제안한다. 물론 어떻게 현대사회가, 기술적이고, 전문적이고, 대규모로 조직화된 사회가 보통 사람들에게 가족과 개인적인 관계에 대한 그들의 네트워크 외부에서 도덕적으로 실용적인 용어로 증여를 분명하게 표현할 기회를 거의 허용하지 않는지는 전혀 이해되지 않는다.

우리는 종종 선물 관계에 대한 질문을 던질 때 동기motives와 동기부여motivation라는 단어를 사용했다. 이 단어들의 사용은 너무 많은 것을 약속했을지도 모른다. 그러나 5장에서 우리는 혈액과 그것의 소유, 상속, 손실, 수혈이 종교적 믿음, 인종에 대한 이론과 개념, 친족, 조상 숭배 등과 어떤 관련을 갖는지 관심을 가졌다. 혈액에 관한 바로 그 생각은 삶과 죽음에 관한 인간의 가장 깊은 감정을 건드린다. 결과적으로 우리는 헌혈하는 것과 헌혈하지 않는 것에 대한 개인적 동기를 연구하려는 어떤 시도도 약간의 극단적으로 어려운 개념적, 분석적 문제에 직면할 것이라고 말했다. 아무튼 우리는 헌혈자의 표본이 가지는 사회적, 인구통계학적 특징에 관한 기본적인 사실을 알게 될 때까지 이것을 정식화할 수조차 없다고 결론을 내렸다.

10장에서 우리는 영국의 특정 지역의 약 3,800여 명의 헌혈자에 관한 예비 조사에서 도출한 사실에 대한 분석을 보여주었다. 우리는 이제 "당신이 왜 처음으로 헌혈자가 되기로 결정했는지 말해주세요"라는 질문에 대한 응답의 각 범주를 보여주는 개인들의 답변의 일부 사례를 아래에 (그것이 적힌 정확한 형식에 따라) 제공할 것이다. 그것은 "왜냐하면 나는 병원에 있는 사람들의 생명을 구하고 싶기 때문이다"라는 많은 틀에 박힌 응답보다 다른 범주의 답변을 더욱 생생하게 표현한 것처럼 보였기 때문에 선정되었다. 순수한 무작위 추출은 덜 흥미로웠을 것이다.

이타주의(응답자들의 26.4%)

이 범주에 속하는 대다수의 응답은 일반적으로 돕기를 원했다는 의사를 표현했다.

"나의 조그만 도움으로 어떤 이의 생명을 살릴 수 있다."(독신 여성, 40세, 파워 프레스 기사, 주당 10-15파운드, 10번 헌혈)

"익명으로 재정적 보상에 구애받지 않고 다른 사람들을 도울 수 있기 때문이다."(기혼 남성, 34세, 자녀 없음, 보험 청구 관리직,

주당 20-30파운드, 23번 헌혈)

"혈액을 슈퍼마켓이나 체인점에서 얻을 수는 없다. 사람들은 스스로 가야 한다. 아픈 사람이 자기 생명을 구하고자 침대 밖으로 나와 당신에게 1파인트의 혈액을 요청할 수는 없다. 그래서 내가 혈액이 필요한 누군가를 도와야겠다는 생각에 나섰다."(기혼 여성, 23세, 자녀 없음, 기계 기사, 주당 15-20파운드(주요 소득원은 전기 기사), 4번 헌혈)

"사람은 섬이 아니다."(기혼 남성, 36세, 자녀 2명, 설비 감독 기술자, 주당 30-50파운드, 21번 헌혈)

"나는 이것이 사람을 돕기 위한 하나의 작은 방법이라고 생각하였다 — 시각장애인으로서 다른 기회들은 제한되어 있다." (기혼 남성, 49세, 자녀 없음, 피아노 조율사, 주당 15-20파운드, 26번 헌혈)

"이것이 인류의 복지를 위해 내가 할 수 있는 하나의 작은 기여라고 느꼈다."(기혼 남성, 45세, 자녀 4명, 은행 관리직, 주당 30-50파운드, 26번 헌혈)

"어려움에 처한 다른 사람들을 돕고자 하는 하나의 갈망."(미혼 남성, 51살, 도로 노무자, 주당 10-15파운드, 11번 헌혈)

다양한 의사 표현이 존재했지만 어떤 헌혈자들의 답은 결국 보건 서비스에 도움을 주기 위해서라는 것이었다.

"단지 병원을 돕기 위해서."(기혼 여성, 61세, 자녀 2명, 남편은 은퇴, 주당 10-15파운드, 45번 헌혈)

"18세에 나는 헌혈할 정도로 능력이 있고 건강하다면 다른 사람들을 위해, 그리고 의학의 진보를 위해 헌혈하는 것이 누구에게나 좋은 일이라고 생각하게 되었다."(기혼 여성, 28세, 자녀 3명, 남편은 수화물 운반자, 주당 10-15파운드, 12번 헌혈)

"나는 영국보건청을 통해 나의 정형외과 교정 신발을 얻었다. 이것은 약간의 작은 보은이고 나는 사람들을 돕고 싶다."(기혼 남성, 53세, 자녀 1명, 보험중개인, 주당 15-20파운드, 20번 헌혈)

적은 비율의 헌혈자들은 도움을 받아야 하는 사람들을 구체적으로 명시했다.

"선천적으로 나쁜 혈액을 가지고 태어난 아기를 돕기 위해서이다."(기혼 남성, 23세, 자녀 1명, 숙련된 구두닦이 노동자, 주당 15-20파운드, 12번 헌혈)

좋은 건강에 대한 감사(응답자들의 1.4%)

"나 자신이 건강하다는 것은 행운이고, 나의 혈액이 다른 사람의 건강을 되찾는 데 도움이 되기를 바라며, 기꺼이 동참하고 싶은 마음이 드는 훌륭한 서비스라는 느낌이 들었다."(사별한 기혼 여성, 63세, 자녀 4명, 유족연금, 주당 10파운드 미만, 25번 헌혈)

"간단히 말해서 내가 전 생애 동안 건강하게 살았기 때문이고 이것은 작지만 내가 '감사하다'고 말하는 방법이자 행운을 덜 가진 사람들에게 주는 작은 기부이다."(기혼 남성, 53세, 자녀 2명, 퇴직 경찰관, 현재 복지 공무원, 주당 20-30파운드, 11번 헌혈)

"내게 이것은 좋은 건강을 주신 신에게 감사를 표하는 한 형태이다."(기혼 여성, 64세, 자녀 2명, 사무원, 주당 20-30파운드, 남편도 사무원, 47번 헌혈)

호혜(응답자들의 9.8%)

10장에서 우리는 그들 자신이 수혈을 받았던 헌혈자의 비율을 보여주었다. 그들 중 많은 사람은 이것을 설문지에 이유로 작성하여 제시했다.

"수혈 — 출산했을 때 — 로 나의 생명을 구했다는 사실을 들은 후에, 나는 보답하기로 결정했다."(기혼 여성, 46세, 자녀 5명, 남편은 도구 제작자, 주당 20-30파운드, 6번 헌혈)

"내가 두 번의 수술에서 회복할 수 있도록 도와주고, 가족과 함께 있을 수 있도록 혈액을 준 어떤 알지 못하는 사람에게 작게나마 보답하려는 시도이며, 그래서 나는 나이를 먹어도 [*혈액을 주기 위해] 이곳을 찾는다."(기혼 여성, 44세, 자녀 3명, 농부의 아내, 주당 50파운드 이상, 8번 헌혈)

"호혜"라고 분류된 응답을 한 사람들의 40%가 친척이나 친구로부터 수혈을 받았다고 말했다.

"어떤 낯선 사람이 수혈로 나의 아내의 생명을 구해주었다."

(기혼 남성, 43세, 자녀 2명, 자영업 유리 청소부, 주당 15-20파운드, 56번 헌혈)

"생명을 약간 더 연장해주는 수혈을 여러 번 받은 후에 나의 어린 조카딸은 백혈병으로 죽었다. 이미 헌혈자였던 한 친구와 상의한 후에 나는 그녀가 다음에 헌혈소에 갈 때 따라갔다."(기혼 여성, 59세, 자녀 1명, 남편은 금속 판금 노무자, 주당 20-30파운드, 12번 헌혈)

"내 남편은 41세에 쓰러져 세상을 떠났는데, 남편 없이 산다는 것은 매우 외로웠고, 그래서 나는 나의 혈액이 내가 이전에 겪었던 심적 고통을 받고 있는 누군가에게 도움이 될지도 모른다고 생각했다(남편은 죽기 전에 수혈을 받았다)."(사별한 기혼 여성, 47세, 자녀 1명, 학교 조리사, 주당 10파운드 미만, 16번 헌혈).

또 다른 상당한 헌혈자 집단은 미래에 그들 또는 그들의 가족에게 혈액이 필요할 수도 있다고 생각했기 때문에 헌혈했다.

"나의 가족 가운데 누군가는 언젠가 혈액이 필요할 수도 있다. 나는 그때 누군가 거기에 있어 줄 것이라고 생각하고 싶기 때문에, 어떤 낯선 사람이 영원히 감사할 것이라고 생각하면서 헌혈을 한다."(기혼 여성, 28세, 자녀 없음, 산업 화학자, 남편은 자동차 기술자, 주당 20-30파운드, 13번 헌혈)

"나는 모터바이크를 가지고 있고, 언젠가 나 자신을 위해 혈액이 필요할 수도 있는데, 그렇다면 사고를 당한 누군가를 돕기 위해 내가 헌혈을 하지 않을 이유는 무엇인가."(기혼 남

성, 50세, 자녀 2명, 섬유업 급수 업무 종사자, 주당 15-20파운드, 4번 헌혈)

대체(응답자들의 0.8%)

이들은 가족 중 누군가가 헌혈을 해야 한다고 생각하고, 그들이 헌혈할 수 없는 — 또는 더 이상 헌혈하지 못하는 — 사람을 대체하고 있다고 말한 헌혈자들이다.

"나의 어머니는 여러 해 동안 헌혈자였으며, 1958년 그녀가 돌아가시자 나는 어머니의 일을 이어가기로 결심했다."(기혼 남성, 49세, 자녀 5명, 벽돌공, 주당 20-30파운드, 16번 헌혈)

"내 아내가 빈혈로 인해 헌혈을 거절당했을 때, 내가 하기로 했다."(기혼 남성, 63세, 자녀 1명, 버스 운전기사, 주당 15-20파운드, 23번 헌혈)

"내 아들은 길에서 살해당했고, 그는 한 사람의 헌혈자였으며, 나는 그들이 그를 구하기 위해 최선을 다했다는 것을 알았고, 그리고 아들이 기뻐할 것을 알고 있기 때문에 내가 희망하는 누군가를 도울 수 있는 한 나는 계속할 것이다."(기혼 여성, 63세, 자녀 4명, 남편은 목재 톱질 노동자, 주당 10-15파운드, 19번 헌혈)

혈액의 필요에 대한 인식(응답자들의 6.4%)

이 범주의 모든 헌혈자는 그들이 혈액의 필요를 인식했기 때문에 혈액을 기부한다고 말했다. 그들이 필요를 인식한 상황은 상당히 다양하다.

"건설공사 현장에 있으면서 많은 사람이 다치는 것을 보면, 당신은 당신의 헌혈이 조금이나마 도움이 될 것이라고 느낄 것이다."(기혼 남성, 25세, 자녀 없음, 건축 비계 제조자, 주당 30-50파운드, 3번의 헌혈)

"내 직업의 성격 때문에 나는 사고 후 혈액이 필요한 불행한 사람들을 위해 헌혈을 해야겠다고 느꼈다. 일하는 동안 사고로 목숨을 잃는 것을 너무 많이 보았고 나는 내 건강한 몸으로 다른 사람을 도와야겠다고 생각하였다."(기혼 남성, 49세, 자녀 3명, 구급차 운전자, 주당 20-30파운드, 23번 헌혈)

"여동생이 질병으로 [*혈액] 5파인트를 수혈받았고, 나는 헌혈자로부터 혈액을 수혈받음으로써 얼마나 많은 혜택을 받을 수 있는지를 깨달았다."(기혼 여성, 62세, 자녀 3명, 남편은 기업 임원, 주당 30-50파운드, 17번 헌혈)

"한 심각한 사고를 목격한 후 이것이 내가 도울 수 있는 가장 좋은 방법이라고 생각했다."(미혼 여성, 22세, 실내장식가, 부친은 고무 타이어 비더beader, 주당 20-30파운드, 5번 헌혈)

"언제나 긴급하게 요구되는 혈액의 공급을 유지하도록 돕기 위해서."(기혼 남성, 59세, 자녀 3명, 우체부, 주당 10-15파운드, 10번 헌혈)

의무(응답자들의 3.5%)

"이타주의(첫 번째 범주)"와 "의무" 사이의 차이를 구분하기는 매우 어렵다. 다른 사람들을 돕고 싶다고 아주 간단하게 말하는 헌혈자들이 있다. 양심, 의무 또는 죄의식의 문제로서 다른 사람을 도와야 한다고 말하거나 그러한 생각을 내비치는 헌혈자들도 있다. 이런 응답의 차이는 — 만약 실제로 차이가 있거나, 있을 수 있다면 — 개별적인 헌혈자들이 우연히 선택한 단어에서 잘 드러날 것이다. 그러나 우리가 앞에서 말했듯이 언어의 표면에 나타나는 것보다 동기에 관한 이러한 응답에서 더 많은 것을 읽어낼 타당한 이유는 없다. 그리하여 범주의 구분은 사람들이 실제로 질문지에 작성한 것을 토대로 수행되었다. "의무"에 관한 일부 사례들은 다음과 같다.

"공동체와 국가 전체에 대한 의무감."(기혼 남성, 31세, 자녀 3명, 설비 기술자 반장, 주당 15-20파운드, 7번 헌혈)

"나의 양심 — 생명을 파괴하는 전쟁에서 5년 동안(1939-1945) 적극적 복무를 수행한 후에, 그리고 이 기간에 내 아내가 수혈을 받아 생명을 건졌기 때문에, 복무가 해제되고 나서 그 일이 떠올랐고 최소한 내 양심을 편하게 할 수 있었다."(기혼 남성, 52세, 자녀 1명, 사무직 간부 공무원, 주당 20-30파운드, 58번 헌혈)

"인생에서 받은 것은 많고, 준 것은 아주 적은 것에 대한 죄의식."(미혼 여성, 60세, 학교 교사, 주당 20-30파운드, 20번 헌혈)

"주로 현시대의 10대와 '함께하기' 위해서. 다른 사람을 위해 '봉사하고픈 마음'은 두 번째 이유이다."(기혼 남성, 37세, 자녀 2명, 계약직 기술자, 주당 20-30파운드, 26번 헌혈)

"전쟁 동안 너무 늙어서 나는 내 나라를 위해 도울 수 있는 게 없다고 여겨질까 봐 걱정했다. 헌혈을 시작했을 때 이 일은 나의 자부심에 위안이 되었다. 나는 뒤늦게 복무를 위해 소집되었고, 나의 자부심은 회복되었다. 그후 나는 헌혈을 계속하였다. 나는 자발적으로 다른 일들도 했지만, 그저 내 앞에 그 일이 있었고 나 자신을 유용한 사람이라고 느낄 수 있었다. 다른 일들은 노동조합과 정당에서 하는 일이었다. 나는 '왜 내가 그 일을 해야 하는가? 나는 그것을 다른 사람에게 맡길 것이다'라고 결코 생각하지 않았다. 나는 '내가 왜 그 일을 하지 않아야 되는가?'라고 생각했다. 나는 적어도 공상적 박애주의자는 아니며, 그렇게 느끼지도 않았고 생각하지도 않았다."(기혼 남성, 62세, 자녀 3명, 인쇄 식자공, 주당 15-20파운드, 28번 헌혈)

"나는 두 아이의 아버지인데, 만약 나 또는 내 자녀들 가운데 누군가가 혈액을 필요로 하게 된다면 우리에게는 그것을 받을 도덕적 권리가 있다고 생각한다. 이것은 한 아버지가 가지는 의무이다."(기혼 남성, 55세, 자녀 2명, 자동차 정비공, 주당 15-20파운드, 33번 헌혈)

"나는 정신 질환자(사이코패스)였던 적이 있으며, 항상 사람들을 도우려고 노력했다. 또한 나는 스스로 칼로 찔러 자살을 시도했으며, 수혈이 나를 구했다."(미혼 남성, 19세, 노동자, 주당 10-15파운드, 2번 헌혈)

전쟁 노력(응답자들의 6.7%)

앞의 범주와 비교하면, 여기에 분류된 응답의 대부분은 꽤 직설적이다. 자연스럽게 이 응답은 모두 나이가 40세가 넘는 헌혈자들에게서 받은 것이다.

"WAAF[*Women's Auxiliary Air Force, 공군여자보조부대]에서 전시 복무를 수행하는 동안 나는 부상을 당한 군인들과 민간인들을 돕기 위해 헌혈을 할 필요가 있다는 것을 인식했고, 그후 나는 이것이 평화로운 시기에도 필요하다는 것이라고 깨달았다."(미혼 여성, 45세, 은행원, 주당 20-30파운드, 40번 헌혈)

"1939-1945년의 전쟁 중에 다치지 않았다. 무언가를 '빚지고 있다'고 느꼈다."(기혼 남성, 43세, 자녀 3명, 지방정부의 수석 시설부장, 주당 30-50파운드, 30번 헌혈)

"1941년. 전쟁. 혈액이 필요했다. 나는 수혈을 받았다. 왜 하지 않겠는가?"(기혼 남성, 47세, 자녀 3명, 판매 대리인, 주당 20-30파운드, 10번 헌혈)

"나는 지난 전쟁 동안 내가 아주 강력하게 반대했던 전쟁의 결과로부터 사람들을 구조하기 위한 노력에 도움을 보태면서 처음으로 헌혈을 했다 — 생명을 파괴하는 것에 반대하여 생명을 보전하는 것을 더 좋아한다."(기혼 여성, 53세, 자녀 1명, 파트타임 배우이자 주부, 주당 30-50파운드, 남편은 텔레비전 프로듀서, 20번 헌혈)

1945년 이후 국방 복무(응답자들의 5.0%)

이 범주는 부분적으로 앞의 범주와 관련이 있으며, 군대의 성원으로서 처음 헌혈을 했다고 말한 헌혈자들로 구성된다. 그 대답의 일부는 응답자들이 적어도 부분적으로 혜택 — 예를 들어 48시간 통행권, 훈련 면제 등 — 을 받았기 때문에 헌혈자가 되었다는 것을 나타낸다. 다른 응답은 헌혈의 행동이 전적으로 자발적인 것은 아니었다는 것을 보여준다. 우리가 헌혈자들의 유형에서 논의했던 것처럼 "자원봉사자가 돼라to volunteer"라는 외부의 압력이 존재하였다. 그러나 이 범주에 있는 헌혈자들 가운데 다수는 혜택이나 압력을 구체적으로 명시하지 않았다. 가장 많이 사용된 문구는 "나는 군대에 있는 동안 혈액에 대한 호소에 응하였다"라는 형태였다. 처음 헌혈한 이유가 무엇이었든지 간에 그것과 상관없이 지속적으로 헌혈했던 이 범주에 있는 헌혈자들의 응답에 관한 일부 사례는 다음과 같다.

"군 복무를 할 때 헌혈을 했다(오후의 직무에서 벗어날 수 있는 좋은 방법으로 보였다!). 나중에 내가 사는 곳에 혈액에 대한 일반적 호소general appeal가 있었다."(기혼 남성, 37세, 자녀 2명, 판매 사무실 관리자, 주당 30-50파운드, 9번 헌혈)

"이것은 해군에 복무하는 동안 오후 직무를 쉬고 차 한 잔을 마시기 위한 좋은 변명이 되어주었다."(기혼 남성, 42세, 자녀 3명, 인쇄 정비 기능사, 주당 30-50파운드, 49번 헌혈)

"군대에 있는 동안의 자발적 헌혈자들에 대한 요청."(기혼 남성, 41세, 자녀 없음, 판매 대리인, 주당 20-30파운드, 6번 헌혈)

"RAF[Royal Air Force, 영국 공군]에서 자원봉사를 하라고 들었다! 그후로는 민간인으로서 헌혈소를 지나칠 때 (잘 광고가 되지 않아도) 순간적으로 방문한다."(기혼 남성, 41세, 자녀 2명, 지방

정부 사무직, 주당 30-50파운드, 36번 헌혈)

희귀 혈액형(응답자들의 1.1%)

이러한 유형에서 표현되는 일반적 사고는 그들이 희귀 혈액형이라는 발견이 헌혈을 결정하는 수단이라는 점이다. 나아가 그런 대답은 어떤 사람의 혈액이 희귀하고, 독특하다면 그 사람에게는 그 혈액이 필요할 수도 있는 다른 사람에게 그것을 이용 가능한 것으로 만들 특별한 책임이 존재한다는 것을 의미한다. 또한 어떤 사람이 자신의 기질에 "특특함"의 일부 요소가 있다는 것을 알게 되는 것은 자기 존중의 감정뿐만 아니라 헌혈의 행동에도 기여할 것이다.

"나의 혈액은 꽤 희귀한 것이다 — 나는 이것을 네 번째 임신에서 쌍둥이를 갖기 전까지 알지 못했다. 현재 나에게는 6명의 자녀가 있는데, 나의 혈액형 때문에 이것은 매우 드문 일이다. 아마도 내 혈액이 일부 다른 어머니들에게 도움을 줄지도 모른다. 나는 행운에 대한 감사의 표시로 헌혈을 한다."(기혼 여성, 42세, 자녀 6명, 학교 교사, 남편도 학교 교사, 주당 30-50파운드, 20번 헌혈)

"처음에는 호기심이었다. 그리고 내가 희귀 혈액형을 가졌다는 것을 알게 되었을 때 헌혈을 계속했다. 내 혈액으로 인해 한 생명을 살릴 수 있다는 생각을 하고 싶다."(기혼 남성, 53세, 자녀 2명, 도구 제작 기술자, 주당 15-20파운드, 25번 헌혈)

"나의 어머니는 희귀 혈액형을 가졌고, 나도 아마도 그럴 것이라고 생각했다. 나는 희귀 혈액형이 아니었지만, 누군가 내 혈액을 계속 필요로 할 것이라고 느꼈다."(기혼 여성, 23세, 자녀 없음, 미용사, 남편은 광고 예술 감독, 주당 30-50파운드, 10번 헌혈)

어떤 혜택을 얻기 위해(응답자들의 1.8%)

이것은 꽤 직설적인 대답이다. 헌혈자의 대다수는 코피 흘리기, 정기적 건강검진, 자신의 혈액형의 이해 등의 신체적 건강에 대한 혜택에 관심을 가진다. 그러나 소수의 헌혈자는 더 복잡한 이유를 소개한다.

"소년 시절부터 나는 지속적으로 코피를 흘려 고통을 받았고, 헌혈을 하면서 그런 사람이 나 혼자만은 아니라는 것을 알게 되었다."(기혼 남성, 43세, 자녀 2명, 신문 판매원, 주당 30-50파운드, 17번 헌혈)

"나는 18살이 되면 어떤 일을 하겠다고 확신하였고, 나는 항상 헌혈하는 사람이 되기를 원했다 — 속물근성을 자극하는 요소snob appeal."(기혼 여성, 20세, 자녀 없음, 수혈 서비스 헌혈자 안내원, 남편은 자동차 기술자, 주당 15-20파운드, 6번 헌혈)

개인적인 호소(응답자들의 13.2%)

이 범주에는 헌혈자들이 개인적인 차원의 격려, 요청 그리고 호소에 의해 헌혈하도록 영향을 받았다고 말한 헌혈자들의 응답이 존재한다.

"한 직장 동료가 나에게 더 많은 헌혈자가 하다며 설득했다." (기혼 남성, 35세, 자녀 1명, 총형 연마반/방앗간 주인, 주당 20-30파운드, 20번 헌혈)

"내가 일하고 있는 공장에 한 예쁜 간호사가 돌아다녔다."(기혼 남성, 41세, 입양 자녀 1명, 개발 기술자(비철 압력주조), 주당 30-50파운드, 17번 헌혈)

"나는 좀 걱정을 했는데, 내 남편이 강요하였다."(기혼 여성, 35세, 입양 자녀 2명, 남편은 기술 교육 교사, 주당 30-50파운드, 16번 헌혈)

일반적 호소(응답자들의 18.0%)

이것은 주로 일반적 호소의 영향을 받았다고 말한 헌혈자들의 짧은 대답이다.

"나는 BBC에서 호소를 들었다."(기혼 여성, 61세, 자녀 3명, 남편은 노령연금 수령자, 주당 10파운드 미만, 16번 헌혈)

"TV 광고를 보면서 헌혈이라는 나의 작은 노력이 환자들에게는 얼마나 큰 도움이 될 수 있는지 생각하게 되었다."(기혼 남성, 45세, 자녀 1명, 건물 관리자, 주당 20-30파운드, 7번 헌혈)

"그 부서가 내가 일하는 회사에 와서 혈액이 부족하기 때문에 헌혈을 해달라고 요청했을 했고 나는 헌혈자가 되었다."(기혼 남성, 42세, 자녀 6명, 유리 용광로 기사, 주당 15-20파운드, 19번 헌혈)

"나는 퍼트니 병원Putney Hospital의 대기실에서 헌혈자에 대한 호소가 적힌 안내문을 읽었다."(사별한 기혼 남성, 56세, 자녀 5명,

관리자(청소), 주당 20-30파운드, 7번 헌혈)

기타(응답자들의 5.0%)

전체 표본에서 20번 미만으로 헌혈한 모든 종류의 대답은 이 범주에 들어간다. 그것은 명백하게 경솔한 글에서 개인적인 본성에 관한 심각한 글에 이르기까지 매우 다양하였다.

"커피 한 잔을 마시기 위해서."(기혼 남성, 24세, 자녀 1명, 창고 관리인(자물쇠와 출입문 폐쇄 장치), 주당 15-20파운드, 4번 헌혈)

"나는 남편의 손을 잡기 위해 따라갔다."(기혼 여성, 39세, 자녀 2명, 남편은 가게 관리자(식품점), 주당 15-20파운드, 32번 헌혈)

"남은 돈이 없었다. 남은 혈액은 많았다."(기혼 남성, 35세, 자녀 2명, 도장공 겸 실내 장식가, 주당 15-20파운드, 19번 헌혈)

"그리스에서 혈액을 1파인트당 몇 파운드로 판매하여 음식을 위한 약간의 돈을 번 자동차 편승 여행자 동료를 알게 된 후이다. 자발적 시스템이 정말 좋은 시스템이라는 것을 깨닫게 되었다."(미혼 남성, 23세, 화학 산업(연마 숫돌 산업), 주당 15-20파운드, 2번 헌혈)

한 가지 이상의 유형의 응답(응답자들의 0.9%)

어떤 헌혈자들은 우리가 사용한 범주들 가운데 한 가지 이상이 포함되는 응답을 주었다. 그들 가운데 대부분은 헌혈을 하기로 한 결정이 종종 복잡한 과정을 거쳤고, 결과적으로 그들의 동기를 하나의 또는 지배적인 동기로 구분하지 않았다.

"나는 혈액이 많은 자선단체의 행정적 목적을 위한 세액공제가 아니라 주어진 목적을 위해 사용되어야 한다고 느낀다. 혈액은 세금으로 나올 수 없는 것이다. 지금 나도 자동차 운전사가 되었고, 내가 위험한 무기를 사용한다는 것을 안다. 그리고 거의 7년 동안 질병 때문에 의사를 방문한 적이 없는 건강염려증 환자로서 나는 어떤 종류의 혈액 검사를 받고 싶다고 느꼈고, 옳든 그르든 만약 내가 헌혈자가 된다면 내 혈액은 일정한 종류의 검사를 거칠 것이라는 생각이 들었다 — 최소한 내가 혈액을 가졌다는 것은 알 수 있을 것이다."(기혼 남성, 33세, 자녀 없음, 회사 비서, 주당 30-50파운드, 2번 헌혈)

"나의 혈액형은 꽤 희귀한 것이다. 나는 매일 운전한다. 나는 매주 길에서 피를 본다. 어느 날 그것은 내 것이 될지도 모른다. 그런 생기를 주는 생각을 가지면 어떤 사람은 헌혈하는 것을 하나의 투자로 간주할지도 모른다."(미혼 남성, 25세, 광고 카피라이터, 주당 20-30파운드, 4번 헌혈)

"내가 보기에 그것은 자신의 건강을 반년마다 검진하는 좋은 방법이다. 나중에 언젠가 헌혈자의 혈액이 필요할 내 아이에 대한 생각."(기혼 남성, 40세, 자녀 2명, 건물 관리 감독, 주당 20-30파운드, 4번 헌혈)

이것은 어떤 헌혈자들이 그들 자신의 언어로 헌혈한 이유에 대해서 말했던 것이다. 이러한 응답의 생생함, 개성, 다양성은 통계적 일반론에 생기와 공동체의 감각을 부여한다. 이러한 관계에 대한 심리학과 관련된 추가적 추측은, 심층 인터뷰와 더 대규모의 표본뿐만 아니라 아마도 프로이트, 융, 레비스트로스와 같은 사람의 통찰력을 요구할 것이다.

우리가 할 수 있는 모든 것은 사실과 헌혈자들 자신의 진술에 대한 관심을 환기시키는 것이다. 전체 응답 중 5분의 2 이상이 이타주의, 호혜, 대체 그리고 의무의 범주에 포함된다. 거의 3분의 1은 개인적, 일반적 호소에 대한 자발적 응답을 표현하였다. 6% 이상이 "필요에 대한 인식"에 대해 응답하였다. 다른 사람들의 필요에 대한 높은 사회적 책임감을 보여주는 이러한 7개의 범주는 응답 가운데 거의 80%를 차지하였다. 아마도 이것은 조사에서 나타난 뛰어난 인상 중 하나일 것이다.

17장
헌혈할 권리

> "우리는 한 종류의 행동을 선good이라고 부르고
> 다른 것을 악이라고 부르기 전에
> 도덕주의자의 판결을 기다릴 필요가 없다."
> — 랜 프리드Lan Freed

이 장에서 우리는 아파르트헤이트 사회에서의 "선물"의 정의에서부터 미국, 구소련, 일본에서의 혈액 판매자의 재분배적 역할에 이르기까지 이 책에서 제기된 사회적, 경제적, 의학적 그리고 정치적 관심에 관한 많은 문제를 요약하지는 않을 것이다. 우리가 쓴 많은 것은 근본적으로 사상의 갈등에 관한 것이다. 즉 사회와 사회정책의 영역에서의 사적 시장의 역할에 대한 서로 다른 정치적 개념의 갈등에 관한 것이다. 이사야 벌린Isaiah Berlin의 말처럼 "정치의 중심적 질문 ― 복종과 강제에 관한 질문 ― 은 다음과 같다. '왜 나는 (또는 누군가는) 다른 이에게 복종해야 하는가?', '왜 나는 내가 원하는 대로 살아서는 안 되는가?'"[1] "왜 나는 '선물 관계'를 '외주 계약'해서는 안 되는가?" 분명히 그러한 주제들은 압축하여 요약하기에는 적합하지 않다

---

1   Berlin(1969), p. 121.

그 대신에 우리는 앞 장에서 본 자발적 헌혈자들의 반응에 관하여 약간의 해석적 조언을 제공하려고 한다. 그리고 이 연구에서 제기된 원칙과 실천에 대한 특정한 문제를 개인의 자유를 보존하고 확대하는 데 있어서 정부의 사회정책이 수행할 수 있는 잠재적 역할과 연결시키려 한다.

실제로 자발적 헌혈자들은 그들의 답변에서 헌혈을 하는 이유를 설명하기 위해 도덕적 어휘를 사용하였다. 그들의 외부 세계에 대한 관점과 사회적 관계를 위한 인간의 생물학적 욕구의 개념은 도덕적으로 중립적인 용어들로 표현될 수 없었다. 그들은 오직 그들 자신의 즉각적 만족감만 중시한다면 그들이 원했던 것만큼 완전하게 살아갈 수 없고, 그래서는 안 된다는 것을 인정하였다. "우리가 어떤 종류의 행동을 해야 하는가?"라는 철학자의 질문에 대해서 그들은 실제로 "우리가 선을 실행하지 않았다면 사뭇 달라졌을 이 세계에 더욱 좋은 영향을 미치는 일을 하려 한다"고 답했다.

그들 대다수에게 이 세계는 가족, 친척 또는 특정하게 정의된 사회적, 민족적, 직업적 집단 또는 계급에 제한되지도 국한되지도 않았다. 그것은 일반적인 낯선 사람들을 포함하는 것이었다. 앞 장에서 묘사한 일부 "조건부", "신용" 그리고 "보증" 체계와는 다르게 선물의 목적지에는 미리 정해지거나 특별한 차별이 존재하지 않았다. 국립수혈원과 영국보건청의 원칙 가운데 하나는 공통된 인간의 욕구를 기반으로 서비스를 제공하는 것이다. 거기에는 사람들 사이에 분리의 감정을 유발하는 자원의 할당이 있어서는 안 된다. 사람들 사이의 유사성과 그들의 욕구의 유사성을 인식하기보다 그들을 소득, 계급, 인종, 피부색 또는 종교에 따른 범주로 구분한다면 세계의 고통을 유발하는 분리를 명시적 또는 암묵적으로 제도화하게 될 것이다. 무언가를 하지 않음으로써 — 헌혈자에게 수혈자의 집단적 성격을 규정할 "권리"를 부여하지 않음으로써 — 그 서비스[국립수혈원과 영국보건청]는 욕구의 보편성universality of need이라는 암묵적으로 공유된 믿음을 가정한다. 이러한 헌혈 시스템에 관한 사례연구는 영국의 개별적인 자발적 헌혈자가 공통적으로 가지고 있는 서비스의 정책 가치policy values의 정도를 보여준다.

이는 또한 정치적 변화의 — 종종 일어날 수 있는 만큼 인상적이지 않고 극적이지도 않은 — 세밀하고 구체적인 프로그램들이 인간의 도덕관념의 표현을 촉진시킬 수 있다는 것을 보여준다. 그리하여 이는 어떻게 사회정책이 그것의 가능한 역할 중 하나로서 모든 시민의 사회적, 도덕적 잠재력을 현실화하는 데 도움을 줄 수 있는지를 보여주는 데 기여한다.

헌혈자의 답변 가운데 순수하게 이타적인 것은 없었다. 우리가 8장에서 결론지었듯이 어떠한 헌혈자 유형도 완벽하고, 이해관계가 없는, 자생적인 이타주의로 묘사될 수 없었기에 그들은 그렇게 될 수 없었다. 어느 정도의 의무감, 인정, 이해관계의 감정이 있었을 것이다. 사회에 "포함inclusion"된다는 감정도 있었을 것이다. 선물의 필요와 목적에 대한 어느 정도의 의식도 있었을 것이다. 이 헌혈자들이 현시점에서 낯선 사람들을 위한 선이라고 본 것은(그들이 말했든지 암시했든지) — 막연한 언젠가의 — 그들 자신을 위한 선이었을 수 있다. 그러나 이는 그들이 즉각적으로 또는 궁극적으로 그들 자신을 위해 적극적으로 갈망했던 선은 아니었다.

미래에 특정한 반갑지 않은 상황에 처한다면 — 죽음 또는 장애가 연기될 수 있는 — 낯선 사람들의 비슷한 행위는 그들 또는 그들 가족을 위한 바람직한 선이 될 것이다. 그러나 그들은 그러한 행동으로 보답을 받으리라는 어떠한 확약도 없고, 영국보건청이 지속적으로 존재하리라는 보장도 갖고 있지 않다. 전통 사회에서의 선물 교환과 다르게 익명의 낯선 사람들에 대한 무료 혈액 선물에는 관습의 계약도, 법률적 유대도, 기능적 결정주의도, 차별적 권력과 지배, 제약, 강요의 상황도 존재하지 않으며, 그것 때문에 수치심 또는 죄책감을 느낄 필요도 없고, 의무적인 감사나 크리소스토무스Chrysostom의 참회를 할 필요도 없다.

어떠한 돈의 지불도 요구하거나 기대하지 않음으로써 이러한 헌혈자들은 미래에 다른 사람이 기꺼이 이타적으로 행동할 것이라는 믿음과, 만약 필요하다면 무료로 이용할 수 있는 선물을 만드는 데 동참하리라는 믿음을 표현한다. 미래의 알려지지 않은 낯선 사람들의 행동에 대한 확신을 표현함으로써 그들은 인간이 어떠한 특별한 도덕적 감각도 전혀 갖고 있지 않다는 홉스주의Hobbesian 테제를 거부한다.

그들은 개인으로서 자기애의 선을 초월하는 더 큰 선을 창조하는 데 동참하고 있다고 말할 수 있다. 그들은 자신을 "사랑"함으로써 낯선 사람들을 "사랑"해야 할 필요성을 인식하게 된다. 반대로 원자화된 사적 시장 시스템의 기능 가운데 하나는, 보답할 수 없는 다른 사람들에 대한 결과와는 상관없이 인간을 다른 사람들을 위한, 또는 다른 사람들에 대한 의무감에서 "해방"시키는 것이며, 그리고 (헌혈할 수 있는) 어떤 사람이 (헌혈할 수 없는) 다른 사람들의 배제라는 대가를 치르고 사회에 포함된다는 감각에서 해방시키는 것이다.

우리가 상당히 상세하게 기술한 국립수혈원의 헌혈자들에게는 헌혈하지 않을 자유가 있었다. 그들은 다르게 행동할 수 있었다. 다시 말해 그들은 그들이 행동한 것처럼 하지 않아도 되었다. 그들의 결정은 구조나 기능에 의해 정해진 것도 아니었고, 피할 수 없는 역사적 힘에 의해 통제된 것도 아니었다. 그들은 헌혈할 때 강제적으로 한 것이 아니었고, 강압을 받지도 않았고, 뇌물이나 대가를 받지도 않았다. 사람을 강압하는 것은 그의 자유를 박탈하는 것이다. 그러나 이 연구가 비교하여 보여주었듯이 미국과 다른 나라들의 사적 시장 시스템은 사람들이 가진 헌혈할지 헌혈하지 않을지 선택할 자유를 박탈한다. 그뿐만 아니라 그렇게 함으로써 생물학적으로 선택할 위치에 있지 않은 다른 사람들 — 어린이, 노인, 환자, 배제된 사람들, 부적절한 사람들뿐만 아니라 혈액 판매자들 — 이 다른 자유를 (그리고 아마도 삶 그 자체를) 거부하도록 이끄는 사회 체계의 다른 강제적 힘을 확대시킨다.

자유의 거부는 그곳에서 끝나는 것도 아니다. 12장에서 본 것처럼 임상적, 전문가적 자율성은 의사들과 기타 보건 종사자들 사이에서 약화되었다. 환자들의 권리는 이윤을 최대화하려는 병원과 연구소들의 결합된 성장에 의해 위협받는다. 그리고 환자들의 의료적 무지는 법률적으로 방어적인 의료 행위의 발전에 의해 이용당한다. 이러한 자유의 손실은 밀턴 프리드먼Milton Friedman 교수의 『자본주의와 자유』[2]에서는 인식되지 않는다.

[2] Friedman(1962).

혈액 시장 공간에서 자유가 사라지면서 진실은 하나의 동반하는 희생자가 된다. 앞 장에서 상이한 헌혈을 연구하면서, 임상 연구소와 의료 돌봄 체계들에 대해 우리가 이끌어내려 했던 질문은 어떠한 특별한 조건들과 방식들이 헌혈자의 측면에서 최대한 — 현재 의학에서 요구되는 최대한 — 의 진실성을 허용하고 격려하는지에 관한 것이었다. 어느 정도로 정직성이 극대화될 수 있는가? 삶의 한 중대한 영역에서 정직성에 대한 사회의 필요가 다른 사람에 대한 부정직성을 향한 인센티브와 양립할 수 있는가? 우리는 단순하게 그 자체의 가치로서 진실한 것이 무엇인지 알고자 하는 의지에 대한 신념 때문에 이 질문들에 도달한 것은 아니다. 우리는 오늘날 과학적 의료의 적용에서 진실이 하는 중대한 역할 때문에 질문들에 도달하게 된 것이다.

보수를 받은 혈액 판매자들은 개인적인 이해의 충돌에 직면하는데, 게다가 그는 대개 이해의 충돌에 직면했다는 것을 알고 있다. 그가 자신에 대해 정직하게 말하면, 그의 삶의 방식과 그의 관계들은 그가 시장에서 혈액을 판매할 자유를 제한할 수 있다. 그는 돈을 원하는 것이고, 소속감을 확인하기 위해서 이러한 특별한 행동을 추구하는 것이 아니기 때문에 우선적으로 자신의 자유를 생각한다. 그는 그의 자유를 다른 사람들의 자유와 분리시킨다. 물론 그는 그러한 이해의 충돌의 상황에 처하지 않을 수도 있고, (우리가 11장에서 제시한 것처럼) 그가 그 상황에 위치하고 있다는 것을 완전히 인식하지 못할 수도 있다. 만약 그렇다면 이는 단지 의사의 모습으로서 의학이 과학적 토대를 이루는 데 실패했기 때문일 수 있다. 그것은 무엇이 진실인지 알기 위해 탐구하지 않고 있다.

여기에서 오늘날 의료 돌봄의 점점 더 광범위한 영역에서 그러하듯이 과학적 지식을 적용하는 합리성은 이제 의학에 새로운 의무를 부과하고 있다. 그 의무는 이해 충돌의 상황을 명확하게 드러내고 (그것이 은폐된 곳에서) 제거하는 것이다. 이러한 의무는 민간의학이 과학적 의학으로 전환한 논리적 결과이다. 그것은 과학적 형태로 "진실의 극대화truth maximisation"에 관한 문제를 제기하였다. 진실하지 못함의 사회적 비용은 이제 분명하며, 우리가 11장에서 본 것처럼 그것은 부자와 빈자에게 무작위로 부과된다. 헌혈자의 부정직성은 낯선 사람의 죽음을 초래할 수 있다.

의료 돌봄의 한 분야에서 무엇이 진실인지 탐구하지 않음에 따른 비윤리적 결과는 다른 분야에도 부식을 일으키며 확장되고, 사회생활과 비非시장 제도의 광범위한 영역을 뒤덮기 시작한다. 감옥, 정신지체 아동을 위한 시설, 병원, 임상 연구실에 영향을 미치는 비윤리적 시술의 증가에 관한 일부 증거는 앞 장에서 다루었다. 더 많은 사람이 시장 고려라는 새로운 형태의 착취에 대해 덜 보호받고 있는 것으로 보이며, 시장 행동에 대한 순응은 사회정책의 영역을 침범하는 것처럼 보인다.

19세기에 빈민과 미숙련자를 착취하는 시장의 비윤리적 결과는 (오늘날 우리가 이러한 결과를 판단하게 되면서) 종종 정치학 또는 새로운 경제학의 이름으로 정당화되었다. 오늘날 시장 영역의 가치를 우리가 이 책에서 연구한 사회정책의 영역에 적용하려는 것에 대한 과학적 정당화는 존재하지 않는다. 이러한 맥락에서 비맑스주의자non-Marxist와 맑스주의자Marxist를 막론하고 과학은 19세기의 검증되지 않은 이론적 "사회과학"이 아니다. 우리는 여기서 검증되고 반복될 수 있는 생물학적 진실의 보편적 본체에 대해 말하고 있다.

사회정책의 역할은 (그중에서도 inter alia 의료 돌봄과 연관된 복지 체계를 포함하는) 넓은 시각에서 재정의되어야 한다. 과거에는 영국과 다른 대규모 산업사회에서 사회정책의 제공이 기능적 필수품으로서 경제적으로, 정치적으로 정당화되었다(또는 그런 주장이 제기되었다). 거기에는 사회를 위한 선택은 정말 전혀 없었다. 공중 보건, 공장, 노동 법률, 초등교육 등의 기능적 필수성은 어떤 의미에서 사회정책을 사실상 불가피한 것으로 만들었다. 이러한 역사의 해석에 따르면 그러한 국가에 의한 제한된 또는 잔여적인 residual 개입은 특정한 종류의 사회의 붕괴를 막기 위해서 필요했으며, 기성 질서를 위협하거나 위협한다고 생각되는 인구에 있는 그런 요소들과 관계된 사회통제의 도구로서 작동하기 위해서도 필요했다.

어쨌든 이는 사회정책의 역할에 관한 먼저 있었던 사건을 이유로 드는 post hoc 하나의 정의이다. 이는 결정론적 deterministic 복지 이론을 생성했고, 선택에 관한 도덕적 문제들이 역소득세 negative income taxation[역소득세는 저소득자에게 정부가 지급하는 보조금을 가리킨다]와 같은 "사회공학 social engineering"과 기술적 수단에 의해 해결되거나 방지될 수 있다는 믿음에 기여하였다. 혈장분획 기술과 연계된 컴퓨터가 혈액 시장에서의 도덕적 딜레마를 해결할 것이라는 오늘날 미국 내부에 존재하는 애처로운 믿음보다 더 거친 결정주의의 사례를 찾기란 불가능하다. 벌린이 표현한 것처럼 "최종 해결책 final solution"[3]에 관한 고대의 믿음이 기술적 의복을 입고 풍요와 함께 재등장했다.

우리가 이 연구를 개인의 권리와 증여할 자유에 관한 약간의 논쟁으로 마무리 짓고자 하는 이유는 바로 우리가 사회정책의 형성에서 역사적 필연성이라는 개념과 최종 해결책에 대한 집착을 모두 거부하기 때문이다. 우리는 이 특별한 인간 행동의 영역과 관련하여 특정한 정책 수단과 제도가 개인적 자유를 유지하고 확장하는 잠재적인 역할을 수행한다고 주장하려고 시도하였다. 여기에는 긍정적 측면과 부정적 측면이 있다. 양쪽 모두 정치적으로 실천되어야 하고, 존속되기 위해서는 지속적으로 촉진되어야 한다.

긍정적인 의미에서 우리는 정책과 과정이 사람들의 익명의 낯선 사람들에게 증여하도록 선택할 자유를 보장해야 한다고 믿는다. 그들은 시장에 의해 강제되거나 제약을 받아서는 안 된다. 그러나 모든 사람의 자유를 위해서 그들은 그들의 혈액을 판매하거나 선물의 특정한 목적지를 결정하는 데 있어 자유로워서는 안 된다. 이러한 주장들 사이의 — 서로 다른 종류의 자유 사이의 — 선택은 사회정책의 결정이 되어야 한다. 다시 말해 이는 사회 전체를 위한 도덕적이고 정치적인 결정이다.

사회정책의 고려 대상인, 또는 사회정책의 고려 대상이 될 수 있는 자유의 다른 측면들이 이 연구에서 제기되었다. 부정적으로 또는 긍정적으로 관찰된 그것은 무지, 불확실성, 예측 불가능성, 억류의 상황에서 착취당하지 않을 인간의 자유와 연관되어 있다. 또한 그것은 시장의 힘에 의해 사회로부터, 그리고 증여의 관계로부터 배제되지 않고, 모든 상황 — 특히 이 연구에서 묘사된 상황

---

3   Berlin(1969), p. 167.

— 에서 다른 사람들의 자유를 대가로 항상 그들 자신의 자유를 선택하도록 강제되지 않을 자유와도 연관되어 있다.

"왜 내가 원하는 대로 살아서는 안 되는가?"라는 외침에 대한 해답은 하나 이상이고 하나 이상의 선택이 있어야 한다. 영리 병원, 수술실, 실험실의, 다른 사회생활 분야의, 그리고 혈액의 사적 시장은 해답을 제한하고 모든 사람의 선택의 폭을 좁힌다 — 그것이 일부 사람들에게 잠시 동안 그들이 좋아하는 대로 살 수 있는 어떤 자유를 주더라도 그러하다. 사람들에게 그럴 의지가 있더라도 도덕적 선택을 하고 이타적으로 행동할 자유를 거의 갖지 못하게 만들거나 적게 갖도록 만드는 상황에 그들을 몰아넣는 시장의 강제력을 축소하거나, 제거하거나, 통제하는 것은 바로 우리가 "사회정책"이라 부르는 과정을 통해 때때로 역할을 수행하는 국가의 책임이다.

사회권social rights — 20세기의 산물 — 의 개념은 물질적 방식과 마찬가지로 비물질적 방식의 "증여할 권리right to give"를 포괄해야 한다. 우리가 묘사한 것처럼 "선물 관계"는 그 총체성 안에서 파악해야 하고, 혈액 분배 시스템의 도덕적 요소로만 보아서는 안 된다. 현대사회에서 사회권의 개념은 토니Tawney가 그의 많은 저작에서 제도적 기반을 갖춘 올바른 관계들의 문제로서 고안한 "동료애fellowship"의 개념을 의미한다. 이 책에서 분석된 자발적 헌혈 시스템은 영국보건청과 국립수혈원에 제도적 기반을 둔 하나의 실제적이고 구체적인 동료애 관계를 입증한다. 이는 어떻게 자유롭고 평등한 개인들 사이의 그러한 관계가 특정한 사회정책의 도구에 의해 촉진되고 격려를 받을 수 있는지 보여주는 하나의 사례이다. 만약 인간이 도움을 주려는 사회적, 생물학적 욕구를 가지고 있다는 것이 인정된다면, 이러한 욕구를 표현할 기회를 부정하는 것은 그가 선물 관계에 진입할 자유를 부정하는 것과 같다.

자유에 대한, 그리고 자유를 확장하고 보호하는 사회정책 도구의 역할에 대한 이러한 쟁점들은 특별히 이 연구에서 인구의 특정 집단에 대해서 다루어졌다. 그들은 헌혈하거나 수혈받을 수 있는 사람들, 헌혈할 자격이 있는 사람과 헌혈할 자격이 없는 사람들, 또한 환자에게 봉사하고, 그들의 윤리적 기준을 진실하게 유지하는 데 관심을 가진 의사들, 병리사들, 행정가들, 보건 분야에 있는 다양한 범주의 노동자들이었다. 그들 모두는 시민으로서, 그리고 보건 종사자 또는 환자로서, 이 연구가 보여주듯이 국내적 함의와 함께 국제적 함의도 가지고 있는 오늘날의 이러한 쟁점들과 어떤 식으로든 연관되어 있다. 궁극적으로 그들의 자유와 다른 사람들의 자유가 시장의 힘에 의해 축소될지 또는 차별이 없는 사회제도의 도구를 통한 국가의 행동으로 보호되고 확대될지에 관해 그들의 다른 능력으로 결정해야 하는 사람은 바로 그들이다.

그들은 그들이 직면한 선택과 총체적으로 그 선택에서 나올 수 있는 그들과 사회에 대한 결과의 본질에 관해 분명히 알아야 한다. 이 책의 논쟁의 일부는 사회정책 분야에서 선택의 진정한 본질은 — 헌혈자 체계에 관한 이 특별한 사례연구에서 묘사된 것처럼 — 의료 돌봄, 수혈 서비스, 교육과 다른 "사회적인 것"의 도구에 대한 시장 행동의 확대를 옹호하는 사람들에 의해서는 분명해지지 않는다는 것이다. 선택은 선택의 사회적 맥락, 가치와 반(反)가치로부터 벗어나 추상화되는 것은 아니며, "몰가치적value-free" 형태로 측정될 수도 없다. 혈액 분배 시스템은 자율적이고 독립적인 과정으로 취급될 수 없다.

이론적 후생경제학은 상당수의 확실한 사실적이고 윤리적인 가정에서 비롯되었다. 이러한 가정들은 드그라프de Graaff가 『이론적 후생경제학Theoretical Welfare Economics』에서 말한 것처럼 "좀처럼 분명하게 진술되지 않는" 것이다.[4] 그는 분석의 마지막 내용에서 "광범하게 생각되는 경제학이 인간 복지를 위해 이바지할 것 같은 가장 훌륭한 기여는 규범적 복지 이론 자체를 통한 것이라기보다는 실증적 연구 ─ 경제 체계가 현실에서 실제로 어떻게 작동하는지에 대한 우리의 이해에 기여하는 연구 ─ 를 통한 것"이라고 선언하였다.[5]

미약하나마 이것이야말로 현실 세계의 거대한 부분 너머에 있는 헌혈자 체계를 연구하는 동시에, 경제적 기준의 활용뿐만 아니라 사회적, 윤리적, 정치적 조건의 효과에 대해서도 분석함으로써 이 책이 시도하였던 것이다. 주요 결과로서 등장한 것은 외부성externalities의 중요성(독립체들로 다루어진 혈액 분배 시스템의 외부에 있는, 그러나 그것에 의해 만들어진, 가치와 반反가치)과 우리가 오직 "삶의 질"이라고 부를 수 있는 것에 관한 그러한 외부성의 승수효과이다. 외부성의 스펙트럼의 한끝에는 간염에 감염된 개인이 있다. 다른 끝에는 너무 가난하고 경제적으로 타락해서 헌혈자들에게 보수를 줄 수 없다고 여겨지는 다른 사회들로부터 혈액을 수입

---

4   Graff(1967), p. 1.
5   Graff(1967), p. 170.

하려고 애쓰는 경제적으로 부유한 사회들의 시장 행동이 자리하고 있다.

한 나라의 의료 돌봄과 헌혈자 체계의 상업화가 야기한 "외부 효과"는 이제 국제적인 조건에서 재정의되고 평가되어야 한다. 외부 효과는 혈액과 혈장의 수입으로 인해 야기된 계량 가능한 결과와 계량 불가능한 결과를 넘어 확대되었다. 외부 효과는 경제적으로 더 가난한 나라들에 상업화된 혈액 시장의 가치와 방법의 모형을 수출하는 데 따르는 측정할 수 없는 효과를 포함한다. 한 나라의 병원의 이윤 극대화가 의사와 간호사의 국제적인 배분에 미치는 누적 효과(미국의 경험이 보여주었듯이 의료 인력의 훈련에서 만들어지는 단기적인 이윤은 없다), 그리고 영리 병원 기업들의 운영을 국제적 범위로 확대하여 생기는 효과가 포함된다. 1970년 1월 미국의료기업조합American Medical Enterprises Corporation은 자회사인, 네덜란드의 앤틸리스제도에 등록된 기업인 미국의료인터내셔널American Medical International NV을 통해 (런던의 상인은행[머천트뱅크]이 보증한) 대규모 유로달러 채권 발행의 판매를 완료했다. 그리고 영리 병원들과 의료 시설들을 영국과 다른 나라들에서 개발하겠다는 계획을 발표하였다.[6] 미국의 영리 병원들의 개발을 통해 "거의 하룻밤 사이에" 백만장자들이 등장했다.[7]

따라서 선택에 대한 질문, 자유에 관한 쟁점, 그리고 사회정책의 역할은 이러한 광범한 외부성의 맥락에서 파악되어야 한다. 단순

---

6 *Times Business Review and Guardian*(12 January 1970).
7 *Wall Street Journal*(13 October 1969).

히 의료 돌봄을 구매하거나 혈액 공급에 대한 보수를 받는 개인의 "주권sovereign right"이라는 차원에서 "소비자 선택consumer choice"에 관한 사례를 제시하는 것만으로는 충분하지 않다. 이는 단지 정치적 선택의 과정의 첫 번째 단계에 불과하다. 외부성이 확대되는 그다음의 단계는 비단 미국인과 일본인뿐만 아니라 세계의 거대한 영역에 봉사하는 혈액 프롤레타리아의 탄생일 것이다.

이 나라들과 다른 나라들의 시민들은 이러한 선택의 진정한 본질과 결과에 대해 어느 정도로 인식했는가? 누가 해로움, 유익함, 정의와 자유에 관해 이러한 선택을 했는가?

우리는 이러한 질문들에 답할 수는 없다. 그러나 우리는 이제 이타주의의 거부와 헌혈자 체계의 사적 시장의 선택은 비윤리적 조건과 윤리적 조건에서 평가될 수 있는 결과를 가져왔다고 말할 수 있다. 로링[8]과 다른 학자들이 발전시킨 이러한 두 가지 평가 체계 사이의 구분은 이 특별한 연구의 사례에서는 종종 불분명해졌다. 여기에서 우리는 그것을 구분하려고 시도하지는 않았다. 그러나 일반적으로 비윤리적 가치 유형의 진술은 사람이나 사물에 대한 윤리적 가치를 내포하지 않아도 선과 악, 이로움과 해로움의 속성들을 만든다. 칼 포퍼Karl Popper의 용어를 사용하면 그러한 속성들은 "광범위한 경험의 공동 자금common fund과, 사람들이 원하거나 피하고 싶어 하는 어떤 기본적 종류의 경험에 대한 보편적 가정에 기반한다. 따라서 이러한 속성들은 유용한 정보를 갖고 있다. 그것들은 합리적으로 토론될 수 있다. 그리고 — 적절한 맥락

---

8   Loring(1966).

에서 ─ 그것들은 경험적으로 검증 가능한empirically testable 지점에 있다."9 행동에 적용된 윤리적 평가는 칸트적 의미의 의무duty라는 관념에 근거할 수도 있고, 밀접하게 연계된 절대적 "옳음"과 "틀림"과 정언"명령"이라는 관념에 근거할 수도 있다. 인간의 혈액을 사고팔고 거기에서 이윤을 얻는 사람들에게는 어떠한 평가 체계를 적용할 수 있는가 ─ 또는 적용해야 하는가 ─ 아니면 둘 다 적절한가?

미국의 사적 혈액 시장에 대한 우리의 연구에서 우리는 혈액과 헌혈자 관계의 상업화는 이타주의의 표현을 억압하고, 공동체의 감각을 약화시키며, 과학적 기준을 저하시키고, 개인과 전문가의 자유를 모두 제한하며, 병원과 임상 연구소의 수익 추구를 제재하고, 의사와 환자 간의 적대감을 합법화하며, 의학의 중대한 영역을 시장 영역의 법칙에 종속시키고, 엄청난 사회적 비용을 그것을 감당하기가 거의 불가능한 사람들 ─ 빈민, 환자, 미숙련자 ─ 에게 전가하며, 의학과 진료의 다양한 영역에서 비윤리적 행동의 위험을 증대시키고, 비율상으로 더욱더 많은 혈액이 빈민, 미숙련 노동자, 실업자, 흑인, 그리고 기타 저소득 집단과 가치가 높은 혈액 생산자high blood yielders로서 착취당하는 인간 집단의 범주에 의해 공급되는 상황을 초래한다고 결론을 내렸다. 가난한 사람에서 부유한 사람을 향하는 혈액과 혈액제제의 관점에서의 재분배는 미국 혈액은행 시스템의 지배적인 효과 가운데 하나인 것으로 보인다.

더욱이 네 가지 검증 가능한 비윤리적 기준에 따르면 상업화된

---

9   Popper, K., Foreword to Loring(1966), p. viii.

혈액 시장은 형편없었다. 경제적 효율성의 측면에서는 상당한 양의 혈액이 쓸모가 없었다. 만성적이고 극심한 부족은 수요와 공급의 위치에 관한 특징을 보여주었고, 균형이라는 관념을 환상에 불과한 것으로 만들어버렸다. 행정적으로 비효율적이었고, 더 많은 관료주의를 초래하였으며, 훨씬 더 많은 행정, 회계 그리고 컴퓨터 사용의 간접비를 유발하였다. 환자(또는 소비자)에 대한 혈액 단위 대비 가격의 측면에서는 영국의 자발적 시스템에 비해 5배에서 15배까지 더 비쌌다. 그리고 마지막으로 품질의 측면에서, 상업적 시장은 오염된 혈액을 배분할 가능성이 훨씬 더 높았다. 환자의 질병과 죽음에 대한 위험은 실질적으로 더 컸다. 장애로부터의 자유는 이타주의로부터 분리될 수 없다.

제3부   선물 관계: 새로운 시작

18장
어머니의 선물:
인간적인 친절의 우유

질리언 위버[*]
수전 윌리엄스[**]

"나는 열 달을 다 채우고 태어난 건강한 아이를 가졌고, 조산아를 가여워했다. 나의 도움과 지지가 지속적으로 필요하다면 기꺼이 다시 모유를 기증하고 싶다. 그것은 나에게 매우 큰 기쁨이다."[1]

(한 어머니가 다른 어머니의 아이에게 주는) 인간 모유의 선물은 혈액의 선물보다 앞선 것이었다. 비록 이러한 관례는 1930년대에 영국에서 거의 대부분 사라졌으나, 역사를 통틀어 유모들은 젖먹이 아이가 필요로 하는 모유를 공급했다. 1939년 영국에서는 최초의 모유 은행milk bank이 개설되어 모유를 수집해서 분배했다. 현재 영국에는 12개의 모유 은행이 존재한다.[2] 이 모유 은행들 중

[*] 질리언 위버Gillian Weaver는 영양학자이자 런던의 퀸샬럿과 첼시 병원Queen Charlotte's and Chelsea Hospital의 모유 은행 코디네이터이다. 그녀는 『모유 은행: 뉴스와 견해Milk Banking: News and Views』의 창립 편집장이다.

[**] 수전 윌리엄스A. Susan Williams는 런던대학 교육학연구소 사회과학연구과Social Science Research Unit.의 역사학자이다. 그녀는 『20세기 여성과 자녀 출산Women and Childbirth in the Twentieth Century』(1997)을 포함하여 여성의 삶과 일에 관한 많은 출판물을 저술했다.

1 테사 스튜어트Tessa Stuart가 질리언 위버에게 보낸 개인 교신(1996년 12월 18일).

2 영국의 모유 은행은 다음과 같다. 버밍햄 여성병원Birmingham Women's Hospital, Birmingham, 케임브리지의 로지 모성병원Rosie Maternity Hospital, 서리,

대부분이 연간 50명도 안 되는 기증자로부터 모유를 기증받고 있다. 1980년대에 엄격한 규칙이 제정되기 전에는 70개의 모유 은행이 활동했다.³ 처음에 모유 기증자는 기증 후 보수를 받았다. 하지만 오늘날 기증되는 모유는 선물로서 유아에게 전달되며, 모유를 선물받는 유아가 누구인지 기증자에게 알려지는 일은 거의 없다. 1990년대 모유 은행을 가장 많이 보유한 국가는 브라질이었는데, 78개의 모유 은행을 보유했다. 이때 독일과 프랑스는 각각 18개, 미국은 7개의 모유 은행을 보유했고, 캐나다에는 1개뿐이었다. 영국의 모유 은행에 대한 사항은 이번 장에서 다룰 주제다.

모유와 혈액은 둘 다 몸에서 나오는 액체라는 점에서는 똑같지만, 혈액을 기증하는 것과 모유를 기증하는 것에는 본질적 차이가 존재한다. 모유와 달리 혈액에는 어떠한 대체물도 존재하지 않으며, 모유 기증자의 수가 훨씬 적다. 오직 유아를 가진 여성만이 모유를 기증할 수 있고, 기증한 모유는 특정한 아기에게만 유용하다. 어떤 경우에도 모든 여성이 아기에게 모유를 수유하는 것은 아니고, 모유를 수유하는 여성들도 짧은 기간 동안에만 수유를 한다. 1990년의 통계에 의하면 영국의 어머니들 가운데 63%가 유아에게 모유를 수유하기로 선택했으며, 이들 중 20%는 2주 이내에 모유

처트시Chertsey의 세인트피터 병원St Peter's Hospital, 글래스고Glasgow의 요크 힐 병원York Hill Hospital, 요크셔Yorkshire의 허더스필드 왕립병원Huddersfield Royal Infirmary, 서리의 킹스턴 병원Kingston Hospital, 런던의 세인트조지 병원St George's Hospital, 런던의 킹스칼리지 병원King's College Hospital, 런던의 퀸샬럿과 첼시 병원, 켄트 오핑턴Orpington의 판버러 병원Farnborough Hospital, 옥스퍼드의 존 래드클리프 병원John Radcliffe Hospital, 사우샘프턴의Southampton 앤 공주 모성병원Princess Anne Maternity Hospital.

3 "Human milk banking: the way it is", *New Generation*(December 1991), p. 22.

수유를 그만둔 것으로 나타났다. 아기가 생후 6주가 되었을 때, 처음에 모유 수유를 한 어머니들 가운데 오직 62%만 수유를 계속했다.[4]

모유를 기증하는 것은 혈액을 기증하는 것보다 훨씬 더 고된 일이다. 기증자들은 모유를 짜낼 때 유축기를 이용하거나 손을 이용하는데, 유축기를 사용할 때에는 손으로 작동시키는 유축기를 쓰거나, 건전지가 들어 있는 유축기를 쓰거나, 혹은 외부로 전원이 연결된 유축기를 사용한다. 유축기는 주로 모유 은행에서 제공한다. 하루에 짜내는 모유의 양은 대개의 경우 최소한의 양 정도이며, 모유를 짜내는 기간은 몇 개월 정도이다. 모유를 기증하는 여성의 기증 기간은 가변적이지만, 대부분의 모유 은행은 필수적인 선별검사 절차가 비싸다는 이유로 장기적인 기증을 권장한다. 모유를 짜내는 데는 시간이 많이 소요되는데, 모유를 기증하는 어머니는 자신의 유아를 돌봐야 하는 임무를 전적으로 맡고 있는데도 불구하고 그 고된 작업을 해야 하는 것이다. 하지만 여러 번의 출산을 경험한 후에도 계속 모유를 기증하는 사례는 심심찮게 발견된다. 예를 들어 퀸샬럿 병원의 모유 은행에 모유를 기증한 한 여성은 네 명의 자식을 낳고도 모유 기증을 계속했다.[5]

현재까지 모유 은행은 역사학자나 사회과학자의 주목을 별로 받지 못했다. 또한 영국에서의 국가 자료의 수집 측면에서도 모유 은행은 소홀히 취급되었다. 여기에는 모유 은행에 대한 자료를

4   White et al.(1992).
5   캐롤린 블루어Carolyn Bloore가 질리언 위버에게 보낸 개인 교신(1996년 12월 5일).

수집하고 배포하는 직무를 가지고 있는 기관이 없다는 점도 부분적인 이유로 작용했다. 게다가 모유 기증자들의 사회 계급, 민족적 기원, 연령, 자녀 수, 결혼 상태에 대한 연구 또한 알려진 바가 없다.

왜 모유인가?

모유는 유아용 조제분유보다 유아에게 더 우선적으로 추천되는 음식이다. 1981년 모유 은행 특별조사위원회Working party on Human Milk Banks의 정부 보고서는 "초유와 모유의 고유한 영양학적, 질병 예방적 우월성"을 강조하였다.[6] 하지만 현재 유아용 조제분유는 대부분의 유아에게 모유를 대신하기에 영양학적으로 적절한 대체물이 되었고, 기증된 모유는 특별한 유아 집단을 위해 사용되고 있다. 여기에 가장 잘 해당하는 집단은 조산된 유아 집단인데, 34-36주에 해당하는 임신 기간 중에는 태아에게 젖을 빠는 능력이 형성되지 않는 경우가 대부분이기 때문에 이 유아들은 종종 코 위로 관을 연결하여 영양분을 공급받아야 한다.

시간이 흐르고 세기가 바뀌면서 조산된 유아에게 모유를 공급하는 것이 그들의 성장과 발전에 적절한지에 대한 의문이 제기되었다.[7] 하지만 현재 다수의 의견은 모유를 선택하는 것에 몇 가지

---

[6] Department of Health, Committee on Medical Aspects of Food Policy(1981), p. iii.

[7] Davies, D. P., "Future of human milk banks", *British Medical Journal*, 305(22 August 1992), pp. 433-434.

중요한 이유가 존재한다고 보고 있다. 특히 임의 수집된 연구 결과에 따르면 저체중 유아가 모유 수유를 받지 못했을 경우 괴사성 소장결장염necrotising enterocolitis이 발생할 위험성이 6배나 증가하는데, 이는 창자에 치명적 염증 질환을 일으킬 수 있다.[8] 또한 모유 수유 시 유아가 소화관을 이용해 영양 섭취(소화기관을 통한 영양 섭취)를 할 수 있게 되는 시기가 앞당겨지는데,[9] 이는 모유가 유아용 조제분유보다 소화되기 쉽기 때문이다. 조산아들은 종종 출생 후 24-48시간 내에 소량의 모유를 공급받는다(매 6시간마다 0.5ml 정도). 유아가 견뎌내는 정도에 따라서 공급하는 모유의 양을 점점 늘리고, 정맥을 통한 영양 공급 횟수를 점점 줄일 수 있다. 유아의 감염 위험성과 다른 합병증을 줄이기 위하여, 정맥을 통한 영양 공급 기간을 최대한 줄이는 것이 중요하다. 조산아의 신경 발달 측면에 모유가 미치는 유익한 효과에 대한 연구 결과도 나오고 있다.[10]

기증자의 모유는 유아의 장을 통한 영양 공급entral feeds과 어머니의 수유의 실행 사이의 간격을 보완할 수 있다. 영국에서 조금 더 자란 아이들은 단지 소화관 수술을 받고 회복하는 시기 또는 수유 제공에 심각한 문제가 발생한 경우와 같은 예외적인 상황에서만 모유를 기증받을 수 있었다. 미국에서 기증된 모유는 신장

8   Lucas, A., and Cole, T. J., "Breast milk and neonatal necrotising enterocolitis", *Lancet*, 336(1990), pp. 1519-1523.
9   Lucas, A., "AIDS and milk bank closures", *Lancet* I(1987), pp. 1092-1093.
10 Lucas. A., Morley, R., and Cole, T. J., "A randomised multicentred study of human milk *versus* formula and later development in pre-term infants", *Archives of Disease in Childhood* 70(1994), pp. 141-146.

부전증renal failure, 심장병 문제cardiac problem, 선천성 대사증inborn errors of metabolism, 고형 장기이식solid organ transplants 등의 다양한 임상적 이유를 위해(성인을 포함하여) 사용되었다.[11]

  헌혈자와 모유 기증자의 공통점은 엄격한 선별검사를 받는다는 점이다. 영국의 모든 모유 기증자는 인체면역결핍바이러스 1과 2, B형 간염, C형 간염, HTLV(인간 T세포 백혈병 바이러스Human T-cell Leukaemia Viruses) I과 II, 매독에 대한 항체 검사를 받는다. 이 검사는 현재 HTLV I과 II에 대한 검사가 포함되지 않는, 영국의 헌혈자에게 수행되는 선별검사를 능가한다. 모유 기증자들은 인체면역결핍바이러스 검사를 받기 전에 상담을 받고, 기증자와 그녀의 파트너에게 신뢰의 문제를 발생시킬 수 있는 그 절차에 대해 사전 통보를 통해 동의할 수 있다. 물론 인체면역결핍바이러스에 대한 양성 반응을 발견하는 것은 새로운 어머니에게 엄청난 파문을 일으킬 것이다. 기증 예정자가 흡연자이거나, 만성질환을 갖고 있거나, 일상적으로 약을 복용하는 경우에는 기증을 할 수 없다. 약물중독자나 알코올중독자 역시 모유 기증자가 되는 것이 금지된다. 모유 기증은 저온살균 상태가 되기 이전에 세균학적 검사를 거친다. 영국에서는 30분 동안 섭씨 최소 57도에서 최고 63도로 온도를 높여 모유를 살균하는 것이 의무이다.[12]

---

11 Arnold, Lois D. W., in Riordan and Auerbach(1997), Chapter 22.
12 *Guidelines for the Establishment and Operation of Human Milk Banks in the UK, Report of an ad hoc Working Party following the Sorrento Symposium on Milk Banking, March 1993*, British Paediatric Association, London(October 1994).

기증자의 유형

오늘날 기증자들에게는 세 가지 구별되는 집단 또는 유형이 존재한다. 그들 모두는 티트머스의 헌혈자 유형 분류 체계의 H 유형인 "자발적 공동체 헌혈자"와 같은 자격에 해당되는 것처럼 보인다. 그의 설명에 의하면 이러한 유형은 사회적 현실에서의 "무료의 인간적인 선물"이라는 추상적 개념과 가장 비슷하다. 이러한 헌혈의 중요한 특징은 현금 또는 비현금 형태의 확실하고 즉각적인 보상의 부재, 재정적 또는 다른 종류의 제재의 부재, 그리고 그들의 헌혈이 나이, 성별, 의학적 상태, 소득, 계층, 종교, 또는 민족 집단을 불문한 익명의 낯선 사람을 위한 것이라는 헌혈자들 사이의 지식이다.[13]

첫 번째 집단은 집에서 아이와 함께하며 성공적으로 모유 수유를 하는 여성으로 구성되어 있다. 그들은 모유 기증자가 되는 것에 대해 출산 전에 결정을 내렸거나, 모유가 풍부하기 때문에 지역사회의 조산사나 방문 간호사에 의해 기증하도록 격려를 받았다. 이 집단의 여성은 일반적으로 출산 후 몇 주 이내에 모유 은행에 스스로 찾아온다. 두 번째 집단은 좀 더 성숙한 아이를 가진 여성이다. 그들은 일반적으로 현저하게 과도한 양의 모유를 갖고 있지는 않으며, 초기 몇 달 이내에 모유 은행에 접촉하도록 동기부여를 받은 것도 아니다. 그들은 4-6개월의 기간 정도에 고형식을 먹이기 시작하고, 아이가 모유에 덜 의존하게 될 것을 알게 돼 잉

---

13 Titmuss(1970), original edition, pp. 88-89.

여의 모유를 짜내어 제공한다. 현재 모유 은행의 지침서에 의하면 기증자는 첫 기증 전에 6개월 이상의 기간 동안 수유를 하지 않아야 하는데, 왜냐하면 최근에 수유하기 시작한 어머니들의 모유는 면역학적 지수가 더 높기 때문이다.[14]

세 번째 집단은 자신의 아이를 위해 비축해두었지만 현재 필요한 것보다 과잉된 모유의 재고를 가지고 모유 은행에 온다. 이 모유는 종종 조산을 한 후에 기증되는데, 그것은 어머니에게는 스트레스가 되는 경험이다 — 그녀의 아이는 신생아실에, 아마도 인큐베이터 안에 있게 될 것이고 점적 정맥주사 장치intravenous drip와 모니터에 연결될 것이다. 또한 불안과 피로는 종종 결합되어 수유에 부정적인 영향을 미친다. 일찍 태어난 아이는 젖을 제대로 빨지 못할 수도 있기 때문에 어떤 경우에도 모유 공급이 원활히 이루어지기는 어렵다. 일부 심한 조산아 또는 병든 아이의 경우 출산 후 몇 개월 동안 모유 수유가 물리적으로 불가능할 수 있다. 소비하지 않은 모유는 나중에 사용할 수 있도록 냉동된다.

일부 어머니들은 모유 은행에 일부분 또는 전량 기증할 수 있는 분량의 모유를 가지고 있다. 이러한 유형의 기증은 종종 50리터를 초과한다. 이러한 유형의 기증자는 때때로 초기 수유 기간에 자신의 아이를 돌보기 위해 기증받았던 모유를 신생아실에 "상환paying back"하는 것처럼 느낀다. 물론 어머니들은 인간 모유에 대한 작고 아픈 아이들의 필요에 좀 더 친숙할 것이다. 한 어머니는 다음과 같이 말했다. "나는 운이 좋았어요. 나에게는 모유가 많았어요. 내

---

[14] *Guidelines for the Establishment and Operation of Human Milk Banks in the UK.*

가 만난 많은 엄마는 유축기를 이용해 아무리 시도해도 모유를 얻지 못했어요. 나는 모유가 많았기 때문에 모유 은행에 기증하기로 결심했어요."15

주의할 점은 모유를 받을 아이와 기증자의 아이의 나이를 알맞게 연결하는 것과 모유의 적합성이다. 임신 기간과 아이의 나이를 포함하는 많은 요인에 따라 모유의 구성 성분은 다양해진다. 기증받는 아이가 완전한 영양분을 제공하는 액체를 정맥주사로 공급받는 상태에 있다면 기증자의 모유에 있는 최소 분량의 영양 성분은 소화의 용이성과 면역학적 구성 요소보다 덜 중요할 것이다. 정맥으로 들어가는 영양의 분량이 감소하고 기증자의 모유의 양이 증가하면 후자의 영양소는 더욱 중요해진다. 단백질과 지방을 더 많이 함유하고 있는 모유가 더 좋을 것이다.

모유 은행의 시작

첫 번째 모유 은행은 1909년 [오스트리아] 빈에서 시작되었다. 다른 모유 은행은 2년간 2,000쿼트 이상의 모유를 이용했던 미국의 보스턴 이동 병원Boston Floating Hospital에서 1920년에 설립하였다. 이는 보통 매일 1쿼트의 모유를 제공하고, 주당 약 4.20달러를 버는 여성들에 의해 제공되었다. 이 여성들은 이전의 상주 유모를 대체했고, 유모들이 거주했던 집은 모유 실험실이 되었다.16 시카

---

15 데버라 패런Deborah Parren의 진술, *Channel 1*, 텔레비전 인터뷰(1996년 12월 18일).
16 Golden(1996), pp. 195-199.

고, 뉴욕, 로스앤젤레스, 피츠버그, 디트로이트, 토론토, 몬트리올을 포함한 다른 북아메리카 도시들은 보스턴의 사례를 따랐다.[17] 1939년 보스턴 모유협회Boston Directory for Mother's Milk는 인간 모유 은행의 모든 측면을 기술한 규정을 출간했고, 1943년에 미국소아과학회American Academy of Pediatrics는 보스턴의 사례를 기반으로 한 국가적 규정을 발표했다.[18] 이때까지 독일과 러시아에는 비슷한 조직이 있었다.

영국에서는 네쌍둥이의 출산으로 인해 관심이 유발되었는데 — 임신 촉진제의 개발 이전으로 — 한 번에 두 아이 이상의 다산은 드문 때였다. 1935년 11월 28일에 케임브리지셔Cambridgeshire의 세인트네옷St Neot에서 6-7주 조산으로 매우 작게 태어난 이러한 아이들에게 런던의 퀸샬럿 병원의 수간호사 이디스 데어Edith Dare는 퀸샬럿 병원에서 하루 두 번씩 살균한 인간 모유의 공급을 계획했다. 네쌍둥이는 생존했고, 웨스트민스터 병원Westminster Hospital과 그레이트 오르먼드가 아동 병원Hospital for Sick Children at Great Ormond Street에서 근무했던 그들의 의사 도널드 패터슨Donald Paterson은 영유아 수유에 대한 교과서를 집필했다. 그는 1938년 7월 데어에게 깊은 감명을 받았다고 서술하며 "대규모의 병든 아이와 조산아에게 모유를 제공하기 위해" 퀸샬럿 병원에 센터를 세울 것

---

17   Balmer, S. E., and Wharton, B. A., "Human milk banking at Sorrento Maternity Hospital, Birmingham", *Archives of Disease in Childhood*, 67(1992), p. 556.
18   "Recommended standards for the operation of mothers' milk bureaus", American Academy of Pediatrics Committee on Mothers' Milk, *Journal of Paediatric Medicine*, 23(1943), pp. 112-128.

을 권고했다. 그에 의하면 네쌍둥이의 사례는 다음과 같은 운영상의 가치를 입증하는 것이다. "만약 나라면 네쌍둥이의 사례를 어떻게 했을까? 당신이 날마다 적절한 분량을 공급하지 않았다면 그들은 결코 생존할 수 없었을 것이다."[19]

1934년 캐나다의 온타리오에서 태어난 유명한 디온Dionne 다섯 쌍둥이도 기증된 모유 없이는 생존할 수 없었을 것이다. 비록 그들의 얼굴이 카네이션사 우유Carnation milk[우유 제품의 이름] 광고를 빛내긴 하였지만, 생후 초기에 그들은 120개의 철도 운송으로 총 8,000온스의 모유를 보낸 토론토 아동 병원의 모유 은행으로부터 오로지 인간 모유만을 공급받았다.[20] 언론에서 디온의 아이들의 생후 초기에 대한 상세한 설명이 나온 후에 대중은 모유 은행에 관심을 갖게 되었다. 괴짜이면서 여행을 많이 한 영국의 대부호이자, 1939년 영국의 첫 모유 은행 탄생에 대한 책임자인 줄리엔 칸 경Sir Julien Cahn이 이러한 기사들 중 하나를 읽게 되었다.

줄리엔 경은 광범위한 자선사업을 지원했고, 특히 어머니와 아이에 대한 복지에 헌신적이었다. 그는 수유 서비스를 향상시키기 위해 1928년에 설립된 영국의 자원봉사 조직인 영국분만지원재단National Birthday Trust Fund의 수장이었다. 1936년 미국을 방문한 줄리엔 경은 보스턴 모유 은행에 방문하여 큰 감명을 받았다.

[19] 패터슨이 데어에 보낸 것(1938년 6월 12일), 영국분만지원재단 자료집 National Birthday Trust Fund Archives(이하 NBTF), 현대의료자료센터Contemporary Medical Archives Centre, 웰컴 의료사 연구소Wellcome Institute for the History of Medicine(NBTF/J1/1) 소장. 강조는 추가했음.
[20] Berton(1977), p. 63.

그는 영국에 돌아오자마자 데어가 보스턴에 가서 모유 은행의 운영에 대해 공부할 수 있도록 모든 비용을 지원했다. 그리하여 데어는 영국에 첫 모유 은행을 설립할 수 있었다. 그후 그는 미국에서 "가장 최신형의 유축기pumping machine"[21]와 가장 현대적인 냉동 시설freezing plant을 구매했으며, 퀸샬럿 병원에 새로운 모유부서Human Milk Bureau를 설립하기 위해 1,000파운드를 기부했다.[22] 또한 그는 첫해에 쓸 예산으로 1,000파운드를 추가로 지원했다. 모유부서의 유지에 대한 비용은 영국분만지원재단에서 맡았다.

유모의 관행이 급감했던 시기인 1939년 3월 1일 모유부서가 세워졌다. 1937년(제6권)과 1939년(제7권)에 출간된 『유아기와 아동기의 수유의 현대적 방법Modern Methods of Feeding in Infancy and Childhood』에서 소아과 의사인 패터슨과 포리스트 스미스J. Forest Smith는 "유모의 건강과 바서만 음성반응 획득에 대한 예비 조사 이후 이 [유모의] 관행은 때로는 병약한 유아를 성공적으로 양육하는 유일한 방법이 될 수도 있다"라고 말했다.[23] 그러나 1940년대에 출간된 제8권과 제9권에서는 이러한 주장이 사라졌고, 유모는 더 이상 고려할 수 있는 선택 방안이 아니라고 주장되었다.

1939년 7월 줄리엔 경은 영국분만지원재단의 집행위원회 회의에서 모유부서가 급속하게 "국가적으로 중요성"을 갖는 기관이 되어가고 있다고 보고했다.[24] 같은 해 7월 데어는 모유부서가 첫 3개

---

21 NBTF 집행위원회Executive Committee 회의(1939년 5월 23일), NBTF/J1/4
22 Dewhurst(1989), p. 200.
23 Paterson and Smith(1939), p. 27.
24 NBTF 집행위원회 회의(1939년 6월 27일), NBTF/J1/4.

월 동안 수백 명의 아이를 구했다고 추정했다.²⁵ 매일 아침 퀸샬럿 병원의 간호사들은 모터사이클을 타고 자신의 아이가 필요로 하는 양보다 더 많은 양의 모유를 가진 어머니들에게 모유를 수집하러 나갔다. 『데일리 익스프레스Daily Express』는 1939년 7월 "만약 모터사이클을 탄 간호사를 보게 된다면 그녀는 아이들의 생명을 구하는 중일 것이다"라고 보도했다. 모유의 운송 방법은 쉐보레 쿠페Chevrolet coupé의 뒷좌석에 얼음 상자를 싣고 「산모 모유 명부Directory for Mother's Milk」에서 출발한 보스턴과는 달랐다.²⁶

모유부서의 초기에는 자신의 아이가 필요로 하는 양보다 많은 양의 모유를 가진 어머니들의 명부가 퀸샬럿 병원의 병동에서 모유부서로 보내졌다. 유모들 또한 런던 서부 자치구의 의료 담당자의 추천을 받았다. 어머니들의 어떤 무관심도 "매우 설득력이 있는" 데어 앞에서는 쉽게 사라졌다.²⁷ 그래도 어머니들은 높은 건강 수준을 가지고 있고, 기간[10개월]을 다 채우고 출산했을 경우에만 선정되었다. 모유부서는 어머니와 아이를 매일 방문했고, 기증받은 모유의 양뿐만 아니라 아이의 성장과 체중에 대한 기록까지 갖고 있었다. 만약에 아이가 제대로 성장하지 못하고 있다면, 모유는 받아들여지지 않는 것이었다.

모유가 실험을 통과하면, 어머니는 간단한 수축기, 수건, 병, 그리고 모유 병이 저장될 수 있는 드라이아이스dry ice가 있는 보관함

---

25 "If you see a nurse on a motorcycle", *Daily Express*(16 June 1939).
26 Golden(1996), p. 193.
27 조지핀 반즈 부인Dame Josephine Barnes이 수전 윌리엄스에게 보낸 개인 교신(1993년 1월 22일).

등 필요한 장치를 통해 모유를 제공했다. 이 병들은 매일 아침 그녀의 집에서 수집되었고, 깨끗하게 살균된 병이 남겨졌다. 모유부서에 가져온 모유는 "지방 함량, 먼지와 세균, 그 외에 있을 수 있는 불순물에 대한 검사"를 받았다.[28] 기증한 것[모유]에 우유 또는 수돗물을 섞어 희석했을 가능성을 검사하기 위해 다양한 실험이 실시되었다.[29]

모유부서에 모유를 기증한 대부분의 여성은 퀸샬럿 병원에 입원한 사람들이었고, 이전 시기의 유모들처럼 더 가난한 계급 출신이었다. 시작할 때부터 그들은 "당연히 보수를 받을 것"이라고 이해했다. 지불금은 모유 1온스(30ml)당 2(옛날)펜스였다. 영국분만지원재단은 "모유의 제공은 연약한 아이의 생명을 구할 뿐만 아니라 기증하는 어머니들 스스로에게도 이득이 된다. 여분의 돈은 그들이 일을 하지 않아도 되게 하거나, 그들에게 추가적인 영양을 제공하여 그들의 건강과 아이의 성장을 증진시킨다"라고 밝혔다.[30]

어머니들은 한 주에 10실링에서 1파운드 정도를 벌 수 있었고 (모유 4리터당 1파운드가 지불되었다),[31] "어머니들이 돈을 벌기 위하여 자신의 아이를 거부하는 것을 방지하기 위해서 주의를 기울여야 할 것이다"라는 결정이 내려졌다.[32] 많은 가정이 겪었던 극심한 빈곤과 20세기 말에 25파운드의 가치에 상당하는 금액을 매주

---

28 "Human milk bureau at Queen Charlotte's Hospital block, Hammersmith", Statement for the press(July 1939), NBTF/J1/2.
29 "If you see a nurse on a motorcycle".
30 "Human milk bureau at Queen Charlotte's Hospital block, Hammersmith".
31 "If you see a nurse on a motorcycle".
32 NBTF 집행위원회 회의(1938년 11월 1일), NBTF/J1/l.

벌어들인 인센티브를 고려하면, 일부 여성은 그들의 건강에 유익한 정도 이상으로 모유를 팔았을 가능성이 있다. 식습관이 나쁘거나 표준에 미치지 않았던 여성은 모유 기증으로 영양 상태가 악화되었다. 수유하는 여성은 추가적으로 고단백 음식을 섭취해야 한다. 여성이 자신의 아이에게 충분히 수유하고 모유 은행에 일부 모유를 기증하고 있다면 더욱더 많은 음식을 섭취할 필요가 있다.[33]

모유의 생산 방법은 매우 현대적인 것으로 인식되었고, 이는 모유부서가 세워진 날에 『데일리 헤럴드The Daily Herald』에 전면 삽화로 보도되었다. 이맘때 우유는 62.5도에서 30분 동안만 열처리가 되었음에도 불구하고 모유는 안전한 이용을 하기 위해 65도에서 1시간 동안 열처리가 되었다. 결국 가장 중요한 것은 사용되지 않은 모유를 냉동시켜 반半크라운[당시 2.5실링, 지금의 12.5펜스에 해당하는 영국의 옛날 주화] 정도 크기의 작은 조각으로 만드는 것이었다. 모유부서는 밤낮없이 하루 종일 열려 있었고, 영국제도British Isles의 어떤 곳에라도 모유를 신속하게 배달하기 시작했다. 철도는 가장 효율적으로 모유를 운송했다.[34] 설립된 지 3개월이 조금 넘었을 즈음 "이미 1만 온스[300리터] 이상이 거래되었고, 저장품은 전국 각지의 주요 병원들로 보내졌다."[35]

[33] 보건부, 보건사회 주제 보고서 Report on Health and Social Subjects 41(1991).
[34] "If you see a nurse on a motorcycle".
[35] "Human milk bureau at Queen Charlotte's Hospital block, Hammersmith".

전쟁 후 모유 은행

전쟁 시기에 모유 은행에 대한 관심이 커졌다. 줄리엔 경은 모유를 더 폭넓게 사용할 수 있도록 하기 위해 보건부 장관 어니스트 브라운Ernest Brown에게 이야기하여 모유의 보존 방법을 연구할 필요성을 이해시켰다.36 장관은 "어머니와 영유아에 관한 자문위원회Advisory Committee on Mothers and Young Children"에 모유 은행에 대한 문제를 제기했는데, 최종 보고서에는 기증된 모유에 대한 아널드 워커Arnold Walker의 부록이 포함되었다. 워커는 그것이 소수의 아이의, 특히 조산아와 외과 수술(예를 들어 유문협착증pyloric stenosis[위와 장 사이의 개폐부의 협착을 말하는 것으로서 유전 가능성이 높은 선천적 질병]에 대한)을 받거나 구토나 설사를 하는 아이의 생명을 구할 수 있다고 주장했다. 그러나 그는 이러한 의견을 뒷받침하기 위한 어떠한 통계도 가지고 있지 않다고 덧붙였다.37 이후 보건부는 기증된 모유를 저장하는 방법에 대한 연구를 의학연구위원회에 요청했다.38 그리고 1943년 7월 22일 인간 모유 건조에 관한 컨퍼런스가 런던보건대학원에서 개최되었다.

1945년 카디프Cardiff의 공중보건부Public Health Department는 "퀸 샬럿 병원에서 대단한 성공을 거둔 것과 같은" 모유 은행을 런던

---

36 보건부 메모(1942년 8월 11일), 큐 공공기록보관소Public Record Office at Kew(이하 PRO), MH55/1547.
37 어머니와 영유아에 관한 자문위원회의 최종 보고서Final Report of the Advisory Committee on Mothers and Young Children(1943년 4월 3일), PRO/MH55/1547.
38 제이미슨Jamieson이 멜란비Mellanby에게 보낸 것(1943년 5월 13일), PRO/MH55/1547.

바깥에 최초로 설립하기를 희망한다고 밝혔다. "이러한 모유부서 가운데 하나를 설립하는 데 있어서, 카디프보다 앞서려는 시도가 다른 의료 관리자들에 의해 진행되고 있다"라고 추가로 전했다.[39] 카디프의 모유 은행은 1948년에 설립되었다. 모유 은행은 1950년 버밍엄과 브리스틀Bristol에도 설립되었으며, 곧 레스터Leicester와 리버풀에도 개소되었다. 영국분만지원재단의 1945-1947년의 연간 보고서는 데어가 1936년 교육을 받기 위해 보스턴으로 갔던 것처럼 다양한 지방정부에서 그녀에게 교육을 받기 위해 퀸샬럿 병원에 직원들을 보냈다고 보고했다.[40]

1948년 영국보건청이 설립되자마자 모유 은행은 국가의 책임이 되었고, 모유에 대한 지불 정책이 다양해졌다. 예를 들어 퀸샬럿 병원의 모유부서에서는 1950년대에 지불이 중단되었다. 그러나 버밍엄의 소렌토 모유 은행Sorrento Milk Bank에서는 1980년대까지 지불이 지속되었고, 100ml당 8파운드가 지불되었다. 이는 전 은행장이었던 슈 발머Sue Balmer가 중단했는데, 그는 다음과 같이 회고하였다. "나는 그렇게 적은 금액을 지불하는 것은 모욕이라고 느꼈고, 그것은 행정적으로도 많은 문제를 발생시켰다. 1985년에 우리는 감사의 편지와 함께 감사의 징표로 유아용 비커baby beaker를 주는 방식으로 지불을 대체하였다."[41] 1990년대 모든 모유 기증은 영국에서 선물로 받아들여졌다. 미국에서도 헌혈은 여전히 금전적

---

39 그린우드 윌슨Greenwood Wilson이 웨이드Wade에게 보낸 것(1945년 1월 30일), PRO/MH55/1547.
40 *NBTF Annual Reports*, 1945-1947, NBTF/C17/10, p. 5.
41 발머 박사가 질리언 위버에게 보낸 개인 교신(1997년 2월 3일).

연계에 기반하고 있었지만, 모유는 무상으로 기증되었다. 이는 헌혈과 모유 기증이 미국 대중에게 매우 다른 의미로 여겨졌다는 것을 증명한다.

1950년대에서 1960년대에 우유로 만들어진 인공적인 영양의 공급이 개선되면서 모유 수유의 관행이 사라져갔기 때문에 모유 은행의 운영에 대한 열정은 감소하였다.⁴² 1973년에 영국에 있었던 모유 은행은 다섯 개뿐이었다. 그리고 1970년대 후반에는 일반적으로 모유 수유에 대한 지원의 증가와 관련하여 모유의 가치에 대한 관심의 부활이 이루어졌다.⁴³ 1979년 식품정책의학감시위원회는 "인간 모유 은행의 설립에 대해 조언하고, 권고하기 위해서" 모유 은행 특별조사위원회를 설립하였다. 1981년에는 「모유의 수집과 저장The Collection and Storage of Human Milk」이라는 제목의 보고서가 제작되었다. 1986년 영국분만지원재단은 활동 중인 70개의 모유 은행 기관이 있다고 보고했다.⁴⁴

에이즈의 확산으로 모유 은행에는 차질이 생겼는데, 인체면역결핍바이러스는 모유를 통해 전염될 수 있기 때문이었다. 1989년 7월 4일 보건부는 모유 은행을 통한 질병의 확산을 방지하기 위한 지침을 공표했고, 많은 은행이 폐쇄를 강요받았다. 이러한 지침을 준수하는 데 드는 비용은 엄두도 내지 못할 정도로 비쌌고, 괴사성 장결장염necrotising enterocolitis[장관의 점막 및 점막 하층의 괴사를

---

42 보건부, 식품정책의학감시위원회Committee on Medical Aspects of Food Policy(1981), p. iii.
43 예를 들어 Jelliffe(1978), p. 324를 보라.
44 "Human milk banking: the way it is".

나타내는 질환으로 신생아, 특히 미숙아에게서 많이 나타난다]을 앓는 한 명의 조산아를 치료하기 위한 추가 비용은 낮게 잡아도 한 사례당 적어도 5,000파운드 정도가 되었다.[45]

성공으로 가는 길

20세기 후반 모유 은행의 운영에 대한 관심의 부활이 있었다. 1992년 『영국의학저널』에 실린 「인간 모유 은행의 미래」라는 제하의 논문은 모유 은행의 국내 네트워크를 유지할 것을 권고하였다.[46] 1993년 초기에 소렌토 산부인과 병원에서 개최된 모유 은행에 관한 심포지엄에서는 새로운 지침에 대한 요구가 있었다. 이는 곧 1994년에 임시 특별 조사 위원회에서 만들어졌고, 영국소아과학협회British Paediatric Association에서 출간되었다.[47] 1991년과 1997년 사이 영국의 모유 은행은 6개에서 12개로 배가되었다. 미국과 캐나다에서도 모유 은행은 서비스를 제공했고, 모유의 양은 1991년 이래로 매해 증가했다.[48]

정보 공유를 증진하고 자료 수집을 시작하기 위한 조치가 진행 중이다. 영국에서는 『모유 은행: 뉴스와 견해Milk Banking: News and View』라는 소식지가 모유 은행들 사이의 의사소통과 협력을 증

---

45 Woolridge, M., "Calculating the benefits of breastfeeding", 영국 유아 친화적 계획UK Baby Friendly Initiative을 위해 준비됨(1995).
46 Davies, D. P., "Future of human milk banks".
47 *Guidelines for the Establishment and Operation of Human Milk Banks in the UK*.
48 Arnold, Lois D. W., in Riordan and Auerbach(1997), Chapter 22.

진하기 위해 1995년에 발행되었다.⁴⁹ 미국에서는『북미모유은행협회 소식지Newsletter of the Human Milk Banking Association of North America』가 1987년부터 정기적으로 발행되었다.⁵⁰ 이러한 계획은 항상 준비되어 있던 어머니 기증자의 지원에 의존하였다. "나의 첫딸은 9주 이른 조산아로 태어났고 기증된 모유를 수유받았기 때문에 나는 기증자가 되었다"라고 한 어머니는 말했다. "둘째 아이가 태어났을 때, 나는 이 호의를 돌려주어야만 한다고 느꼈다. 나는 내 아이에게 기증된 모유를 받는 것이 얼마나 중요했는지 알고 있고, 둘째 아이가 열 달을 다 채운 건강한 아이라는 것이 특권을 가진 것처럼 느껴졌기에 조금 불행한 사람들을 위해 내가 할 수 있는 것을 정말 간절히 하고 싶었다."⁵¹

49 골드호크가Goldhawk Road 퀸샬럿과 첼시 병원의 모유 은행 코디네이터 질리언 위버에 의해 편집됨. London W6 0XG, UK.
50 북미모유은행협회Human Milk Banking Association of North America의 이사 로이스 아널드Lois D. W, Arnold가 편집함, PO Box 370464, West Hartford, Ct 061370464, USA.
51 캐롤라인 파이퍼Caroline Piper가 질리언 위버에게 보낸 개인 교신(1996년 12월 18일).

19장
후기

줄리언 르 그랜드*

    나는 『선물 관계』가 출간되었을 때를 생생히 기억한다. 나는 그 당시 미국에서 경제학을 전공하며 신고전파 미시경제학 이론을 편식하고 있던 박사과정 학생 가운데 한 명이었다. 갑자기 이 책이 등장했다. 이는 시장의 일반적인 우월성과 관련된 통념 — 혹은 적어도 우리가 받아들이고 있는 통념 — 에 대한 도전처럼 보였다. 우리는 우상파괴iconoclasm를 왁자지껄하게 축하하며 이 책을 걸신이 들린 듯 탐독했다. 이는 우리의 멘토들mentors에게도 깊은 감명을 주었는데, 경제학 구루guru이자 훗날 노벨상 수상자가 된 케네스 애로조차도 이 책에 존경의 마음을 표명하며 『뉴욕 타임스』에 서평을 실었다.

---

*   줄리언 르 그랜드는 런던정경대학 리처드 티트머스 보건 정책 교수Richard Titmuss Professor of Health Policy이자 킹스 기금정책연구소King's Fund Policy Institute의 교수Professorial Fellow이다. 그는 보건 정책 문제에 관한 광범한 연구를 수행했으며 사회정책 분야에 대한 다양한 저서를 출간했다.

나는 이 책을 다시 접할 기회를 갖게 되어 매우 기뻤고, 책을 처음 읽었을 때 맞닥뜨린 강렬한 논쟁을 돌아보게 되었다. 근본적으로 네 가지 논쟁이 있었다. 첫째, 혈액 시장은 경제학자들이 "비효율적 할당allocatively inefficient"이라고 부르는 특징을 갖는다. 이는 매우 낭비적인 것이고, 부족과 잉여를 만든다. 조금 더 구체적으로 말하면, 이는 오염된 혈액을 생성시킨다. 즉 제제의 질을 손상시키고, 사회적으로 처참한 결과를 만든다.

둘째, 이 시장은 또한 생산의 비효율성으로 고통을 겪는다. 관리에 관료적 성격이 있고, 행정 비용이 비싸다. 결과적으로 자발적 시스템보다 훨씬 더 높은 비용을 들여서 혈액을 제공한다. 셋째, 시장은 잘못된 방향으로 재분배된다. 빈자에게서 부자에게로, 사회적으로 불리하고 착취를 받는 사람들에게서 특권과 권력을 가진 사람들에게로 혈액과 혈액제제가 분배된다.

마지막으로, 가장 엄청난 것은 혈액 시장이 궁극적으로 사회 전체를 질적으로 하락시킨다는 것이다. 헌혈자의 이타적 동기를 몰아내고, 그것을 상스러운 사리사욕으로 대체한다.

출간 당시에 이 책을 영향력 있게 만든 것은 이러한 명제의 범위가 혈액 시장에만 국한되지 않는다는 점이었다. 티트머스는 그것을 확장하여 더 넓은 의학과 보건 분야에서의 시장의 사용을 반대했으며, 또한 다른 사회정책 분야에 시장의 사용을 도입하는 것을 반대했고, 확실하게 시장경제 전체에 대해 반대했다. 그에게 시장은 경제적으로나 도덕적으로 모두 실패한 것이었다. 시장은 비효율적이고 불공평했다. 시장은 개인의 자유를 제한했으며, 특히 증여할 자유를 제한했다. 시장은 [사람을] 타락시켰으며, 이타주의

자를 편협한 이기주의자로 바꿔버렸다.

그러면 이러한 논쟁은 시간의 흐름을 어떻게 견뎌냈는가? 일부는 썩 잘 견디지 못했다는 것을 인정해야만 한다. 예를 들면 이 [개정]판의 일부 다른 장에서 저자는 혈액 시장은 낭비적이고 불가피하게 부족과 잉여를 만든다는 논쟁을 제기했는데 — 따라서 필연적으로 자발적 시스템이 항상 더 낫다는 것이다 — 이는 국영보건서비스나 미국의 경험으로도 입증되지 못했다.[1] 이 점은 어쨌든 이론적인 기반이 부족하기 때문에 항상 약간의 의심을 받았다. 티트머스는 왜 자발적 시스템이 수요와 공급을 밀접하게 일치시키는지, 실제로 왜 시장 시스템은 그것에 실패했는지에 대한 정확한 이론적 설명을 제시하지 않는다.

관리 비용과 현재의 국영보건서비스 개혁에 대한 유사한 논쟁과 마찬가지로, 과도한 관료주의에 관한 논쟁은 입증하기가 어렵다. 티트머스가 조사했던 시기에 국영보건서비스의 혈액 서비스는 거의 틀림없이 심각하게 잘못 관리되고 있었고, 그는 1970년대의 서비스의 문제에 따른 명백한 결과들을 2장[이 책에서는 5장]에서 다시 분명하게 밝혔다. 따라서 관리에 더 많은 자원을 투자하는 것이 바람직했을 것이고, 효율성을 손상시키기보다는 오히려 더욱 높이는 데 기여했을 것이다. 시장에 수반되는 비용과 결제 절차에 대한 필요성이 티트머스의 시기에 복지국가를 특징지었던 계획 시스템과는 상응하지 않는 것은 사실이다. 그러나 그 이후의 자원

---

[1] 예를 들어 버지니아 베리지의 1970년대와 1980년대 영국의 혈액제제의 자급자족의 부족에 관한 토론을 보라(2장).

배분의 효율성을 높일 필요에 대한 인식의 증가는 활동과 서비스의 비용이 계획 시스템의 필수적인 부분이 되었음을 의미한다.

또한 재분배에 대한 논쟁은 미완료 상태이다. 특히 비록 보수를 받는 헌혈자가 혈액과 혈액제제를 가난한 사람들로부터 부유한 사람들에게 재분배할지도 모르지만, 이는 정확히 상업적인 운영이기 때문에 다른 방식의 돈의 흐름과도 잘 부합된다는 사실을 간과하고 있다. 가난한 사람들이 부유한 사람들에게 혈액을 판매한다는 사고는 도덕적으로는 혐오감을 주는 반면에, (비록 왜 이것이 다른 자산을 팔 때에 겪는 문제보다 더 큰 문제인지 당장은 확실치는 않지만) 가난한 사람들이 그렇게 함으로써 실제로 더 가난해진다는 주장을 하는 것은 곤란하다. 사실 그들 스스로의 평가에 의하면 그들은 더 나아질 것이다 ─ 그렇지 않다면 그들은 거래를 수행하려고 하지 않았을 것이다.

티트머스에 대한 정당한 평가를 위하여 마지막 문장의 "그들 스스로의 평가에 의하면"이라는 수식 어구는 중요하다. 왜냐하면 "그들 스스로의 평가"에는 정보가 적절하게 제공되지 않았을 수 있기 때문이다. 티트머스는 책에서 다양한 단계의 헌혈자들이 보유한 정보의 범위를 논의하고, 상업적인 혈액의 처리 방식에서 발생할 수 있는 위험, 특히 지나치게 빈번한 헌혈에 관련된 위험에 관해 헌혈자들에게 언제나 적당한 정보가 제공되지는 않았을 것이라고 논의했다. 더욱이 헌혈자들이 적절한 정보를 제공받았다 하더라도, 그들 중에는 돈이 너무 급박하게 필요한 경우가 있어서 관련된 개인들이 더 차분하고 압력을 덜 받는 조건에서는 수용하지 않았을지도 모르는 위험을 감수할 준비를 했을 가능성이 있다. 둘 중 어떤 경우에서나 [혈액] 거래는 실제로 처음 생각되었던 것보다 개인들에게 더 큰 희생을 야기했을 것이며, 그러한 경우에 그나 그녀는 [금전적 이익을 주는] 지불을 고려했을지라도 실제로는 결과적으로 형편이 더 나빠졌을지도 모른다고 볼 수 있다.

어쨌든 이 책에서 주장하는 것들의 장점이 무엇이든지 그의 주장은 현재에도 막강한 영향력을 행사하고 있다. 게다가 티트머스가 제기한 시장의 할당에 대한 두 개의 다른 반대는 오히려 『선물 관계』가 처음 출간된 후 수년 동안 중요하게 간주되었다. 이는 내가 간략하게 오염contamination과 부패corruption 논쟁이라고 부르는 것이다.

약간 더 일반적인 맥락에서 말하면 오염 논쟁이란 이런 것이다. 두 종류의 상품이 있다고 해보자. 하나는 좋은 영향을(예를 들면 감염되지 않은 혈액), 하나는 나쁜 영향을(간염이나 에이즈와 같은 바이러스에 감염된 혈액은 감지하거나 치료하기가 어렵다) 줄 가능성이 있는 상품이다. 그 상품을 파는 사람은 두 개 중에 어느 것이 좋은 것인지 나쁜 것인지를 알지만, 구매자가 될 사람에게는 그런 정보가 없다. 시장 시스템에서 구매자에게 나쁜 영향을 끼칠 상품을 가지고 있는 판매자는 자신의 이득만 생각한다. 그들은 그것을 판매하기를 원하고, 그러므로 팔아버릴 준비가 되어 있다. 만약 [구매자가 판매자에게] 팔려고 하는 상품의 속성에 대해서 직접적으로 물어본다면, [판매자는] 관련 정보를 숨기려 할 것이다. 왜냐하면 그들이 그것을 공개해버리면 물건이 팔리지 않을 것이기 때문이다. 그러므로 좋은 영향을 주는 상품만 팔리는 것이 아니라 나쁜 영향을 주는 상품도 팔 것이고, 나쁜 물건을 산 구매자의 건강에는 좋지 않은 결과가 초래될 것이다 ― 확실히 상품이 바이러스에 오염된 혈액이라면, 그들의 생명은 위험에 처할 수 있다.

자발적 시스템에서는 헌혈자의 동기는 수혈자에게 혜택을 줄 것이다. 그러므로 여기에서의 인센티브는 시장 상황에서의 인센티브와는 정반대이다. 수혈자에게 해를 줄지도 모르는 제제에 관한 모든 정보가 공개될 것이다. 따라서 자발주의의 결과는 정보의 제공이기 때문에 오직 좋은 형태의 제제만 공급된다. 혈액의 경우에 오직 오염되지 않은 제제만 공급된다.

물론 이 주장은 약점을 가지고 있다. 특히 이 주장은 헌혈자가 헌혈하는 행위 그 자체로부터 어떤 즐거움도 얻지 않는다고 가정한다. 만약 그들이 즐거움을 얻는다면 일부 헌혈자는 오염된 혈액을 공급할 위험이 있다고 할지라도 계속해서 헌혈하고 싶어 할 것이다. 그러나 다른 한편 그 논쟁은 강력한 것이다. 이 주장의 특별하게 뛰어난 점은 시장 시스템 — 인센티브 구조 — 을 선호하는 전통적 주장을 완전히 뒤집어 생각하게 만들고, 자발적 시스템의 장점을 보여주기 위해 이용하는 방법이다.

오염 논쟁은 판매자와 구매자의 정보 불균형에 의해 시장이 창조한 문제를 강조하는데, 이는 일부 종류의 시장을 몹시 괴롭히는 소위 "역선택adverse selection" 문제와 아주 비슷하다. 물론 티트머스가 발표한 것보다 더 심각한 상황을 보여줄 수 있도록 역선택 논쟁을 발전시킬 수 있다.

조지 애컬로프George Akerlof는 역선택 문제를 중고차의 맥락에서 설명한 최초의 경제학자이다.[2] 만약 한 종류의 중고차만 존재

---

2   Akerlof, G., "The market for 'lemons': qualitative uncertainty and the market

하며, 그중 반 정도는 "좋은" 것이고 반 정도는 "나쁜" 것이라고 가정해보자. 중고차 판매자만 그 차가 좋은지 나쁜지 알 수 있고, 구매하려는 사람에게는 모든 차가 똑같아 보인다. 그렇기 때문에 모든 중고차가 똑같은 가격에 팔릴 것이다. 모든 좋은 차와 나쁜 차의 평균 가격으로 매매가 이루어진다는 것이다. 이는 나쁜 차의 판매자에게는 좋은 거래가 될 것이고, 그런 조건에서는 판매하고 싶지 않을 좋은 차의 판매자에게는 너무 나쁜 거래가 될 것이다. 그리하여 중고차 시장에서는 죄다 나쁜 차만 거래되게 된다. 나쁜 차가 좋은 차를 쫓아내는 것이다.

혈액을 거래하는 상업적 시장과의 유사한 점은 명확하다. "나쁜" 혈액을 팔려고 하는 사람은 좋은 혈액을 팔려고 하는 사람보다 훨씬 더 적은 금액에도 혈액을 팔고 싶어 한다. 그 결과 [좋은 피와 나쁜 피의 평균값으로서의] 혈액 가격은 좋은 피를 팔고 싶어 하는 사람이 기대하는 것보다 훨씬 낮아지고, 따라서 좋은 피를 팔고자 했던 사람은 피를 팔지 않는다. 결국 "나쁜" 피만 시장에서 매매된다.

역선택에 관한 문제는 『선물 관계』가 출간된 시점과 거의 같은 시점에 경제학 이론가들에 의해 인식되었고, 최근의 경제학 이론 분야의 가장 뛰어난 진보 중 하나로 묘사되었다. 다른 경제학자들이 역선택 문제가 존재한다는 것을 알아차리기도 전에 티트머스

mechanism", *Quarterly Journal of Economics* 84(1970), pp. 488-500. [*미국 경제학자 조지 애컬로프(1940-)는 1970년에 「레몬 시장」이라는 제목의 논문에서 중고차 시장의 수요와 공급이 정보 불균형에 의해서 왜곡될 수 있다는 이론적 주장을 제시했다. 그는 이 연구를 통해 정보경제학에 이바지한 공로로 2001년 마이클 스펜스와 조지프 스티글리츠와 함께 노벨 경제학상을 받았다.]

는 그것을 알아차렸고, 심지어 이에 대한 해결책(자발적 헌혈)도 제공했다는 사실은 다른 전문가들이 그들의 배타적 영역이라고 간주하였을 영역에서조차 심오한 통찰력을 만들어내는 그의 놀라운 능력을 분명하게 보여준다.

부패 논쟁도 오늘날의 관심사와 직접적인 관련성이 있다. 다른 곳에서 나는 부분적으로 티트머스와 같은 사상가들의 영향을 받아, 영국의 전후 복지 합의는 복지국가를 위해 비용을 지불하고, 복지국가 내부에서 일하기를 원하는 사람들(전문가와 다른 복지 분야 직원)이 강력한 이타주의와 함께 공적 정신을 가진 개인들이라는 가정을 토대로 건설된 것이라고 주장했다.³ 다른 말로 하면 납세자들은 부분적으로는 "계몽된enlightened" 자기 이익을 위해 복지국가를 지지할 테지만, 또한 부분적으로는 취약 계층과 불행한 사람들을 도우려는 순수한 동정심의 감정 때문에 복지국가를 지지할 것이다. 반면에 전문가들은 그들 자신의 일보다 그들이 봉사해야 할 사람들의 이익을 앞세울 것이다.

전후 합의에 관한 이러한 양상은 다른 여러 사항과 마찬가지로 이후 대처 여사의 보수당 정부가 출현하면서 중단되었다. [대처] 정부는 사회경제적 조직은 그 조직에서 활동하는 모든 사람이 "악당knave"이라는 가정에 따라 조직되어야 한다는 데이비드 흄David Hume의 격언을 마음에 새겼다. 악당이란 모든 것에 앞서서 그들 자신의 자기 이익을 추구하는 사람을 가리킨다.⁴ 이에 따

---

3   Le Grand, J., "Knights, knaves or pawns? Human behaviour and social policy", *Journal of Social Policy*(April 1997), pp. 149-169.

4   Hume, D., "On the independence of Parliament in Hume(1875)."

라 1980년 후반 [대처] 정부는 보건, 교육, 지역사회 돌봄과 같은 사회 서비스의 전달에 시장 형태의 인센티브를 도입하는 일련의 "유사 시장quasi-market"을 도입했다.[5] 동시에 [대처] 정부는 복지국가의 약화를 지지하는 감세를 제공하여 (비록 실제로 제공하지는 못했지만) 자기 이익을 추구하는 납세자들에게 호소했다. 흄의 용어를 확장하면 그 결과 "기사knights"가 자금을 내고 전달하는 복지국가로부터 "악당"이 자금을 내고 전달하는 국가를 향한 이동이 이루어졌다.

이런 개혁은 『선물 관계』에서 제기된 종류의 질문을 정확하게 상기시킨다. 자기 이익을 추구하는 마음에서 기인한 "나쁜 돈bad money"의 도입이 이타주의의 좋은 점을 없앨 것인가? 전문주의의 윤리학이 탐욕스런 정신에 의해 침식되고 대체될 것인가? 의사와 환자, 교사와 학생, 사회복지사와 의뢰인 사이의 신뢰 관계가 손상될까? 그리고 납세자들은 다시 자신을 더 불우한 사람들을 돕는 집단적 사업의 부분으로 볼 수 있게 될 것인가, 또는 그들이 단지 직접적으로 혜택을 얻는 공공서비스 분야를 지키기 위한 일에만 몰두하고, 나머지 분야의 축소는 기꺼이 지지할까?

물론 티스머스가 인정할 만한 방법으로 표현된 이런 질문들은 그의 주장에 덜 동조적인 여러 추가적인 문제를 제기한다. 헌혈 이외에 사람들은 복지국가에 참여하면서 정말 기사처럼 행동했는가? 오래된 복지국가의 현실은 전문가들과 다른 직원들이 의뢰인의 욕구보다 그들 자신의 욕구와 욕망에 더 관심을 가지는 것은

5   Le Grand and Bartlett(1993).

아닌가? 만약 그렇다면 정말로 "유사 시장"이 그런 자기 이익을 새로운 방향으로 돌려서, 공공 이익을 향해 작동하도록 만드는 좋은 방법이 아닌가?

이러한 반대되는 입장을 논의할 공간은 없으며, 어쨌든 이곳은 그런 것을 논의할 공간이 아니다. (나는 다른 곳에서 그런 시도를 하였나.) 그러나 이 책을 읽어보지 않은 채로는 누구도 그런 논의에 참여할 수 없다고 말할 수 있다. 왜냐하면 "왕자"가 아닌 "햄릿Hamlet"을 공연하는 전형적 경우가 될 것이기 때문이다.

결론적으로 나는 리처드 티트머스가 이 책에서 쓴 많은 것이 오늘날 지속되고 있으며, 정말로 점점 더 관련성이 높아지고 있다는 것이 충분히 언급되었기를 바란다. 티트머스의 헌신, 그의 통찰력과 독창적 사고 능력은 모두 그의 저작들이 그것들에 관한 시간을 초월하는 우수함을 가지고 있다는 것을 의미한다 ― 그리고 『선물 관계』만 한 것은 없다.

참고 문헌

ALTMAN, D. (1986), *AIDS and the New Puritanism*, London: Pluto Press.

BAYER, R. (1989), *Private Acts, Social Consequences: AIDS and the Politics of Public Health*, New York: Free Press.

BERLIN, I. (1969), *Four Essays on Liberty*, Oxford University Press.

BERTON, P. (1977), *The Dionne Years*, New York: W. W. Norton.

BIGGS, R., and MACFARLANE, R. G. (1966), *Treatment of Haemophilia and Other Coagulation Disorders*, Oxford: Blackwell.

BLAU, P. M. (1964), *Exchange and Power in Social Life*, New York: Wiley.

BLOOD TRANSFUSION SERVICES OF THE UNITED KINGDOM (1968), *Guidelines for the Blood Transfusion Service*, London: HMSO.

BLOOD TRANSFUSION SERVICES OF THE UNITED KINGDOM (1993), *Guidelines for the Blood Transfusion Service,* 2nd edn, London: HMSO.

BLOOD TRANSFUSION SERVICES OF THE UNITED KINGDOM (1996), *Handbook of Transfusion Medicine*, 2nd edn, London: HMSO.

CLENDENING, and LOGAN (1933), *The Romance of Medicine*, New York: Garden City Publishing Co.

CONNOR, S., and KINGMAN, S. (1988), *The Search for the Virus*, London:

Penguin.

CONTRERAS, M. (ed., 1992), *ABC of Transfusion*, 2nd edn, London: BMJ Publishing Group.

COOPER, M. H., and CULYER, A. J. (1968), *The Price of Blood*, Hobart Paper 41, London: The Institute of Economic Affairs.

DEWHURST, J. (1989), *Queen Charlotte's: The Story of a Hospital*, London.

DINNAGE, R., and KELLMER PRINGLE, M. L. (1967), *Foster Home Care — Facts and Fallacies*, London: Longmans.

DUNN, C. L. (1952), *The Emergency Medical Services*, History of the Second World War UK Medical Series, Vol. 1, London: HMSO.

EDGEWORTH, F. Y. (1881), *Mathematical Physics*, London: Kegan Paul.

FEE, E., and FOX, D. M. (eds, 1988), *AIDS: The Burdens of History*, Berkeley: University of California Press.

FEE, E., and FOX, D. M. (eds, 1992), *AIDS: The Making of a Chronic Disease*, Berkeley: University of California Press.

FOSTER, J. (1990), *AIDS Archives in the UK*, London School of Hygiene.

FRIEDMAN, M. (1962), *Capitalism and Freedom*, University of Chicago Press.

GOLDEN, J. (1996), *A Social History of Wet Nursing in America: From Breast to Bottle*, Cambridge University Press.

GRAAFF, J. de V. (1967), *Theoretical Welfare Economics*, Cambridge University Press.

GRAUBARD, S. (ed., 1990), *Living with AIDS*, Cambridge, Mass: MIT Press.

GRICE, G. R. (1967), *The Grounds of Moral Judgement*, Cambridge University Press.

GRMEK, M. D. (1990), *The History of AIDS: Emergence and Origin of a Modern Pandemic*, trans. by R. C. Maulitz and J. Duffin, Princeton University Press.

GROSS, M. L. (1966), *The Doctors*, New York.

HALSEY, A. H. (1996), *No Discouragement*, London: Macmillan.

HANTCHEF, Z. S. (1961), *The Gift of Blood and Some International Aspects of Blood Transfusion*, Geneva: League of Red Cross Societies.

HEALTH, DEPARTMENT OF, (1991), *Dietary Reference Values for Food Energy and Nutrients for the United Kingdom: Report of the Panel on Dietary Reference Values of the Committee on Medical Aspects of Food Policy*, Report on Health and Social Subjects 41, London: HMSO.

HEALTH, DEPARTMENT OF, (1968), *Report of the Committee on Local Authority and Allied Personal Social Services*, Cmnd. 3703, London: HMSO.

HEALTH, DEPARTMENT OF, (1968), *Report of the Royal Commission on Medical Education 1965-68*, Cmnd. 3569, London: HMSO.

HEALTH, DEPARTMENT OF, (1981), *The Collection and Storage of Human Milk, Report of a Working Party on Human Milk Banks*, Committee on Medical Aspects of Food Policy, London: HMSO.

HEALTH, DEPARTMENT OF, (1968), *Your Medicare Handbook*, Social Security Administration, London: HMSO.

HEALTH, MINISTRY OF, (1962), *Annual Report of the Ministry of Health 1961*, London: HMSO.

HEALTH, MINISTRY OF, (1967), *Annual Report of the Ministry of Health 1966*, London: HMSO.

HEALTH, MINISTRY OF, (1966), *Blood Donors and Open-Heart Surgery*, London: HMSO.

HEALTH, MINISTRY OF, (1964), *Medical Research Council, Annual Report 1962-3*, London: HMSO.

HEALTH, MINISTRY OF, (1966), *Report of the Central Health Services Council for 1965*, London: HMSO.

HEALTH, MINISTRY OF, (1963), *Report on Hospital In-Patient Enquiry 1961*, London: HMSO.

HEALTH, MINISTRY OF, (1968), *Report on Hospital In-Patient Enquiry 1966*, London: HMSO.

HERDT, G., and LINDENBAUM, S. (eds, 1992), *The Time of AIDS*, California: Newbury Park.

HOME OFFICE (1967), *Report on the Work of the Prison Department*, Cmnd. 3774, London: HMSO.

HUME, D. (eds, Green, T. H., and Gross, T. H., 1875), *Essays: Moral, Political and Literary*, Vol. 1, London: Longmans.

HURN, B. A. L. (1968), *Storage of Blood*, London and New York: Academic Press.

HYDE, L. (1983), *The Gift: Imagination and the Erotic Life of Property*, New York: Random House.

JAMES, J. D. (1958), *Practical Blood Transfusion*, London.

JELLIFFE, D. B. and E. F. (1978), *Human Milk in the Modern World: Psychological, Nutritional and Economic Significance*, Oxford University Press.

JENKINS, S. (1995), *Accountable to no-one: The Tory Nationalisation of Britain*, London: Hamish Hamilton.

JENNINGS, J. B. (1966), *An Introduction to Blood Banking Systems*, Technical Report No. 21, Operations Research Institute, Massachusetts Institute of Technology.

JENNINGS, J. B. (1967), *Hospital Blood Bank Whole Blood Inventory Control*, Technical Report No. 27, Operations Research Center, Massachusetts Institute of Technology.

JONES, P. (1985), *AIDS and the Blood: A Practical Guide*, Newcastle Press.

JONES, P. (1984), *Living with Haemophilia*, Lancaster Press.

KELLY, T. A., and SAUNDERS, S. N. (1987), *The National Blood Transfusion Service in England and Wales: An Organisational Study*, London: NHS Management Consultancy Services.

KROPOTKIN, P. (1895), *The Nineteenth Century*, London: LSE pamphlet collection 11/95.

LATOUR, B., and WOOLGAR, S. (1987), *Laboratory Life: The Construction of Scientific Facts*, Princeton University Press.

LAWRENCE, G. (ed., 1994), *Technologies of Modern Medicine*, London: Science Museum Publications.

LE GRAND, J., and BARTLETT, W. (1993), *Quasi-Markets and Social Policy*, Houndmills: Macmillan.

LEVI-STRAUSS, C. (ed. Needham, 1969), *The Elementary Structures of Kinship*,

London: Eyre and Spottiswoode.

LORING, L. M. (1966), *Two Kinds of Value*, London: Routledge.

MACINTYRE, A. (1967), *A Short History of Ethics*, London: Routledge.

MADHOK, R., FORBES, C. D., and EVATT, B. L. (eds, 1987), *Blood, Blood Products and AIDS*, London: Chapman and Hall.

MALINOWSKI, B. (1922), *Argonauts of the Western Pacific*, London: Routledge.

MASSIE, R. K. (1967), *Nicholas and Alexandra*, New York: Atheneum.

MAUSS, M. (1954), *The Gift*, trans. by I. Cunnison with an introduction by E. E. Evans-Pritchard, London: Routledge.

MAXWELL, R. (1974), *Health Care: The Growing Dilemma*, London: McKinsey.

MISHAN, E. J. (1967), *The Costs of Economic Growth*, London: Staples Press.

MOLLISON, P. L. (1956), *Blood Transfusion in Clinical Medicine*, Oxford: Blackwell.

MOLLISON, P. L., ENGELFRIET, C. P., and CONTRERAS, M. (1993), *Blood Transfusion in Clinical Medicine*, 9th edn, Oxford: Blackwell Scientific Publications.

MONROE, K. R. (1996), *The Heart of Altruism*, Princeton University Press.

MORRIS, J. N. (1964), *Uses of Epidemiology*, 2nd edn, London: Livingstone.

MYRDAL, G. (1944), *The American Dilemma*, New York: Harpers.

NATH, S. K. (1968), *A Reappraisal of Welfare Economics*, London: Routledge.

NATIONAL BLOOD TRANSFUSION SERVICE (1965), *Blood Plasma and Burns Treatment*, London: HMSO.

NATIONAL BLOOD TRANSFUSION SERVICE (1968), *Blood Transfusion and the National Blood Transfusion Service*, London: HMSO.

NELKIN, D., WILLIS, D. P., and PARRIS, S. V. (eds, 1991), *A Disease of Society*, Cambridge University Press.

NUFFIELD COUNCIL ON BIOETHICS (1995), *Human Tissue: Ethical and Legal Issues*, 28 Bedford Square, London WC1B 3EG (ISBN 095 2270 101).

OAKLEY, A., and WILLIAMS, A. S. (eds, 1994), *The Politics of the Welfare State*, University College of London Press.

PAPPWORTH, M. H. (1969), *Human Guinea Pigs: Experimentation on Man*, London: Harmondsworth.

PARKER, R. (1966), *Decision in Child Care*, London: Allen and Unwin.

PATERSON, D., and FOREST SMITH, J. (1939), *Modern Methods of Feeding in Infancy and Childhood*, 7th edn, London: Constable.

PAUL, J. R. (1966), *Clinical Epidemiology*, Rev. edn, University of Chicago Press.

PREST, A. R., and TURVEY, R. (1966), *Surveys of Economic Theory: Volume* III — *Resource Allocation*, London: Macmillan.

RIORDAN, J., and AUERBACH, K. G. (1997), *Breastfeeding and Human Lactation*, 2nd edn, Boston: Jones and Bartlett.

ROBERTSON, D. H. (1956), *Economic Commentaries*, London: Staples Press.

ROBINSON, J. (1962), *Economic Philosophy*, London: Watts.

ROSENBERG, C. (ed., 1992), *Explaining Epidemics and Other Studies in the History of Medicine*, Cambridge University Press.

SHILTS, R. (1988), *And the Band Played On: Politics, People and the AIDS Epidemic*, London: Penguin.

SOLZHENITSYN, A. (1969), *Cancer Ward*, Vol. 2, trans. by N. Bethell and D. Burg, London: Bodley Head.

SOROKIN, P. A. (1954), *The Ways and Power of Love*, Boston: Beacon Press.

STUDER, K. E., and CHUBIN, D. E. (1980), *The Cancer Mission: The Social Context of Biomedical Research*, Beverly Hills and London: Sage.

SUGRUE, F. (1968), *A Slight Case of Life and Death*, New York: United Community Funds and Councils of America Inc.

TITMUSS, R. M. (1967), *Choice and the Welfare State*, Fabian Tract 370, London: Fabian Society.

TITMUSS, R. M. (1968), *Commitment to Welfare*, London: Allen and Unwin.

TITMUSS, R. M. (1962), *Income Distribution and Social Change*, London: Allen and Unwin.

TITMUSS, R. M. (1970), *The Gift Relationship*, London: Allen and Unwin.

TÖNNIES, F. (1955), *Community and Association (Gemeinschaft und Gesellschaft)*, trans. by C. P. Loomis.

TRANSPORT, MINISTRY OF, (1967), *Cost of Road Accidents in Great Britain*, Road Research Laboratory, Report LR79, London: HMSO.

TUNLEY, R. (1966), *The American Health Scandal*, New York: Harpers.

TURNER, V. (1967), *The Forest of Symbols*, New York: Ithaca.

US GOVERNMENT (1964), *Hearings before the Subcommittee on Antitrust and Monopoly of the Committee on the Judiciary*, United States Senate, 88th Congress, S. *2560*, Washington: US Government Printing Office.

US GOVERNMENT (1967), *Hearings before the Subcommittee on Antitrust and Monopoly of the Committee on the Judiciary*, United States Senate, 90th Congress, S. *1945*, Washington: US Government Printing Office.

VON WEIZS CKER, C. F. (1952), *The World View of Physics*, London: Routledge.

WHITE, A., FREETH, S., and O'BRIEN, M. (1992), *Infant Feeding 1990*, London: HMSO.

WILENSKY, H. L., and LEBEAUX, C. N. (1958), *Industrial Society and Social Welfare*, New York: Russell Sage.

WOLFF, K. (ed., 1950), *The Sociology of Georg Simmel*, New York: Free Press.

WOLSTENHOLME, G. E. W., and O'CONNOR, M. (1966), *Ethics in Medical Progress*, A CIBA Foundation Symposium, London: Churchill.

ZUCKERMAN, A. J. (1970), *Viral Diseases of the Liver*, London.

옮긴이 해제: 티트머스의 『선물 관계』와 복지국가의 이론*

김윤태

왜 우리는 헌혈을 하는가? 많은 경제학자는 모든 인간이 자기 이익을 추구한다고 가정한다. 그리고 이를 합리성이라는 말로 표현한다. 하지만 그런다고 해서 그 가정의 본질이 달라지는 것은 아니다. 결국 이기주의가 인간의 기본 본성이라는 것이다. 그렇다면 사람들은 왜 돈을 받는 것도 아닌데 헌혈을 하는 것일까? 왜 사람들은 경제적으로 무익한 행동을 하는 것일까? 이 흥미로운 질문을 영국 사회학자 리처드 티트머스Richard M. Titmuss가 탐구했다.

1970년 티트머스가 출간한 『선물 관계』는 얼핏 헌혈에 관한 상세한 실증적 연구처럼 보인다. 그러나 자세히 보면 이 책은 보통의 사회과학 연구를 넘어서는 중요한 이론적 성찰과 도덕적 호소가 가득한 책이라는 것을 알 수 있다. 티트머스는 아주 세심하고

---

* 이 글은 김윤태(2016)의 논문의 일부 내용을 토대로 작성한 것이다. 티트머스의 이론적 주장에 관한 전반적 소개와 평가는 김윤태(2016), 더 간단한 소개는 글레너스터(Glennerster, 2004)를 참조하기 바란다.

주의 깊게 영국과 미국 두 나라의 헌혈 시스템을 체계적으로 비교하였다(Titmuss, 1970). 전 국민에게 보편적 의료 혜택을 제공하는 국영보건서비스(NHS)를 만든 영국은 자발적 헌혈 시스템을 운영했다. 반면에 민영 보험이 중심이 되는 미국에서는 혈액을 상업적으로 거래할 수 있었고 수익을 추구하는 혈액은행이 많았다. 그렇다면 두 나라 가운데 어느 나라의 혈액이 더 양질의 혈액이었을까? 또 어느 나라의 운영 체제가 더 효율적이었을까? 티트머스가 내놓은 결과는 매우 충격적이었다.

『선물 관계』는 네 가지 중요한 발견을 제시했다. 첫째, 경제학자들의 예상과 달리 혈액 "시장"에서 자원의 "효율적 할당"은 이루어지지 않았다. 미국의 혈액 시장에서는 만성적으로 혈액 부족 현상이 발생했으며 경제학자들이 말하는 "균형의 개념은 환상에 불과한 것"이었다. 더 심각한 문제가 일어났다. 미국에서는 오염된 혈액이 공급되면서 사회적으로 심각한 후유증을 낳았다. 티트머스가 발견한 통계 자료를 보면, 미국에서 거래되는 혈액의 질이 훨씬 더 나빴다. 심지어 간염이나 성병, 마약중독에 걸린 사람들의 질 낮은 혈액이 공급되었다. 수혈받은 환자가 질병에 걸리거나 목숨을 잃을 위험은 미국의 경우에 훨씬 더 높았다.

둘째, 미국의 혈액 시장은 비효율적이었다. 행정적으로 비효율적이었고 더 많은 관료주의를 만들었다. 결과적으로 영국의 헌혈 시스템보다 미국의 헌혈 시스템이 5배에서 15배까지 더 많은 비용이 들었다. 사적 시장이 국가보다 더 효율적일 것이라는 경제학자들의 주장은 전혀 사실과 부합하지 않았다.

셋째, 혈액 시장의 재분배 과정에서 가난한 사람의 혈액이 부유한 사람에게 전달되었다. 미국에서 가난한 사람들은 돈을 받기 위해 혈액을 판매했으나, 정작 자신들이 병원에서 혈액이 필요한 경우에는 돈이 없어 혜택을 받을 수 없었다. 반면에 민간 혈액은행에 돈을 지불할 수 있는 부유한 사람들은 더 많은 혜택을 받았다.

넷째, 가장 중요하게도 혈액 시장은 궁극적으로 사회를 파괴했다. 혈액 시장은 헌혈에 관한 사람들의 이타적 동기를 약화시키고 편협한 이기심을 조장했다. 혈액의 시장화는 이타적 동기로 헌혈하려는 사람들의 선택의 자유를 제약할 뿐만 아니라 이들을 사회에서 축출한다. 이런 의미에서 시장이 반드시 모든 사람의 자유를 확대하는 것은 아니다. 결국 시장 관계가 사회적 인간을 해체한다.

시장인가, 공공서비스인가?

티트머스의 『선물 관계』는 자유 시장과 신자유주의를 주창한 영국의 경제문제연구소IEA에 정면으로 반격을 가했다(Cooper and Culyer, 1968: 21, 35). 이 책은 신자유주의가 본격적으로 등장하기 이전에 쓰인 책으로서 시장 원리가 사회의 지배적 운영 원리가 되면 어떤 일이 벌어지는지 효과적으로 논증했다. 경제문제연구소는 영국보건청과 영국의 국립수혈원이 시장 메커니즘을 확대하면 더 효율성을 높일 수 있다고 주장했다. 그러나 보편적 복지국가의 이론가이자 열렬한 옹호자인 티트머스는 경제문제연구소의 주장에 대해 그것이 제2차 세계대전 이후 서구 사회에서 시민들 사이의 사회계약, 평등주의, 공동체주의 관계를 만든 복지국가에 대한 정면 공격이라고 비판했다.

티트머스는 혈액을 주고받는 사회적 관계를 넘어서 근본적인 윤리적, 철학적 문제를 제기하였다. 그는 헌혈이 민주적 복지국가에서 시민권의 중요한 측면이라고 보았다. 만약 혈액을 시장의 힘으로부터 떼어놓지 않는다면 의료, 교육, 사회보장, 입양아 위탁보호와 같은 모든 종류의 사회 서비스가 결국 시장에 완전히 개방되고 말 것이라는 것이었다. 혈액의 구매가 아닌 혈액의 공유, 이것은 집합적 가치를 근본적으로 표현한다. 그는 프랑스 사회학자 마르셀 모스의 저서를 인용하면서 혈액은 거래가 아니라 선물로 제공되어야 한다고 주장한다.

선물의 순환은 공통적 사회관계를 형성하고 시민들 사이에 상호성을 증진하는 커다란 힘을 발휘한다. 서로 모르는 사람들이 혈액을 주고받는 행위는 동료 시민들 사이에 비인격적 상호성과 포용의 감정을 만든다. 반면에 생산자와 소비자로서 혈액을 사고파는 행위는 사람들 사이에 상업적 목적을 위해 일시적 거래만 갖는 도구적 상품 관계를 형성하도록 만든다. 티트머스는 혈액이 일단 시장화되면 다른 모든 사회적 영역이 위험에 빠지게 될 것이라고 주장했다. 실제로 티트머스의 예언대로 1980년대 영국의 많은 환자는 해외에서 수입된 혈액을 수혈받고 심각한 질병에 감염되었다(McLean and Poulton, 1987).

경제학자들이 주장하는 대로 우리는 시장의 기능을 중시해야 하는 것일까? 예를 들어 혈액과 장기 시장의 만성적 공급 부족을 해결하고 교환 메커니즘을 개선하기 위해서는 시장의 기능을 강화해야 하는 것이 아닐까? 하지만 아직까지 우리는 혈액과 장기를 사고팔지 않는다. 아무리 돈이 많은 사람도 백화점에서 혈액과 장기를 구매할 수는 없다. 고기와 과일은 품질에 따라 최상품을 높은 가격으로 거래하지만, 혈액은 품질 등급을 나누거나 다른 가격을 매기지 않는다.

티트머스의 연구는 대처가 이끄는 보수당 집권 시기 동안의 공기업 사유화 정책에도 불구하고 헌혈 시스템의 폐지를 저지하고 혈액의 거래를 막는 중요한 역할을 수행했다. 또한 그의 연구는 미국에서도 헌혈을 장려하고 시장의 혈액 거래를 규제하도록 영향을 미쳤다. 실제로 티트머스의 책이 출간된 이래로 혈액 구매는 지속적으로 감소했다. 또한 대부분의 국가에서 혈액과 신체 장기의 시장 거래를 규제하고 있다. 이런 점에서 그의 연구는 오늘날까지도 큰 영향을 미치고 있다.

티트머스의 『선물 관계』는 오늘날 전 세계적 신자유주의화와 신체 장기의 상품화에 관한 탁월한 분석도 제공한다. 티트머스는 혈액의 거래는 단순한 교환이 아니라 사회의 해체를 유발할 수 있다고 경고했다. 신체 장기를 사고파는 시장이 출현하면 모든 사회생활이 시장의 논리에 의해 지배받는 길이 열리게 될 것이다. 이러한 티트머스의 주장은 묵시론적 예언처럼 보인다. 1970년대 후반 서구 사회에서 자유 시장을 강조하는 신자유주의 이데올로기가 득세하면서 경제의 탈규제화, 사회적 시민권에 대한 공격, 보편적 복지국가의 약화가 발생했다. 오늘날 우리는 신체 장기의 시장화와 지구적 차원의 생명 경제의 등장을 목도하고 있다. 티트머스의 책은 시간이 지나고서야 가치를 깨닫게 되는 연구이자 우리의 가슴을 저미는 심오한 연구이다.

오늘날 티트머스가 정열적으로 옹호했던 사회민주주의 가치는 점점 약화되고 있다. 그러나 혈액의 시장화를 제한하자는 그의 호소력 있는 주장에 따라 혈액과 골수, 장기는 상업화의 세계에 빠지지 않았다. 헌혈과 장기 기증을 시장과 분리하는 것은 인류가 달성한 중요한 인간적, 문화적 성취이다. 자유 시장의 논리가 전 세계를 지배하는 오늘날 혈액과 신체, 장기의 선물 경제gift economy를 유지해야 한다고 주장한 티트머스의 통찰력은 더욱 빛을 발한다.

『선물 관계』를 둘러싼 이론적 논쟁

티트머스의 『선물 관계』는 매우 강력한 충격을 준 동시에 뭇 사람들의 감정을 흔들어놓은, 강한 호소력을 가진 책이었다. 이 책은 그의 주장을 지지하는 사람에게서건 반대하는 사람에게서건 매우 감정적인 반응을 유발했으며, 출간되자마자 곧바로 커다란 논쟁을 일으켰다. 티트머스의 주장은 자유 시장을 옹호하는 경제학자들에 대한 통렬한 반박이었지만, 사실 모든 경제학적 방법을 부정하는 듯한 인상을 주었다. 그리하여 이 책은 즉각 경제학자들의 관심을 끌었고, 노벨경제학상 수상자 케네스 애로Kenneth Arrow 교수는 『뉴욕 타임스New York Times』에 서평을 게재하였다. 애로는 1972년에 『철학과 공공 문제』 저널에서 다시 한 번 티트머스의 주장을 다뤘는데 그는 티트머스의 공헌을 칭찬하는 한편으로 경제학자의 시각에서 티트머스의 논리를 비판하였다(Arrow, 1972). 그는 미국의 상업 혈액 시장이 실패했다는 티트머스의 지적을 인정했지만 그가 혈액 낭비와 상업적 시스템 사이의 연관성을 제대로 보여주지는 못했다고 지적했다. 쉽게 말해 애로는 헌혈 시스템에 시장 논리를 추가한다고 해서 어느 누구의 자유도 제한되지 않는다는 것이었다. 도대체 시장이 무슨 잘못이냐고 반박한 것이다.

그러나 유명한 호주 출신의 윤리학자 피터 싱어 교수는 같은 저널에서 애로 교수가 지적한 문제를 티트머스가 자신의 책에서 효과적으로 설명하고 있다고 반박했다(Singer, 1973). 티트머스에 따르면 혈액은 소멸되는 것이기 때문에 효율성은 예측 가능한 규칙적 공급에 의존하는데, 상업적 시스템은 자발적 시스템보다 공급이 불규칙하여 이를 만회하기 위해 "사회의 밑바닥skid row" 유형 헌혈자의 혈액에 의존할 가능성이 크다. 또한 티트머스는 혈액 공급에 "시장의 법칙"이 도입되면 사람들은 이타적으로 헌혈할 수 없게 된다고 지적했다. 티트머스의 말을 빌면 그들은 "시장에 의해 강요를 받고 제약을 받는다." 시장에서 아무런 대가 없이 — 돈을 받지 않고 — 헌혈하려는 사람의 자유는 박탈된다. 결국 이타주의는 사회에서 "축출된다crowd out". 티트머스의 주장을 적극적으로 옹호한 싱어는 애로의 주장과 달리 경제적 분석이 몰가치적일 수 없다고 단언한다. 그는 티트머스의 연구가 혈액 공급 시스템에 적용한 총체적 접근법은 경제적 분석의 한계를 적나라하게 보여주고 있다고 강조하였다.

티트머스는 『선물 관계』에서 영국의 약 3,800여 명의 헌혈자를 대상으로 한 조사에서 이타적 동기로 참여한 사람의 증언을 수집했다(Titmuss, 1970: 293-302). 그는 "당신이 처음에 헌혈자가 되기로 한 이유를 말해주세요"라는 질문을 던졌다. 23세의 기혼 여성은 다음과 같이 응답했다. "혈액을 슈퍼마켓이나 체인점에서 얻을 수는 없다. 사람들은 스스로 가야 한다. 아픈 사람이 자기 생명을 구하기 위해 침대 밖으로 나와 당신에게 1파인트의 혈액을 요청할 수는 없다. 그래서 내가 혈액이 필요한 누군가를 도와야겠다는 생각에 나섰다." 49세의 피아노 조율사인 기혼 남성은 "나는 헌혈이 사람을 돕기 위한 하나의 작은 방법이라고 생각하였다"고 말했다. 36세의 설비 감독 기술자는 "사람은 섬이 아니다"라고 답했다. 이와 같은 보통 사람들의 평범한 목소리에는 경제학자들의 추상적 개념에는 담기지 않는 진실이 담겨 있다.

현재의 학문적 기준에서 보면 티트머스의 『선물 관계』는 엄격한 분석적 방법이 부족할 뿐 아니라 자료 수집 방법에 심각한 문제점을 가지고 있다. 특히 영국의 응답자들 가운데 헌혈하지 않은 사람들에 대한 조사가 누락되어 있다. 현대 사회과학과 같은 체계적인 방법론에서는 있을 수 없는 한계로 볼 수 있다. 물론 이런 문제가 그의 빛을 발하는 이론적 통찰력을 가리는 것은 아니다.

티트머스가 실행한 인터뷰에 따르면 영국에서 헌혈을 한 사람들은 아무런 강압도 받지 않았다. 그들은 뇌물이나 대가를 받지도 않았다. 이러한 사람들에게 돈을 받고 혈액을 판매하라고 강요하는 것은 그들에게서 '선택의 자유'를 박탈하는 것이다. 미국에서 운영되는 상업적 시장 시스템은 이타적 동기로 헌혈하고자 하는 사람의 자유를 제한한다. 티트머스는 자유 시장을 적극적으로 옹호하는 밀턴 프리드먼 교수의 『자본주의와 자유』가 이러한 자유를 무시한다고 비판한다(Friedman, 1962).

티트머스의 『선물 관계』는 단순히 헌혈 시스템의 차이를 비교하는 것을 넘어서서 인간의 이기주의와 이타주의를 분석하고 공공서비스의 중요성을 체계적으로 논증했다. 그에 따르면 "사회가 어떻게 사회제도 — 특히 건강과 복지 체계 — 를 조직하고 구조화하느냐에 따라서 인간의 이타주의를 강화할 수도 있고 약화시킬 수도 있다. 그러한 체계는 통합 또는 소외를 촉진시킬 수 있다." (Titmuss, 1970: 314) 티트머스는 개인의 이기심에 기반한 제도가 오히려 실패할 수 있다는 역설을 증명했고, 나아가 돌봄care의 상업적 운영보다 공공서비스의 가치를 강조했다. 하지만 그가 의료 시스템이 인간의 이타주의와 자기애를 모두 결정한다고 주장한 것은 아니다.

티트머스에 따르면 인간의 혈액은 사회 통합의 중요한 매개체이다. 혈액은 돈으로 사고파는 상품이 아니라 인간성과 동료애를 표현하는 선물이다. 하지만 이처럼 선물을 통해 사회적 관계를 맺고 사회 통합을 이룩한다는 생각은 티트머스의 새로운 발견이 아니다. 1920년대 폴란드 출신의 인류학자 말리노프스키는 트로니브리안드 제도에 살고 있는 부족 사회에서 사람들이 조개 팔찌와 조개 목걸이를 교환하는 전통에 관심을 가졌다(Malinowski, 1922). 이것은 아무런 경제적 가치를 갖지 않는 물품의 교환 행위였다. 그는 이러한 교환 관계를 "쿨라 환형Kula Ring"이라고 불렀다. 말리노프스키는 쿨라라는 선물의 교환이 부족들의 사회적 연계를 "보여주고, 공유하고, 기여하고, 창조하려는 근본적 추진력"이라고 분석했다.

비슷한 시기에 프랑스 인류학자 마르셀 모스는 아메리카 원주민과 폴리네시아 부족이 선물 교환을 통해 상이한 집단들 간에 사회적 관계를 형성하는 과정을 분석했다(모스, 1990). 선물을 주는 행위는 받는 사람에게 답례를 해야 한다는 의무감을 만들며, 사람들 사이에 선물 교환이 반복되면 사회적 연대감이 강화된다. 모스는 현대 국가의 복지 제도가 사회 성원들이 선물을 주고받는 교환 관계의 제도화라고 보았다. 물론 인류학적 연구를 인용한 티트머스는 선물을 너무 단순하게 해석하여 선물 교환이 갖는 복잡한 사회정치적 권력관계의 효과에 대해 충분히 고려하지 못했다는 비판을 받지만, 이로 인해 그의 이론적 주장이 설득력을 잃는 것은 아니다(김윤태, 2016: 146).

티트머스는 선물 경제의 중요성을 확대하여 현대 복지국가의 보편주의 원칙을 설명했다. 「베버리지 보고서」에서 제시된 보편주의 원칙은 영국 복지국가의 중요한 철학적 토대이자 윤리적 기반이었다. 복지국가가 단순히 가난한 사람을 돕는 기능을 하는 데 그치는 것이 아니라 사회 통합이라는 궁극적 목표를 실현하는 수단이라고 생각한 티트머스는 인류학적 기능주의와 집합적 관점을 통한 보편적 복지국가를 강조하였다. 그는 맑스주의와 같이 사유재산과 자본주의를 철폐해야 한다고 주장하지는 않았지만, 사회 서비스가 시장에서 거래되는 대신 국가 복지의 기능을 하면서 사회 통합에 기여해야 한다고 생각했다. 이런 점에서 티트머스는 단순한 국가 통제를 주장한 것이 아니라 시장의 기능을 인정하는 가운데 국가와 시장의 결합을 통한 사회 통합을 주장한 것이다.

티트머스는 시장에서 직업에 따라 경제적 보상에 차등을 두는 것과 달리 교육, 보건, 연금, 실업보험 등 사회 서비스는 보편주의 원칙에 의해 제공되어야 한다고 일관되게 강조하였다. 그는 직업별 사회보험이나 근로 장려 세제와 같은 복지 제도와 달리 국가 복지야말로 보편주의 원칙을 실현할 수 있다고 믿었다. 이런 점에서 1940년대 도입된 영국과 스웨덴의 제도적 재분배 모델이 독일과 프랑스의 사회보험에 기반한 산업 성취-성과 모델보다 더 보편주의 원칙에 부합한다. 자산 조사 없이 모든 사람이 이용 가능한 서비스는 제도적 재분배 장치의 필수적 요소이다. 티트머스는 "1등 시민과 2등 시민 사이의 구별과 차별적 기준을 없애는 한 방법으로서" 보편주의가 필요하다고 주장하였다(Titmuss, 1965: 357).

티트머스의 학문과 영국의 복지국가

티트머스는 전후 영국 복지국가에 가장 큰 영향을 미친 사람 가운데 한 명이다(Wilding, 1995). 그는 세계 최초로 런던정경대학에 사회행정학과(나중에 사회정책학과로 이름을 바꾸었다)를 창설했으며, 영국의 사회정책에 지대한 영향을 미쳤다. 그는 포용력이 매우 컸고 "티트머스 학파"로 불릴 정도로 많은 제자를 키웠다. 이 가운데 브라이언 아벨스미스Brian Abel-Smith, 피터 타운젠드Peter Townsend, 데이비드 도니슨David Donnison은 세계적인 학자가 되었다(Glennerster, 2014). 어떻게 박사 학위는커녕 학사 학위도 없고 초등학교만 졸업한 티트머스가 대학 교수가 되었을까?

티트머스는 영국 정부의 공무원으로 재직하면서 독학으로 사회정책을 연구했다. 그는 교수로 임용되기 이전에 『사회정책의 문제』 등 중요한 저서를 발표하여 주목을 받았다(Titmuss, 1950). 이 책은 전시 영국의 보건부의 활동을 평가한 책으로 전쟁 기간 동안에 계급 및 소득과 무관하게 모든 국민에게 필요한 도움을 제공한 정부 정책이 사회 통합에 크게 기여했다는 사실을 밝혔다. 티트머스의 연구를 높이 평가한 런던정경대학 사회학과 T. H. 마셜 교수는 티트머스의 교수 임용을 적극 추천했다.

'사회'의 논리에 따라 운영되는 공공서비스를 강조한 티트머스의 주장은 제2차 세계대전 이후 영국 복지국가의 발전 과정에 큰 영향을 주었다. 티트머스는 사회의 복지가 모든 시민에게 보편적으로 제공되어야 한다고 주장했고, 복지국가가 사회통합의 필수적 기능을 수행한다고 믿었다. 복지를 제공하는 가장 중요한 주체가 개인, 가족, 기업이 아니라 국가가 되어야 한다고 강조한 것이다.

전후 대부분의 서구 사회에서는 국가가 주도하는 복지 제도가 발전했는데, 복지국가의 발전 초기 단계에서는 개인의 선택과 시장의 경쟁이 적극적으로 인정을 받지 못했다. 그러나 1970년대 중반 이후 복지국가의 문제점에 대한 비판이 커졌다. 수급자의 욕구 변화에 상대적으로 둔감하여 신속한 대응을 하지 못하고 서비스의 품질이 정체되는 경우가 발생한 것이다. 또한 국가 관료주의로 인하여 대중의 자발적 선택과 적극적 참여가 보장되지 못한다는 비판도 제기되었다(Ascoli and Ranci, 2002). 소위 "정부 실패"에 대한 논의가 일어났다.

이와 같은 논의를 제기한 대표적 학자가 런던정경대학의 사회정책학과 교수 줄리언 르 그랜드Julian Le Grand이다. 그는 티트머스가 인간의 이타주의를 과대평가했다고 비판했다(Le Grand, 1997). 복지국가가 제공하는 교육, 보건, 사회적 돌봄 서비스는 대개 질이 낮고, 비효율적으로 운영되고, 이용자의 요구에 제대로 반응하지 못하고, 불균등하게 배분된다는 것이다. 특히 그는 복지국가의 관료주의 때문에 노동계급보다 중간계급이 더 큰 혜택을 얻는다고 주장하였다. 복지 제공자와 이용자 사이에 정보 비대칭이 발생하여 개인적 연줄이 많은 중간계급이 더 유리한 조건에서 복지와 서비스를 이용할 수 있다는 것이다. 어느 병원의 의사가 우수한지, 어느 학교의 교사가 우수한지에 대해서 정보를 많이 가진 중간계급이 더 많은 혜택을 받을 수 있다. 이런 문제를 해결하기 위해서 르 그랜드는 복지와 서비스의 관련 정보를 공개하고 노동계급을 포함한 모든 시민에게 더 많은 선택권을 부여해야 한다고 제안했다.

1997년 집권한 블레어의 신노동당 정부에 참여한 르 그랜드는 보건과 교육 분야에 의사 시장quasi-market 또는 내부 시장internal market을 도입하자고 제안했다. 이러한 주장은 2007년 출간한 『다른 보이지 않는 손』에서 잘 나타난다(Le Grand, 2007). 소비자 주권consumer sovereignty과 선택권을 강조하는 르 그랜드의 제안은 평등주의를 강조하는 복지국가 지지자들의 비판에 직면했지만, 한편으로 공공서비스의 "복지 혼합welfare mix" 논쟁에 커다란 영향을 미쳤다.

1990년대 이후 실제로 많은 나라에서 복지 혼합 실험이 이루어졌다. 복지와 서비스의 이용자 부담이 증가하면서 새로운 변화가 발생했다. 공공 재정과 규제의 기능은 유지되었지만, 서비스 전달체계에 시장과 경쟁의 원리가 도입되었다. 이는 공공서비스의 사유화privatization는 아니었지만 전통적인 국가 통제 시스템과도 달랐다. 많은 나라에서 의료, 보육, 요양 시설 등 사회 서비스 기관과 학교에 대한 선택권이 확대되었다. 공공서비스 기관은 정부의 지원을 받고, 예를 들어 학부모들은 정부로부터 바우처voucher를 받아 자녀들을 어느 학교에 보낼지 선택할 수 있게 되었다. 스웨덴에서도 학교와 병원에 경쟁의 원리를 도입하였다. 그리하여 이제 중간계급뿐만 아니라 많은 노동계급도 자유로운 선택을 보장받는다.

그러나 대부분의 국가에서 사회 서비스 부문의 사유화는 매우 제한적인 영역에 머무르고 있다. 여전히 정부가 사회 서비스를 위한 재정의 대부분을 지원하고 있으며, 사회 서비스의 보편주의 원칙은 유지되고 있다. 직업별 사회보험 제도를 운영하는 독일과 프랑스에서는 정부 재정을 확대하여 건강보험과 기초 연금의 보편주의적 성격을 강화했다. 영국에서도 보수당-자유민주당 연정이 2008년에 집권한 이후 대대적인 복지 삭감을 추진했지만, 국영보건서비스(NHS)에는 손을 대지 못했다. 대중이 보편주의 원칙에 입각한 국영보건서비스를 매우 강하게 지지했기 때문이다. 티트머스의 『선물 관계』가 적극적으로 옹호한 국영보건서비스야말로 오늘날까지 영국 복지국가의 핵심 요소로 남아 있다.

티트머스의 통찰력

티트머스의 『선물 관계』가 출간된 후 40여 년 넘게 지난 오늘날 한국 사회에 살고 있는 우리는 대부분의 사회 서비스를 시장에서 구매하고 있다. 한국의 학부모들은 자녀를 위해 막대한 교육비를 지출해야 하고, 신혼부부는 살 집을 마련하기 위해 엄청난 액수의 돈이 필요하고, 노인이 되면 거액의 병원과 요양 시설 비용을 부담해야 한다. 세계 최고의 사교육비, 부동산 거품, 과잉 진료의 폐해는 시장 실패의 어두운 그늘이다. 더 심각한 문제는 돈이 없는 사람은 시장에서 제대로 사회 서비스를 이용할 수 없다는 사실이다. 자유 시장의 원리를 절대적 진리로 신봉하는 사람들은 당연하게 생각하겠지만, 시장은 지속적으로 불평등을 만든다. 결국 시장 메커니즘은 효율성을 위한 것이지 사회 통합을 위한 것은 아니다.

자유 시장과 효율성을 최고의 가치로 생각하는 경제적 인간은 선물 관계를 비효율적인 것으로 간주한다. 그가 보기에 시장에서의 경쟁은 당연한 것이고 따라서 입시 경쟁, 취업 경쟁, 승진 경쟁 또한 자연의 법칙에 따르는 것처럼 여겨진다. 그러나 사회가 작동하는 논리는 이보다 미묘하고 복잡하다. 지나친 경쟁은 사회적 연대감을 약화시키고 사회적 인간을 해체한다. 사회적 결속은 많은 경우 선물 관계를 통해 이루어진다. 보편적 시민권의 관점에서 모든 사람에게 복지와 서비스를 제공하는 복지국가는 문명화의 결과이자 성취로 볼 수 있다. 영국 사회학자 T. H. 마셜이 말한 대로 "모든 사람이 가지는 동등한 지위", 즉 보편적 시민권의 개념이 없다면 사회와 문명은 제대로 유지될 수 없을 것이다(김윤태, 2013).

참고 문헌

김윤태, 2013, 「토마스 험프리 마셜의 시민권 이론의 재검토: 사회권, 정치, 복지국가의 역동성」, 『담론 21』 16권 1호: 5-32.
김윤태, 2016, 「리처드 티트머스와 복지국가: 가치 선택과 사회정책의 결합」, 『사회사상과 문화』 19권 4호: 133-165.

모스, 마르셀, 1990, 『증여론』, 이상률 옮김, 한길사.

Arrow, K., 1972, "Gifts and Exchanges", *Philosophy and Public Affairs* 1(4): 343-362.

Ascoli, U. and C. Ranci, 2002, *Dilemmas of the Welfare Mix: The New Structure of Welfare in an Era of Privatization*, New York: Kluwer Academic Pub.

Cooper M. H. and A. J. Culyer, 1968, *The Price of Blood*, London: Institute of Economic Affairs.

Friedman, M., 1962, *Capitalism and Freedom*, Chicago: University of Chicago Press.

Glennerster, Howard, 2014, "Richard Titmuss: Forty years on", Centre for Analysis of Social Exclusion, London School of Economics.

Le Grand, Julian, 1997, "Knaves or Pawns? Human Behaviour and Social Policy", *Journal of Social Policy*, 26(2): 149-169.

Le Grand, Julian, 2007, *The Other Invisible Hand: Delivering Public Service Through Choice and Competition*, Princeton: Princeton University Press.

Malinowski, B., 1922, *Argonauts of the Western Pacific: An Account of Native Enterprise and Adventure in the Archipelagos of Melanesian New Guinea*, London: Routledge & Kegan Paul.

McLean Iain and Jo Poulton, 1987, "Good blood, bad blood, and the market: The Gift Relationship revisited", *Journal of Public Policy* 6: 431-445.

Singer, P., 1973, "Alturism and Commerce: A Defense of Titmuss against Arrow", *Philosophy and Public Affairs* 2(3): 312-320.

Titmuss, R. M., 1950, *Problems of Social Policy*, London: HMSO and Longmans, Green and Co.

Titmuss, R. M., 1965, "Goals of today's welfare state", pp. 354-366 in *Towards Socialism*, edited by P. Anderson and R. Blackburn, London: Fontana.

Titmuss, R. M., 1970, *The Gift Relationship: From Human Blood to Social Policy*, London: New Press.

Wilding, P., 1995, "Titmuss", pp. 149-165 in *Modern Thinkers on Welfare*, edited by V. George and R. Page, London: Prentice Hall Harvester Wheatsheaf.

옮긴이의 말

나는 1990년대 영국 케임브리지대학과 런던정경대학에서 공부하면서 많은 학자들 덕분에 복지국가에 관한 다양한 지식과 정보를 얻을 수 있었다. 역사적으로 런던정경대학은 사회정책학과가 세계 최초로 설립된 곳이며, 전후 영국의 복지국가에 큰 영향을 준 곳으로 유명하다. 윌리엄 베버리지, 토머스 험프리 마셜, 리처드 티트머스 등 저명한 학자들이 학생들을 가르쳤으며, 사실상 복지국가와 사회민주주의의 싱크탱크의 역할을 수행한 곳이었다. 비슷한 시기에 신자유주의의 태두라 일컬어지는 프리드리히 폰 하이에크가 경제학과에 있었으며, 훗날 제3의 길 정치를 주창한 사회학자 앤서니 기든스가 재직하면서 런던정경대학은 항상 새로운 사상의 진원지로 유명했다.

복지국가는 영국을 비롯한 서유럽 국가의 발명품이지만, 역사의 우연한 산물이 아니라 다양한 사람들의 사고와 이론, 대중운동, 정치투쟁, 제도화의 결과이다. 특히 복지국가를 만들기 위한 지적 거장의 노력과 치밀한 논쟁이 없었다면 성공을 거두기 어려웠을 것이다. 20세기 후반 영국 복지국가를 설계한 중요한 인물로 세 명의 위대한 사상가를 꼽을 수 있다. 런던정경대학 총장이었던 베버리지는 제2차 세계대전의 전화 속에서 역사적인 「베버리지 보고서」(1942)를 주도적으로 작성하는 책임을 수행했다. 런던정경대학 사회학 교수인 토머스 험프리 마셜은 복지국가의 이론적 기초가 된 시민권 이론을 제시했으며, 그의 『시민권과 사회계급』(1950)은 사회학의 고전이 되었다. 티트머스는 런던정경대학에서 "티트머스 학파"라고 불릴 정도로 많은 제자들을 키웠으며, 『선물 관계』(1970)라는 기념비적인 저서를 출간했다. 이 위대한 사상가 세 명이 만든 문서와 저서는 복지국가라는 인류 문명의 발전에 커다란 기여를 했을 뿐 아니라 사상사의 차원에서도 중대한 의미를 가진다. 복지국가의 사상적 기둥이라고 할 수 있는 세 개의 문서 가운데 나는 마셜의 책에 이어 티트머스의 책을 번역하는 기회를 가지게 되어 무척 보람 있게 생각한다.

이 책을 준비하는 동안 도움을 준 많은 분에게 감사드린다. 먼저 고려대학교 대학원 사회복지학과에서 진행한 "복지국가론", "사회권과 인간복지", "빈곤론", "사회복지발달사" 등 다양한 수업과 세미나에 참여하여 토론했던 학생들에게 감사드린다. 2010년 이래 티트머스의 책을 읽고 공부하면서 번역 작업에 여러 가지 도움을 준 사회복지학과 대학원생 강은진, 김희정, 배혜원, 백민경, 서재욱, 위숙영 등 여러 학생들에게 특별한 감사의 마음을 전한다. 그리고 이 책을 준비하는 과정에서 유익한 대화를 나누었던 김미곤 연구위원, 문진영 교수, 박선권 박사, 서용석 교수, 성경륭 교수, 신광영 교수, 양재진 교수, 우명숙 교수, 윤홍식 교수, 은민수 교수, 이태수 교수 등(가나다순) 여러 분에게도 깊은 감사의 마음을 전한다. 특히 이 책의 출간을 위해 중요한 도움을 준 이창곤 한겨레사회정책연구원 원장 등 여러 분에게도 감사드린다.

이 책의 세 명의 역자의 공동 노력의 결과이다. 김윤태(1, 4, 8, 15, 16, 17, 18, 19장), 윤태호(2, 3, 5, 6, 7장), 정백근(9, 10, 11, 12, 13, 14장)이 수고를 분담했지만, 번역 용어 등에 관해 의견을 교환하고 상의하여 결정했다. 이 책의 번역은 예상보다 많은 시간이 필요했고 우여곡절도 겪었다. 번역을 스스로 맡겠다고 약속했다가 나중에 책임을 다하지 않고 포기하는 자도 있어 큰 어려움을 겪기도 했다. 그래도 바쁜 시간을 쪼개 성실한 노력을 기울여준 윤태호 교수와 정백근 교수의 참여로 무사히 번역을 마칠 수 있었으며, 오히려 전문가의 식견으로 번역 수준이 훨씬 높아졌다. 윤태호 교수의 제안으로 의학 분야 전문 용어의 번역에 많은 도움을 받았다. 전체적인 번역 원고는 김윤태가 읽으며 감수를 했지만, 출판사 편집부의 세세한 지적과 조언의 도움이 컸다. 이 책을 출간하는 이학사의 강동권 대표와, 원고를 편집하기 위해 수고해준 편집부 김다혜 선생님, 김대수 선생님 등 여러 분들에게도 감사드린다. 이 책을 준비하는 동안 고려대 대학원 연구 조교를 맡아 자료 수집을 도와준 노현주, 박제용, 장소매, 김명은에게도 감사의 마음을 전한다. 그리고 이 책의 판권을 가지고 있으며 쾌히 번역을 승낙해준 고인이 된 티트머스 교수의 딸이자 저명한 사회학자인 앤 오클리 교수에게도 감사드린다.

나는 독자들이 출간된 지 50년이 지나도 복지국가의 고전으로 높은 평가를 받으며 수많은 학자들이 이 책을 다시 읽는 이유를 발견하리라 기대한다. "계속해서 읽을 가치가 없는 책은 아예 읽을 필요가 없다"고 한 오스카 와일드의 말이 맞다. 이 책은 시간이 아무리 지나도 다시 읽을 가치가 있을 것이다. 부디 이 책이 한국 복지국가의 미래를 위해 고민하고 노력하는 많은 사람들에게 유익한 도움이 되기 바란다.

김윤태
2019년

찾아보기

사항

ㄱ

가이즈 병원 98
간염 14, 20, 35, 37, 41, 44-45, 48, 60, 70-72, 75, 100, 104, 106, 109, 111, 127-129, 184, 241-242, 245, 281-283, 286-295, 297-298, 300, 302-304, 315, 318, 336, 371, 382, 401-403, 442, 454, 473
  간염바이러스 11, 47, 72, 282, 318
  혈청간염 108-109, 128-129, 224, 237, 241-242, 281, 283, 285-286, 292, 302-303, 305, 313, 352, 371, 380, 402
감마글로불린 129, 215
감염원 11, 44, 61, 290
감염률 19
개심술 68, 114, 120-121, 165, 169, 189, 192, 224, 236, 250, 291, 378
걸프 전쟁 78
경제문제연구소 16, 308, 363, 371

경제적 효율성 364, 380, 446
고관절 및 슬관절 치환술 68
골수 채취 80
공급(의) 부족 117, 172, 382, 302
공중보건연구소 48, 53
과학, 기술, 경영자 협회(과기경협회) 36-37, 43
교도소 170, 198, 200-201, 208, 210, 239, 250, 299
구소련 수혈청 336
국가 혈액자원계획 141-143, 147-148, 154, 156, 365
국가 혈액정보교환 프로그램 148
국립감염병센터 129, 317
국립과학위원회 104-105, 156, 293
국립보건원 173, 245, 290-292, 296, 310, 328
국립보건원이 설정한 기준 296
국립수혈센터 342
국립수혈원 11, 14, 36, 66, 71, 76, 92, 104, 135, 137-138, 172, 252-253, 255-256, 267, 270-

찾아보기 507

271, 292, 357, 373, 382, 412, 432-433, 435, 440
국립심장병원 122
국립심장연구원 120, 141
국립혈액원 66, 70, 77-81
국립혈액청 77-78
국영보건서비스 76, 79, 118, 121, 132, 192, 284, 326, 373, 379, 471
　국영보건서비스법 77
　국영보건서비스의 변화 76
　국영보건서비스의 수혈 제도 378
국제혈액형기준실험소 78
군대 78, 135, 143, 197, 201, 205, 213, 310, 334, 341, 423-424
궤양 114, 189, 195
「그리피스 보고서」 76
금기 342
기대 수명 33

ㄴ

나탈대학 202, 353
남동부지역안구은행 397
남아프리카공화국 95, 176, 179, 202, 346, 353, 358-359, 361-362, 398
너필드재단 소규모연구기금 프로그램 254
노동당 7
노인 환자 192-193, 377-378
뉘른베르크 강령 301
『뉴사이언티스트』 53
뉴욕 의학회 163

『뉴욕 타임스』 13, 469
뉴욕시 혈액위원회 164, 314
뉴캐슬 공중보건연구소 48
『니콜라이와 알렉산드르』 384

ㄷ

단백질 수치 검사 248
대법원 328
대처주의 13, 16, 19
대체 비용 190
『더 프랙티셔너』 108
『데일리 익스프레스』 461
『데일리 헤럴드』 463
도덕적 가치 9, 18-19, 205, 342
도로 사고 125
독점금지법 149, 312-313
동기부여 202, 272, 353, 455
동료애 389, 440
동성애자 29, 32-33, 35, 39-41, 43-44, 49-50, 56-58, 62-64

ㄹ

『랜싯』 31, 33, 48, 64, 318, 322
런던대학 9, 255, 449
런던보건대학원 25, 371, 464
런던정경대학 15, 24, 469
로마인 94

ㅁ

말라리아 108, 110, 184, 243, 281, 285, 316
맑스주의 437
매독 72, 110, 281, 454

메디케어 123, 192-193, 292, 316, 377-378
메이니케 검사 110
메이저주의 13
『메일 온 선데이』 32-33
면역글로불린 67, 69, 71, 99, 101, 115, 127-129, 136, 172, 299
모니터링과 질 보장 75
모유 (여러 곳에)
   모유 은행 449-452, 455-457, 459-460, 463-468
   모유 기증 12, 450-452, 454-455, 463, 465-466
문제와 기회 81
미국 의학의 미래 329
미국공중보건협회 361
미국병원협회 314
『미국사회학저널』 17
미국소아과학회 458
미국연방법전 318
미국의료기업조합 443
미국의료인터내셔널 443
미국의사협회 145, 149-150, 152, 155, 157, 169, 210, 213, 314, 316, 320, 327, 367, 409
『미국의사협회지』 129, 171, 286
미국적십자사 106, 144, 147-148, 150, 158, 171, 173, 189, 194, 208-209, 221, 234-236, 247, 250, 310, 345, 376
미국혈액위원회 14
미국혈액은행협회 150, 170-171, 199, 212, 237, 291, 313, 376
미신 95, 340, 342
밀워키 혈액센터 167, 246-247

ㅂ

바서만 검사 110
바이러스 표준 실험실 51
바이러스의 발견 26, 57, 60-63
반강제적 자원봉사자 400
반독과점소위원회 149, 308, 312, 315
반투(족) 95, 202, 353-361
방어적 의료 행위 372, 435
버밍엄 지역 수혈센터 261
베트남전쟁 104, 125, 166
병리학회 314
보건부 9, 28, 37, 50, 75, 82, 126, 135, 125-254, 257, 373, 463-464, 466
   공중보건부 111, 124, 129, 148, 160, 464
   보건교육복지부 300, 326
   보건사회보장부 34, 37, 40-42, 51
   지역보건부 77-78
   특수보건부 77
보수당 35, 476
보스턴 이동 병원 457
보스턴대학 의료원 169
보험료 195-196, 318, 320-322, 409
보험회사 195-196, 316, 321, 323, 409
복지국가 13, 15-16, 471, 476-477

브루셀라증 281
비용 연구 373
비용편익분석 301, 371-372, 406
비의료보장 환자 357, 378, 405

ㅅ

사회 계급 220, 258, 264-265, 269-271, 273-277, 279-280, 338, 387, 407-408, 412, 452
사회보장제도 179
사회서비스위원회 47
사회조사연구소 353, 359
산부인과 114, 123-124, 126, 321, 405, 467
상업주의 145, 170, 314
샌프란시스코 의학회 221
생명윤리에 관한 너필드위원회 80
생의학 62-63
서던 식의약품연구소 298, 300
선물 관계(『선물 관계』) 9-20, 23, 25, 66, 76, 85, 88, 179, 253, 331, 337, 340, 362, 368, 390, 393, 399, 405, 410-411, 413, 431, 440-441, 447, 469, 473, 475, 477-478
선물 교환 178-179, 182, 204-205, 386-387, 389-392, 410, 434
선별검사 47, 51, 53, 72-75, 107, 295, 315, 451, 454
설문 조사 10, 131, 154, 258, 344, 347-348
성분 채집 70
세계보건기구 38, 82

세인트토머스 병원 98
소렌토 산부인과 병원 467
소아마비 115, 127-128
수감자 198-200, 208, 210-212, 215, 239, 242, 250, 267, 294, 299-301, 369, 400
수혈 (여러 곳에)
  수혈 서비스 10, 13, 16, 27, 29, 32, 36, 38, 41, 46, 53-54, 56, 81, 83, 88, 91, 96, 111, 119-120, 124, 132-134, 140, 149, 179-180, 183, 202, 284, 307, 332, 335, 341, 347, 387, 392-393, 426, 441
  수혈 의학 11, 66, 70
  수혈자 11, 14, 67, 76, 107, 109, 111, 116, 127, 129, 137, 174, 180-183, 277, 281-282, 357, 359, 361, 402, 407-408, 474
  자가 수혈 68
  태아 수혈 80
  수혈의 심각한 위해 75
「시봄 보고서」 393
『시카고 트리뷴』 57
시카고 헌혈부 조사 230
식품정책의학감시위원회 466
심장 수술 290-292
심혈관 질환 194-195, 224

ㅇ

아머 제약회사 49
아파르트헤이트 431
알부민(액) 70, 129, 172, 215

알코올중독(자) 184, 242-243, 289, 454
『암 병동』 384
암 수술 123
애리조나 혈액원 225-226, 228, 230
애벗 진단의학회사(애벗사) 50-52, 55
약물 중독자 454
어머니와 영유아에 관한 자문위원회 464
에리트로포이에틴 81
에이즈 10-11, 19, 25-27, 29-34, 39-46, 48, 51-53, 55-65, 70, 72-74, 466, 473
   에이즈(의) 확산 32, 466
   에이즈의 원인 40, 61, 63-64, 73
   인체면역결핍바이러스 10-11, 19, 25, 36, 38, 41-42, 45, 50, 54, 59-61, 63-64, 70-74, 82, 454
엘리자 검사 52
엘스트리 바이오제제연구소 70
엘스트리 혈액제제연구소 28, 35
연방국토방위부 140
연방통상위원회 311, 316, 328
연방통상위원회법 329
열처리 38, 47-49, 55-56, 70-71, 463
영국 보건 의료 제도에서 시장경제 77
영국보건청 13, 21, 35, 37-38, 47- 49, 54, 77-78, 82, 92, 101, 378, 382, 387, 394, 397-398, 412, 416, 432-434, 440, 465
영국소아과학협회 467
『영국의학저널』 28, 36, 48, 282, 292, 401, 467
오르가논 51
왕립무상병원 46, 48, 55
왕립위원회 394
외과(적) 수술 68, 114, 118, 124-125, 166, 275, 366, 464
외과적 자원 할당 122
웨일스 국립의과대학 49
웰컴 제약회사 51
위탁 보호 397, 490
윌로브룩 주립학교 402
의료 과실 169, 318, 320, 322-323, 325-327, 366-367, 372, 408
의료 교육 394
의료관리청 76
의료법 76
의료보호협회 326
의학연구위원회 58, 60, 292, 464
「의학적 진보에서의 윤리」 202
『이코노미스트』 381
이타주의 9, 11, 13, 16-17, 25, 27, 89-90, 197, 204, 309, 315, 335, 340, 342, 352, 368-369, 382, 391, 396, 409-414, 420, 433, 444-446, 470, 476-477
인간 T세포 림프구성 바이러스 45
인간 T세포 백혈병 바이러스 454
인간 실험 404

인공 심장 122
인공신장 122, 378
인종 격리 정책 362
인종분류위원회 361
인종차별(적) 61, 230, 362

ㅈ

자외선 109, 185, 293
장기 기증 20
장기이식 13, 122, 378, 398, 454
적십자 수혈부 346
적십자사 188, 208-211, 213, 227, 236, 238, 341, 376
   국제적십자사연맹 131, 335, 341-342
   미국적십자사 106, 144, 147-148, 150, 158, 171, 173, 189, 194, 208-209, 221, 234-236, 247, 250, 310, 345, 376
   적십자사 및 적신월사 연맹 336
전문의 및 병원업무 위원회 366
전쟁 노력 83, 422
정보공개법 57
정부행정위원회 325
정형외과(적) 68, 80, 114, 321, 416
제2차 세계대전 133, 136, 336
제8기 미국연방순회항소법원 328
제약 산업 105, 119, 130, 168, 172, 184, 301, 396, 401, 409
조사의원회 327
조지아주 리즈빌 교도소 200
조직 은행 80
종교 90, 93, 204, 220, 223, 225, 343, 395, 432, 455
종교적 신념 93
줄기세포 80-81
줄루족 355
중앙 혈액학 및 수혈 연구원 335, 337
중앙혈액연구부 37-38
지역수혈센터 77-78, 108, 137
지역수혈원 48, 361
지역안구은행 397

ㅊ

청십자 193
청십자조합 혈액 프로그램 194
체스터 비티 연구소 58-59
출생률 125
출혈성 장애 383

ㅋ

카롤린스카 병원 348, 351
칸 검사 110
칼륨 독성 102
캔자스시티 사례 328
캔자스시티 지역병원협회 311
커터제약회사 173, 200, 247, 250
퀸샬럿 병원(퀸샬럿과 첼시 병원) 449-451, 458, 460-462, 465, 468
크리스마스 질병 71

ㅌ

태반 99, 172, 349
터프츠 의과대학 287-288

테런스 히긴스 트러스트 42
트러스트 35-36, 77
트로브리안드 섬의 거주민 178
트롬보포이에틴 81
트롬빈 115
특수 단백질 검출 검사 52

ㅍ

파스퇴르 연구소 55, 57-59
『파이낸셜 타임스』51
『펄스』39
펜실베이니아대학 폐퍼임상의학연
   구소 168
폐기율 156, 167, 210, 356, 358
포틀래치 177, 387
풍진 115, 127-128
피브리노겐 115, 172, 215, 294
피브린 115, 215
피와 관련된 믿음 95

ㅎ

하버드 의과대학 154
한국전쟁 304
합동혈액위원회 150-151, 154-155
합병증 67, 75, 83, 115, 290, 453
항원 30, 46, 52, 59, 99-100, 128,
   282, 401-402
해머스미스 왕립대학원병원 100
헌혈 (여러 곳에)
   보수가 지급된 헌혈 166, 216-
     218, 220
   보수를 받는(받은) 헌혈 18
   자가 헌혈 68

자발적 헌혈 10, 18, 25, 27, 145,
   165-166, 172, 270, 279, 369
처음 헌혈 138, 423-424
헌혈 동기 227, 257, 342, 345,
   358
헌혈 시스템 13-14, 16, 18, 87,
   172, 185, 285, 387, 433, 440
헌혈 횟수 132-134, 146, 248,
   276-277, 347, 350, 356
헌혈량 134, 217, 268
『헌혈: 더반시 반투 지역의 태도와
   동기부여』202, 353
헌혈자 (여러 곳에)
   가족 신용 헌혈자 193, 209,
     212-214, 216
   군인 헌혈자 201, 234
   대체 헌혈자 191, 194-195,
     222-223, 227-228, 231, 236
   미국 헌혈자 159, 207, 216, 220,
     250
   반강제적 헌혈자 267, 306, 334-
     335, 400
   반강제적인 자발적 헌혈자 197-
     198, 202, 208, 212-216, 250
   반복 헌혈자 221, 223, 227, 229,
     233
   백인 헌혈자 297, 361
   보수를 받는(받은) 헌혈자 14,
     20, 82, 104-105, 137, 144-
     145, 147, 151-152, 158, 163,
     169, 171, 183, 185-186, 202,
     211-212, 214, 216, 219-
     220, 223, 226, 228, 230-

231, 234-237, 239, 242, 288, 290-291, 293-298, 303, 305, 308, 330, 332-333, 335, 337
보수에 유인된 자발적 헌혈자 187, 209, 212, 214, 216, 238
보험 헌혈자 228, 231
부가 혜택 헌혈자 203
부가 혜택 자발적 헌혈자 203, 209, 214, 216, 238
수감된 헌혈자 197, 267, 290, 294
신용 헌혈자 222-223, 235, 346
자발적 공동체 헌혈자 197, 204, 209, 212-214, 216-217, 235, 267, 330, 359, 411, 455
자발적 헌혈자 14, 25, 35, 49, 67, 81-82, 106, 164, 171, 183, 187, 203-205, 209, 213, 215, 237, 288, 291, 297-298, 304, 308, 314-315, 334, 340-341, 352, 364, 381-382, 387, 396, 411, 424, 432-433, 440
장기 헌혈자 271-272, 276, 295
전문 헌혈자 169, 186, 212, 214, 216, 239, 249, 290, 298, 338, 375
집단 헌혈자 231, 265
책임 요금 헌혈자 188, 192, 194, 209, 213-214, 216, 235
처음 헌혈자 221, 223, 227, 229, 233, 236, 257

헌혈자 유형(론) 183, 204-205, 207, 213, 216, 220, 234-235, 330, 359, 362, 433, 455
헌혈자 통계 252, 264
흑인 헌혈자 249
『헤모팩츠』 43
혈소판 농축액 70, 81
혈액 (여러 곳에)
　Rh(RhD) 용혈성 질환 67, 99, 115
　Rh 혈액형계 98
　동물의 피 97
　방혈 97
　백혈구 70, 146, 304
　빈혈 28, 67, 81, 99, 113-114, 194-195, 244, 419
　상업화된 혈액 시장 379-380, 443, 445
　오염된 혈액 32, 281, 286, 302, 304, 380, 446, 470, 474,
　유통기한이 지난 혈액 145, 148, 151, 156, 159, 172, 184, 191
　적혈구 67-70, 79, 81, 98-102, 106-107, 110, 113-114, 145-146, 193, 244, 300
　전혈 27, 69, 81, 102-103, 105-106, 109, 111, 113-114, 127, 135-136, 143-144, 146, 150, 157-158, 161-162, 168, 238, 250, 281, 285, 292-293, 302, 328
　채혈률 150, 168, 221
　혈소판 67, 70, 81, 135, 146

혈소판분획 146
혈액 검사 45, 51, 316, 429
혈액 국제무역 28
혈액 대체(권/요금) 158, 190-191, 375
혈액 분리 127, 172
혈액 응고 47, 66, 70, 114
혈액 저장 99
혈액 정책 14, 195
혈액 제제 26, 35, 160
혈액(의) 가격 14, 184, 338, 363-364, 371, 475
혈액(의) 공급 12, 25-27, 29-30, 32-33, 43, 47, 49-51, 73, 103, 105, 131, 136, 139, 141-142, 144-145, 148-149, 151, 157, 161, 163, 165-166, 169, 170-172, 201, 240, 297, 307-308, 311, 330-331, 334, 336-337, 352, 358, 363-364, 367, 383, 403, 420, 444
혈액(의) 낭비 145, 365-368
혈액(의) 부족 104-105, 122, 154, 164-165, 168, 220, 240, 304, 341, 349, 352
혈액(의) 선물 182-183, 204, 207, 386, 392, 434
혈액(의) 수요 112, 117, 121-122, 142, 305, 337
혈액(의) 이용 126, 131, 135, 136, 151, 155, 250, 281, 287, 303, 315, 366-367, 392
혈액응고인자 농축액 69-71

혈액의 고유성 102
희귀 혈액형 148, 425-426
혈액과 혈액은행에 관한 컨퍼런스 169
혈액대체계획 협동조합 194
혈액은행 (여러 곳에)
  병원 혈액은행 158, 211-212, 310
  상업적 혈액은행 145, 158-160, 166, 168, 171-172, 187, 208-211, 215, 219, 239-241, 247-248, 250, 290, 296, 298, 304-305, 310-313, 315-316, 372, 374, 376
  세계혈액은행 311
  어윈 기념 혈액은행 221, 224
  지역사회 혈액은행 107, 144, 147, 152, 158, 171, 211-213, 219, 223-225, 228, 235, 237, 247, 310-312, 314, 346
「혈액은행과 수혈시설 및 서비스 명부」 150
『혈액의 가격』 363-364, 371
혈우병 10, 26, 28-37, 41-46, 48-49, 54-56, 64, 67, 70-72, 82, 114, 127, 174, 189, 192, 194-195, 382-384
  항혈우병제 32-35, 38, 44-45, 47-48, 70-71, 82, 127
『혈우병과 함께 살아가기』 44
혈우병협회 42-44
혈장 (여러 곳에)
  분말 101

혈장 대체제 99, 102
혈장 분리 115
   혈장 수혈 114
   혈장분획 100, 105, 130, 145-147, 159-160, 187, 200, 203, 246, 251, 294-295, 299-300, 401, 438
   혈장분획 프로그램 119, 130, 147, 159-160, 163, 166-167, 187, 200, 208, 210, 215-216, 218, 239, 244, 249-250, 294, 297, 306, 369, 404, 409
   혼주 혈장 115, 183, 292-294
호사족 355
홍역 115, 127-128
화학요법 67
「환자들을 위해 일하기」 77
황달 72, 99, 100, 109, 241-243, 297

인명

ㄱ

가자드, 브라이언 65
갈렌 97
갤로, 로버트 57-58
걸브링, B. 348-349, 351
그랜트, J. 108
그레이디 288
그로스, M. L. 286, 288.
그린월트, T. J. 106, 147, 247

ㄴ

내스, S. K. 368
노리스, R. F. 169, 185, 377
니콜라이 37
닉슨, 리처드 M. 14, 326

ㄷ

단, 락타 339
달글레이시, 앵거스 59
대처, 마거릿 14, 476, 477
더글러스, 수전 32
던우디, 귀네스 32
데어, 이디스 458-461, 465
돌턴, G. 389
듀어, 이언 40
드그라프Graaff, J. de V. 442
드니, 장 밥티스트 97
드레스킨, E. A. 170, 199, 313

ㄹ

라이샤워, 에드윈 O. 304
란트슈타이너, 카를 98, 100
랜들, C. H. 327
레데커 293
레딘, 마이클 J. 254
레비스트로스, 클로드 17, 178, 386-388, 390, 392, 410, 430
렌 경, 크리스토퍼 96
로링, L. M. 444
로버트슨 경, 데니스 397
로워, 리처드 96-98
로젠버그, C. 62
롱, 에드워드 V. 149, 312

루소, 장 자크 91
르 그랜드, 줄리언 24, 469
르보, C. N. 398
리비코프, 에이브러햄 325
리처드슨, 엘리엇 14

ㅁ

마틀루, 바네사 24, 66, 108, 127
말리노프스키, 브로니슬라브 178
맑스, 카를 92, 364
매시, 로버트 K. 384
매클렐랜드, 브라이언 39
매킨타이어, 알래스데어 C. 364
멀루션, I. 169
메인워링, R. L. 237
모스, 마르셀 17, 176-179, 204, 386-389
몽타니에, 뤽 57
뮈르달, 군나르 362
미샨, 에드워드 J. 370

ㅂ

바버라, 존 53
바이츠제커, C. F. 폰 400
발머, 슈 465
버니언, 존 19
벌린, 이사야 431, 438
베리지, 버지니아 25, 471
베블런, 소스타인 390
베이트먼, 도널드 33, 44
보일, 로버트 97
본 경, 제라드 37
본, J. 335

볼딩, 케네스 392
브라운, 어니스트 464
블라우, P. M. 390
블런델, 제임스 98
블룸 49

ㅅ

새뮤얼슨, P. A. 407
셸던, 아서 16, 308
소로킨, P. A. 391
솔제니친, 알렉산드르 384
슈미트, 폴 290
슈워츠, 배리 17, 178, 182, 392
스미스, J. 포리스트 460
스터전 245
시니어, 존 R. 287
시어링, C. D. 353

ㅇ

아론스탐, 토니 34
아우렐리우스, 마르쿠스 97
알렉세이 384
애로, 케네스 469
애먼, 아서 J. 30
애슈워스, J. N. 245
애치슨 경, 도널드 54
애컬로프, 조지 474-475
앨런, J. 개럿 198, 242, 288
에지워스, F. Y. 409
오비디우스 94
오언, 데이비드 35
오펜하이머, G. 60
와츠, H. L. 353

워커, 아널드　464
월시, R. J.　347
웨스트, 세라　254-255
웨이스, 로빈　51, 58-60
위버, 질리언　12, 449, 451, 465, 468
윌렌스키, H. L　398
윌리엄스, A. 수전　12, 449, 461
융, 칼 구스타브　339, 430
이노센트 8세　96

ㅈ

저커먼, A. J.　292, 371
제닝스, J. B.　155-157, 168, 211, 213
젠킨스, 사이먼　23
존스, 피터　28, 31, 33, 44, 55
지멜, 게오르그　178

ㅊ

차이콥스키, 리처드　167
챌머스　288
체잉송포포프, 라카니　58

ㅋ

카르파스, 에이브러햄　52-53, 58
칸 경, 줄리엔　459
칸트, 임마누엘　445
캐그너드, J. P.　342-343
캐시, 존　36, 38
컬리어, A. J.　363
케인스, 존 메이너드　370
콘래드, J. P.　199

쿠빌라이 칸　94
쿠퍼, M. H.　363
크로포트킨, 피터　337
크루드슨, 존　57
클라츠만, 데이비드　59
클라크, 케네스　34

ㅌ

테더, 리처드　45, 59
토니, R. H.　440
퇴니에스, 페르디난트　390
트라이슐러, 폴라　63
티트머스, 리처드　9-12, 14-19, 24-27, 83, 85, 88, 127, 455, 469-476, 478

ㅍ

패터슨, 도널드　458-460
패튼, 존　42
퍼스, 찰스　17
포퍼, 칼　444
프로이트, 지그문트　339, 430
프리드, 랜　431
프리드먼, 밀턴　435
피프스, 새뮤얼　97
필립스, E.　346

ㅎ

하비, 윌리엄　96
핸체프, Z. S.　336
허긴스, C. E.　154
허드슨, C. L.　367
호먼스, 조지 C.　178

휠러, C. B.   169, 297, 314
휴잇, 퍼트리샤   53
흄, 데이비드   476-477
히틀러, 아돌프   95